WELTKIOSK
LONDON BERLIN

LUKE HARDING

MAFIASTAAT

Ein Reporter in Putins Russland

WELTKIOSK
LONDON BERLIN

Edition **WELTKIOSK** im C.W. Leske Verlag

www.weltkiosk.net/editionweltkiosk

Weltkiosk Ltd., 5 New Street Square,
London EC4A 3TW, United Kingdom

1. Auflage, 2012

Aus dem Englischen von Luisa Seeling

Die Originalausgabe erschien 2011 unter dem Titel «Mafia State. How one reporter became an enemy of the brutal new Russia» bei Guardian Books in London.

Art Direction & Gestaltung: Paul Finn, Fitzroy & Finn
www.fitzroyandfinn.co.uk

Karten: Jeff Edwards

Satz: Jan Frerichs
www.jan-frerichs.com

Druck und Bindung: CPI Moravia Books s.r.o

ISBN 978-3-942377-05-8

INHALTSVERZEICHNIS

GROSSBRITANNIEN
NORWEGEN
SCHWEDEN
Barentssee
MURMANSK
FINNLAND
KALININGRAD
EST.
POLEN
LETT.
LIT.
ST. PETERSBURG
BELARUS
MOSKAU
UKRAINE
NISCHNI NOWGOROD
R U S S L
PERM
Wolga
Schwarzes Meer
SAMARA
JEKATERINBURG
WOLGOGRAD
Ob
ASTRACHAN
OMSK
TOMSK
GEOR.
NOWOSIBIRSK
TÜRKEI
Kaspisches Meer
ARM.
ASER.
KASACHSTAN
USBEKISTAN
TURKMENISTAN
KIRGISTAN
IRAN
TADSCHIKISTAN
AFGHANISTAN

Arktischer Ozean
Berringsee
Polarkreis
A N D
JAKUTSK
Lena
Ochotskisches Meer
SACHALIN
Jenissej
CHABAROWSK
IRKUTSK
WLADIWOSTOK
MONGOLEI
CHINA
JAPAN
NORDKOREA
SÜDKOREA
0
500
1000 KM

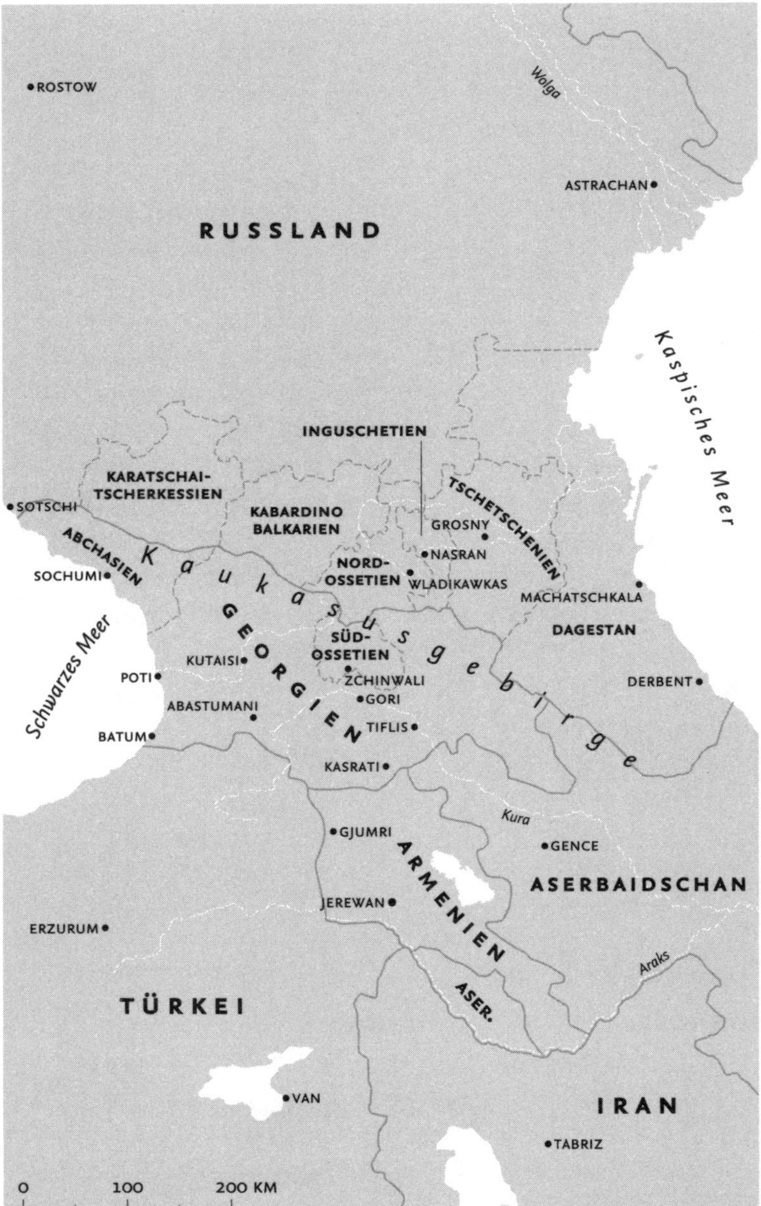
ROSTOW
Wolga
ASTRACHAN
RUSSLAND
Kaspisches Meer
INGUSCHETIEN
KARATSCHAI-
TSCHERKESSIEN
TSCHETSCHENIEN
SOTSCHI
KABARDINO
BALKARIEN
GROSNY
ABCHASIEN
NASRAN
Kaukasusgebirge
NORD-
OSSETIEN
SOCHUMI
WLADIKAWKAS
MACHATSCHKALA
GEORGIEN
DAGESTAN
Schwarzes Meer
SÜD-
OSSETIEN
KUTAISI
POTI
ZCHINWALI
DERBENT
GORI
ABASTUMANI
TIFLIS
BATUM
KASRATI
Kura
GJUMRI
GENCE
ARMENIEN
ASERBAIDSCHAN
JEREWAN
ERZURUM
Araks
ASER.
TÜRKEI
VAN
IRAN
TABRIZ
0
100
200 KM

MAFIASTAAT

PROLOG

DER EINBRUCH

Wohnung 49–50, Haus Nr. 8, 5. Woikow-Weg, Woikowskaja, Moskau, 28. April 2007

Die Schikanen gegen das Botschaftspersonal haben in den vergangenen Monaten in einem Maße zugenommen, wie wir es in Jahren nicht erlebt haben. Unsere Botschaftsmitarbeiter erdulden beleidigende, verleumderische und schlüpfrige Angriffe in den Medien. Ihre Angehörigen werden psychologischem Terror ausgesetzt, mit fürchterlichen Anspielungen auf den vermeintlichen Unfalltod ihrer für die amerikanische Regierung arbeitenden Ehepartner. Die Wohnungseinbrüche haben deutlich zugenommen und werden immer dreister, die Aktivitäten gegen unsere russischen Mitarbeiter setzen sich in Rekordgeschwindigkeit fort. Wir zweifeln nicht daran, dass der FSB *dahintersteckt.*

US-BOTSCHAFTER JOHN BEYRLE IN EINER DEPESCHE, 9. NOVEMBER 2009

Bei uns wurde eingebrochen. Seit drei Monaten bin ich als neuer Bürochef des *Guardian* in Moskau. Nach einem Abendessen komme ich nach Hause. Ich schließe auf. Zunächst scheint alles ganz normal. Die Kleider der Kinder liegen auf dem Boden herum, es herrscht das beruhigende Chaos unseres Familienlebens. Und dann sehe ich es. Es ist ein merkwürdiges Detail. Das Fenster im Zimmer meines Sohnes steht weit offen.

Ich bin mir sicher, dass es geschlossen war, als ich vor fünf Stunden losgegangen bin und meine zwei Kinder mitgenommen habe. Wir wohnen im zehnten Stock in einem dieser postkommunistischen Mehrfamilienhäuser, in einem hässlichen, orangefarbenen Ziegelsteinklotz in dem Moskauer Stadtteil Woikowskaja. Man blickt hinunter auf einen Park mit Weißbirken und dunkelgrünen Tannen. Wir halten unsere Fenster geschlossen — zu groß ist die Gefahr, dass eines der Kinder herausfallen könnte. Um das Fenster zu öffnen, muss man einen weißen Kunststoffgriff um 90 Grad nach unten drehen. Es sind, um genau zu sein, sogar zwei Griffe. Das geht nur von innen. Es kann nicht einfach aufgegangen sein.

Doch das Fenster *ist* offen, trotzig, fast provokativ — eine Botschaft. «War das ein Einbrecher?», fragt mein sechsjähriger Sohn und schaut aus dem geöffneten Fenster in den in 30 Metern Tiefe liegenden vereisten Hof. Eine vernünftige Frage. Es ist nur ein kleiner Schritt von seinem Bett zum Fenster. «Ich weiß es nicht», antworte ich. «Es ist ein Rätsel. Vielleicht hat es jemand geschafft, von außen hochzuklettern. Vielleicht war es Spiderman.» In unserem Gästezimmer, in dem ein unbenutzter Fahrradtrainer und eine tropische Pflanze herumstehen, bemerke ich ein Tonband, das in unserer Anlage rauscht. Ich habe die Anlage nicht eingeschaltet. Mein Frau, Phoebe Taplin, war am Wochenende nicht da. Also muss jemand anderes das Band eingelegt haben.

Einige Stunden später liege ich im Bett und versuche immer noch, mein Gefühl von — ja, was eigentlich? — Schrecken, Angst, Ungläubigkeit, Verwirrung, von kaltem, rationalem Zorn, von wachsender Wut zu unterdrücken. Plötzlich schrecke ich hoch. Irgendwo in der Wohnung schrillt ein Wecker. Ich kenne den Ton nicht. Ich gehe ins Wohnzimmer und schalte das Licht ein. Der Wecker, den mein russischer Vermieter Wadim dagelassen hat — er selbst ist erst vor zwei Wochen ausgezogen — piepst laut. Ich fummele herum, um ihn auszuschalten. Ich habe ihn nicht gestellt. Jemand anderes hat das getan, auf 4.10 Uhr. Ich lege mich wieder hin und schlafe unruhig.

Natürlich war das kein gewöhnlicher Einbruch. Nichts wurde gestohlen oder beschädigt. Ein paar tausend Dollar, nachlässig im Küchenschrank neben dem Schneebesen versteckt, sind noch da. (Das Geld ist die Miete für den nächsten Monat. 20 Jahre nach dem Kommunismus und dem vermeintlichen Ende des Kalten Krieges ist Russland noch immer eine Bargeldwirtschaft. Die beliebteste Währung ist der Dollar, aber Euro werden auch akzeptiert.)

Die Eindringlinge hatten scheinbar nur ein Ziel: zu zeigen, dass sie da waren — und dass sie wiederkommen können, wann immer sie wollen. Sie sind wohl durch die Wohnungstür hereingekommen. Die Schlösser haben sie offenbar nicht weiter aufgehalten. Sie haben ein Fenster geöffnet, einen Wecker gestellt, vermutlich ein paar Wanzen versteckt. Dann sind sie gegangen. Ich frage mich, ob sie auch ein Abhörgerät im ehelichen Schlafzimmer versteckt haben, möchte diesen Gedanken aber lieber nicht weiterverfolgen.

Die düstere Symbolik des geöffneten Fensters im Kinderschlafzimmer ist nicht schwer zu entziffern: Pass auf, oder deine Kinder könnten herausfallen. Die zehn Stockwerke wären für jedes Kind tödlich. Mission erfüllt: Die Männer — jedenfalls vermute ich, dass es Männer sind — haben sich wie Geister in Luft aufgelöst. Und ich befinde mich plötzlich in einer neuen Welt, mit unbekannten Regeln und aggressiven Gegnern. Mir fehlen die Worte, um zu beschreiben, was uns gerade zugestoßen ist: War es Diebstahl, ein Einbruch, ein Übergriff? Plötzlich scheint es, als seien wir Gegenstand eines perfiden psychologischen Experiments, eines dunklen Experiments an der menschlichen Seele. An unseren Seelen. Ich ziehe meinen Sohn an mich. Wer sind diese Geister? Und wer hat sie geschickt?

1

SCHWERT UND SCHILD

Raum 306, Ermittlungsbüro des FSB, Lefortowo-Gefängnis, Moskau, 23. Mai 2007

Redefreiheit, Glaubensfreiheit, Pressefreiheit, Eigentumsrecht — all diese grundlegenden Elemente einer zivilisierten Gesellschaft werden vom Staat geschützt.

PRÄSIDENT WLADIMIR PUTIN, 31. DEZEMBER 1999

Eigentlich weiß ich ziemlich genau, wer die Geister sind — oder zumindest, welche Behörde sie geschickt hat. Zwei Wochen davor, am 13. April 2007, hatte der in London lebende russische Oligarch und Kremlkritiker Boris Beresowski meiner Zeitung, dem *Guardian*, ein Interview gegeben, in dem er zum gewaltsamen Umsturz von Wladimir Putins Regime aufrief. Mein Name, zusammen mit dem zweier Londoner Kollegen, stand neben der Titelstory. Damit bin ich Freiwild, zumindest für die wachsamen russischen Geheimdienste. Von jetzt an zeigt der Russische Föderale Dienst für Sicherheit oder FSB — die wichtigste Nachfolgebehörde des KGB — lebhaftes Interesse an mir.

Drei Wochen nach dem Interview mit Beresowski im *Guardian* bekomme ich überraschend einen Telefonanruf. Es ist der FSB. Man will mich treffen. Die Geschichte hat in Russland für Aufsehen gesorgt. Sie war der Aufmacher in den Nachrichtenprogrammen der staatlich kontrollierten Sender *Erster Kanal* und *Rossija*, die normalerweise in jeder Sendung Wladimir Putin in den Himmel loben. Sie sorgte auch für wütende Kommentare in den Boulevardblättern, deren inhaltliche Ausrichtung einmal — ziemlich treffend, wie ich finde — als «Putin plus Titten» beschrieben wurde. Der Artikel im *Guardian* bewog sogar einige Abgeordnete des normalerweise verstummten russischen Parlaments, der Duma, dazu, von Großbritannien, wo er sich seit 2003 versteckt hält, die Auslieferung Beresowskis zu fordern — was die britische Justiz allerdings standhaft verweigert.

Im Mai 2007 nimmt der FSB im Fall des *Guardian*-Berichts Ermittlungen auf. Der russische Generalstaatsanwalt, Juri Tschaika, hatte Beresowski bereits wegen Unterschlagung angeklagt — ihm wird vorgeworfen, der staatlichen russischen Fluggesellschaft Aeroflot 4,3 Millionen Pfund gestohlen zu haben. Doch zusätzliche Vorwürfe würden die Anklage des Generalstaatsanwalts stärken und die britische Regierung — einer der von den Russen am wenigsten geschätzten Partner im europäischen Raum — in Verlegenheit bringen.

Der Mann vom FSB, der mich unter meiner Büronummer anruft, stellt sich nicht vor. «Sie müssen herkommen», sagt er. Sein Ton ist höflich, aber unnachgiebig, mit einem Hauch von unterschwelliger Drohung. Er erklärt, ich würde im Zuge der Ermittlungen zum Beresowski-Interview als «Zeuge» vorgeladen und müsse direkt beim FSB aussagen. Das Gespräch verläuft folgendermaßen — meine Assistentin, Julia Molodstowa, übersetzt (anfangs war mein Russisch noch etwas stockend):

Julia: Sie wollen also Luke Harding als Zeugen in einem Ermittlungsverfahren vernehmen? Wir bräuchten das Geschäftszeichen der Ermittlungen, um es unserer Rechtsabteilung in London mitzuteilen.
Beamter: 432801.
Julia: Wir brauchen mehr Einzelheiten.
Beamter: Wir werden Ihnen alles vor Ort mitteilen.
Julia: Können Sie uns sagen, worum es bei den Ermittlungen geht, wer sie leitet?
Beamter: Nein, das ist vertraulich. Sobald Ihr Zeuge zu uns kommt, werden wir ihm alles sagen, was er wissen muss.

Dann richtet der Beamte seine Aufmerksamkeit auf Julia. In einem unmissverständlich drohenden Tonfall macht er klar, dass er weiß, wer sie ist:

Beamter: Ich verstehe absolut. Sie sind, wenn ich das richtig verstanden habe, Julia Wladimirowna?
Julia: Nein, nicht Wladimirowna.

Beamter: Ihr Nachname lautet Molodstowa?
Julia: Julia Sergejewna.
Beamter: Julia Sergejewna, bitten Sie Ihren Chef, einen Termin zwischen Mittwoch und Freitag auszusuchen und zu uns zu kommen. Er ist als Zeuge vorgeladen.

Ich erkläre, dass die Schriftfassung des Interviews mit Beresowski auf der Website des *Guardian* abrufbar ist und dass ich dem wenig hinzufügen kann. Meine Rolle bei der ganzen Geschichte sei eher gering gewesen, versichere ich. Ich hatte lediglich mit dem weltgewandten Pressesprecher des Kremls, Dmitri Peskow, telefoniert und ihn gefragt, ob er sich dazu äußern wolle. Das ist die Wahrheit. Doch das beeindruckt den Anrufer nicht. «Sie werden herkommen und mit uns sprechen», sagt er. «Ich schlage vor, Sie bringen einen Anwalt mit.»

Die Behörde schreibt uns auch einen Brief auf Russisch:

Föderaler Dienst für Sicherheit
Russische Föderation
Ermittlungsbehörde
04.05.07 Nr. 6/2-1053

An den Leiter des Moskauer Büros des Guardian, 123056 Moskau, Grusinski-Str. 3, 75-76

Das Untersuchungsdirektorium des Föderalen Dienstes für Sicherheit der Russischen Föderation ermittelt in der Strafsache Nr. 432801 bezüglich B. A. Beresowski, dem Aktivitäten zur Machtübernahme in Russland zur Last gelegt werden, was gemäß Paragraf 278 des Strafgesetzbuches der Russischen Föderation eine Straftat darstellt. Am 13. April 2007 veröffentlichte die Tageszeitung *The Guardian* den Beitrag «Ich plane eine neue russische Revolution» von Ian Cobain, Matthew Taylor und Luke Harding. Dieser Artikel enthält Informationen, die sich auf die Übernahme der Staatsmacht in Russland beziehen.
Bezugnehmend darauf und gemäß Absatz 4, Artikel 21 des Straf-

gesetzbuches der Russischen Föderation fordern wir Sie auf, uns Informationen zu folgenden Sachverhalten zukommen zu lassen (Besuchsadresse: 11116 Moskau, Energetitscheskaja-Straße 3a):
Wo, wann und unter welchen Umständen und auf wessen Initiative wurde das Interview mit Beresowski geführt?
Wer war bei diesem Interview anwesend?
Gibt es eine Aufzeichnung von diesem Interview, die mit technischem Gerät angefertigt wurde? Falls ja, mithilfe welchen technischen Geräts, und wurde die Aufzeichnung aufbewahrt?

Ermittlungsleiter in Fällen besonderer Wichtigkeit der Ermittlungsabteilung des Föderalen Dienstes für Sicherheit der Russischen Föderation
Leiter der Ermittlungsbehörde
A. W. Kusmin
[Andrej Wjatscheslawowitsch Kusmin]

Drei Wochen nach dem Anruf stehe ich vor dem Lefortowo-Gefängnis, einem tristen, dreistöckigen gelben Bau, umsäumt von spiralförmigem Stacheldraht, in der Nähe des Moskauer Stadtzentrums und eines hübschen grünen Parks gelegen. Zu Zeiten von Peter dem Großen war dies das Fremdenviertel. Hier veranstaltete der junge Zar nächtelange Saufgelage mit seinem Freund und Mentor, dem Schweizer General Franz Lefort. Das Gefängnis wurde 1881 erbaut und für Häftlinge des Zarenreichs genutzt. In kommunistischen Zeiten war Lefortowo das schlimmste Gefangenenlager des KGB. Dorthin wurden all jene gebracht, die sich gegen den Staat aufgelehnt hatten. Sie wurden befragt, isoliert und in «psychische Zellen» gesteckt.

Seine ehemaligen Insassen sind ein illustrer Haufen. In den 1930er Jahren wurden hier «Staatsfeinde» wie Jewgenia Ginsburg festgehalten, bevor man sie in die sibirischen Lager schickte. Zu den späteren Häftlingen gehörte der sowjetische Dissident Wladimir Bukowski, der jetzt in England lebt. Der Schriftsteller Alexander Solschenizyn beschrieb Lefortowo in *Der Archipel Gulag*, auch die «psychischen Zellen» wie Nummer 111: Sie war «schwarz gestrichen … Tag und Nacht brannte eine 25-Watt-Birne, doch in jeder anderen Hinsicht war sie wie alle Zellen in Lefortowo: Betonboden, ein Heizventil im Korridor, zu dem nur die Wachleute Zugang hatten». Vom benachbarten hydrodynamischen Institut kam «ein unbestimmter, nervenaufreibender Lärm», ein «Lärm, der eine Tasse oder Schüssel so heftig in Vibration versetzen konnte, dass sie von der Tischkante fiel». Ein anderer Insasse war Alexander Litwinenko, der 1999 acht Monate lang hier festgehalten wurde, bevor er nach England floh. Litwinenko hatte ein freundschaftliches Verhältnis zum Gefängnisdirektor von Lefortowo. Er hielt sich fit, indem er in seiner Zelle fanatisch Sport trieb. Litwinenko hasste Zigarettenrauch. Der FSB setzte ihm einen ketterauchenden Spitzel in seine Zelle.

Lefortowo ist normalerweise kein Ort, an dem Journalisten zugelassen sind, schon gar keine ausländischen. Das Gefängnis an der Energetitscheskaja-Straße ist auf keinem Stadtplan eingezeichnet. Es liegt versteckt hinter einer Reihe grauer Wohnblöcke. Im Innenhof wächst einsam eine Platane. Als ich mit meinem Anwalt, Gari Mirsojan, einem Veteran des Moskauer Justizbetriebs, dort ankomme, scheint die Sonne. Meine Stimmung hellt sich auf. Es ist doch absurd: Ich warte im Sonnenschein darauf, den FSB zu besuchen, eine Organisation, die man wie ein nachtaktives Nagetier eigentlich nur in der Dunkelheit antrifft. Wir rufen A. W. Kusmin an, den FSB-Major, der uns herbestellt hat. Er ist bereit, uns zu empfangen.

Gari klingelt am Eingang. Eine große, verstärkte Metalltür öffnet sich. Drinnen finden wir einen Warteraum vor, kahl und offenbar ohne Tisch oder Stühle. Daneben befindet sich ein kleiner Empfangsbereich. Die Rezeption selbst ist hinter einem einseitig versilberten Spiegel verborgen: Der diensthabende Offizier kann uns sehen, wir ihn aber nicht. Das stimmt nicht ganz — eine körperlose Hand erscheint kurz. Sie nimmt meinen Pass und mein Mobiltelefon. Sie ist behaart, stelle ich fest. Ich frage, ob ich mein Mobiltelefon nicht doch zurückbekommen kann — eine sinnlose Vorsichtsmaßnahme, da es vermutlich ohnehin schon längst verwanzt ist. Der Besitzer der Hand stimmt zu. «*Haraschow*», sagt er, «gut». Die Hand gibt das Mobiltelefon heraus. Gari schlüpft hinaus und legt es in sein Auto. Fünf Minuten vergehen. Dann erlaubt man uns, durch einen Flur mit einem ausgelatschten grünroten Teppich nach oben zu gehen. Wir kommen an einem seltsam viktorianisch anmutenden Fahrstuhl vorbei. Er hat altmodische Gitterstäbe. Eigentlich ist es ein beweglicher Käfig. Er scheint in die tieferen Stockwerke von Lefortowo zu fahren, einem internen, K-förmigen Gefängnis, in dem eine kleine Anzahl von Insassen, meist politische Gefangene, festgehalten werden. Der Oligarch Michail Chodorkowski — einst der reichste Mann Russlands — wurde dort nach seiner Festnahme 2003 eingesperrt, bevor er nach einem politisch motivierten Gerichtsurteil in die sibirische Verbannung geschickt wurde, genau wie die Dezembristen, die sich gegen Zar Nikolaus I. aufgelehnt hatten.

Veraltete Videokameras zeichnen unsere Bewegungen im Treppenhaus auf. Der Flur wird von einer Reihe identisch aussehender Holztüren gesäumt. Mit seiner schäbig-bedrohlichen Atmosphäre und institutionellen Tristesse ähnelt Lefortowo dem Berliner Hauptquartier der Staatssicherheit, der ostdeutschen Geheimpolizei. Sollte sich hier seit Sowjetzeiten etwas verändert haben, so bin ich offensichtlich nicht in der Lage, es zu erkennen. Wir erreichen Raum 306 und klopfen an. Major A. W. Kusmin bittet uns, einzutreten. Zu meiner Überraschung sitzt dort ein junger Mann in olivgrüner Uniform — vielleicht 29 oder 30 Jahre alt. Sein Haar ist blond und kurz, sein Gesichtsausdruck undurchdringlich und regungslos. Er sieht gut aus. Ich hatte jemand älteres erwartet.

Dass er im Fall Beresowski auf Geheiß der Regierung ermittelt, lässt darauf schließen, dass er sich auf der Karriereleiter des FSB schnell hinaufbewegt hat. Sein Büro verrät kaum etwas über ihn: Es gibt keine Familienfotos, ein paar winzige Grünlilien, die auf dem Garderobenschrank stehen, sind die einzige Andeutung von Wärme. Auf dem Tisch stehen Mineralwasser und drei Gläser mit einer Gravur aus den Initialen der geheimen Spionageorganisationen Russlands, beginnend mit der «Tscheka», der ersten Geheimpolizei der Kommunisten, gegründet 1917 von Felix Dserschinski, einem fanatischen Bolschewiken und Freund Lenins.

Die Initialen suggerieren eine Art von geheimer Bruderschaft — und eine Kontinuität in Mentalität und Methode. Trotz des Zusammenbruchs des Kommunismus sieht sich der FSB in der gleichen heiligen Pflicht wie sein Vorgänger, der KGB: den Staat zu schützen und dessen Feinde zu zerschlagen.

Kusmin beginnt. Auf seinem Schreibtisch liegt eine hochwertige Farbkopie der Titelseite des *Guardian* mit dem Beresowski-Beitrag. Er schiebt sie mir zu. Er spricht Russisch.

«Können Sie mir bestätigen, wer Sie sind?»

«Luke Daniel Harding», sage ich.

«Seit wann sind Sie in Moskau?»

«Seit vier Monaten.»

«Wo haben Sie studiert?»

«In Oxford.»

«Sind Sie verheiratet?»

«Ja.»

«Können Sie mir die Umstände beschreiben, unter denen Ihr Interview mit Beresowski stattgefunden hat?»

«Es fand in London statt.»

«Woher wissen Sie das?»

«Die Rechtsabteilung des *Guardian* hat es mir gesagt. Wie Sie wissen, habe ich selbst Beresowski nie getroffen.»

«Ist die Aufzeichnung seiner Aussagen echt?»

«Soweit ich weiß, ja.»

Und so weiter. Die Fragen sind auffallend sinnlos. Fast wirkt es so, als sei dies gar keine richtige Befragung, sondern eine Art bürokratische Buchhaltungsarbeit, um meine zugegebenermaßen geringe Rolle im Fall Beresowski zu Protokoll zu nehmen. Erst später dämmert mir, dass es bei dieser offiziellen Vorladung gar nicht darum geht, ein Verbrechen aufzuklären. Sondern darum, mich einzuschüchtern. Kusmins absurde Fragen und meine Antworten sind gezielt irrelevant. Sein eigentliches Ziel ist es, Unsicherheit, Verwirrung oder sogar Angst bei jemandem zu schüren, den der FSB — zu dieser Zeit noch vorläufig — als «Feind» eingestuft hat. Diese Taktik hat auch schon bei anderen funktioniert. Meine Rechtsberater — die ich nur unter großen Schwierigkeiten finden konnte, denn keine Moskauer Anwaltskanzlei will sich mit dem Fall Beresowski befassen — haben mir geraten, mich kurz zu halten. Kusmin tippt meine Antworten mit zwei Fingern in seinen Computer. Er scheint zufrieden mit meinen minimalistischen Aussagen.

Mir wird klar, dass er die Antworten auf seine Fragen natürlich schon kennt. Zu diesem Zeitpunkt ist der FSB bereits in meine Wohnung eingedrungen, hat mein Telefon angezapft und sich in mein E-Mail-Postfach eingehackt. Es gibt wenig, was ihn jetzt noch überraschen könnte. Da eine formale Untersuchung gegen mich eingeleitet wurde, sind seine Aktivitäten vielleicht sogar «legal» — auch wenn «legal» nicht viel bedeutet in einem Staat, der eine politisch gelenkte Justiz dazu nutzt, seinen Willen durchzusetzen. Nach 55 Minuten verkündet Kusmin, unser Gespräch sei beendet. Es ist 11.10 Uhr. Er reicht mir meine Zeugenaussage. Ich unterschreibe sie. Die Atmosphäre im Raum hat etwas Schläfriges bekommen. Kein Geräusch dringt von außen herein, keine Schritte und ganz sicher kein Gelächter, nur eine seltsame und beunruhigende Stille, die Lefortowos ausgeblichene Flure durchdringt. Ich bin durstig, rühre das Mineralwasser aber nicht an. Ich fürchte — zu Unrecht, da bin ich mir sicher —, dass es irgendwie manipuliert worden sein könnte.

Einen Augenblick lang bin ich versucht, Kusmin selbst ein paar Fragen zu stellen. Vor allem: Haben Sie den Einbruch in meine Wohnung angeordnet? Wen haben Sie geschickt? Ist mein Schlafzimmer jetzt verwanzt? Und haben Sie selbst Kinder? Kusmin verhält sich ganz geschäftsmäßig. Er schüttelt mir die Hand. Er überreicht mir sogar ein Geschenk. Es ist der FSB-Kalender 2007. Bilder gibt es keine — das ist wohl nicht der Stil des FSB. Doch die Worte «Ermittlungsabteilung, Lefortowo-Gefängnis» stehen gut lesbar in silbernen Großbuchstaben auf dunkelviolettem Hintergrund über den Monaten. Der Kalender zeigt das wappenartige Emblem des FSB: ein Schwert und ein Schild, geschmückt mit dem doppelköpfigen Romanow-Adler. Das Motiv Schwert und Schild benutzte schon der KGB; der imperiale Adler der Russischen Föderation hat Hammer und Sichel des KGB-Emblems ersetzt. Die Organisation, denke ich, sieht für sich eine Art heraldische Mission, ein bisschen wie die Tempelritter oder die Freimaurer.

Ich fahre in das Büro des *Guardian* zurück und koche mir in der schäbigen Büroküche ein paar Stachelbeeren. Die Stachelbeeren gehören zu den vielen saisonalen Früchten, die von den Babuschkas, den alten Frauen vor meiner Metrostation verkauft werden. Sie handeln auch mit Pullis, Lederhandschuhen und warmen Socken. Ich hänge den Kalender in den schmalen Flur neben der Küche. Vielleicht wird er mir in den kommenden Monaten Schutz bieten. Wie sich herausstellt, werde ich ihn bitter nötig haben.

Im Jahr 2000 trat Wladimir Putin die Nachfolge von Boris Jelzin an. Rasch schuf er ein neosowjetisches Russland. Der FSB wurden zur überragenden Macht im Land — eine riesige, geheime, mit ungeheuren Ressourcen ausgestattete Organisation, die außerhalb des rechtlichen Rahmens nach ihren eigenen, geheimen Regeln operiert. Nach dem Zusammenbruch der Sowjetunion hatte man den KGB zwar aufgelöst, doch verschwunden war er nicht. Er hatte einfach einen neuen Namen bekommen. 1995 wurden die meisten KGB-Operationen auf den neugegründeten FSB übertragen. Dieser ist Russlands wichtigster Inlandsgeheimdienst und bedeutendste staatliche Sicherheitsbehörde. Eigentlich hat er ähnliche Aufgaben wie das FBI und andere westliche Sicherheitsdienste — Aufklärung von Straftaten, Kampf gegen das organisierte Verbrechen und Terrorabwehr. Doch seine wichtigste Aufgabe ist die Spionageabwehr.

Diese richtet sich gegen Russlands kleine und demoralisierte Gruppe von Oppositionspolitikern, die — zumindest bis zum Beginn der Massenproteste gegen Putin 2011 — im öffentlichen Leben völlig marginalisiert waren. Sie richtet sich gegen Menschenrechtsaktivisten, Mitarbeiter ausländischer NGOs und ambitionierte Milliardäre und Magnaten wie Chodorkowski, die sich nicht an die Spielregeln von Putins Regime halten, die da lauten: Gehorche dem Staat und halte dich aus der Politik raus. Sie richtet sich auch gegen ausländische Diplomaten, vor allem amerikanische und britische. Und offenbar auch gegen lästige westliche Journalisten.

Vor allem aber, und das ist am gefährlichsten, richtet sie sich gegen Verräter. Ich bin überzeugt — und, wie die später durchgesickerten Diplomatendepeschen belegen, die britische und die amerikanische Regierung ebenfalls —, dass der FSB in den Mord an Litwinenko, einem russischen Dissidenten, verwickelt war. Litwinenko starb im November 2006 in einem Londoner Krankenhaus, drei Wochen, nachdem er eine Tasse grünen Tee getrunken hatte, der mit radioaktivem Polonium-210 vergiftet war. Litwinenko war ein ehemaliger FSB-Offizier. Sein mutmaßlicher Mörder, Andrej Lugowoi, auch.

Als Litwinenko ermordet wurde, waren ehemalige KGB-Agenten, die zu einer mächtigen Gruppe von Offizieren mit militärischem oder Geheimdiensthintergrund gehören — auch «Silowiki» genannt —, in Putins Kreml in Schlüsselpositionen aufgestiegen. Putin war 1991 als KGB-Agent aus dem Dienst geschieden. Seine Geheimdienstkarriere war unspektakulär verlaufen. Er hatte den Rang eines Oberstleutnants erreicht und in der Auslandsabteilung des KGB gedient. Der Zusammenbruch der Sowjetunion erwischte ihn in der damals wenig glamourösen ostdeutschen Stadt Dresden, wo er zur Tarnung für das sowjetische Kulturinstitut arbeitete. Offenbar leistete sich Oberstleutnant Putin einige Fehltritte. Er wurde aus Dresden zurückbeordert, um als Assistent des Vizedekans der Leningrader Universität zu arbeiten — eine demütigende Herabstufung.

Doch dann wandte sich Putins Geschick. Er heuerte bei Anatoli Sobtschak an, dem liberalen Bürgermeister von St. Petersburg, einem erklärten Gegner des KGB und einem der führenden Demokraten in Russland. Nun avancierte Putin schnell. 1999 stieg er zum Leiter des FSB auf. Im Sommer 1999 ernannte Präsident Jelzin den bis dahin unbekannten Putin zum Regierungschef — um ihn dann, wenige Monate später, zu seinem Nachfolger zu küren. Als Präsident holte Putin als Erstes zuverlässige Mitglieder der russischen Geheimdienste in die Provinzgouvernements, Ministerien und in die Vorstände russischer Staatsunternehmen. Seine ehemaligen Geheimdienstkollegen aus St. Petersburg regierten das Land, auch wenn sie wenig oder gar keine Ahnung von Wirtschaftsfragen hatten. Der KGB war wieder da.

Aber es bestehen wichtige Unterschiede. Wie die Journalisten Andrej Soldatow und Irina Borogan feststellen, war der sowjetische KGB dem politischen Willen der Kommunistischen Partei unterstellt. Die Partei kontrollierte jede KGB-Leitungsstelle, jede Abteilung und jedes Referat. Der FSB dagegen ist eine «bemerkenswert unabhängige Einheit, frei von Parteikontrolle oder parlamentarischer Aufsicht», schreiben sie. Der Dienst genießt beachtliche Unabhängigkeit und Freiheit — die so weit geht, dass er die Ermordung von vermeintlichen Kremlgegnern im Ausland anordnen und durchführen kann.

Soldatow und Borogan haben ihre 2010 erschienene Studie über den FSB und die Restauration der Sicherheitsdienste unter Putin *The New*

Nobility [*Der neue Adel*] genannt. Es ist ein treffender Titel. Der Ausdruck stammt aus einer Rede von Nikolai Patruschew, der 1999 Putin als FSB-Chef abgelöste. Er spielt auf den riesigen Einfluss und Reichtum an, den das schattenhafte Personal der Behörde angehäuft hat. Der FSB unterscheidet sich von seinen westlichen Gegenparts und seinem unmittelbaren Vorgänger, dem sowjetischen Geheimdienst. «In mancherlei Hinsicht ähnelt der FSB am ehesten der skrupellosen *mukhabarat*, der Geheimpolizei der arabischen Welt: dem Schutz autoritärer Regime verpflichtet, nur den Machthabern verantwortlich, undurchdringlich, zutiefst korrupt und der Anwendung von brutalen Methoden gegenüber Individuen nicht abgeneigt, die des Terrorismus oder einer abweichenden Meinung bezichtigt werden», schreiben die Autoren, die später gute Freunde von mir werden.

Privat verwenden US-Diplomaten eine andere Analogie. Sie vergleichen die Behörde mit Russlands vorrevolutionärer Geheimpolizei. In einer vertraulichen Depesche an FBI-Chef Robert S. Mueller kurz vor dessen Besuch in Moskau vergleicht der amerikanische Botschafter John Beyrle den FSB mit den Agenten, die früher dem russischen Zarenreich dienten. Der imperiale Vorgänger des FSB sollte linksrevolutionäre Umtriebe und politischen Terrorismus bekämpfen. Er setzte verdeckte Ermittler und Operationen ein. «Trotz der Veränderungen seit dem Zusammenbruch der Sowjetunion ähneln Russlands Geheimdienste mehr dem Modell der zaristischen *ochrana* (Geheimpolizei) als den westlichen Sicherheitsdiensten», schreibt Beyrle an das FBI.

Beyrle erwähnt auch zwei andere moderne Behörden, die für die Staatssicherheit verantwortlich sind: den SVR, Russlands Auslandsgeheimdienst, und das MVD, das Innenministerium, das mehr als 190 000 Soldaten in seiner Abteilung für innere Sicherheit beschäftigt. Alle drei Behörden sind in die politischen Kämpfe des Kremls verstrickt, berichtet Beyrle, und konkurrieren miteinander um Einfluss, «mit verborgenen Konflikten, die gelegentlich an die Oberfläche dringen». Ihr Eifer für Ermittlungsverfahren hängt unmittelbar von politischen Faktoren ab. Sie alle setzen die Justiz als Waffe gegen politische Gegner ein.

Ihre Hauptaufgabe ist jedoch der Schutz der herrschenden Machtelite in Russland. Seit den prowestlichen «Farbrevolutionen» in Georgien und der Ukraine ist dies noch dringlicher geworden. Beyrle verweist darauf, dass die russischen Geheimdienste den Vereinigten Staaten und anderen westlichen Mächten vorwerfen, die Revolutionen und den Umsturz der Regierungen in Tiflis und Kiew 2003 und 2004 angezettelt zu haben. «Die Staatssicherheit ist weiterhin die wichtigste Aufgabe der Dienste, und alle drei Organisationen widmen der Spionageabwehr und der inländischen Nachrichtenbeschaffung erhebliche Aufmerksamkeit und Ressourcen», berichtet Beyrle nach Washington.

Angesichts seiner Vorgeschichte beim KGB ist es nicht überraschend, dass Putin die Regierung nach seinen Vorstellungen umgebaut hat. Soziologen schätzen, dass 2003 die Zahl der hochrangigen Kremlmitarbeiter mit geheimdienstlichem oder militärischem Hintergrund bei 25 Prozent lag. 2007 waren es 42 Prozent. Diese Zahl erfasst nur bekannte ehemalige Agenten. Sie beinhaltet nicht jene, deren KGB-Tätigkeit mit einer «Legende» verschleiert wurde — in der Welt der Spionage ein Synonym für einen gefälschten Lebenslauf. 2006 betrug der Anteil der «assoziierten» Silowiki — sowohl offizieller als auch inoffizieller Geheimdienstmitarbeiter — erstaunliche 77 Prozent. Im Laufe der vergangenen zehn Jahre hat der FSB neue Aufgabenbereiche angeeignet. Sein Budget ist gewachsen. Die genaue Größe der Behörde ist ein gutgeschütztes Staatsgeheimnis. Doch Soldatow und Borogan schätzen, dass der FSB heute mehr als 200 000 Mitarbeiter beschäftigt. Im Februar 2010 hält der amerikanische Verteidigungsminister Robert Gates fest, dass die Demokratie in Russland praktisch verschwunden sei. Stattdessen sei das Land eine «Oligarchie, die von den Geheimdiensten regiert wird».

Beyrles Stellvertreter, Eric Rubin, sinniert in einer anderen Depesche über die ideologische Ausrichtung des FSB. Er beschreibt die Führungsriege von Russlands modernen Geheimdiensten als «pragmatische Hardliner»:

> [Sie] teilen ein von sowjetischer Xenophobie und Misstrauen gegenüber dem Westen geprägtes Weltbild, dem zufolge allen voran die Vereinigten Staaten aktiv daran arbeiten, Russland zu destabilisieren. Zugleich schätzen sie die Vorteile, die aus einer Zusammenarbeit mit den Amerikanern erwachsen, nicht nur, um die ihnen

zugewiesene Mission zu erfüllen, sondern auch, um die Stellung ihres Landes international zu verbessern.

Für die Silowiki, oder die «starken Kerle», war der Zerfall der Sowjetunion eine schreckliche Erniedrigung — in den Worten Wladimir Putins «die größte geopolitische Katastrophe des 20. Jahrhunderts». Ihre «historische» Mission besteht in ihren Augen darin, Russlands verlorene Größe wiederherzustellen, dem wiedererstarkenden Land neue Geltung zu verschaffen, vor allem angesichts seiner ökonomischen Macht, die sich aus einem massiven Anstieg der weltweiten Öl- und Gaspreise in den ersten Jahren des 21. Jahrhunderts speist.

Ich komme im Januar 2007 nach Moskau. Damals ist Russland als Supermacht noch nicht ganz wiederhergestellt, allen Bemühungen von Präsident Putin zum Trotz, der auf internationalem Parkett gern seinen Einfluss geltend macht und zweifellos die Gabe besitzt, beim G8-Gipfel oder bei anderen Spitzentreffen scharfe und abfällige Bemerkungen über westliche Heuchelei und Doppelzüngigkeit zu machen. Kritiker halten Russland für innenpolitisch repressiv und international gefährlich. Ob das nun zutrifft oder nicht, in einer Hinsicht jedenfalls ist Russland globaler Spitzenreiter: Es ist zum weltgrößten Spionagestaat geworden. Seine Obsession für Spionage nimmt zuweilen lächerliche Ausmaße an. Im Dezember 2008 benennen nordossetische Politiker einen kaukasischen Berggipfel nach Russlands tapferen Agenten. Der zuvor namenlose Berg, der sich nahe der georgischen Grenze mit 3 269 Metern über dem Suganski-Kamm erhebt, heißt fortan «Gipfel der russischen Spionageabwehr-Agenten».

Die Vorladung nach Lefortowo ist ein äußerer Aspekt meines seltsamen neuen Lebens in Moskau. Der andere ist subtiler und unerfreulicher: übelste Schnüffeleien von einem Staat, der keinerlei Hemmungen hat, in meiner Korrespondenz herumzuwühlen, meine Telefone anzuzapfen und in unsere Privatsphäre einzudringen. Wenige Stunden nach der Veröffentlichung des Beresowski-Interviews im *Guardian* hat jemand mein E-Mail-Postfach geknackt. E-Mails, die mit «Beresowski» markiert sind, tauchen auf mysteriöse Weise in meiner Mailbox auf, nur um Minuten später wieder zu verschwinden. Jemand, der behauptet, dem «Büro des

Präsidenten» anzugehören, ruft an und verlangt nach meiner privaten Mobiltelefonnummer. Ich bitte ihn, im Büro anzurufen. Eine Frau mittleren Alters, leger gekleidet und mit — wie ich finde — einer ziemlich hässlichen 1970er-Jahre-Frisur, klingelt um 7.00 Uhr in der Frühe an meiner Haustür in Woikowskaja. Ich drücke ihr nicht auf. Irgendwie gelangt sie trotzdem in den 10. Stock und klopft an meine Wohnungstür. Ich öffne. Sie sieht mich prüfend an und geht wieder.

Es gibt noch mehr merkwürdige Zwischenfälle, die teilweise ans Surreale grenzen. Am 15. April 2007 fliege ich mit Aeroflot von Moskau nach London zur Beerdigung eines Angehörigen. Ich passiere die letzte Sicherheitsschleuse. Als ich mich anschicke, meinen Gürtel und mein Notebook wieder an mich zu nehmen, schlägt mir jemand von hinten feste auf die linke Schulter. Ich drehe mich um. Da steht ein junger Mann, mit ölig zurückgekämmtem dunklem Haar und Lederjacke — die unverwechselbare Kluft eines KGB-Schlapphuts. Er grinst. «Da stimmt etwas nicht mit Ihrer Jacke», sagt er auf Englisch mit starkem russischen Akzent. «Unsinn», entgegne ich gereizt. Der Mann nickt, huscht an die Spitze der Warteschlange und verschwindet. Ich halte im Flugzeug nach ihm Ausschau, kann ihn aber nirgends entdecken.

Nach dem Abflug gehe ich zur Bordtoilette. Ich ziehe Jacke und Hemd aus und suche meine Schulter ab. Da ist nichts. Zumindest nichts, das ich sehen könnte. Aber ich wüsste auch gar nicht, wie so ein Abhör- oder Ortungssender eigentlich aussieht. Ein paar Tage später, als ich wieder in Moskau bin, bekomme ich einen ersten Vorgeschmack auf die gute alte Überwachung im KGB-Stil. Ich verabrede mich mit dem charmanten Korrespondenten der BBC in Moskau, Richard Galpin, auf ein Bier. Als Treffpunkt vereinbaren wir den Pub «Winston Churchill» in Sokol, einem Stadtteil in der Nähe meiner Wohnung. Aus Sorge vor unerwünschter Gesellschaft treffen wir uns draußen und gehen stattdessen zu einem nahegelegenen Café.

Wir sitzen im Keller. Das Café ist leer, wir sind die einzigen Gäste. Nach 20 Minuten tauchen zwei Männer in Lederjacken auf. Sie sehen aus wie Nachwuchsagenten. Einer von ihnen fragt höflich: «*Moschna*?» — «Darf ich?» — und setzt sich neben mich auf eine niedrige Holzbank. Sein Oberschenkel ist wenige Zentimeter von meinem entfernt. Er stellt eine

Reisetasche neben uns ab, die vermutlich ein Abhörgerät enthält. Als Undercover-Agenten verhalten sich die beiden wie die größten Stümper aller Zeiten, mehr Inspektor Jacques Clouseau als KGB. Erst später erfahre ich, dass die beiden *demonstratiwnaja sleschka* betreiben — demonstrative Verfolgung. Ihr Ziel ist weniger der Gewinn von Informationen als vielmehr leichte Belästigung und allgemeine Verunsicherung. Richard und ich lachen, bezahlen die Rechnung und gehen. Unsere neuen Freunde lassen wir zurück. Die Begegnung ist beinahe komisch. Aber, fällt mir ein, diese provinziellen Gangster könnten dieselben sein, die in unsere Wohnung eingebrochen sind und das Fenster meines Sohnes geöffnet haben, mit seiner unzweideutigen Fallhöhe in den Hof.

Ein paar Tage später sitze ich in einem bequemen Konferenzzimmer im Obergeschoss der britischen Botschaft in Moskau. Der Raum unterscheidet sich von den anderen im Botschaftsgebäude in einem wichtigen Punkt: Er existiert nicht. Zumindest nicht offiziell. Der Sicherheitschef der Botschaft sieht mich mit einem freundlichen Lächeln an. Neben ihm sitzt der stellvertretende britische Botschafter, Sian MacLeod. Bevor ich eintrat, habe ich feierlich mein Mobiltelefon in einer Vitrine vor der Tür verstaut.

Der Raum ist der einzige in der Botschaft Ihrer Majestät in Moskau, der nicht von den Russen verwanzt wurde, erklärt der Sicherheitsbeamte entschuldigend. «Sonst ist es nirgendwo sicher.» Drinnen ähnelt der Raum ein bisschen einem Tonstudio: gepolsterte schallisolierte Wände, ein langer Konferenztisch, Stühle und eine große Wandkarte der Russischen Föderation. Ein bisschen wie die Art von Notfallbesprechungsraum, die Fans der britischen Science-Fiction-Serie *Doctor Who* kennen. Der Sicherheitsbeamte erklärt mir, ich sei nicht der Erste, der unter dem berüchtigten «Einbruchkommando» des FSB zu leiden habe. Dessen Existenz ist Moskaus am schlechtesten gehütetes Geheimnis, sagt er. Auch in die Wohnungen zahlreicher westlicher Diplomaten und russischer Botschaftsmitarbeiter sei der Geheimdienst schon eingebrochen. Das Ritual sei schon fast ein anerkannter Bestandteil des Moskauer Botschaftslebens.

Die Methoden des FSB sind bizarr. Nach dem Eindringen schalten die Agenten Kühlschränke aus; sie benutzen Toiletten, ohne nachzuspülen; manchmal stehlen sie die Fernbedienung des Fernsehers, um sie Wochen später zurückzubringen. Eine weitere beliebte Taktik ist es, einen Gegenstand von geringem Wert hineinzuschmuggeln, der vorher nicht dagewesen ist — ein flauschiges Spielzeug oder einen Stoffelefanten. Das Ziel ist psychologischer Natur: das Opfer zu schikanieren und es vielleicht sogar davon zu überzeugen, dass es langsam meschugge wird. «Wir sprechen darüber nicht öffentlich. Aber, nein, Sie werden nicht verrückt. Es gibt keinen Zweifel, dass der FSB in Ihre Wohnung eingedrungen ist. Wir haben eine so dicke Akte voll mit ähnlichen Fällen», sagt der Beamte und deutet mit den Händen einen 12 bis 15 Zentimer hohen Stapel an. «Meist machen wir nicht viel Aufhebens davon.»

Der Beamte gibt mir ein paar Tipps. Einer der wichtigsten lautet, sich von schönen Frauen fernzuhalten — eine List wie aus einem KGB-Lehrbuch, die auch von seinem modernen Nachfolger immer noch angewendet werde. «Erstens, halten Sie sich fern von Moskaus attraktiven jungen Frauen: die vielen Stripbars, Nachtclubs und Honigtöpfe in Moskau, da können Sie ganz leicht Opfer einer FSB-Intrige werden.» Er bestätigt mir auch, dass meine Wohnung jetzt verwanzt ist. «Es gibt nicht viel, was Sie dagegen unternehmen können. Wenn Sie versuchen, die Wanzen zu finden oder zu entfernen, führt das nur dazu, dass der FSB zurückkommt», erklärt er hilfreich. Es bringe auch nichts, die Schlösser auszutauschen. Der FSB beschäftigt Profis, die mit Leichtigkeit durch jede Tür kommen. Wenn es etwas Vertrauliches zu besprechen gibt, soll ich es mit Filzstift aufschreiben. (Danach, so geht der Trick, soll man die Unterhaltung einweichen und die Toilette hinunterspülen. Meine Frau und ich haben das zwei Tage lang versucht. Ich habe mich sogar selbst gemalt, verfolgt von einem langzahnigen Cartoon-Monster, darunter die Worte «faschistisches Biest». Doch der Reiz von Filzstiftkonversationen verflüchtigt sich schnell. Für den Rest meiner Zeit in Moskau sind Phoebe und ich stattdessen im Garten spazieren gegangen.)

Der Beamte hat noch mehr Ratschläge parat. Auch wenn der FSB mit Ressourcen gut ausgestattet ist, sprechen die meisten seiner Agenten kein Englisch. «Sie müssen darum ganz nahe an Sie herankommen, nah genug, um eine brauchbare Aufnahme von Ihrer Unterhaltung zu machen. Der FSB steigt nicht gern aus dem Auto und wird Sie kaum je in der Moskauer Metro verfolgen — auch wenn er natürlich könnte. Und: Es bringt gar nichts, sich den Kopf über die Beschattung zu zerbrechen. Der Dienst hat hundert verschiedene Methoden.» Das Lieblingsspielzeug der russischen Geheimdienste ist ausgesprochen praktisch: eine Herrentasche, meist auf einem Tisch platziert neben dem, an dem man sich unterhält. Zuletzt erklärt mir der Beamte noch, dass es etwa 20 Minuten dauert, bis ein FSB-Beschattungskommando einsatzbereit ist, wenn man sich verabredet. «Wenn Sie also etwas Wichtiges zu sagen haben, sagen Sie es innerhalb der ersten fünf Minuten.»

Ich verlasse die Botschaft und mache mich auf den Heimweg. Das Gespräch war aufschlussreich. Es bringt eindeutig nichts, nach Wanzen zu suchen. Es hat auch keinen Sinn, sich bei der russischen Polizei über das Eindringen in meine Wohnung zu beschweren. Jede Beschwerde würde vermutlich mit der höflichen Feststellung des diensthabenden Beamten beantwortet, dass ich an Paranoia leide. So betrachtet, wohnt den Einbrüchen, die keine Einbrüche sind, eine brutale Logik inne. Wie beschwert man sich bei einem Staat über einen Einbruch, wenn die Einbrecher für ebendiesen Staat arbeiten und von ihm geschickt werden?

Die unsichtbare Präsenz des FSB hält an; die Behörde wird zu einem nicht greifbaren Teil meines Moskauer Lebens. Der späte Frühling in der Stadt geht in einen heißen, schwülen Sommer über. Nach der Arbeit kühle ich mich an dem Teich gleich hinter unserem vorstädtischen Wohnblock ab, oder ich jogge an Pinienbäumen vorbei zu einem kleinen hölzernen Schrein mit einer Quelle, an der Rentner ihre Flaschen mit heiligem Wasser abfüllen. Von dort laufe ich einen kleinen, sumpfigen Pfad entlang, vorbei an Flächen mit purpurn blühendem Indischem Springkraut. In grüne Jagdkluft gekleidete Fischer sitzen zufrieden am Seeufer; manchmal fangen sie einen kleinen, karpfenartigen Fisch. Daneben treffen sich Volleyballspieler unter den Birken.

Politisch ist 2007 nur eine Frage von Bedeutung: Wen wird Wladimir Putin zu seinem Nachfolger küren? Oder wird er, wie viele vermuten, mithilfe irgendeiner außergesetzlichen Sonderregelung das größte Land der Erde einfach weiterregieren? Nach acht Jahren und zwei aufeinanderfolgenden Amtszeiten als Präsident ist Putin eigentlich verfassungsrechtlich gezwungen, seine Macht abzugeben.

Die rivalisierenden Lager im Kreml — und die meisten russischen Wähler — wären wohl froh, wenn er weitermachte. Doch das würde bedeuten, etwas zu opfern, woran Putin durchaus gelegen ist: internationales Ansehen. Trotz seiner antiwestlichen Ausfälle, die 2007 immer häufiger werden, gefällt es Putin, Präsident George W. Bush und andere Staatschefs zu umgarnen. Mit einer verfassungswidrigen dritten Amtszeit stünde er kaum besser da als Islam Karimow oder Nursultan Nasarbajew — jene Despoten im benachbarten Zentralasien, die ihre präsidentielle Macht «dem Volkswillen entsprechend» ins Unendliche ausdehnen. Auch würden dann Vergleiche mit Alexander Lukaschenko gezogen, dem autoritären Dauerpräsidenten des benachbarten Belarus, ein so übles Staatsoberhaupt, dass ihn die damalige amerikanische Außenministerin Condoleezza Rice als «letzten Diktator Europas» bezeichnete. Im Herbst 2007 ist kaum zu erraten, was innerhalb der Mauern des Kremls geschieht — nicht nur für westliche Journalisten, sondern auch für jene, die dort arbeiten.

Zugleich gehen die Schikanen des FSB gegen mich weiter — immer trivial, manchmal stärker, manchmal schwächer, wie mit jemandem im Hinterzimmer, der den Regler des Intensitätsgrads der Verfolgung auf- und abdreht. In Russland gibt es, was das Ausspionieren der Bürger angeht, eine lange Tradition. Im Frankreich des 18. Jahrhunderts bezeichnete man die Praxis als «Perlustration». Wie amerikanische Diplomaten in vertraulichen Depeschen schreiben, geht die «bedauerliche» Unsitte des offiziellen Herumschnüffelns auf Katharina die Große zurück. Die Zarin hatte in den Postämtern gesonderte Räumlichkeiten für diesen speziellen Dienst einrichten lassen, bekannt als die «schwarzen Räume». «Die sowjetischen Machthaber waren da weniger subtil: Die Beamten untersuchten automatisch alle internationale Korrespondenz, und eine spezielle Perlustrationsabteilung wurde in dem Gebäude der Hauptzentrale für das Straßen- und Bahnverkehrswesen in Moskau untergebracht», schreibt der US-Diplomat Dave Kostelancik. Unter Putin wird diese Praxis offiziell fortgeführt: 2009 erlässt das russische Kommunikationsministerium ein Dekret, in dem es acht Sicherheitsbehörden, unter anderem dem FSB, gestattet, auf die konventionelle und elektronische Korrespondenz seiner Bürger zuzugreifen. In Wirklichkeit ist diese Praxis ohnehin schon weit verbreitet.

Dass auch meine Telefonanrufe abgehört werden, wird mir ständig klargemacht. FSB-Agenten unterbrechen die Verbindung, sobald das Gespräch sensible Themen berührt. Namen wie «Beresowski» oder «Litwinenko» zu erwähnen bedeutet das sofortige Ende der Unterhaltung. (Eine Zeitlang verwende ich statt «Beresowski» das Wort «Banane». Erstaunlicherweise scheint das zu funktionieren.) Auch Diskussionen über die Politik des Kremls enden abrupt — mit dem frustrierenden Piepen der unterbrochenen Leitung.

Manchmal erregen auch harmlosere Themen den Ärger meines unsichtbaren Lauschers — oder meiner Lauscher. Live-Interviews, in denen ich über Putin und das Wesen des russischen Staates spreche, sind besonders anfällig für Störungen. Während einer Aufzeichnung mit *Radio New Zealand* wird die Verbindung fünf Mal unterbrochen — ein Rekord, auf den ich beinahe stolz bin. Das Gespräch wird sogar beendet, als ich über die Entdeckung eines perfekt konservierten Baby-Wollmammuts spreche, das ein glücklicher Rentierhirte in Russlands arktischem Norden ausgegraben hat. Wie kann es sein, dass eine Unterhaltung über ein seit 16 000 Jahren ausgestorbenes Mammut die Sicherheit des russischen Staates gefährdet? Aber wer bin ich, darüber urteilen zu wollen, was Russlands Rückkehr zu alter Größe gefährden könnte?

Anfangs frage ich mich noch, ob meine stillen Mithörer vielleicht gar keine echten Personen sind, sondern eine automatisierte Software, darauf programmiert zu intervenieren, sobald bestimmte Schlüsselwörter fallen. Später bin ich immer mehr davon überzeugt, dass die Lauscher existieren. Sie sind real. Doch wer steckt dahinter? Und wer sind die unsichtbaren Gespenster, die durch unsere Wohnung geistern?

Anfang Dezember 2007 treffe ich mich mit Olga Kryschtanowskaja, Russlands führender Kremlexpertin und Wissenschaftlerin am Soziologischen Institut der Russischen Akademie der Wissenschaften. Kryschtanowskaja gehört, ungewöhnlich für eine Soziologin, zu beiden Lagern: Sie pflegt gute Kontakte innerhalb der «Firma», wie sich der FSB selbst gern nennt, und ist trotzdem eine renommierte Wissenschaftlerin. Ich steige in die Metro und fahre zu Kryschtanowskajas Haus im Stadtteil Medwedkowo im Norden Moskaus.

Olga Kryschtanowskaja ist eine kleine, dickliche Frau mittleren Alters mit burgundrotem Jackett und goldumrandeter Brille. Ihr Blick ist freundlich, ungerührt und offen. Ich sitze mit einem Paar geliehenen Gästepantoffeln in ihrem Wohnzimmer und befrage sie zu den Methoden des FSB. Was sie sagt, ist erhellend. Der FSB unterhält ihr zufolge eine Abhörstation irgendwo in Podmoskowje, dem Moskauer Umland. Ihre Existenz ist, wie alles, was mit der Behörde zu tun hat, ein Staatsgeheimnis. Der FSB verfügt über eine eigene Abteilung zur Beschattung ausländischer Diplomaten, ergänzt Kryschtanowskaja. Sie geht davon aus, dass es auch eine Abteilung für die Überwachung von ausländischen Journalisten gibt. Den Lauschern wird mitgeteilt, wen sie abhören sollen — eine 24stündige Überwachung ist teuer, aber in bestimmten Fällen notwendig. Andere Zielpersonen werden periodisch überwacht.

Ob das nicht eine furchtbar langweilige Arbeit sei, will ich wissen. Wer möchte denn den faden Austausch zwischen den Korrespondenten des *Guardian* und der Auslandsredaktion in London belauschen? Oder, wie es Neil Buckley, der Bürochef der *Financial Times* in Moskau, einmal formulierte: Wer will denn eine Unterhaltung abhören, in der es darum geht, ob sein kleiner Sohn Alexander an jenem Morgen schon «groß gemacht» hat? «Die technische Abteilung arbeitet im Schichtsystem. Der Dienst dauert üblicherweise acht Stunden. Die Arbeit ist monoton, die Mitarbeiter sind nicht kreativ. Nach jeder Schicht schreiben sie einen Bericht», erzählt mir Kryschtanowskaja. «Das, was sie bei der Stange hält, ist die Vorstellung, dass sie ihrem Land dienen und es gegen seine Feinde verteidigen.»

Dieser patriotische Instinkt ist grundlegend. Sie fährt fort: «Der FSB ist eine mächtige Organisation. Seine Rekruten fühlen sich geehrt, dem Staat dienen zu dürfen, selbst in einer niedrigen Funktion.» Typischerweise wird das Personal in der Armee rekrutiert — die «Kampfstiefel», wie es im Russischen heißt (Sapogi). Andere, die «Anzugträger» (Pidschaki), stammen aus dem zivilen Bereich.

Die wichtigste Unterscheidung innerhalb der schattenhaften Welt der russischen Geheimdienste ist die zwischen Spionage- und Spionageabwehroperationen, sagt Kryschtanowskaja. Jene, die im Informationsbeschaffungsdienst gearbeitet haben, also auch Putin und Sergej Iwanow,

Russlands früherer, als Falke bekannter Verteidigungsminister, sind meist intelligenter und flexibler — und sprechen Fremdsprachen (Putin spricht Deutsch, Iwanow Englisch und Schwedisch).

Die fanatischsten Hardliner kommen aus der Spionageabwehr, behauptet Kryschtanowskaja. Sie bezeichnet diese Regierungsbeamten als Zombies. «Diese Leute sind in der Sowjetunion aufgewachsen. Sie waren Superisolationisten. Sie wussten nichts über den Westen. Sie durften nicht ins Ausland reisen. Sie haben nichts als Zombiepropaganda zu hören bekommen und sind zu orthodoxen Fanatikern geworden. Die Agenten, die im Ausland gearbeitet haben, sind weltläufiger. Sie sind liberaler, gebildeter und beweglicher.» Ich mag Kryschtanowskaja immer mehr. Sie spricht leise, aber mit überzeugender Eloquenz.

Trotz der internen Unterschiede ist der FSB eine bemerkenswert homogene Organisation mit einer ganz eigenen Silowiki-Mentalität. Zu ihr gehören unter anderem: Misstrauen gegenüber allem und jedem; die Überzeugung, dass Russland von Feinden umzingelt ist; und der Glaube, dass der Westen und die NATO alles daran setzen, das Land zu destabilisieren. Wäre Russland nicht von Feinden umgeben, dann entfiele die Daseinsberechtigung des FSB, betont Kryschtanowskaja. Mit einem Schlag verschwände die Organisation im konspirativen Nebel. «Keine Feinde bedeutet: kein KGB.» Das erklärt Einiges.

Mir fällt auf, dass jetzt, da sich Russland auf die Parlamentswahlen im Dezember 2007 vorbereitet, die Liste mit Putins Feinden immer länger wird. In einer Wahlkampfrede im Moskauer Luschniki-Fußballstadion beschimpft der Präsident, der einen schwarzen Rollkragenpullover trägt, Russlands Demokraten effektvoll als «Schakale». Die russischen Liberalen sind ausländische Agenten, die es darauf abgesehen haben, Russlands mühsam hergestellte Stabilität zu erschüttern, sagt Putin vor Unterstützern der kremlfreundlichen Partei Vereintes Russland und verfällt dabei in die Rhetorik der Stalin-Ära. Als vier Jahre später zehntausende Russen vor allem aus dem Mittelstand auf die Straße gehen, um gegen massive Fälschungen bei der Parlamentswahl 2011 zu protestieren, spricht Putin dieselben Worte. Und weil es ihm nicht genug ist, seine Gegner als Strohmänner des Westens zu verunglimpfen, fügt er noch hinzu, die weißen Bänder der Demonstranten sähen aus wie Kondome.

Der FSB ist nach wie vor ein attraktiver Arbeitgeber. Die Mitgliedschaft in diesem geheimsten aller Clubs bietet bestimmte Vorteile, die einen für das lächerlich niedrige Gehalt entschädigen dürften. «Wenn du für den FSB arbeitest, brauchst du dich nicht um das Gesetz zu scheren. Du kannst jemanden umbringen, und dir wird nichts passieren», sagt Kryschtanowskaja. Du kannst betrunken eine alte Dame auf einem Zebrastreifen umfahren oder einen Geschäftsrivalen beseitigen — der Staat wird dich immer beschützen. «Da ist es nicht überraschend, dass die FSB-Leute ein ganz spezielles Selbstverständnis haben. Es ist ein bisschen so, als sei man Supermann», sagt sie.

Ich frage Kryschtanowskaja nach dem Mord an Alexander Litwinenko von 2006. Hochrangige FSB-Offiziere, sagt sie, hätten ihr privat bestätigt, dass die Ermordung von Litwinenko eine Operation des FSB gewesen sein muss. Sie zeigten gegenüber dem Opfer — einem Vaterlandsverräter und somit jemand, der es verdient hatte, ermordet zu werden — keinerlei Mitleid, doch sie waren wenig beeindruckt von der ungeschickten und unsauberen Durchführung des Mordes. Der KGB unter Juri Andropow, dem ehemaligen KGB-Chef, der Leonid Breschnew 1982 als Generalsekretär der Kommunistischen Partei der UDSSR ablöste, hätte seine Feinde viel effizienter und sauberer getötet. In Geheimdienstkreisen wird Andropow heute verehrt: Er ist der Hardliner unter den Hardlinern und Held einer Propagandakampagne Putins. An der Moskauer Ausbildungsakademie des FSB werden Andropow-Stipendien vergeben. Als ersten Schritt zu Andropows posthumer Rehabilitation ließ Putin 1999 eine Gedenktafel für den ehemaligen KGB-Chef an der Lubjanka, dem unheimlichen Hauptquartier des FSB in Moskau, restaurieren. «Meine Freunde im FSB haben mir erzählt, dass das [Litwinenkos stümperhafte Ermordung] unter Andropow niemals passiert wäre», sagt Kryschtanowskaja. «Sie haben mir gesagt, dass der KGB damals viel effizienter getötet hat.»

Ich verabschiede mich. An der Türschwelle gebe ich die Gästepantoffeln zurück. Sie gibt mir noch einen guten Rat.

«Seien Sie vorsichtig», sagt sie.

«Warum?»

«Weil Sie ein Feind Putins sind», sagt sie sachlich.

2

DIE SPUR DES GELDES

Akademie-Café, Bolschaja-Bronnaja-Straße, Moskau, 17. Dezember 2007

Wenn Sie das Regime Putin wirklich verstehen wollen ... gehen Sie direkt in die Belletristik-Abteilung und nehmen Sie alles von Mario Puzo mit, was Sie finden können.
GARRI KASPAROW

Das Akademie-Café liegt nur einen Katzensprung vom Puschkin-Platz entfernt. Es ist ein ansprechender Treffpunkt. Hier blättern schlanke Mädchen mit aschblonden Haaren durch die neuesten Ausgaben der *Vogue*, ein hochmütiger Türsteher hilft den Gästen aus dem Mantel, draußen verstopfen reihenweise schwarze Geländewagen und Luxus-BMWS den vereisten Bürgersteig, während drinnen Kellnerinnen mit eleganten weißen Blusen zwischen den Tischen herumlaufen. Das Café ist zu einer Art Gemeinschaftsraum für Russlands Neureiche geworden. Seine modisch gekleideten Stammgäste sind die großen Gewinner in Putins neuem Russland. Um die Ecke liegt der fliederfarben beleuchteten Boulevard-Ring, der auf dem Grundriss der alten Moskauer Stadtmauer verläuft, an Theatern, Villen, Denkmälern und der neoklassizistischen gelben Kirche vorbei, in der einst der Dichter Alexander Puschkin heiratete.

Stanislaw Belkowski schlägt vor, dass wir uns in diesem Café treffen. Belkowski, russischer Politikanalyst und ehemaliger Redenschreiber für Boris Beresowski, ist ein Mann, dessen einflussreiche Kontakte tief in den Kreml hineinreichen. Er hat eine erstaunliche Geschichte zu erzählen. Im Sommer veröffentlichte er ein Buch über Wladimir Putins Finanzen. Darin enthüllt er, der Präsident habe insgeheim ein stattliches Vermögen angehäuft. Belkowski ging noch weiter. Im November 2007 sagte er in einem Interview mit der deutschen Tageszeitung *Die Welt*, das geheime Vermögen des Präsidenten betrage inzwischen mehr als 40 Milliarden Dollar — eine Summe, die ihn zum reichsten Mann Russlands beziehungsweise ganz Europas machen würde.

Putin sei weitaus vermögender als der Milliardär und Oligarch Roman Abramowitsch, behauptet Belkowski. 2007 galt Abramowitsch, der Besitzer des Westlondoner Fußballclubs Chelsea, mit einem Vermögen von 19,2 Milliarden Dollar zumindest offiziell als der reichste Mann Russlands. Ich lausche gebannt. Mit seinem schicken schwarzen Anzug, dem buschigen Bart und seiner ausladenden Wampe erinnert Belkowski an einen wohlgenährten und hochintelligenten mittelalterlichen Abt. Ruhig erklärt er, das Ziel seiner Veröffentlichung sei nicht gewesen, Putin an den Pranger zu stellen, sondern dessen verzerrtes Bild im Westen zu korrigieren.

Der Westen habe sich in den vergangenen acht Jahren von Putins «neosowjetischem Image» ablenken lassen, sagt Belkowski. In Wirklichkeit sei er nichts weiter als ein «klassischer postsowjetischer Geschäftsmann», dessen persönliche psychologische Prägung erfolgte, als er in den von Korruption und Mafia beherrschten 1990er Jahren für Anatoli Sobtschak im St. Petersburger Rathaus arbeitete. Im Gegensatz zu Russlands früheren sowjetischen Herrschern haben Putin und sein innerer Zirkel keine Ideologie, sagt Belkowski. Sie wollen einfach Geld scheffeln. Sie seien, mit anderen Worten, Kleptokraten.

Bei einer Tasse bitterem Espresso komme ich auf Belkowskis sensationelle Anschuldigungen zu sprechen. Hat er irgendwelche Beweise? Wer sind seine Informanten? Belkowski nennt hochrangige Persönlichkeiten in der Präsidialverwaltung als Quellen und sagt, Putin halte riesige Anteile an drei russischen Ölkonzernen. Diese seien verborgen in einem «intransparenten Geflecht von Briefkastenfirmen». Putin kontrolliert Belkowski zufolge «eigentlich» 37 Prozent von Surgutneftegaz, einer Explorationsfirma, die zugleich Russlands drittgrößter Ölproduzent ist, in Form von Anteilen im Wert von 20 Milliarden Dollar. Außerdem gehören ihm 4,5 Prozent von Gazprom, dem staatlichen Energiegiganten, sowie «mindestens 75 Prozent» von Gunvor, einem mysteriösen, in der Schweiz ansässigen Ölkonzern, der Guennadi Timtschenko gehört. Timtschenko ist ein St. Petersburger Freund von Putin aus den frühen 1990er Jahren. Er soll, wie Putin, in der Auslandsabteilung des KGB gedient haben — was er allerdings bestreitet. 2007 betrug Gunvors Umsatz 48 Milliarden Dollar, mit einem Gewinn von fast 500 Millionen Dollar, eine selbst für die galaktischen Maßstäbe der Ölindustrie erstaunliche Summe.

Unsere atemberaubende Unterhaltung verläuft etwa folgendermaßen:

«Wie viel ist Putin wert?»

«Ich denke, mindestens 40 Milliarden Dollar», sagt Belkowski. «Das Maximum kenne ich nicht. Ich vermute, es gibt noch ein paar Geschäfte, von denen ich nichts weiß. Vielleicht ist es mehr. Auf jeden Fall ist er der reichste Mann Europas. Der König von Saudi-Arabien besitzt 21 Milliarden Dollar, das ist die Hälfte von Putins Vermögen.»

«Wie versteckt Putin seinen Reichtum?»

«Es gibt ein intransparentes System von gestaffelten Briefkastenfirmen und -fonds, deren Endpunkt in Zug [in der Schweiz] und in Liechtenstein liegt. Putin ist der wirtschaftliche Eigentümer. Doch kein Einzelnunternehmen kann nachvollziehen, woran Putin irgendwelche Anteile besitzt.»

«Gibt es irgendeine Möglichkeit, all das zu beweisen?»

«Es wäre schwierig. Aber vielleicht wird es ein bisschen leichter, wenn Putin endlich abdankt», sagt Belkowski und ergänzt: «Putins Reichtum ist in Elitenkreisen kein Geheimnis. Und Sie sollten wissen, dass mich Wladimir Wladimirowitsch bisher nicht verklagt hat.»

Diese Geschichte, durchfährt es mich, ist haarsträubend. Doch sie ist auch höchst plausibel. Jeder Verkehrsteilnehmer in Moskau kann bestätigen, dass die Korruption in Russland schon bei der Verkehrspolizei beginnt, den gefürchteten Gaischniki, die gewöhnlich 500 Rubel (zwölf Euro) für vermeintliche Verkehrsdelikte veranschlagen. Die Kette der Bestechung scheint bis an die Spitze des Kremls hinauf zu reichen.

Die offizielle Rhetorik, die in der Mitte von Putins Amtszeit vom Kreml kommt, ist schonungslos antiwestlich: Russland wettert ununterbrochen gegen die Pläne der US-Regierung, Teile ihres Raketenabwehrsystems in Zentraleuropa zu stationieren. Auch bei einer Reihe von anderen Problemen liegt Russland mit der internationalen Gemeinschaft über Kreuz: Es ist erbitterter Gegner eines unabhängigen Kosovo, es opponiert beim iranischen Atomprogramm und in der Frage, was dagegen zu unternehmen sei; ebenso bei dem desaströsen Krieg der Amerikaner im Irak. Es scharmützelt auch mit der Europäischen Union in zahllosen Streitfragen, beispielsweise bei polnischen Fleischimporten oder einer Entscheidung der Esten, das Denkmal eines Soldaten der Roten Armee umzusiedeln — eine Entscheidung, die im Mai 2007 massive Cyberattacken von Hackern des Kremls auf die estnische Regierung nach sich zieht.

Allerdings ist Putins antiwestliche Kampagne weniger eindeutig, als sie erscheint, glauben zumindest Belkowski und andere ebenso weitsichtige Analysten. Dafür gibt es einen naheliegenden Grund: Im Kommunismus konnte ein altgedienter Politbürofunktionär auf eine komfortable Moskauer Wohnung hoffen, eine luxuriöse Datsche am Schwarzen Meer und einen Urlaub in Bulgarien, damals ein Land des Warschauer Pakts. Heute dagegen versteckt die russische Elite ihren Reichtum im Westen. Außerdem ist sie unermesslich viel reicher als zu Sowjetzeiten. Auf keinen Fall will sie mit ihren weltweiten Geschäften in die Situation geraten, dass ihre Schweizer Bankkonten eingefroren oder ihre Regierungsbeamte mit Einreiseverboten belegt werden. Belkowski zufolge ist es Putins wichtigstes Anliegen, sein Vermögen — und das seines «Teams» — im Westen zu waschen und sicherzustellen, dass es ihm niemand wegnimmt, wenn, und falls, er sich von der Macht verabschieden sollte.

Doch das Bedürfnis, den eigenen Reichtum zu schützen, ist überragend, erst recht, wenn dieses Vermögen achtstellig oder noch größer ist. Jede politische Unwägbarkeit kann deshalb zu Verunsicherung oder gar Panik innerhalb der russischen Elite führen. (Ein US-Diplomat vergleicht es mit einem «Futterkoller bei denen, die jetzt hohe Posten innehaben und fürchten, dass ihre Schnauzen bald vom Futtertrog verdrängt werden könnten».) Als sich Putin 2007 anschickt, den Kreml zu räumen und für den darauffolgenden Mai einen Wechsel ins Amt des Regierungschefs zu inszenieren, schlägt die Nervosität im Kreml in einen offenen Lagerkampf um. Und als Putin vier Jahre später das Präsidentenamt zurückerobert, bricht diese teuflische Rivalität wieder mit voller Wucht aus. 2006 halte ich mich als Fellow am Reuters-Institut für Journalismus an der Universität Oxford auf und schicke mich gerade an, Russisch zu lernen. Ich frage ein Mitglied der Russischen Fakultät, was es über das Regime Putin denkt. «Undurchsichtig und hinterhältig», lautet die Antwort.

Doch im Spätherbst 2007 fällt etwas Licht in die normalerweise dunklen Winkel des Kremls. Neben den Vorwürfen zu Putins Bestechlichkeit — die zuvor nur im Flüsterton geäußert wurden — werden weitere verblüffende Details über die Geschäfte des Kremls öffentlich, in die auch Russlands riesige staatliche Energiekonzerne verwickelt sind und in denen es um Milliarden von Dollar geht. Im November 2007 gibt der zuvor unbekannte Fondsmanager Oleg Schwarzman dem russischen *Kommersant* ein Interview, in dem er behauptet, die Geschäfte einer Gruppe von Spitzenbeamten des FSB zu betreuen. Schwarzman erklärt, diese Leute — zu denen auch Mitarbeiter des SVR gehören, Russlands Auslandsgeheimdienst — seien beteiligt an etwas, das er «samtene Deprivatisierungen» nennt. Der Begriff ist etwas irreführend, doch er bezieht sich auf eine Spielart des Staatskapitalismus, die Putin und seine Leute nach der Amtsübernahme im Jahr 2000 eingeführt haben.

In den 1990er Jahren hatte sich eine kleine Gruppe von Geschäftsleuten mithilfe von Boris Jelzin zu Milliardären gemacht, indem sie Russlands nationale Industrien privatisierte und wertvollen staatlichen Besitz für obszön kleine Summen aufkaufte. In der Post-Jelzin-Ära erlangte Putin die Kontrolle über die strategischen Rohstoffvorkommen des Landes zurück. Plötzlich war es der Staat in Gestalt der Spitzenbürokraten des Kremls und der Silowiki, der Russlands riesige Öl- und Gasvorkommen kontrolliert. Putins Komplizen wurden zu Direktoren der wichtigsten russischen Energiekonzerne.

Igor Setschin, Putins stellvertretender Stabschef und Wortführer des aus Hardlinern zusammengesetzten Silowiki-Lagers im Kreml, ist bis 2011 zugleich Vorstandsvorsitzender des staatlichen Ölkonzerns Rosneft. Dmitri Medwedew, der ehemalige Anwalt und Kreml-Insider, den Putin im Dezember 2007 zu seinem Nachfolger im Präsidentenamt kürt, leitete zuvor den staatlichen Gasmonopolisten Gazprom. Andere Minister kontrollieren Russlands Schienennetz, einen Nukleargroßkonzern und die Raumfahrtindustrie. Es ist, schreibt Perry Anderson in der *London Review of Books*, eine einzigartige russische Spielart des *cumul des mandats* — der Mandatshäufung. Andere formulieren es prägnanter: Sie sprechen von der «Kreml AG» («*Kremlin Inc*»).

Dieses System des staatlich kontrollierten bürokratischen Kapitalismus kann man allerdings kaum als selbstlos bezeichnen. Die Regierungsbeamten, die Russlands strategische Industriezweige kontrollieren, sind sehr reich geworden. Schwarzman zufolge wollen führende FSB-Offiziere sogar an noch mehr Geld kommen — indem sie erfolgreich geführte

Petra

Unternehmen zwangsweise «deprivatisieren», ihren Besitzern, sollten sie nicht kooperieren, schlimme Konsequenzen androhen, und diese Firmen in größere und weit ineffizientere Staatsunternehmen umwandeln.

Schwarzmans peinliche Enthüllungen scheinen Teil eines umfassenderen Machtkampfes im Kreml zu sein. Sie schaden vor allem dem von Setschin angeführten Lager der Silowiki im Kreml. Diese Gruppe besteht aus Spitzenbeamten mit Verbindungen zum russischen Militär und zu den Geheimdiensten, darunter dem FSB. Nikolai Patruschew, der Chef des FSB, gehört ebenfalls dazu, auch sein Stellvertreter Alexander Bortnikow, der Patruschew 2008 als FSB-Chef nachfolgte, und Putins Berater Viktor Iwanow. Zum inneren Zirkel gehören außerdem Michail Fradkow, der seinen Posten als Regierungschef Ende 2007 aufgab und als neuer Leiter des SVR antrat, und Raschid Nurgalijew, der russische Innenminister.

In *WikiLeaks*-Dokumenten bauschen US-Diplomaten diesen Kampf innerhalb der Elite stark auf. Sie beschreiben ihn als einen Konflikt um Russlands Seele, der zwischen den vom Kalten Krieg besessenen Silowiki und den prowestlichen Modernisierern tobt. Die Silowiki werden als die einflussreichsten Feinde der amerikanischen Einbindungspläne dargestellt — etwas, das die Diplomaten auf einen Mangel an Erfahrungen mit Europa und den Vereinigten Staaten zurückführen. Bortnikow hat seine gesamte FSB-Karriere mit ökonomischen Fragen zugebracht, einschließlich einer Dienstzeit als Leiter der Abteilung für ökonomische Sicherheit des FSB. Zudem soll er Putins Kampagne gegen alle potenziell unzuverlässigen Oligarchen maßgeblich unterstützt haben. Fradkow dagegen, in den 1970er Jahren sowjetischer Geheimdienstagent, hat immerhin ein paar Verbindungen ins Ausland: Er diente 2003 bis 2004 als russischer Botschafter in der EU.

Das Weiße Haus in Washington begreift diese Fronten ideologisch und konzeptuell. In einer Depesche an FBI-Chef Robert Mueller beschreibt US-Botschafter John Beyrle die Silowiki als eine Gruppe, die glaubt, dass ein starker Staat, «der effektiv Kontrolle ausübt, die Antwort auf die meisten politischen und ökonomischen Probleme ist». Dem Botschafter zufolge sind die Hauptgegner der Silowiki eine Gruppe von «Liberalen» oder Modernisierern. Zu ihnen gehört auch Medwedew, der, was für einen Spitzenpolitiker des Kremls ungewöhnlich ist, nicht aus

Russlands repressiven Sicherheitsdiensten kommt. Andere im Lager von Medwedew sind Abramowitsch, der sowohl der Familie Putins als auch Jelzins nahesteht, sowie Alischer Usmanow, ein usbekischer Milliardär und Anteilseigner des Londoner Fußballclubs FC Arsenal. Der amerikanische Botschafter glaubt, die Modernisierer hätten erkannt, «dass Russlands Zukunft von der Integration in die Weltwirtschaft abhängt und dass die Lösung einiger der hartnäckigsten Probleme des Landes — wie der Korruption — Transparenz und die ausnahmslose Anwendung der Gesetze erfordert».

Über einer zweiten Tasse Espresso äußert Belkowski schnaubend seine Verachtung für die amerikanische Unterscheidung zwischen den «guten» und den «bösen Jungs». «Es gibt etliche Lager, nicht nur zwei. Ich schätze, es gibt innerhalb Russlands Machtstrukturen etwa 15 Gruppen», sagt er. «Nur bei einigen großen Diskussionen üben sie sich in Geschlossenheit, allerdings gibt es keine ideologischen Unterschiede zwischen ihnen.» Er fährt fort: «Es gibt ganz sicher keine Liberalen oder Silowiki. Das ist kein Konflikt zwischen Liberalen und Silowiki. Es geht um ihr Geld, um ihre Sicherheit und um Sicherheit für ihr Geld. Um nichts anderes. Das sind geschäftliche Rivalen mit den gleichen Absichten und Interessen.»

Geld ist Belkowski zufolge das, was in Russland zählt. Er beschreibt Putins Leute als «wirklich hingebungsvolle Anhänger der Religion des Geldes … Dieses Regime ist eine klassische Dritte-Welt-Kleptokratie, aufgebaut, regiert und beherrscht von Leuten ganz ohne metaphysische Bedürfnisse, die nicht daran glauben, dass es überhaupt irgendwelche Ideologien gibt.» Geld sei Putins bevorzugte Methode, um mit einem politischen Problem fertig zu werden — und eigentlich seine Lösung für die meisten ökomischen und sozialen Schwierigkeiten, sagt Belkowski. Liberalen Methoden wie beispielsweise Reformen stehe Putin skeptisch gegenüber. «Er ist sich sicher, dass Geld ein universeller Anreiz ist. Und in den vergangenen acht Jahren im Amt hat Putin ja auch einige Beweise dafür erhalten, dass diese Vermutung zutrifft», sagt er abschließend.

«Zum Beispiel?», frage ich. Belkowski nennt Gerhard Schröder, den Putin 2005 — direkt im Anschluss an dessen Amtszeit als Bundeskanzler — als Vorsitzenden des umstrittenen North Stream-Konsortiums angeworben hatte, das eine Gaspipeline in der Ostsee baut. (Es stellte sich heraus, dass der geschäftsführende Direktor niemand anderes war als ein ehemaliger ostdeutscher Stasioffizier, den Putin aus seiner KGB-Zeit kannte.) «Putin hat auch Berlusconi gekauft», ergänzt Belkowski. Alles lächerlich? Nicht, wenn man den Dokumenten, die *WikiLeaks* einige Jahre später veröffentlicht, Glauben schenken kann.

Im Oktober 2007 wird Russland von einem heftigen Krieg zwischen den Lagern erfasst. Der FSB verhaftet General Alexander Bulbow, den stellvertretenden Chef der russischen Antidrogenbehörde, der dem «liberalen» Lager angehört. Dabei kommt es zu filmreifen Szenen zwischen seinen Leibwächtern und den Agenten des FSB, die sich gegenseitig mit ihren Maschinengewehren bedrohen. Im November schlägt das Setschin-Lager wieder zu und lässt Russlands bärtigen stellvertretenden Finanzminister Sergei Stortschak — auch ein «Liberaler» — verhaften. Ihm wird vorgeworfen, 43,3 Millionen Dollar unterschlagen zu haben. Sein Chef, Finanzminister Alexei Kudrin, der zum liberalen Lager gehört, verteidigt Stortschak und beteuert dessen Unschuld. Das genügt jedoch nicht, um ihn aus dem Lefortowo-Gefängnis herauszuholen — erst später wird er dann doch wieder freigelassen. (Ich habe Stortschak danach einmal auf einer Party getroffen und ihn gefragt, warum er verhaftet wurde. «Keine Ahnung», antwortet er und fügt hinzu, er habe im Gefängnis viel Zeit damit verbracht, die Bibel zu lesen.)

Ende 2007 treibt die Frage, wer auf Wladimir Putin ins Präsidentenamt folgen wird, die reizbare Kremlelite um. Das ist nicht nur eine Frage der politischen Präferenzen, sondern auch eine des finanziellen — oder sogar des persönlichen — Überlebens. Theoretisch kann jeder neue Präsident der alten Elite ihre Pfründe wegnehmen, genauso wie es Putin mit den Oligarchen der Jelzin-Ära, Chodorkowski beispielsweise, getan hat. Jelzin war klug genug, mit Putin, seinem Nachfolger, eine Absprache zu treffen: Putins erste Amtshandlung war es, Jelzin und seiner Familie Immunität vor Strafverfolgung zuzusichern. «Wenn Putin abdankt, wird er angeklagt. Unausweichlich. Das hat große Tradition. Wenn Putin geht, steht er vor dem Problem, wie er seine Geldanlagen und die seiner Freunde und vor allem sein Vermögen im Westen legalisieren soll», sagt Belkowski. «Das ist eine schmerzvolle und heikle Frage für Putin.»

Die Enthüllungen von *WikiLeaks* belegen, dass diese Frage bei der Wahl von Putins Nachfolger im Kreml entscheidend ist. Im Frühling 2007 setzen die meisten auf Sergei Iwanow, den geschmeidigen, imposanten, englischsprechenden stellvertretenden Regierungschef. Beim Petersburger Wirtschaftsforum ist Iwanow die Hauptattraktion. Doch im Spätherbst entscheidet sich Putin stattdessen für Medwedew, eine weniger charismatische und viel schwächere Figur. Medwedew ist nicht viel größer als 1,60 Meter, hat einen untersetzten Oberkörper und kurze Beine. Er ist sogar noch kleiner als Putin, und das in einem Kabinett von ohnehin schon eher kleinen Männern. Auf den ersten Blick eine abwegige Wahl.

Doch aus Putins Sicht ist Medwedews Nominierung vollkommen logisch. In einem erhellenden *WikiLeaks*-Dokument bezieht sich der Ministerialdirektor im amerikanischen Außenministerium, David Kramer, auf Putins «verborgenen Reichtum» und behauptet, dass dieser eine entscheidende Rolle in Russlands schwer durchschaubaren Nachfolgerkür spielt. Kramer zitiert oppositionelle Quellen und wiederholt die vorherrschende Ansicht, Putin strebe keine verfassungswidrige dritte Amtszeit im Präsidentenamt an.

Stattdessen, schreibt Kramer an Beyrle, versuche Putin «nervös seine zukünftige Immunität vor möglicher Strafverfolgung mit Blick auf seine mutmaßlichen illegalen Einkünfte zu sichern». Das wichtigste Anliegen des Präsidenten, der sich anschickt, den Kreml zu räumen, sei es, einen schwachen und außerdem loyalen Nachfolger zu finden, schreibt Kramer in dem folgenden Dokument, in dem einige Namen unkenntlich gemacht wurden:

> xxxxxxx berichtet, die öffentliche Meinung in Moskau sei davon überzeugt, dass Sergei Iwanow im Rennen um die Präsidentschaft ausgeschieden sei. Er sagt, dass Putin Iwanow fürchte und ihm zutiefst misstraue, und dass er stattdessen eine schwächere Figur als Nachfolger brauche. Putin sei klar, dass es in dem System, das er selbst geschaffen habe, keine echte Rechtsstaatlichkeit gebe und dass jeder jederzeit verhaftet werden oder seines Geschäfts beraubt werden könne. Da Putin offenbar über geheime, im Ausland fest angelegte Mittel verfüge (mithilfe von Bevollmächtigten wie dem

> Oligarchen xxxxxxx), sei er besorgt, dass sich mit einem starken Nachfolger wie Iwanow die Dinge gegen ihn wenden könnten und er zum Gegenstand von strafrechtlichen Ermittlungen und Interpol-Warnungen werden könnte.

Für mich stellt sich die Frage, was ich mit dieser sensationellen Story – Putin hat heimlich Milliarden angehäuft und soll einer der reichsten Männer der Welt sein – anstellen soll. Mir ist bewusst, dass die Information über Putins Finanzen ein bösartiges und gezielt gestreutes Gerücht sein könnte. Doch Belkowski ist kein dahergelaufener Spinner. Er ist Leiter eines angesehenen Moskauer Think-Tanks, dem Nationalen Institut für Strategie. Er wird häufig in der Presse zitiert, auch in den kremlfreundlichen Publikationen. Er schreibt Bücher, Theaterstücke und Kommentare. Später erfahre ich über *WikiLeaks*, dass er ein regelmäßiger Gesprächspartner der Amerikaner ist. Die Botschaftsmitarbeiter messen seinen Ansichten großen Wert bei.

Zudem vergleichen auch andere das russische Regime öffentlich mit einer Mafiaorganisation. Mir fällt ein Beitrag von Garri Kasparow ein, der vier Monate vor meinem Treffen mit Belkowski im *Wall Street Journal* erschien. Der ehemalige Schachweltmeister Kasparow ist Oppositionsführer und als Kritiker des Kremls bekannt. Doch es ist schwer, seine Logik nicht nachzuvollziehen. Er beschreibt Putins Regierung als «einzigartig in der Geschichte». Sie sei, schreibt er, «halb Oligarchie, mit einer kleinen, eng vernetzten Clique von wohlhabenden Herrschern», und «halb feudales System, aufgeteilt in semiautonome Machtbereiche, in denen von rechtlosen Leibeigenen Gelder eingetrieben werden».

Weiter heißt es: «Wenn Sie das Regime Putin wirklich verstehen wollen, dann kann ich Ihnen eine Lektüre empfehlen. Nicht Karl Marx oder Adam Smith. Nicht Montesquieu oder Machiavelli, auch wenn der Autor, nach dem Sie Ausschau halten sollten, italienischer Abstammung ist … Gehen Sie stattdessen direkt in die Belletristik-Abteilung und nehmen Sie alles von Mario Puzo mit, was Sie finden können.»

Studenten, die sich mit dem politischen System Russlands befassen, empfiehlt Kasparow *Der Pate*, wobei sie auch Puzos spätere Bücher *Der letzte Pate*, *Omertà* und *Der Sizilianer* nicht auslassen sollten. Ich lese weiter: «Das Netz aus Verrat, Geheimnissen und verwischten Trennlinien zwischen Geschäft, Politik und Verbrechen — all das wird in Puzos Büchern beschrieben… Ein Leser von Puzo sieht die Regierung Putin mit schärferem Blick: die strikten Hierarchien, die Erpressungen, die Einschüchterungen, der Geheimhaltungskodex, und über allem die Vorgabe, die Einnahmen weiterhin fließen zu lassen. Mit anderen Worten: eine Mafia.» Die Überschrift seines Kommentars lautet «Don Putin».

Selbst mit einem ganzen Team von Juristen und unzähligen geheimen Kremldokumenten wäre es immer noch nahezu unmöglich, die Finanzen des Präsidenten zu entwirren. Aber es gibt, beschließe ich, doch genug Material für eine vorsichtig geschriebene Geschichte, die darlegt, was ihm vorgeworfen wird. Außerdem zirkulieren Belkowskis Behauptungen ohnehin schon im Internet.

Nach meiner Unterhaltung mit Belkowski interviewe ich noch weitere Analysten, darunter Elena Panfilowa, die Leiterin von Transparency International in Moskau und eine wunderbar scharfsinnige Beobachterin der russischen Politikszene. Panfilowa bestätigt Belkowskis grundlegende These. In gewöhnlichen Zeiten gebe es eine «intervertikale Loyalität», wie sie es nennt, die dazu führe, dass sich die rivalisierenden Lager im Kreml weitgehend in Ruhe ließen. Diese sei nun zusammengebrochen. Das Lager von Setschin und dem FSB und das «liberale» Lager im Kreml wüschen nun zornig die schmutzige Wäsche des jeweiligen Gegners. Das, was geschrieben werde, diene nicht dazu, mehr Transparenz herzustellen, sondern solle Putin beeinflussen, den Panfilowa als «den obersten Leser» bezeichnet.

Ich beschließe, eine Geschichte für den *Guardian* zu schreiben. Mein Artikel erscheint am 18. Dezember 2007 auf der Titelseite, mit der Überschrift «*Putin, the Kremlin war, and a secret $40 billion fortune*» [«Putin, der Krieg im Kreml und ein geheimes 40-Milliarden-Dollar-Vermögen»]. Er beginnt wie folgt: «Innerhalb des Kremls findet nach Informationen des *Guardian* im Vorfeld von Wladimir Putins Ausscheiden aus dem Amt ein beispielloser Machtkampf statt. In dessen Verlauf werden auch Details über das angebliche Milliardenvermögen des Präsidenten bekannt. Während sich Putin darauf vorbereitet, im Mai die Macht an seinen handverlesenen Nachfolger Dmitri Medwedew abzugeben, verstricken sich rivalisierende Lager im Kreml in einen Kampf um die Kontrolle riesiger Vermögen.»

Am späten Vormittag haben über eine Viertelmillion Menschen auf der ganzen Welt den Artikel gelesen. Ich warte und rechne mit dem Schlimmsten. Doch der Kreml schweigt. Das Präsidialamt und Dmitri Peskow ignorieren die Vorwürfe und weigern sich, ein Dementi oder auch nur eine Stellungnahme abzugeben. Gunvor, die Schweizer Firma, die angeblich von Putin kontrolliert wird, ist etwas entgegenkommender. Firmenchef Torbjörn Törnquvist schickt dem *Guardian* einen Brief, in dem es heißt, die Behauptung, dass Putin «irgendein Teil von Gunvor gehört oder dass er ein Nutznießer der Aktivitäten der Firma ist», sei «schlichtweg falsch». Törnquvist erläutert: «Diese Firma gehört mehrheitlich ihren Gründern, Guennadi Timtschenko und mir selbst, und ein Minderheitenanteil gehört einem dritten Investor. Keiner der Anteile dieser Organisation gehört Präsident Putin oder irgendjemandem, der mit ihm in Verbindung steht.» Törnquvist schreibt auch, Gunvors Gewinne lägen im Bereich der «hunderte Millionen und nicht Milliarden», und dass dies nicht unüblich sei «für ein Unternehmen unserer Größe, das in diesem Sektor operiert». Er macht allerdings ein überraschendes Geständnis: Putin und Timtschenko waren tatsächlich Freunde, etwas, das Gunvor zuvor nie bestätigt hatte. «In der Tat kannte Timtschenko Putin, als dieser noch nicht prominent war. Doch die Unterstellung, dass beide einen KGB-Hintergrund haben oder gemeinsame Geschäfte gemacht hätten, ist vollkommen aus der Luft gegriffen.»

Das US-Außenministerium zeigt sich angesichts der Behauptungen des Unternehmens allerdings skeptisch. Zwei *WikiLeaks*-Depeschen der Botschaft in Moskau werfen etwas Licht auf Gunvor und die trüben Praktiken der russischen Ölexportindustrie. Der erste Bericht, im November 2008 an Washington geschickt, beginnt folgendermaßen: «Das Ölgeschäft in Russland ist schon lange undurchsichtig, wovon politisch vernetzte Unternehmen wie die verschwiegene Ölexportfirma Gunvor profitieren.» Das Dokument zitiert Experten der Ölindustrie und kommt zu der Feststellung, dass Russland «einen Ruf für verschwiegene Deals hat, an denen Mittlerfirmen mit unbekannten Eigentümern und Begünstigten beteiligt sind». Weiter heißt es: «Ölexporte von staatlichen oder staatlich gelenkten Ölkonzernen laufen Berichten zufolge über bevorzugte Ölhändler, was diesen Händlern potenziell Milliarden Dollar an Profiten eingebracht hat. Besondere Beachtung im russischen Ölexportgeschäft verdient Gunvor. Dem Konzern wird nachgesagt, er sei eine der Quellen von Putins geheimem Reichtum, und er gehört Guennadi Timtschenko, angeblich ein ehemaliger KGB-Kollege von Putin.» In dem Dokument wird auch Surgutneftegaz erwähnt. Erstaunlicherweise ist unklar, wem das Unternehmen eigentlich gehört. Surgutneftegaz gehöre «Berichten zufolge ebenfalls zu den Quellen von Putins illegalem Vermögen».

Die Amerikaner räumen allerdings ein, es sei unmöglich, die Wahrheit über eine Industrie aufzudecken, die wenig oder gar nichts von sich preisgebe. In der gleichen Depesche werden die Bemühungen des russischen Antikorruptionsvorkämpfers Alexei Nawalny gelobt, der die Ölkonzerne zu mehr Transparenz zwingen will. Nawalny, ein Minderheitengesellschafter, führt eine Reihe von zum Scheitern verurteilte Prozesse gegen russische Ölfirmen. Er will sie zwingen, ihre Förderungsmengen und Handelsbedingungen offenzulegen. 2007 ist Nawalny noch eine weitgehend unbekannte Figur. 2011 hat er eine landesweite Gefolgschaft hinter sich vereint. Im Dezember wird er verhaftet, nachdem er Proteste gegen die gefälschten Parlamentswahlen angeführt hat. Nawalny und seine Antikorruptionswebsite *RosPil.info* sind derzeit die vielleicht größte Bedrohung für den Kreml. Sein Spitzname für Vereintes Russland – «die Partei der Diebe und Betrüger» – hat sich in den Köpfen festgesetzt. Er wird als potenzieller Präsidentschaftskandidat gehandelt. Nawalny schätzt, dass Gunvor «bis zu 50 Prozent der gesamten russischen Ölexporte kontrollieren könnte». In einer wenig informativen Hochglanzbroschüre gibt die Firma selbst lediglich an, «ein Drittel von Russlands auf dem Seeweg transportierten Ölexporten» zu befördern. 2010 steigt ihr Umsatz von 52 auf 65 Milliarden Dollar, mit Exporten in Höhe von 104 Millionen Tonnen. Nawalny sagt der US-Botschaft, er glaube nicht einmal, dass Putin der Besitzer von Surgutneftegaz oder Gunvor sei. Seine Argumentation ist ebenso simpel wie bestechend: Putin «benötigt gar keine direkte Verbindung zu einem Geschäft, um von ihm zu profitieren».

Meine hartnäckigen Bemühungen, ein Interview mit Timtschenko zu bekommen, bleiben vergeblich. Die Firma beschäftigt in London einen

PR-Berater, Michael Prescott, mit dem ich freundliche E-Mails austausche. Ich schicke Prescott eine Liste mit Fragen. Prescott verspricht, sie zu beantworten. Er tut es nicht. Gunvor bleibt unwillig, wenn es darum geht, Details über die eigentliche Natur der Beziehungen zwischen Putin und Timtschenko preiszugeben oder zu erklären, wie und wo sie sich erstmals begegnet sind. Ich erhalte keine Einladung, Timtschenko zu treffen und vielleicht mit ihm einen Spaziergang um seine luxuriöse Villa im pittoresken Schweizer Kanton Zug zu machen, einem beliebten Aufenthaltsort für öffentlichkeitsscheue internationale Geschäftsleute.

Zwei weitere Monate dauert es noch, bis Putin dazu kommt, die gegen ihn gerichteten Korruptionsvorwürfe zu dementieren. Der Anlass ist Putins grandiose jährliche Pressekonferenz, das größte Ereignis im medialen Kalender des Kremls: Rund 2 000 Journalisten, die meisten von ihnen Russen, sammeln sich im gigantischen Kreml-Auditorium und dürfen dem Oberhaupt des größten Landes der Welt ihre Fragen stellen.

Meine erste Kreml-Pressekonferenz habe ich im Jahr davor besucht, 2007 — denkwürdig nicht nur wegen ihrer Länge (dreieinhalb Stunden), sondern auch wegen der surrealen Bandbreite der Fragen (darunter auch welche zum Thema Gärtnern und Kindererziehung) und wegen der Tatsache, dass Flucht aus der höhlenartigen Kreml-Halle unmöglich war. Klar war auch, dass der Kreml vorab alle Fragen sorgfältig prüft: Die Pressekonferenz, wie so vieles in Russlands Demokratie, hatte die Anmutung einer gigantischen Fassade.

Auf der Pressekonferenz 2008 steht nach etwa zwei Stunden Douglas Birch auf, der amerikanische Bürochef der Nachrichtenagentur *Associated Press*. In stockendem Russisch fragt er Putin nach den Korruptionsvorwürfen, und ob er wirklich der reichste Mann Europas sei. Putin ist auf diese Frage vorbereitet; sein Gesicht hellt sich auf, er lächelt säuerlich. «Mein Reichtum ist schlicht und einfach der Reichtum des russischen Volkes», sagt er mit sonorer Stimme. Dann geht er zu einem derben, vorab einstudierten Angriff über: «Das ist nichts als Dreck, aus jemandes Nase gezogen und auf ein Stück Papier geschmiert. Diese Behauptungen sind Unsinn — Dreck —, die Art von Scheiße eben, die manche Leute in ihre kleinen Blättchen schreiben. Da ist nichts dran.»

Putin macht sich gar nicht erst die Mühe, die Vorwürfe zu seinen lukrativen Beteiligungen zu entkräften. Er erklärt auch nicht, in welcher Beziehung er zu Timtschenko steht. Auch gibt es keine Erklärung, warum sich der Kreml acht Wochen lang nicht zu den Vorwürfen geäußert hat. (Eine Version lautet, dass sich Putins verängstigte Mitarbeiter nicht getraut haben, ihm den Artikel zu zeigen. Im Gegensatz zu Medwedew liest Putin keine Zeitung und nutzt auch nicht das Internet; ein Beobachter beschreibt ihn als «informationstechnisch isoliert».) Am darauffolgenden Tag druckt die *Moscow Times* eine Titelstory über die Pressekonferenz, die auch eine Erwiderung von Belkowski enthält. «Putin stellt eine Menge Behauptungen auf, darunter auch die, Russland sei eine blühende Demokratie. Ich denke also nicht, dass wir seine Aussagen über seinen persönlichen Reichtum allzu ernst nehmen sollten», bemerkt er ironisch.

Im April 2008 veröffentlicht *Forbes Russia* seine jährliche Liste mit Russlands 100 Topverdienern. Es ist eine spannende Lektüre. Die Liste offenbart, dass es inzwischen 110 russische Milliardäre gibt, mehr als in jedem anderen Land der Welt — mit Ausnahme der Vereinigten Staaten, wo es 469 Milliardäre gibt. Roman Abramowitsch ist vom ersten auf den dritten Platz abgerutscht, er ist nur noch 24,3 Milliarden Dollar schwer. Zumindest offiziell ist der reichste Russe der Aluminium-Magnat Oleg Deripaska mit einem Vermögen von 28,6 Milliarden Dollar, auf dem zweiten Platz gefolgt von Stahl-Milliardär Alexei Mordaschow mit 24,5 Milliarden Dollar. Timtschenko taucht als höchster Neueinsteiger erstmals mit einem Vermögen von 2,5 Milliarden Dollar auf. Ein anderer Freund des russischen Präsidenten, Juri Kowaltschuk, Besitzer der Rossija-Bank, ist mit 1,9 Milliarden Dollar verzeichnet. Viele von denen, die auf der Liste stehen, haben in St. Petersburg in der gleichen luxuriösen Datschen-Siedlung gelebt wie Putin. Timtschenko ist einer von ihnen.

Nur Putin selbst taucht nirgendwo auf — doch wie der Chefredakteur von *Forbes Russia*, Michail Kaschulinski, erläutert, werden auf der Liste keine «Regierungsmitarbeiter» oder «Politiker» aufgeführt. Auf die Frage, ob es hilfreich sei, ein Freund von Putin zu sein, um Milliardär zu werden, antwortet Kaschulinski kurz und bündig. «Wahrscheinlich», räumt er ein. «Wenn Sie sich einmal andere Leute angucken, die keine Freunde von Putin sind — die sind nicht so reich.»

3

TOD EINES SPIONS

Motel «Nachtigallenhain», Engels-Straße, Kursk, Westrussland, 22. November 2007

[Ministerialdirektor Daniel] Fried, der an Putins «Detailversessenheit» erinnerte, bezweifelte, dass verbrecherische Sicherheitselemente ohne Putins Wissen in Großbritannien hätten operieren können. Er beschrieb die gegenwärtige Atmosphäre als seltsam; die Russen würden immer selbstbewusster, an der Grenze zur Arroganz.
VERTRAULICHE DEPESCHE DER US-BOTSCHAFT IN PARIS, 12. DEZEMBER 2006

Es ist nicht der beste Moment, um als Korrespondent einer britischen Zeitung nach Moskau zu kommen. Vier Monate zuvor wurde Alexander Litwinenko in London ermordet — ein ehemaliger Agent des FSB, der in Großbritannien Asyl gesucht hatte, nachdem er sich mit seinen Vorgesetzten entzweit hatte. Es war wohl der schamloseste Mord moderner Zeiten. Er wurde offenbar von einem aus Moskau geschickten Drei-Mann-Killerkommando ausgeführt. Die Mordwaffe war ungewöhnlich: ein seltenes radioaktives Isotop, Polonium-210. Die Substanz lässt vermuten, dass der russische Staat dahintersteckt. Mit seinem Beigeschmack von internationalem Nuklearterrorismus sorgte der Mord weltweit für Schlagzeilen. Man kann sich schwerlich eine größere Story vorstellen. Die Beziehungen zwischen Großbritannien und Russland waren vorher schon frostig gewesen. Nach dem Skandal um Litwinenko schienen sie sich allmählich zum bösartigen Neuaufguss des Kalten Krieges zu entwickeln.

In kürzester Zeit gab es für den Mord drei Verdächtige: Andrei Lugowoi, Dmitri Kowtun und Vjatscheslaw Sokolenko. Alle drei sind ehemalige KGB-Agenten. Während meines vierjährigen Aufenthalts in Moskau begegne ich Lugowoi, Litwinenkos mutmaßlichem Mörder, mehrmals. Im Mai 2007 nehme ich an einer Pressekonferenz teil, zu der Lugowoi einlädt und bei der es heiß hergeht. Kurz zuvor hat ihn die britische Staatsanwaltschaft des Mordes angeklagt. Die überfüllte Konferenz findet in den Räumen der privaten russischen Nachrichtenagentur *Interfax* statt. (1998 hatte Litwinenko hier seine Vorgesetzten beim FSB beschuldigt und behauptet, sie hätten ihm die heimliche Ermordung von Boris Beresowski befohlen. Diese Vorwürfe führten zu seiner Verhaftung, seiner Flucht ins Londoner Exil und späteren grausamen Ermordung.) Die Veranstaltung ist reine Show.

Von Kowtun flankiert erklärt Lugowoi, der britische Geheimdienst habe den FSB-Exilanten kaltgemacht. Beresowski, ein «britischer Agent», sei ebenfalls beteiligt gewesen. Ich stehe auf und frage Lugowoi, ob es irgendwelche Beweise dafür gebe. «*Jestj!*», sagt er. «Gibt es!» Welche Beweise das sein sollen, sagt er nicht. Doch die Frage ärgert ihn. Er starrt mich an. «Eure britische Staatsbürgerschaft wird doch auf dem Markt verkauft wie ein billiges chinesisches T-Shirt!» Anschließend verkündet der Kreml, Lugowois Vorwürfe — in meinen Augen nichts als ein verzweifelter Versuch, eine falsche Fährte zu legen — seien «weitere Ermittlungen wert».

Vier Monate später sehe ich Lugowoi wieder. Er ist auf Wahlkampftour und strebt eine politische Karriere als Abgeordneter im russischen Parlament an. Lugowoi ist die Nummer zwei auf der Kandidatenliste seiner Partei mit dem irreführenden Namen Liberal-Demokratische Partei Russlands (LDPR), einem bizarren Haufen von Ultranationalisten und mutmaßlichen Verbrechern, der für gewöhnlich der vom Kreml vorgegebenen Linie folgt. Ihr Parteivorsitzender, Wladimir Schirinowski, ist Russlands bekanntester Polit-Clown und ein ausgemachter Fremdenfeind. (Amerikanische Diplomaten schreiben über eine Rede von Schirinowski, sie sei «durchsetzt von den üblichen theatralischen Anwürfen gegen westliche Einmischung und Heimtücke».) Ein Informant berichtet den Amerikanern, der Kreml habe Lugowoi gezielt auf die Liste der LDPR gesetzt, um ihm Immunität zu verschaffen (als Abgeordneter ist er vor Strafverfolgung sicher). Ein anderer behauptet, es sei Schirinowskis Idee gewesen, Lugowoi zu rekrutieren, um das Image der Partei aufzupolieren. Von der gleichen Quelle heißt es etwas spekulativ, Lugowoi genieße «Putins persönlichen Schutz».

Die amerikanischen Diplomaten wundern sich, dass das russische Establishment Lugowois neue Karriere unterstützt. «Es ist schon merkwürdig, dass der Kreml, der doch eigentlich daran interessiert sein müsste, dass sich die Aufregung um den Fall Litwinenko so rasch wie möglich legt, die Angelegenheit weiter anheizt, indem er Lugowois Eintritt in die russische Politik unterstützt», melden sie in die Heimat.

In den Wochen vor der Duma-Wahl im Dezember 2007 berichte ich über Lugowois Wahlkampf — ein erstaunlicher Karrieresprung, vom mutmaßlichen Mörder zum bekannten Politiker. Lugowoi reist von Russlands Fernem Osten über die zerklüfteten Gebirgsketten des Urals bis an die ukrainische Grenze. Überall verkündet er dieselbe Botschaft: Großbritannien ist ein Schurkenstaat. Und nicht einmal besonders gut im Fußballspielen, wie er betont. «Wir haben hier im Flugzeug schon Witze gemacht, ob wir der englischen Mannschaft zu ihrer Leistung gratulieren sollen», sagt er zu mir bei einer Pressekonferenz in der Stadt Kursk, die im rustikalen Motel «Nachtigallenhain» stattfindet.

Lugowois Kommentare zum Thema Fußball erfolgen nach der britischen 2:3-Niederlage gegen Kroatien bei den Qualifikationsspielen der Europameisterschaft 2008. Das Ergebnis bedeutet, dass sich Russland auf Kosten Großbritanniens qualifiziert. Lugowoi behauptet, britische Agenten hätten alle Videobänder aus dem Millennium-Hotel in London verschwinden lassen, auf denen die Szene mit Litwinenkos Vergiftung kurz nach dessen Treffen mit Lugowoi und Kowtun festgehalten sei. Er wiederholt seine Vorwürfe, das britische Establishment habe Litwinenko auf dem Gewissen, nicht er. «Der Fall Litwinenko stellt das größte Versagen des britischen Geheimdienstes dar», sagt er. Für Litwinenkos Witwe, Marina, zeigt Lugowoi kein Mitgefühl: «Ich kann den Wunsch der Angehörigen nach Gerechtigkeit nachvollziehen. Doch irgendjemand versucht, das zu politisieren. Immerhin war Litwinenko ein Agent, der sein eigenes Land ausspionierte.»

Dies ist eine meiner abwechslungsreicheren Aufgaben als Reporter. Ich folge Lugowoi nach Manturowo, einem Dorf, das 60 Kilometer außerhalb von Kursk in einer Landschaft mit baufälligen Datschen, schneebedeckten Feldern und silbrigen Pappeln liegt. Er besichtigt einen Hightech-Kuhstall, bevor er in einem Waisenhaus vorbeischaut. Anschließend spricht er zu Parteianhängern in einer pink gestrichenen Dorfhalle, die mit einem

Relief von Lenin und einer kleinen Ikone dekoriert ist. Die in Pelzmäntel gehüllten Dorfbewohner hören höflich zu. Mehrmals klatschen sie sogar. Lugowoi ist kein politisches Naturtalent — was ihn in Russlands manipulierter politischer Landschaft keineswegs zur Ausnahme macht — und gibt ein unsstimmiges Bild ab: Er trägt einen Nadelstreifenanzug, eine violette Krawatte mit geometrischen Formen und teure Krokodillederschuhe. Lugowoi sagt, die Briten seien an vielen Problemen Russlands Schuld. Sie überfielen die Krim, fälschten den Zinowiew-Brief und verhielten sich auch später wie «angelsächsische Imperialisten». «Wenn man sich die russisch-britischen Beziehungen ansieht, dann hat der Kalte Krieg nie begonnen und nie geendet», beharrt er.

Ich brenne darauf zu erfahren, was die Einheimischen von ihm denken. Wollen sie wirklich jemanden wählen, der berühmt ist, weil er — vermutlich — ein internationaler Killer ist? «Schwer zu sagen», sagt Wiktor Schumakow, ein Veteran des russischen Afghanistankriegs. «In Russland passieren andauernd viele merkwürdige Dinge.» Und dann sagt er: «England ist sehr weit weg. Aber ich weiß, dass ihr schöne Äpfel habt.» Die meisten Dorfbewohner scheinen eher mit ihren eigenen Problemen beschäftigt zu sein — niedrige Renten, hohe Arbeitslosigkeit und die Tatsache, dass die Hälfte des Dorfes ständig betrunken ist. «Viele der Menschen hier sind Alkoholiker. Die meisten älteren Männer sind gestorben. Und die Preise steigen weiter», beschwert sich Natalija Bredichina, Besitzerin einer Fernsehbude.

Erst sechs Monate später, als Lugowoi bereits in die russische Staatsduma gewählt worden ist, bekomme ich einen richtigen Interviewtermin mit ihm. Wir treffen uns in seinem Büro im Moskauer Radisson Hotel. Trotz seiner Verachtung für das britische «Establishment» präsentiert sich Lugowoi als Freund der englischen Literatur. Eine englischsprachige Gesamtausgabe des Werks von Arthur Conan Doyle steht in einer Vitrine mit Glastür. «Ich habe alle Ausgaben von Sherlock Holmes gelesen. Conan Doyles *The Lost World* gefällt mir auch sehr», erzählt er. Er nennt auch andere Dinge, die er an Großbritannien mag — Whiskey und Fußball. Unser Interview findet nur wenige Tage vor dem Champions League-Finale 2008 in Moskau statt, zwischen Manchester United und Chelsea. Letzterer ist der Verein von Roman Abramowitsch, einem engen

Vertrauten Putins. «Zwei britische Teams spielen vor einem russischen Publikum. Herrlich! Ich muss unbedingt Karten besorgen», schwärmt er und macht sich eine Notiz in seinem Terminkalender, als uns seine Assistentin Sophia — wie passend! — Tee bringt.

Ich frage Lugowoi, was im Millennium-Hotel vorgefallen sei. Der britischen Staatsanwaltschaft zufolge hat Lugowoi Litwinenko dort vergiftet. Lugowoi und Kowtun trafen Litwinenko am 1. November 2006 gegen 16.30 Uhr im Hotel. Während sie in der Pine Bar saßen, tat Lugowoi — laut Anklage — Litwinenko radioaktives Polonium in den Tee. Litwinenko starb drei Wochen später qualvoll im Londoner University-College-Krankenhaus. Auf seinem Totenbett beschuldigte er Putin, seine Exekution geplant zu haben.

Seine schicksalhafte Begegnung mit Litwinenko am 1. November war eine Falle, beharrt Lugowoi — er, nicht Litwinenko, sei demnach das Opfer. Lugowoi sagt, sie hätten sich eigentlich für den nächsten Tag bei der privaten Sicherheitsfirma Risk Management verabredet, doch Litwinenko habe ihn «mindestens fünf Mal» angerufen und darauf bestanden, das Treffen vorzuziehen. Dies ist Lugowois Version der Ereignisse: «Wir sind im Millennium-Hotel angekommen. Wir haben uns hingesetzt. Meine Familie hat mich angerufen und gesagt, dass sie eine Viertelstunde später eintreffen werde. Wir haben uns an die Hotelbar gesetzt und etwas bestellt. Ich habe immer gesagt, dass ich mich nicht daran erinnern kann, ob wir überhaupt Tee bestellt haben. Ich weiß noch, dass ich etwas Whiskey oder Gin getrunken habe. Dann ist Litwinenko gekommen. Er hat fast nichts gesagt. Er war sehr aufgeregt.»

Lugowoi zufolge verlief die Begegnung ohne Zwischenfall und war gegenstandslos. «Das Treffen war merkwürdig, weil derjenige, der darauf bestanden hatte, nichts Ernsthaftes oder Wichtiges zu sagen hatte. Im Rückblick hatte ich den Eindruck, dass uns jemand zusammen sehen wollte. Nach 20 Minuten kam meine Tochter an unseren Tisch. Wir waren schon dabei, aufzustehen. Ich habe sie und meinen Sohn Litwinenko vorgestellt und dann sind wir zum Spiel gegangen [Lugowoi sagt, er sei nach London gekommen, um seinen Fußballverein, ZSKA Moskau, im Emirates-Stadion gegen Arsenal spielen zu sehen]. Am nächsten Morgen gegen 8.30 Uhr rief Litwinenko mich an. Er sagte, er fühle sich krank und könne nicht zu unserem Treffen kommen. Ich bin dann mit meiner Familie in der Oxford Street herumgelaufen, wir waren ein bisschen shoppen.» Am darauffolgenden Tag flog Lugowoi nach Moskau zurück. Er sagt, er habe Litwinenko am 7. November im Krankenhaus angerufen («Wir hatten ein sehr gutes Gespräch.») und noch einmal am 13. November — der letzte Anruf vor Litwinenkos qualvollem Tod durch Strahlenvergiftung am 23. November.

Wie mir Lugowoi seine Geschichte erzählt — eine von tugendsamer Unschuld und falschen Unterstellungen — fällt es mir schwer, ihn nicht zu mögen. Er ist entwaffnend. Er lächelt, macht Witze, guckt reumütig, verzieht sein Gesicht, bis es wie eine Flunder aussieht, und streut das ein oder andere englische Wort in sein Russisch («*absolutely*» sagt er mit geschliffenem Akzent). Zudem kleidet er sich wie ein englischer Gentleman — er trägt ein rosafarbenes Hemd, dandyhafte Manschetten und einen grauen Businessanzug. An der Wand hängt ein Foto von Putin, wie er Beresowski, dem Erzfeind des Kremls, die Hand schüttelt. Eine andere Fotomontage zeigt Putin, wie er Michail Chodorkowski, dem inhaftierten Oligarchen, den Kopf abschlägt. Doch hinter der lässig-eleganten Medienpersönlichkeit, frage ich mich — steckt da ein Mörder und Lügner? Es ist auch etwas Beunruhigendes an Lugowoi. Ich finde es schwer, es zu benennen. Doch ich gehe mit dem Gefühl, dass ein wichtiger moralischer Teil seiner Persönlichkeit hohl ist oder fehlt, so als habe ihm jemand sein Gewissen mit einer riesigen Schere einfach herausgeschnitten.

Lugowoi hat an dieser fehlerfreien Version der Ereignisse festgehalten, seit sein Name erstmals im Zusammenhang mit dem Fall Litwinenko genannt wurde. Er hat den Ermittlern von Scotland Yard, die ihn im Dezember 2006 in Moskau verhört haben, eine identische Version erzählt, ebenso in zahllosen Interviews. Nach unserem Treffen erscheinen mir mehrere Details rätselhaft. Warum weiß er nicht mehr, ob er eine Tasse Tee bestellt hat? Und was soll dieser seltsame *ex-post-facto*-Satz: «Ich habe immer gesagt, ich kann mich nicht erinnern»?

Die britischen Ermittler sind von Lugowois Schuld überzeugt. Ihre Anklage stützt sich vor allem auf die Spur von Polonium, die Lugowoi und Kowtun hinter sich hergezogen haben — nicht nur in der Teetasse, sondern auch in Hotels, Cafés, Bars, in Flugzeugen und sogar auf einem

Stuhl der britischen Botschaft in Moskau. Lugowoi hatte die Botschaft besucht, kurz nachdem der Skandal im November 2006 hochkochte. «Er saß auf einem Stuhl. Wir mussten diesen Stuhl verbrennen», sagt ein britischer Diplomat (der dabei allerdings Gebrauch von seiner dichterischen Freiheit macht. Tatsächlich beschloss das Botschaftspersonal, den Stuhl nicht zu verbrennen. Stattdessen verschloss es die Tür zu dem Konferenzraum, in dem Lugowoi gesessen hatte. Die Tür ist immer noch verschlossen, der Stuhl steht noch drin).

Die ganzen Einzelheiten der Ermittlungen Scotland Yards gegen Lugowoi harren noch der Veröffentlichung. Doch die britischen Beamten glauben, dass Litwinenko nur einen winzigen Schluck von dem vergifteten Tee getrunken hat. Hätte er die Tasse ausgetrunken, wäre er innerhalb von wenigen Stunden gestorben, und die Todesursache wäre für immer rätselhaft geblieben, kurz: das perfekte Verbrechen.

Die Ermittler verweisen auch auf zwei frühere Reisen nach London, bei denen eine breite Poloniumspur gestreut wurde, einmal von Lugowoi und Kowtun am 16. Oktober 2006 und einmal von Lugowoi am 25. Oktober. Sie wissen nicht, ob diese Reisen Generalproben für Litwinenkos spätere Ermordung waren oder Versuche, die scheiterten. Britische Beamte sagen, nur ein Staat könne an Polonium kommen. Dies ist ihnen zufolge der bezwingendste Beweis für die Beteiligung des FSB an dem Mord. «Es ist sehr schwer zu bekommen. Es gibt nur wenige Quellen. Unser persönliches Urteil lautet, dass man schon ein Staat oder eine staatliche Organisation sein muss, um es in den Mengen, die verwendet wurden, zu bekommen», sagt einer der Ermittler.

Lugowois Sozialisierung als Patriot liegt eine ganze Weile zurück. Wie viele KGB-Rekruten stammt er aus einer Militärfamilie. Einer seiner Großväter kämpfte 1904–05 im russisch-japanischen Krieg und wurde mit einem Tapferkeitsorden ausgezeichnet. Ein anderer nahm an der Schlacht der Roten Armee um Berlin teil. Lugowois Vater diente 35 Jahre lang als Oberst in den sowjetischen Streitkräften, sein Bruder auf einem Atom-U-Boot in der russischen Nordflotte. Geboren 1966 in Baku im ehemals sowjetischen Aserbaidschan, besuchte Lugowoi die Sowjetische Akademie für Militärische Führungskräfte in Moskau. 1987 schloss er sich gemeinsam mit seinem Freund Kowtun dem KGB an. Beide Männer dienten im 9. Direktorat des KGB, einer für den Personenschutz hochrangiger Funktionäre der Kommunistischen Partei zuständigen Abteilung. Im Laufe unseres Interviews frage ich ihn, warum er zum KGB gegangen ist. «Die haben mich gefragt», antwortet er. «Für jeden normalen sowjetischen Offizier war es eine Ehre, beim KGB zu sein. Es bedeutet, dass man zu den Besten gehört.»

Lugowoi bestreitet, jemals ein Spion gewesen zu sein. Seine Arbeit beim KGB als Kommandant eines Kreml-Trupps sei banal gewesen. Er habe bei keinen glamourösen Spionageabwehroperationen mitgemacht, nein, er habe Rekruten beigebracht, wie man vor den mittelalterlichen roten Gemäuern des Kremls Wache steht. «Genau wie Ihre Wachen vor dem Buckingham Palace», sagt er. «Ich habe ihnen beigebracht, wie man marschiert — eins, zwei, drei. Trotzdem machen die Leute jetzt eine Art KGB-Monster aus mir.» 1991 werden Lugowoi und andere «Neuner» — Mitarbeiter des 9. Direktorats — zur Föderalen Personenschutzeinheit versetzt, wo sie Spitzenpolitiker wie Boris Jelzin schützen oder Jegor Gaidar, Regierungchef in der zweiten Jahreshälfte 1992. An der Wand hängen zwei Fotos von Lugowois Reisen mit Gaidar nach Washington; daneben ein Foto, das Lugowoi beim Angeln zeigt.

1996 scheidet Lugowoi aus der präsidialen Personenschutzeinheit aus und geht, wie viele ehemalige KGB-Mitarbeiter, ins private Sicherheitsgewerbe. Er arbeitet für Beresowski als Sicherheitschef für dessen TV-Sender ORT. Er bleibt mit dem Oligarchen auch dann in Verbindung, als dieser bei Putin in Ungnade fällt und bei Nacht und Nebel nach Großbritannien flüchtet. Lugowoi und einige weitere KGB-«Neuner» gründen eine Sicherheitsfirma, Ninth Wave («Neunte Welle»). Ziel seiner Reise nach London sei es gewesen, eine mögliche geschäftliche Zusammenarbeit mit Litwinenko zu besprechen.

Kurz vor meinem Interview mit Lugowoi laufe ich Kowtun über den Weg, seinem mutmaßlichen Komplizen. Er ist unrasiert und wirkt wie jemand, der nicht viel zu tun hat. Als ich herauskomme, sehe ich ihn wieder — er sitzt vor Lugowois erstaunlich beengtem Büro im ersten Stock neben der Moskwa und der Metrostation Kijewski. Dass Scotland Yard keine Mordanklage gegen Kowtun erhoben hat, gehört zu den rätselhaftesten Aspekten dieses Falles. Die deutschen Behörden werfen ihm allerdings vor, Polonium ins Land geschmuggelt zu haben — eine Anklage, die später ebenfalls fallen gelassen wird. Während Lugowoi direkt von London nach Moskau geflogen ist, ist Kowtun am 28. Oktober nach Norddeutschland gereist, wobei er eine breite Poloniumspur hinter sich hergezogen hat: auf einem Sofa in der Wohnung, in der er übernachtet hat, in einem Hamburger Verwaltungsgebäude und an anderen Stellen.

Kowtun erzählt mir, er sei unglücklich über die Anklagen, die es ihm verbieten, ins Ausland zu reisen. Es war, behauptet er, nichts als «ein Zufall», dass er und Lugowoi sich im Millennium-Hotel mit Litwinenko getroffen hätten. «Wir haben uns hingesetzt und darauf gewartet, dass Andreis Familie auftaucht. Sie waren bei Madame Tussauds, hatten sich aber auf dem Rückweg verlaufen. Wenn sie sich nicht verlaufen hätten, dann hätte Litwinenko nicht mit uns in der Bar gesessen.» Aber was ist mit den riesigen Mengen radioaktiven Poloniums, die in Lugowois Hotelzimmer gefunden wurden? «Als man das Polonium gefunden hat, waren schon 20 Tage vergangen. Der britische Geheimdienst hatte alle Zeit der Welt, um alles Mögliche zu organisieren», sagt er.

Während meiner Zeit in Russland schreiben ich und andere Journalisten Dutzende Artikel über den Mordfall Litwinenko. Doch wir machen kaum Fortschritte bei der Aufdeckung der Wahrheit. Als *WikiLeaks* im Herbst 2010 zahlreiche diplomatische Dokumente der Amerikaner veröffentlicht, hoffe ich, dass sie etwas über den tatsächlichen Hergang verraten. Doch die vertraulichen Depeschen stellen sich gewissermaßen als Enttäuschung heraus: Die US-Diplomaten, scheint es, wissen auch nicht, wer Litwinenko ermordet hat. Allerdings finde ich spannende Hinweise darauf, dass der Kreml in die Verschwörung involviert ist. Die Depeschen zeigen, dass das Weiße Haus davon ausgeht, Putin habe von der Operation, Litwinenko zu ermorden, gewusst und seine Zustimmung gegeben.

Das bemerkenswerteste Dokument kommt nicht aus Moskau, sondern aus Paris. Ich entdecke eine geheime Nachricht der amerikanischen Botschaft in Paris, abgeschickt am 12. Dezember 2006, drei Wochen nach Litwinenkos Tod. Darin wird eine Diskussion zwischen dem amerikanischen Ministerialdirektor im US-Außenministerium, Daniel Fried, und seinem französischen Amtskollegen Maurice Gourdault-Montagne beschrieben, einem Berater von Jacques Chirac. Die Franzosen sehen die Verantwortung für die Vergiftung Litwinenkos eher bei nicht näher spezifizierten «verbrecherischen Elementen» als bei der russischen Regierung. Fried, der amerikanische Spitzendiplomat in Europa, widerspricht. Seiner Ansicht nach ist es wahrscheinlicher, dass der «detailversessene» Putin von der Mission Litwinenko wusste. Gourdault-Montagne wird in dem Schriftstück als MGM bezeichnet:

> Fried merkte an, der unmittelbare Trend in Russland sei negativ, und verwies auf sich mehrende Anzeichen, dass die britischen Ermittlungen im Mordfall Litwinenko durchaus ergeben könnten, dass es irgendeine Art von russischer Beteiligung gab. MGM machte auf Chiracs Appell an die Russen aufmerksam, bei den Ermittlungen zu kooperieren. Er fragte sich laut, wer den Befehl gegeben haben könnte, spekulierte aber, dass es bei dem Mord wohl eher um das Begleichen alter Rechnungen zwischen den Diensten gegangen sei als um die Ausführung eines direkten Befehls des Kremls. Fried, der an Putins «Detailversessenheit» erinnerte, bezweifelte, dass verbrecherische Sicherheitselemente ohne Putins Wissen in Großbritannien hätten operieren können. Er beschrieb die gegenwärtige Atmosphäre als seltsam; die Russen würden immer selbstbewusster, an der Grenze zur Arroganz.

Frieds Bemerkungen wecken Zweifel an der Darstellung, die der Journalist Martin Sixsmith in seinem 2007 erschienenen Buch *The Litvinenko File* [*Die Akte Litwinenko*] vorgelegt hat. Sixsmith beendet seine Untersuchung des Mordes an Litwinenko mit der Feststellung, es sei nicht sehr wahrscheinlich, dass Putin von dem Tötungskommando gewusst habe. Die Anstifter, glaubt Sixsmith, seien ehemalige oder noch aktive Mitglieder des FSB, die auf eigene Initiative gehandelt hätten, um einen störenden Verräter zu beseitigen. Ein weiteres Ziel sei gewesen, sich bei ihrem obersten Vorgesetzten im Kreml beliebt zu machen.

Doch die *WikiLeaks*-Dokumente belegen, wie energisch die russischen Behörden zu verhindern versuchten, dass die Wahrheit ans Licht kommt.

Die deutschen Ermittler fanden heraus, dass Kowtun vor seiner Abreise nach London am 1. November in Hamburg eine Spur von Polonium-210 hinterlassen hatte. Sie fanden Polonium in der Erzberger Straße 4, wo er eine Nacht verbracht hatte. Die Wohnung gehört Kowtuns russisch-deutscher Exfrau Marina Wall. Weitere Spuren führen zu einem Haus in Haselau, etwa 20 Minuten von Hamburg entfernt, wo Kowtun ebenfalls übernachtet hatte. Sie fanden Polonium auch in seinem gemieteten BMW. In der Depesche, verschickt vom amerikanischen Generalkonsul in Hamburg, Duane Butcher, in der die deutschen Ermittler zitiert werden, heißt es: «Kowtun hat Poloniumspuren auf allem hinterlassen, was er angefasst hat — Fahrzeuge, Gegenstände, Kleidung und Möbel.»

Das Polonium befand sich nicht auf Kowtuns Haut oder Kleidung, sondern «es kam aus seinem Körper». Die Deutschen wollten deswegen die Aeroflot-Maschine testen, mit der Kowtun nach Deutschland geflogen war, und ihr nach ihrer nächsten Landung in Deutschland Startverbot erteilen. Die Ermittler, geht aus der Depesche hervor, glauben, dass «die russischen Behörden von den deutschen Plänen erfahren haben müssen, denn in letzter Minute tauschte Aeroflot die Maschine aus».

Sowohl die deutschen als auch die britischen Ermittlungen haben den gleichen Schwachpunkt. Es gibt eine klare Spur, die die drei Russen und Litwinenko in London miteinander in Verbindung bringt. Doch diese Spur versandet in Moskau. Unklar bleibt, wer den Mord an Litwinenko angeordnet hat und warum. US-Diplomaten berichten von einer Vielzahl an Verschwörungstheorien, die in der russischen Hauptstadt kursieren. Zwei von ihnen scheinen mir glaubhaft: dass Hardliner im Kreml den Mord arrangiert haben, um eine Krise mit dem Westen heraufzubeschwören und Putin davon zu überzeugen, noch eine dritte Amtszeit Präsident zu bleiben; und dass ehemalige oder noch aktive FSB-Offiziere den Mord aus Rache verübt haben.

Litwinenko hat das getan, was russische Spione niemals tun sollten — er hat gegen den Loyalitätskodex des KGB verstoßen. Er ist nach Großbritannien geflüchtet und hat sogar Bücher über seine ehemaligen Kollegen geschrieben. Damit hat er die *omertà*, den Verschwiegenheitskodex der Organisation, gebrochen. Putin hatte voller Verachtung von Litwinenko gesprochen und gesagt, dieser kenne gar keine Geheimnisse;

andere Regierungsbeamte hatten dies wiederholt und zu verstehen gegeben, Litwinenko sei es nicht einmal wert, ermordet zu werden. Lugowoi indessen beschuldigt wahlweise den britischen Auslandsgeheimdienst MI6, Beresowski, die georgische Mafia, tschetschenische Terroristen und sogar Tony Blair.

Die in den *WikiLeaks*-Dokumenten zitierten Diplomaten gehen davon aus, dass die Wahrheit über Litwinenkos Ermordung «wohl nie ganz ans Licht kommen wird». Eine Woche nach dem Mord prüft der US-Botschafter in Moskau, William J. Burns, in einem vertraulichen Bericht einige der Verschwörungstheorien. Er räumt freimütig ein, dass viele der Spekulationen um Litwinenkos Strahlenvergiftung vermutlich falsch oder «eigennützig» seien. Ein Informant erzählt Burns, er sei überzeugt, der Mord sei das Werk von «verbrecherischen oder pensionierten FSB- oder Militärgeheimdienstagenten, die von Kräften inner- oder außerhalb des Kremls kontrolliert werden». Derselbe Informant — zusammen mit einer anderen Quelle aus Oppositionskreisen — vermutet, dass Lugowoi der wahrscheinlichste Täter ist. «[Sie] finden es verdächtig, dass ein Moskauer Geschäftsmann und ehemaliger Mitarbeiter des FSB wie Lugowoi geschäftlich mit einem Mann wie Litwinenko zusammenarbeiten wollte, obwohl dieser auf der Liste der Feinde des Kremls — und des FSB — stand. XXXXXXX glaubt, dass Lugowoi möglicherweise geschickt wurde, um sich mit Litwinenko anzufreunden und ihn zu töten.» Ein dritter Informant wiederum glaubt nicht, dass Putin beteiligt war — und sieht ihn als «Spielfigur in einem größeren Spiel». Ein vierter ist anderer Ansicht. Er erkenne Putins Handschrift in diesem Mord.

Burns erwähnt auch den Mord an der Journalistin Anna Politkowskaja einen Monat vor Litwinenkos Tod. Er fasst zusammen:

> All diese gemutmaßten Versionen des Tathergangs kranken an einem Mangel an Beweisen und an der Existenz anderer möglicher Mordmotive und Täter. Wie auch immer die Wahrheit letztlich lautet — und vielleicht wird sie niemals aufgedeckt —, die Neigung hier, fast automatisch anzunehmen, dass jemand innerhalb oder im Umkreis von Putins innerem Zirkel für diese Morde verantwort-

> lich ist, spricht Bände über die Erwartungen an das Verhalten des Kremls, nun da sich der interessengetriebene Machtkampf um die Nachfolge intensiviert.

Ich selbst bin weiterhin überzeugt, dass Lugowoi Litwinenko ermordet hat. Die Polonium-Spur führt nicht nur zurück nach Moskau, sondern bis vor die Haustür des FSB. Die Depesche von Burns ist aufschlussreich. Warum sollte einem ehemaligen FSB-Agenten daran gelegen sei, mit jemandem unternehmerisch zusammenzuarbeiten, der öffentlich als Feind des Kremls im Ausland bezeichnet wurde? Eine solche Kooperation wäre geschäftlich waghalsig, geradezu selbstmörderisch — es sei denn, sie wurde von oben autorisiert. Sie könnte die Konfiszierung des Unternehmens bedeuten, Steuerrazzien, Festnahme. Folglich müssen Lugowoi und die beiden anderen Mitglieder der alten KGB-Troika auf Befehl gehandelt haben. Nur — auf wessen Befehl?

4

GEWINNER UND VERLIERER

Sommerlager der Naschi, Seligersee, 200 Meilen nordwestlich von Moskau, 19. Juli 2008

Die russischen Strafverfolgungsbehörden werden Luke Harding aller Wahrscheinlichkeit nach nicht mehr behelligen.
BRIEF DES FSB

Ein paar Wochen nach meinem Besuch im Lefortowo-Gefängnis schreibt mir der FSB einen weiteren Brief. Offenbar machen die Ermittlungen der Spionagebehörde im Fall Beresowski Fortschritte. Die Ermittler sind zu der Einsicht gelangt, dass ich keine Informationen über Beresowskis waghalsigen Plan habe, den Kreml zu stürzen. Der FSB schreibt, er plane nicht, Maßnahmen gegen den *Guardian* oder einen seiner Korrespondenten zu ergreifen:

> Mit sofortiger Wirkung wird festgestellt, dass Luke Harding an dem Interview nicht direkt beteiligt war. Weder hat er B. Beresowski kontaktiert, noch verfügt er über Beweismaterial. Er ist daher nicht mehr Gegenstand des Interesses der Ermittlungsbehörden. Vor diesem Hintergrund werden die russischen Strafverfolgungsbehörden Luke Harding aller Wahrscheinlichkeit nach nicht mehr behelligen.

Auf den ersten Blick sind das erfreuliche Nachrichten. Und doch wirft der Brief, in russischer Bürokratenprosa verfasst, mehr Fragen auf als er beantwortet.

Warum löst Beresowskis Gerede solch eine vehemente Reaktion des Kremls aus? Und warum stehe ich unter Verdacht, auch wenn ich gerade offenbar freigesprochen wurde? Glauben diese Leute, ich stünde auf der Gehaltsliste des Oligarchen? Oder ich sei in irgendeine Spionagetätigkeit verwickelt und nutzte meinen Job beim liberalen *Guardian* als eine Art kuriose Tarnung?

Es ist nicht leicht, darauf schlüssige Antworten zu finden. Doch es scheint, als sei der FSB eine sehr seltsame Organisation: misstrauisch, zutiefst paranoid, kaum vertraut mit der nichtrussischen Welt, zu irrationalem oder emotionalem Verhalten neigend.

Ich bin dennoch erleichtert, als die Behörde mir zusichert, dass sie mich nicht mehr belästigen wird. Leider währt das nur kurz. Am 12. August 2007, einem Sonntag, kehre ich aus unserem jährlichen Sommerurlaub zurück und fliege von London nach Moskau. Meine Familie ist noch in Großbritannien, sie bleibt noch zwei Wochen länger.

In meinem Handgepäck befindet sich ein Video, das mir ein alter Freund der Familie mitgegeben hat, der Schriftsteller und Schauspieler Heathcote Williams. Es ist die Aufzeichnung einer Folge der BBC-Sendung *Panorama* über Litwinenkos Tod, außerdem ein Film von Litwinenkos Freund Andrei Nekrasow. Der Dokumentarfilm heißt My Friend Sasha: a Very Russian Murder [*Mein Freund Sascha: ein ziemlich russischer Mord*]. Er zeigt Aufnahmen von Litwinenko im Krankenhaus. Heathcote hat freundlicherweise Ausschnitte aus der TV-Programmankündigung auf die Kassette geklebt, darunter auch das berühmte Foto von Litwinenko auf seinem Sterbebett in London — kahl, eingefallen und trotzig.

Ich lege die Kassette unter den Fernseher in unserer Wohnung und vergesse sie dort. Als ich am Donnerstag von der Arbeit komme, sind beide Schlösser meiner Wohnungstür abgeschlossen. Ich bin mir ziemlich sicher, nur eins abgeschlossen zu haben, als ich morgens zur Arbeit ging. Ansonsten ist alles unverändert. Am Samstag bin ich den ganzen Tag unterwegs. Am 19. August, dem darauffolgenden Sonntag, allein und ohne Ablenkung durch die Familie, beschließe ich, mir die Aufzeichnung anzusehen.

Der erste Teil der Aufnahme ist normal: Er beginnt mit der Sendung BBC *Newsnight*, moderiert von Jeremy Paxman. Ein Beitrag handelt von Nordirland, es folgt ein Interview mit dem Schauspieler Peter O'Toole. Als die Sendung über Litwinenko beginnt, verschwindet plötzlich das Bild. Es ist komplett gestört. Man kann den Kommentar gerade noch hören, doch er läuft schneller als normal ab und klingt ein bisschen nach Mickey Maus. Es scheint, als sei Nekrasows Film sorgfältig gelöscht worden. Keine Bilder — nur wirre Streifen auf dem Bildschirm.

Ich frage bei Heathcote nach. Ich erkläre ihm die merkwürdige Situation. Er mailt mir zurück, er habe die Kassette problemlos abspielen können. Ich finde keine andere Erklärung als die offensichtliche: dass der FSB wieder in meine Wohnung eingebrochen ist, an dem Video Anstoß genommen und beschlossen hat, die strittigen Passagen zu löschen. Oder hat das Video mit dem Foto Litwinenkos diesen zweiten Einbruch irgendwie provoziert? Wie dem auch sei — meine Besucher sind offenbar zurückgekehrt. Immer mehr habe ich das Gefühl, dass wir in zwei unterschiedlichen Welten mit gegensätzlichen Realitäten leben. In der einen sind Aufnahmen von Litwinenko nichts weiter als harmlose TV-Mitschnitte von einem Freund. In der anderen sind sie der Beleg für eine dunkle Verschwörung, deren Ziel es ist, den russischen Staat zu diffamieren.

Oft wird vergessen, dass die britisch-russischen Beziehungen unter Wladimir Putin einmal gut waren. Niemand anderes als Tony Blair war einmal einer der größten Fans von Putin. Nachdem er Jelzin im Jahr 2000 abgelöst hatte, führte Putins erster Auslandsbesuch nach Großbritannien. Russlands neuer Präsident — damals eine geheimnisvolle Figur, «Wer ist dieser Putin?» lautete die Frage — wurde in der Downing Street zu Gesprächen empfangen. Er traf sogar die Queen auf Schloss Windsor.

Blair verteidigte seinen Gast aus Moskau vehement gegen Kritik am neuen Krieg des Kremls in Tschetschenien und an den Menschenrechtsverletzungen. Er pries Putin als Modernisierer, vom gleichen Schlag wie er selbst, als einen starken Partner, der Ordnung in den Prozess der politischen und ökonomischen Reformen bringen würde. Nach einem erfolgreichen bilateralen Treffen der Staatsoberhäupter im November 2000 sagte ein russischer Regierungsbeamter sogar: «Wir können uns nicht erinnern, dass die britisch-russischen Beziehungen jemals besser waren, nicht einmal vor der Revolution.»

Doch diesem britisch-russischen Kuschelverhältnis waren kaum Flitterwochen vergönnt. Vielmehr wurde gegen Ende von Putins erster Amtszeit deutlich, dass die Beziehung auf eine Trennung zusteuerte. Für diese Entfremdung gab es mehrere Gründe. Viele Gegner Putins flohen vor seiner zunehmend autoritären Politik außer Landes. Eine große Anzahl von ihnen ließ sich in London nieder, der neuen *De-facto*-Hauptstadt der russischen Dissidenten und enttäuschten Revolutionäre — wie zu zaristischen Zeiten, als Lenin hier landete und in Pentonville und Bloomsbury lebte. Auch waren sich Kreml und Downing Street uneins im Irakkrieg. (Für Putin war das ein weiteres ungeheuerliches Beispiel für den angelsächsischen Imperialismus.) Und als dann ab 2003 prowestliche Reformbewegungen Georgien und die Ukraine erschütterten, eskalierte die paranoide Stimmung im Kreml. Putin — und der FSB — waren überzeugt, dass die «Orangene Revolution» in der Ukraine nicht von der demonstrierenden Bevölkerung, sondern von CIA-Agenten ausgelöst worden war, die taschenweise Dollar mit sich herumtrugen.

Doch für die größten Spannungen im britisch-russischen Streit sorgte die Frage der gegenseitigen Rechtshilfe und der Auslieferungsabkommen. Bei einem Teller Rinder-Carpaccio in einem von Moskaus schickeren italienischen Restaurants frage ich im Sommer 2007 Dmitri Peskow, Putins Pressesprecher, wann die gegenwärtigen Probleme zwischen London und Moskau angefangen hätten. Peskows Antwort ist eindeutig: 2003. (Er beschwert sich auch darüber, dass, als er mit British Airways in der ersten Klasse von New York nach London flog, eine Stewardess gewitzelt habe: «Ich hoffe, diesmal ist kein Polonium an Bord, Herr Peskow.» Er wendet sich mir zu: «Und Sie wollen, dass ich Leute ermutige, in dieses Land zu reisen?»)

Warum 2003? Damals fällt die Entscheidung, Beresowski, Putins größtem Feind, in Großbritannien politisches Asyl zu gewähren. Im gleichen Jahr verweigert ein britisches Gericht dem Kreml die Auslieferung von Achmed Sakajew, einem tschetschenischen Rebellenführer, dem Moskau Terrorismus vorwirft. Bis 2007 stellt Russland 21 Anträge auf Auslieferung von russischen Staatsbürgern aus Großbritannien, viele davon in Verbindung mit dem Fall Yukos, Chodorkowskis bankrottem Ölkonzern. Kein einziger hatte Erfolg. Die britischen Gerichte begründeten dies damit, dass diese Personen mit großer Wahrscheinlichkeit in Russland keinen fairen Gerichtsprozess bekämen und, in vielen Fällen, wegen ihrer politischen Ansichten verfolgt würden.

Wie wahr. Um Russlands parteiliches Justizsystem zu beschreiben, wurde der Ausdruck «Telefongerichtsbarkeit» geprägt — er spielt auf die Angewohnheit der Regierungsbeamten des Kremls an, den Richtern ihre Urteile telefonisch zu diktieren. Chodorkowskis mehrmalige Verurteilung nach absurden Gerichtsverfahren ist hierfür ein weiterer Beleg. Doch für Putin ist die Weigerung der Briten, Beresowski auszuliefern, persönlicher Verrat. Berichten zufolge war er außer sich darüber, dass Blair nicht selbst zum Hörer gegriffen und ihn über das Urteil informiert hatte. Blair wiederum, erzählte man mir, war zunehmend enttäuscht über seinen einstigen russischen Verbündeten. Auf die Frage, was er von Putin halte, soll Blair zu einem Mitarbeiter gesagt haben: «Er ist ein schlechter Mann.» Bei einem Treffen mit US-Senator John McCain 2008 beschrieb Blair Putin als «zunehmend autokratisch» — dieser habe «einen Großteil des russischen Demokratisierungsprozesses wieder rückgängig gemacht». Blair war überzeugt, die Strategie des Westens müsse sein, Russland «ein bisschen in die Enge» zu treiben. Er sagte McCain, Russland müsse «Unnachgiebigkeit» zu spüren bekommen; man müsse «die Saat der Verwirrung» sähen.

Der Werteunterschied zwischen den beiden Ländern — eins demokratisch, das andere autoritär regiert — ist kein Graben, sondern eine unüberwindbare Schlucht. In Putins System ist es undenkbar, dass ein Richter dem Kreml einen Wunsch abschlägt. Ganz bestimmt hat er die britischen Gerichtsurteile nicht als Demonstration juristischer Unabhängigkeit interpretiert, sondern in ihnen eine gezielte antirussische Brüskierung gesehen, angeordnet vom arroganten politischen Establishment Großbritanniens. Putin hat Blair nie verziehen. Seine Ablehnung Großbritanniens setzte sich auch unter Gordon Brown, Blairs Nachfolger, nahtlos fort.

Wegen dieser vermeintlichen Kränkungen ergreift die russische Regierung eine Reihe von feindseligen Maßnahmen. Im Januar 2006 laufen im russischen Staatsfernsehen Bilder, die angeblich zeigen, wie britische Geheimdienstmitarbeiter Informationen von einem in einem Moskauer Park versteckten künstlichen «Felsen» abholen. Der 30 Zentimeter große Felsen ähnelt einem kleinen, harmlosen Geröllbrocken — die Art von Brocken, den Fans der *Flintstones* kennen dürften. Der FSB deutet an, dass in Moskau lebende britische Diplomaten den Stein benutzen, um mit einheimischen «Agenten» zu kommunizieren. Diese «Agenten» arbeiten demnach in russischen Nichtregierungsorganisationen — eine Gruppe, die der Kreml als disloyale fünfte Kolonne ansieht, synonym mit westlicher Einmischung und Spionage. Russische Menschenrechtsaktivisten tun die Story als plumpe Hetze ab, deren Ziel es ist, legitime NGOs zu diskreditieren und Russlands ohnehin schon schwache Zivilgesellschaft noch mehr zu schwächen. Es soll noch schlimmer kommen.

In den fieberhaften Wochen nach Lugowois Mordanklage geht es mit den bilateralen Beziehungen noch einmal steil bergab. Die russische Regierung lehnt die Auslieferung Lugowois an Grobritannien rundweg ab. Stattdessen tut sie, was sie kann, um ihn zu schützen und zu verhindern, dass er sich in London einem Gerichtsverfahren stellen muss. Ein wütender Putin zitiert Russlands Verfassung — die wie andere europäische Rechtssysteme vom Napoleonischen Code Civil abgeleitet ist —, die die Auslieferung von Staatsbürgern verbietet. Er bezeichnet die Forderung als «arrogant» und als bezeichnend für Großbritanniens «hirnlose» Kolonialmentalität.

Der Streit — den ein russischer Analyst, den ich kenne, mit einem Wettbewerb im Weitspucken vergleicht — währt den ganzen Sommer 2007 hindurch. Ich rufe Garri Kasparow an. Putin, sagt er, habe Angst, als Zeuge benannt zu werden, sollte der Fall in London vor Gericht kommen. Putin sei verblüfft, dass London nicht bereit ist, sich im Fall Litwinenko zu einigen, und ein einzelnes Menschenleben höher bewertet als Geschäfte, sagt er. «Putin glaubt, dass alles einen Preis hat. Er ist ein sehr misstrauischer Mann. Wenn etwas nicht geschäftlich verhandelt werden kann, ist es eine Verschwörung. Das ist für ihn ein normaler Denkvorgang.»

Im Juli weist der neue britische Außenminister, David Miliband, wegen Moskaus Weigerung, Lugowoi auszuliefern, aus Protest vier russische Diplomaten aus. Miliband macht deutlich, dass er glaubt, der FSB sei in Litwinenkos Ermordung verwickelt; er setzt die Zusammenarbeit mit der Spionagebehörde aus und führt für russische Politiker, die nach London einreisen wollen, eine neue, strengere Visapolitik ein. Als Antwort darauf weist Russland vier britische Diplomaten aus. Dieses «Wie du mir, so ich dir» ist für FSB-Verhältnisse noch maßvoll.

Insgeheim jedoch erhöht der FSB den Druck, wobei er seine Lieblingsmethode anwendet — Repression. Wegen Visarestriktionen könne die britische Regierung die Moskauer Botschaft nicht vollständig mit Personal ausstatten, heißt es in einem später veröffentlichten *WikiLeaks*-Dokument. Dort steht, dass «einheimische russische Mitarbeiter vom FSB belästigt wurden». Einige werden Opfer von Einbrüchen. Auch bei britischen Diplomaten wird eingebrochen. Ziel ist es, das Botschaftspersonal zu demoralisieren und zu zermürben, damit es Russland schnell wieder verlässt.

Die britischen Diplomaten in Moskau fühlen sich wie bei einer Belagerung. Tony Brenton, der britische Botschafter, hält eine Reihe von Frühstücks-*briefings* für britische Journalisten ab. Ort des Treffens ist Brentons Residenz, hinter dem Hotel «Alt Arbat» an der Bolschoi-Nikolopeskowski-Straße: ein Gebäude des russischen Großbürgertums, erbaut vermutlich für einen Händler oder hochrangigen Beamten im späten 19. Jahrhundert. Russische Hausangestellte in schwarzen Uniformen und weißen Schürzen bringen Platten mit Würstchen und Rührei; es gibt Kaffee, Orangensaft und Toast. Die Atmosphäre ist gesellig; britische maritime Drucke in verblasstem Grün aus dem 18. Jahrhundert zieren die Wände. (Sie sind eine Erinnerung an den Besuch von Peter dem Großen in Deptford vor den Toren Londons, im Jahre 1698, als er Schiffsbau studierte.)

Die *briefings* sind vertraulich. Der Fall Litwinenko spielt eine große Rolle, auch weil sich die britischen Beziehungen zu Russland immer schlechter entwickeln. Kaum jemand erwartet, dass sich die Dinge in der nächsten Zeit bessern werden.

Etwa zur gleichen Zeit schreibt US-Botschafter William Burns, russische Beamte zeigten kein Interesse daran, dass Lugowoi vor ein britisches Gericht gestellt wird. Das sei, lässt er Washington wissen, «angesichts des Sensationscharakters des Mordes und angesichts der Unsicherheit, wohin ein solches Verfahren über Lugowoi hinaus noch führen könnte», nicht überraschend.

Die russische Regierung hat derweil eine neue Angriffsfront eröffnet und dem British Council, der Kulturabteilung der britischen Regierung im Ausland, den Krieg erklärt. Erstmals beschuldigten die russischen Behörden den British Council 2004, er betreibe illegale Geschäfte und zahle keine Steuern. Mit Skimasken vermummte Steuerfahnder führten in dem rechteckigen Hauptgebäude des Council eine Razzia durch. Wie viele andere Kultureinrichtungen befindet sich der Council in der Moskauer Bibliothek für Ausländische Literatur, die am Ufer der vom Verkehr umgebenen Jausa liegt, einem Seitenarm der Moskwa.

Steuerrazzien sind eines der Lieblingsinstrumente des Kremls. Sie werden gegen politische Gegner und Menschenrechtsorganisationen eingesetzt. Nach dem Mord an Litwinenko bedeuten russische Regierungsbeamte, die Kampagne gegen den British Council würde gestoppt, sobald Großbritannien seine Ermittlungen in dem Fall einstellen würde. Im Dezember 2007, nachdem die Regierung Brown klargemacht hat, dass es im Fall Litwinenko keinen Deal geben werde, kündigt Russlands Außenministerium an, dass es die Zweigstellen des British Council außerhalb von Moskau schließen lässt. Die Order tritt am 1. Januar 2008 in Kraft.

Der Direktor des British Council in Russland, James Kennedy, ist ein persönlicher Freund. Beim Abendessen in seiner Moskauer Wohnung in einem baufälligen Gebäude aus dem 19. Jahrhundert in der Nähe des Gartenrings geben wir uns gegenseitig Tipps, wie man mit der aufdringlichen elektronischen Überwachung des FSB umgehen sollte. James sagt, er vermute, seine Wohnung sei verwanzt, ebenso der von einem Chauffeur gefahrene Wagen, mit dem er zur Arbeit gebracht wird. Wir sind uns einig, die beste Strategie sei, die Lauscher zu ignorieren und weiterzumachen, als gäbe es sie nicht. Während der Krise um den British Council telefoniere ich fast täglich mit James. Am 14. Januar 2008 setzt sich der British Council über die russische Schließungsorder hinweg und öffnet seine Zweigstellen in St. Petersburg und in der Uralstadt Jekaterinburg wieder. Die russische Regierung schäumt vor Wut angesichts dieser «Provokation».

Die Antwort des FSB ist schnell, gemein und vorhersehbar. Am 15. Januar fordert er die russischen Mitarbeiter des British Council (sieben in Jekaterinburg und 16 in St. Petersburg) auf, ihre Arbeit für die Briten einzustellen. Die Methoden des Dienstes sind niemals unauffällig: Gegen Mitternacht besuchen Polizeibeamte des Innenministeriums sechs der Mitarbeiter zuhause. Den einen warnen sie, dass ein geliebtes Familienhaustier einen tragischen «Unfall» haben könnte; einen anderen fragen sie nach der Gesundheit seiner älteren und gebrechlichen Angehörigen.

Andere Mitarbeiter warnen die Steuerfahnder, dass gegen sie ermittelt würde. Am selben Abend stoppt die St. Petersburger Verkehrspolizei mit einem Kamerateam im Schlepptau das Auto von Stephen Kinnock und beschuldigt ihn, betrunken gefahren zu sein. Kinnock ist der Direktor des St. Petersburger Büros des British Council und der Sohn von Lord (Neil) Kinnock, dem ehemaligen Parteivorsitzenden der britischen Labour-Partei.

Die britischen Mitarbeiter sind empört über diese Schikanen und Fallen. «Das ist klassische Einschüchterung unseres Personals im KGB-Stil. Sie sollen denken, ihre Position sei nicht haltbar», erzählt mir einer. Ein anderer vergleicht die Methoden des FSB mit dem «Verprügeln eines Bibliothekars». In London gibt Martin Davidson, der Geschäftsführer des British Council, widerwillig zu, dass er keine andere Wahl hat, als die regionalen Büros zu schließen. «Wir haben ähnliche Aktionen während des Kalten Krieges erlebt, aber aufrichtig geglaubt, dass wir sie hinter uns gelassen hätten», seufzt er.

In privaten Briefen nach Washington zeigt sich William Burns solidarisch mit seinen bedrängten britischen Kollegen. Er schreibt, die Regierung Brown «hofft, die russische Regierung mit dem Kollateralschaden zu beschämen, der mit den Maßnahmen gegen den Council anrichtet wird, vor allem für die Tausende von russischen Studenten, die dessen Angebote nutzen, als Ressource und als Prüfungszentrum, um an britischen Universitäten zugelassen zu werden». Zu ihnen, beobachtet der US-Botschafter, gehörten auch «viele Sprösslinge der russischen Elite». Diese «*shaming*-Strategie» zeigt keine Wirkung. Außenminister Sergei Lawrow — dessen Töchter an der London School of Economics studieren — merkt lediglich an, das Verhalten der Briten sei ein «Beleg dafür, dass die britische Seite einer Nostalgie für koloniale Zeiten nachhängt». Und Generalmajor Juri Drosdow, ein pensionierter KGB-Offizier, sagt der russischen Presse, die Arbeit des British Council sei direkt verbunden mit den «Aktivitäten des britischen Geheimdienstes, dessen Agenten, zusammen mit den Vereinigten Staaten, daran arbeiten, Russland zu spalten und zu kontrollieren».

Britische Kremlkritiker halten die Schließungen für beunruhigend. Denis McShane, Unterhaus-Abgeordneter und ehemaliger Europaminister aus den Reihen der Labour-Partei, der um markige Sprüche nie verlegen ist, bezeichnet sie als Ausdruck für das «neue und hässliche Russland, das im 21. Jahrhundert entsteht ... Es ist traurig, dass die Nation von Tolstoi und Tschaikowski versucht, den British Council zu schikanieren, der die Kultur und den Austausch zwischen Künstlern, Musikern und Schriftstellern fördert. Das heutige Russland verfällt allmählich wieder in einen unkultivierten Autoritarismus, was zutiefst besorgniserregend ist.»

Ich frage Fjodor Lukjanow, Redakteur des Magazins *Russia in Global Affairs* und einer meiner liebsten russischen Analysten, was er von all dem hält. Dieses sowjetische Verhalten schade doch sicher Russlands Ruf? «Ich bin zutiefst davon überzeugt, dass sich Russland schon lange nicht mehr um sein internationales Ansehen schert», antwortet er.

Der Kreml unterstützt auch eine hässliche, persönliche Verleumdungskampagne gegen Tony Brenton. Das «Verbrechen» des britischen Botschafters scheint ein Seminar zur Zivilgesellschaft mit Eduard Limonow im Juli 2006 gewesen zu sein — russischer Schriftsteller und Vorsitzender der verbotenen Nationalbolschewiken, eine vehement kremlfeindliche Jugendorganisation, die regelmäßig von der russischen Polizei und Justiz gejagt wird. (Limonow hat auch in Lefortowo eingesessen, stelle ich später fest.)

Nach dem Forum folgen Aktivisten der Kreml-Jugend Brenton durch die Straßen von Moskau. Sie gehören zur Pro-Putin-Jugendorganisation Naschi — zu Deutsch: «Die Unseren» —, die von den Polittechnokraten des Kremls nach der Orangenen Revolution gegründet wurde. Naschi-Aktivisten stören Brentons öffentliche Auftritte mit Zwischenrufen; sie belästigen seine Frau, springen vor seinen Dienstwagen und werfen Flugblätter auf seine Windschutzscheibe. Diese Aktionen sind nicht spontan; Burns betont, die Aktivisten würden offenkundig bezahlt.

Das britische Foreign Office beschwert sich beim russischen Außenministerium, dass diese Methoden gegen das Wiener Übereinkommen verstoßen.

Nach den russischen Parlamentswahlen am 2. Dezember 2007, bei denen Putins Partei Vereintes Russland einen überragenden, wenngleich manipulierten Wahlsieg erringt, demonstrieren Naschi-Aktivisten wieder vor der am Flussufer gelegenen britischen Botschaft. Es ist ein grauer, frostiger Mittwoch; ich beschließe, hinzugehen und mir das Spektakel anzusehen. Die Aktivisten stehen neben der trüben Moskwa; sie sehen elendig durchgefroren und klamm aus. Etwa 20 Demonstranten sind mit neuen Transparenten ausgestattet. Sie zeigen ein vergrößertes Foto von Brenton; quer über seine Stirn zieht sich unvorteilhaft das englische, in roter Tinte geschriebene Wort *loser*. Es war schon schlimmer — bei früheren Naschi-Versammlungen wurde Brenton mit Hitler verglichen. Die britischen Botschaftsmitarbeiter, die an die Macht der Vernunft und des Dialogs glauben, laden die Naschi-Anführer zu Tee und einem Gespräch ein. Das führt prompt zu einer weiteren Demonstration, mit Spruchbändern, auf denen steht: «Wir wollen euren Tee nicht.»

«Herr Brenton ist ein *loser*, weil die Wahlen in Russland ihm nicht das Ergebnis beschert haben, das er sich gewünscht hat. Er wollte eine Orangene Revolution. Aber er hat sie nicht bekommen», sagt Konstantin Goloskokow, ein 21jähriger Student an der Moskauer Universität, draußen vor der Botschaft. Er ergänzt: «Wir finden, dass Herr Brenton sich nicht in die internen Angelegenheiten unseres Landes einmischen sollte. Wir haben das Außenministerium gebeten, ihm seine Akkreditierung zu entziehen.» Eine andere Naschi-Aktivistin, Mascha Drokowa, sagt: «Ich warte darauf, dass er sich entschuldigt.»

Dass die Wahlen manipuliert und dass Millionen von Angestellten im öffentlichen Dienst dazu angehalten wurden, Putin zu wählen; dass man ihnen sagte, sie würden ihre Jobs verlieren, wenn sie es nicht täten — das interessiert hier niemanden. Putin hat gewonnen und Brenton hat verloren. In Putins schwarzweißem Weltbild ist das ganz einfach. Später stellen die Naschi-Aktivisten ihre Demonstrationen vor der Botschaft ein, vermutlich, so Burns, «auf Anweisung».

Sechs Monate später, im Sommer 2008, besuche ich die Aktivisten von Naschi in ihrem jährlichen Sommerlager am Ufer des Seligersees in Russlands pittoreskem Norden, in der Nähe der Stadt Twer, drei Fahrtstunden von Moskau entfernt. In einem leuchtenden Pinienwald stehen Hunderte von Zelten. Es gibt mobile Toilettenhäuschen, Wäscheleinen und Kochtöpfe. Auf der anderen Seite des Sees schimmert in der Ferne eine orthodoxe Kirche mit drei goldenen Türmen. Es könnte fast ein besseres Sommerlager für Pfadfinder sein — wenn die riesigen Porträts von Wladimir Putin nicht wären, die auf der zentralen Lichtung zwischen zwei Bäumen hängen.

Ich erfahre, dass die meistgehasste Nation im Pantheon der gefühlten Feinde des Kremls nicht mehr Großbritannien ist, sondern das winzige Estland. Regelmäßig geht Russland Estland und seine postsowjetischen baltischen Nachbarländer Lettland und Litauen wegen deren «Faschismus» hart an. In diesem Streit geht es nicht um Auslieferungen, sondern um die Geschichte des 20. Jahrhunderts. Die Esten sind verständlicherweise anderer Ansicht als der Kreml, was ihre «Befreiung» von den Nazis durch die Rote Armee angeht; sie sehen in ihr eine zweite Besatzung. Estlands Entscheidung, die Statue eines Soldaten der Roten Armee entfernen zu lassen, löste in Russland wütende Reaktionen aus; in jenem Mai belagern Naschi-Mitglieder die estnische Botschaft in Moskau und bringen auch einen großen, aufblasbaren Panzer mit.

An einem Sandstrand halten die Naschi-Mitglieder ein Schwein. Sie haben das Tier Ilves genannt, nach dem estnischen Präsidenten, Toomas Hendrik Ilves. Der Schweinehirte, Dmitri Iwanow, trägt ein Amerikaner-Kostüm, das mit falschen Dollarscheinen und einem Zylinder geschmückt ist. Er sagt mir: «Wir sind keine Fanatiker. Wir unterstützen bloß den Kurs der russischen Elite. Wir wollen, dass die Menschen gut leben. Nur ein Idiot könnte etwas dagegen haben.» Die Zukunft gehört Russland, prognostiziert er zuversichtlich: «Wir werden nicht eine der fünf, sondern eine der drei größten Volkswirtschaften sein. 2020 werden die Menschen aus Ländern wie dem Ihren nach Russland auswandern.»

In dem Lager, beobachte ich, mischt sich Kremlpropaganda mit der Chance auf einen Gratisurlaub und Flirts mit dem anderen Geschlecht. Es gibt eine Kletterwand, Tanzstunden, Mountainbikes, eine Sporthalle und sogar einen Segway-Roller; die Waldluft flirrt von dem Duft der Pinienzapfen und jugendlichen Hormonen. Am Strand sonnt sich eine junge Frau im orangefarbenen Bikini; dabei liest sie die russische Verfassung. Der Kreml finanziert Naschi, Wladislaw Surkow — Putins Chefideologe — ist der geistige Führer.

Einige der Aktionen der Organisation sind eher albern als gefährlich. Eine der Buden am sandigen Weg gehört Antonia Schapowalowa, einer 20jährigen Modedesignerin. Schapowalowa kommt, wie viele Naschi-

Anhänger, aus der Provinz (in ihrem Fall aus der Stadt Kostroma im Westen Russlands). 2007 sorgte sie für einiges Aufsehen, als sie ein Paar «Putin-Höschen» vorführte. Diese knappen Bikini-Höschen trugen den Slogan «Wowa, ich halte zu dir»; das Wörtchen Wowa, eine zärtliche Kurzform von Wladimir, zierte den Zwickel.

Auch tut das Sommerlager einiges, um Russlands demografisches Problem zu lösen: 20 junge Paare geben sich in einer Massenzeremonie auf der Hauptbühne das Jawort. Jedes Paar schläft in einem herzförmigen Zelt, das mit roten Ballons dekoriert ist; ein Baby, das bei der Massenhochzeit des vergangenen Jahres gezeugt wurde, wird stolz hergezeigt; es gibt Paare aus Dagestan in farbenfrohen Kostümen, die Bräutigame tragen riesige braune Hüte.

In Wirklichkeit ist Naschi eine unangenehme Organisation. Die russische Regierung benutzt sie, um ihre Demagogie zu verbreiten, und als verlängerten Arm, um ihre Feinde zu drangsalieren. Während meiner Zeit in Moskau gehören neben Brenton und den Esten auch der Putin-Kritiker Kasparow und der Journalist und frühere sowjetische Dissident Alexander Podrabinek zu ihren Opfern.

In der Nähe des Schweins treffe ich den Chef der Naschi, Nikita Borowikow. Borowikow verteidigt die Methoden der Gruppe. Er sagt, er sehe nichts Falsches darin, Russlands Feinde zu drangsalieren — und beschreibt Naschis Tricks als «Spaß». Warum sie auf Tony Brenton herumhackten? «Er unterstützt Faschisten und Extremisten», antwortet Borowikow. «Es ist schrecklich für Russlands Ruf, beleidigt zu werden. Wenn die Regierung nichts dagegen tut, ist die Gesellschaft zum Handeln gezwungen.»

Russland, stellt sich heraus, hat haufenweise Feinde — eine endlose Zahl von ausländischen und inländischen Feinden. In der Nähe der Hauptbühne gibt es mehrere Spruchbänder. Eins zeigt Estlands Präsidenten in der Uniform eines SS-Offiziers, auf anderen sieht man Micheil Saakaschwili und Wiktor Juschtschenko, die prowestlichen Präsidenten Georgiens und der Ukraine, daneben den Slogan: «Ein böser Geist ist in unsere slawischen Brüder gefahren.» Am anderen Ende der sandigen Schneise entdecke ich eine belarussische Theatergruppe, die eine Satire über Das Andere Russland, Kasparows prodemokratische Bewegung, aufführt. Die Schauspieler, die Masken im Stile der britischen Satireserie *Spitting Image* tragen, führen, die amerikanische Flagge schwenkend, eine Choreografie auf, begleitet von der Titelmelodie der *Benny Hill Show*. Boris Beresowski dirigiert; Chodorkowski erscheint in Handschellen und einer blaugestreiften Gefängniskluft. Der Sketch erinnert mich an Sowjetpropaganda über böse Kapitalisten in Zylinderhüten. Er scheint mir ein weiteres Beispiel dafür, dass der Kreml das sowjetische Propagandamodell — in diesem Fall das der kommunistischen Jugendorganisation Komsomol — übernommen und neuverpackt hat, um es für die *Facebook*-Generation aufzuhübschen.

In Moskau frage ich Ilja Jaschin, den Vorsitzenden der Jugendorganisation der liberalen Partei Jabloko, was er von Naschi hält. «Das ist eine komplett künstliche Bewegung, die sich das Präsidialamt ausgedacht hat», sagt er und fügt hinzu, sie sei eine Schande für seine Generation. Ihre Anhänger bekämen Gratis-Kinotickets, Mitgliedschaften in Schwimmvereinen und prestigeträchtige Praktika in staatlichen Behörden. Sie sind nicht dumm, aber zynisch, meint er: «Es gibt in Russland eine tiefe psychologische und politische Apathie.»

Jaschin räumt ein, dass es falsch ist, Naschi mit der Hitlerjugend zu vergleichen — die Bezeichnung Putinjugend kommt durchaus vor —, da sie niemanden töteten. Eine bessere Analogie, glaubt er, sei die Rote Garde des Großen Vorsitzenden Mao. Als makabere Fußnote gilt festzuhalten, dass Naschi zusammen mit Putin von Anders Behring Breivik gelobt wurde, dem 32jährigen Norweger, der im Juli 2011 den Massenmord auf der Ferieninsel Utøya beging.

Die kleine Küstenstadt Senigallia liegt an Italiens windgepeitschter Adriaküste. Es ist ein ruhiger Ort. Die Seeseite der Stadt rühmt sich eines kleinen Jachthafens und einer Promenade. Am Strand gibt es Cafés mit gestreiften Liegestühlen; Schwarzkopfmöwen stoßen im Sturzflug in die Wellen hinab. Senigallia hat eine Art Burg und einen hübschen Park, der mit Chilefichten und Tannen bepflanzt ist. Als ich ankomme, ist die Touristeninformation geschlossen. Doch in der Altstadt unter den Bögen einer Passage mit dicken Mauern entdecke ich ein Café, das exzellentes Eis verkauft.

Senigallia ist die neue Heimat von Walter Litwinenko, Alexander Litwinenkos 71jährigen Vater. Zusammen mit seiner Frau, Ljuba, und einigen Verwandten lebt er hier, an der Küste der italienischen Provinz, im Exil. Im März 2010 besuche ich die beiden in ihrer winzigen Dreizimmerwohnung, versteckt in einer namenlosen Sackgasse. Die Familie ist im Frühjahr 2008 aus Russland geflohen. Doch Walter Litwinenko erzählt, seine Probleme mit dem russischen Staat begannen vor der Ermordung seines Sohnes und reichen bis ins Jahr 1998 zurück, als Alexander — den seine Familie Sascha nennt — seinen Arbeitgeber, den FSB, öffentlich denunzierte. Chef des FSB war damals Putin. Die Familie lebte in Naltschik, einer Stadt im Süden Russlands am Rande des Kaukasusgebirges. Alexander wurde verhaftet. In Naltschik wurden Alexanders Halbschwester, Tatjana, und ihr Mann — beides Angestellte des örtlichen FSB — gefeuert. Litwinenkos Großmutter wurde auf mysteriöse Weise von einem Auto erfasst und getötet, als sie die Straße überquerte.

Nach Litwinenkos Strahlenvergiftung und seinem Tod in London verschlimmerten sich die Schwierigkeiten, die Familie erhielt Drohungen und Einschüchterungen. Die russischen Medien beschimpften die Litwinenkos als Verräter. Verwandte brachen den Kontakt ab. Walter zufolge gab es Andeutungen, dass sein Enkel — der kurz davor stand, sich für die russische Armee zu melden — im Leichensack heimkehren würde. Walter wurde auch informiert, dass der Aufenthaltsort seines jüngeren Sohns Maxim — der bereits nach Italien gezogen war — entdeckt worden war. Widerwillig beschlossen die Litwinenkos, dass sie kaum eine andere Wahl hatten, als Russland zu verlassen. «Ich hatte keine Angst um mich, aber um meine Kinder», erzählt Walter. Er trägt die gleiche Schirmmütze, die er auch im Nieselregen bei der Beerdigung seines Sohnes auf dem Londoner Friedhof Highgate trug.

Die Litwinenkos sind Exilanten wider Willen: An der Wand hängt eine Russland-Karte, daneben mehrere orthodoxe Ikonen, auf dem Bücherregal steht ein Russischwörterbuch. «Zuhause bin ich gern Pilze suchen gegangen. Aber ich hatte irgendwann Angst, in den Wald zu gehen. Es wäre leicht für jemanden, mich dort zu töten», erklärt Walter.

Doch das Leben in Italien ist enttäuschend. Nach zwei Jahren im Land lehnt Berlusconi, Italiens Staatsoberhaupt, das Asylgesuch der Familie ab — eine Tatsache, die Litwinenko Berlusconis enger persönlicher Freundschaft mit Putin zuschreibt. Er sagt mir, die Verzögerung komme daher, dass Berlusconi dem Kreml nicht missfallen wolle. «Wir sind Opfer eines politischen Spiels», sagt Litwinenko. «Berlusconi ist nicht besser als Putin. Alle europäischen Regierungen haben mit Putin angebandelt. Berlusconis Abhängigkeit von ihm und vom russischen Gas führt dazu, dass wir kein Asyl bekommen.»

Das scheint mir deprimierend glaubwürdig. Paolo Guzzanti, ein ehemaliger Senator in Berlusconis Partei Forza Italia, der sich wegen dessen Freundschaft mit Putin mit dem Regierungschef angelegt hatte, hält es für wahrscheinlich, dass Berlusconi die Anträge blockiert. «Ich habe keine Beweise dafür, aber es scheint mir angesichts der brüderlichen Beziehungen zwischen Putin und Berlusconi naheliegend, dass das Asylgesuch auf alle möglichen Arten behindert wird, um die Prozedur zu verzögern und unmöglich zu machen», sagt er. Die italienische Regierung bestreitet das. Später gestattet sie den Litwinenkos, doch in Italien zu bleiben, was allerdings nicht gleichbedeutend mit dem Asylstatus ist.

Die Litwinenkos sagen auch, dass sie von der italienischen Polizei unter Druck gesetzt wurden, als diese in dem nahegelegenen Badeort Rimini im Familienrestaurant «La Terrazza» eine Razzia durchführte. Tatjana sagt, einer der Polizisten habe sie beim Arm gepackt. Als sie sich losreißen wollte, warf er sie auf den Boden; sie verlor das Bewusstsein und trug eine Gehirnerschütterung davon. Die Litwinenkos sagen, sie wüssten nicht, ob diese Schikanen ein lokales Phänomen seien und von Polizeikräften ausgingen, die all den Russen, die in Scharen an die Adriaküste kommen, generell feindlich gesonnen seien — oder eine persönliche Hetzkampagne, zynisch autorisiert von ganz oben. «Ich dachte, in Europa herrscht zu 100 Prozent Rechtsstaatlichkeit. Wir haben in Italien festgestellt, dass das nicht stimmt. Es geht immer um Beziehungen und die Mafia. Es ist, als seien wir nie in Europa angekommen, sondern in irgendeiner russischen Provinz hängengeblieben», sagt Tatjana.

Walter Litwinenko gibt Putin die Schuld am Tod seines Sohnes. Er glaubt, das Drei-Mann-Killerkommando von Lugowoi, Kowtun und Sokolenko, das seinen Sohn in der Hotelbar traf, habe auf Befehl des Kremls gehandelt. «Ich weiß, dass es Putin war, der ihn getötet hat», sagt er. «Er ist ein kranker Mensch. Eine normale Person hätte Sascha nicht umgebracht.»

Litwinenko hat für seine Anschuldigungen keine Beweise; seine bitteren und scharfen Vorwürfe gegen Putin sind verständlich. Sie folgen einer gewissen Logik: «Russland ist ein vertikales System. Es ist wie in der Sowjetunion. Nur Putin kann über diese Fragen entscheiden, wie Stalin. Ohne Putins Zustimmung hätte es [Litwinenkos Ermordung] niemals geschehen können.» Tatjana widerspricht ihrem Vater. Sie weigert sich, mit dem Finger auf Putin oder auf irgendwen zu zeigen. Sie wirft aber Beresowski — Litwinenkos wankelmütigem Gönner — vor, die Familie im Stich gelassen zu haben. «Er hat eindeutig kein Interesse an uns, und wir würden uns nicht dazu herablassen, ihn um irgendetwas zu bitten.»

Ich treffe die Litwinenkos in einer schweren Notlage an. Sie leben von den Garnelen, die sie aus dem Kühlschrank ihres mittlerweile geschlossenen Restaurants gerettet haben; ein paar Tage vor meiner Ankunft haben sie ihre letzten zehn Euro für Eier ausgegeben. Eine örtliche Kirche spendet Brot und Äpfel; ansonsten essen sie Eierkuchen. Als ich sie besuche, haben sie nicht genug Geld, um die 540 Euro Miete für den nächsten Monat zu bezahlen. Es ist ein trauriges Postskript zu dem Fall Litwinenko — Mord, Flucht, Armut und eine ungewisse Zukunft in einem fremden Land. Hinzu kommt die Angst, selbst hier nicht sicher zu sein. «Es gibt eine gewisse unterbewusste Angst», sagt Walter Litwinenko. «In Naltschik hatte ich keine Angst, weil ich jeden kannte. Hier ist es anders. Jeden Moment kann einer kommen, und das wäre das Ende.»

Im Mai 2011 ruft mich Tatjana an. Sie berichtet, was es in ihrer Familie Neues gibt. Es sind keine guten Nachrichten. Ljuba — die Alexander Litwinenko großgezogen hat — ist gestorben. Die italienische Regierung weigert sich immer noch, den Litwinenkos die elementarste Unterstützung zukommen zu lassen. Walter Litwinenko ist ausgezogen und lebt allein in einer Einzimmerwohnung. Er ist zu arm, um seine Rechnungen zu bezahlen. Der Strom in seiner Wohnung ist gerade abgeschaltet worden. Er sitzt allein im Dunkeln.

5

FÜNF TAGE IM AUGUST

Die Front in Gori, Georgien, 11. August 2008

Mit seinen erhabenen alten Kirchen, Aussichtstürmen und Schlössern, die eine fantastische Gebirgslandschaft sprenkeln, ist Georgien wohl einer der schönsten Orte der Erde.

LONELY PLANET, REISEFÜHRER FÜR GEORGIEN, 2008

Als die ersten Schüsse fallen, sitze ich in Cornwall am Strand. Es ist der Alptraum eines jeden Auslandskorrespondenten — am falschen Ort zu sein, wenn plötzlich in deinem «Revier» eine große Story losbricht. In diesem Fall ist es der Krieg in Georgien, einem kleinen Land mit 4,5 Millionen Einwohnern gleich vor Russlands Haustür.

Nach einem angenehmen Nachmittag, an dem ich mit Phoebe und den Kindern — Ruskin, 8, und Tilly, 10 — in den Fluten herumgeplantscht habe, spaziere ich gemütlich zurück zu unserem gemieteten Ferienhaus in Strandnähe. Ich schaue auf mein Mobiltelefon: 17 entgangene Anrufe. Mist! Ich schalte die BBC-Nachrichten ein und sehe, dass mein Freund Richard Galpin schon aus Georgien berichtet. Er steht neben einem großen Krater mitten in der Straße, verursacht offenbar von einer russischen Bombe. Die Georgier haben einen zum Scheitern verurteilten Versuch unternommen, die abtrünnige Provinz Südossetien zurückzuerobern; Russland hat mit einer großangelegten Invasion geantwortet.

Die Nachricht kommt nicht ganz überraschend. Sechs Wochen zuvor sind wir von Russland aus nach Georgien geflogen, um Familienurlaub zu machen. Es war einer unserer besten. Die Beziehungen zwischen Moskau und Tiflis waren seit der Verhaftung von russischen «Spionen» 2006 in Georgien zerrüttet; trotzdem waren die Direktflüge zwischen beiden Hauptstädten gerade wieder aufgenommen worden. In Tiflis übernachteten wir in «Dodo's», einem billigen Gästehaus, empfohlen vom *Lonely Planet*-Reiseführer. Von dort aus fuhren wir zu einer Reihe von alten Höhlenklöstern in der Nähe der aserbaidschanischen Grenze und picknickten mit Würstchen, Fladenbrot und georgischem Käse unter einem mittelalterlichen Fresko des Abendmahls.

Wir reisten auch auf der georgischen Militärroute nach Norden. Dort gab es kaum Touristen. Die Straße, im 19. Jahrhundert eine militärische Versorgungsroute, führt durch den ganzen Kaukasus; wir wanderten durch alpine Lilien- und Nelkenfelder. In einem verlassenen steinernen Wachturm fanden Ruskin, Tilly und ich eine Bergziege. Die Grenze zu Russland war gesperrt; wir kraxelten einen schmalen, steilen Pfad hinauf, hoch zu einer alten Kirche oberhalb der Grenzstadt Kasbegi. Wir fuhren auch nach Gori. Die Stadt ist der Geburtsort eines wenig vielversprechenden Schustersohns, Josef Stalin. Nach Gori besichtigten wir Borjomi, eine verblichene imperiale Kurstadt, bekannt für ihr Mineralwasser und inmitten eines subtropischen Waldes gelegen. Hier sprangen wir in ein schwefeliges Freiluftschwimmbecken.

Als wir wieder in Tiflis waren, bemerkte ich unheilvolle Anzeichen dessen, was bevorstand. Ich schnappte mir eine Ausgabe der englischsprachigen georgischen Zeitung *Messenger*. Darin hieß es, US-Außenministerin Condoleezza Rice sei in der Stadt, um Gespräche mit Georgiens prowestlichem Präsidenten Micheil Saakaschwili zu führen. Saakaschwili ist ein unverhohlener Feind Putins, den er als «Liliputin» verspottet. Die Abneigung ist gegenseitig. Während der Gespräche donnerten russische Kampfflugzeuge über Saakaschwilis Präsidentenpalast hinweg.

Seit er 2003 im Zuge der prodemokratischen Straßenproteste an die Macht kam, hat Saakaschwili keinen Hehl aus seinen Plänen gemacht, der NATO und der erweiterten Euro-Atlantischen Gemeinschaft beizutreten. Der Kreml verübelt Saakaschwili seine Versuche, Russlands geopolitischem Zugriff zu entfliehen. Die russische Regierung unterstützt Abchasien und Südossetien, zwei separatistische Gebiete, die sich in den frühen 1990er Jahren von Georgien losgesagt hatten. Ein Moskauer Kommentator, Pawel Felgenhauer von der *Nowaja Gaseta*, sagte voraus, dass die schwelende politische Krise zwischen Georgien und Russland bis zum Sommer in einen Krieg münden wird. Kaum jemand glaubte ihm.

Dann, am 7. August, bricht der Krieg tatsächlich aus. Noch Jahre später sind seine Ursachen schwer umstritten. Doch nach Tagen intensiven Beschusses über die Grenze hinweg, bei dem die von Russland unterstützten

Südosseten auf von Georgiern bewohnte Dörfer schießen, schickt Saakaschwili seine Truppen, um Südossetien zurückzuerobern. Die Georgier besetzten kurzzeitig die südossetische Hauptstadt, Zchinwali.

Doch russische Panzer rollen bereits in Richtung Südossetien, dessen Marionettenregierung, wie die Vereinigten Staaten und auch andere glauben, weitgehend von Moskau und dem FSB kontrolliert wird.

Der international aufstrebende Kreml ist plötzlich in einen Stellvertreterkonflikt mit der NATO und dem Westen verwickelt. Nach 24 Stunden ziehen sich Saakaschwilis von den Amerikanern geschulte Truppen unter heftigem Beschuss der Russen chaotisch aus Zchinwali zurück. Einige Soldaten lassen ihre «Cobra»-Fahrzeuge einfach stehen — gepanzerte Humvees, die mit 40mm-Granatenwerfern ausgerüstet sind. Leichen liegen in den Straßen. Saakaschwilis Militärabenteuer verwandelt sich in eine krachende Niederlage.

Der Konflikt scheint die Staatsoberhäupter der Welt auf dem falschen Fuß zu erwischen. Präsident George W. Bush, Saakaschwilis Verbündeter, ist mit Putin bei den Olympischen Spielen in Peking.

Ich nehme den Zug nach London. Alle Flüge nach Tiflis sind abgesagt — die Russen bombardieren den Flughafen. Stattdessen fliege ich nach Baku, die Hauptstadt des benachbarten Aserbaidschan am Kaspischen Meer. Von dort fahre ich nachts nach Westen bis an die georgische Grenze. Mein Ziel ist Gori, wo wir noch im Juni durchgefahren sind und wo nun die Front in diesem neuen Konflikt verläuft. Mein *Guardian*-Kollege Tom Parfitt wandert zu Fuß durch den Kaukasus. Er ist zufällig in Wladikawkas, der Hauptstadt Nordossetiens. Er will in das von den Russen kontrollierte Südossetien gelangen.

Ich fahre nach Georgien. Graue Rauchschwaden hängen in der Luft; russische Kampfflugzeuge bombardieren einen stillgelegten Flugplatz aus der kommunistischen Ära. Ich reise mehrere Stunden durch Georgiens Osten; wir überholen mit Melonen beladene Pferdefuhrwerke und passieren Felder mit gelben Sonnenblumen.

Russland bezeichnet seinen Einmarsch in Georgien als reine *peacekeeping*-Operation. Das Ziel, sagt der Kreml, sei der Schutz von Zivilisten. Jeder Journalist, der von dieser Lesart abweicht, gilt automatisch als «Spion» — wie ich später zu meinem eigenen Leidwesen feststellen muss.

Als ich in Gori ankomme, ist jedoch klar, dass Russlands Schutz nicht für georgische Zivilisten gilt, die drei Tage russischer Luftangriffe hinter sich haben. Mehrere russische Bomben landen in Wohngegenden. Ich spähe in ein Haus, das von einem russischen Geschoss getroffen wurde.

Ich begegne seinem Besitzer, Kostia Arsoschwili. Viel ist nicht mehr übrig von seinem Wohnzimmer; er sitzt in der Mitte eines mit Glasscherben übersähten Teppichs. Der Kronleuchter ist auf den Boden gefallen. Die Fensterrahmen im Zimmer seiner Kinder wurden eingedrückt. Kostias Nachbarn ergeht es schlimmer: Er stirbt, als eine Bombe auf sein Dach fällt. «Ich hatte Glück. 15 Minuten, bevor die Bomben fielen, habe ich meine Kinder herausgeholt», erzählt Kostia und zeigt mir den wackligen Türsturz und die zerborstenen Fenster. «Ich weiß nicht, wer schuld ist an diesem Krieg. Ich weiß nur eins: Ich bin es nicht.»

Offenbar wollten die russischen Tupolew-Kampfbomber, die Kostias Haus beschossen, einen georgischen Panzerstützpunkt treffen, der zwei Meilen entfernt liegt. Die Bomben verfehlten ihr Ziel. Dieser Irrtum mag ein Versehen gewesen sein — vom Boden aus gesehen wirkt er aber eher wie gezielte Rache an Saakaschwili, dessen Soldaten und Panzer bereits nach Tiflis geflüchtet sind.

Jetzt, da die georgische Luftabwehr zerstört ist, fliegt die russische Luftwaffe unbekümmert durch den georgischen Luftraum. Russische Kampfflugzeuge treffen eine Radarstation in der Hauptstadt, treiben panische Anwohner in der Morgendämmerung aus ihren Betten. In Gori besichtigen Bewohner ihre zerstörten Häuser. Auf der anderen Straßenseite von Kostias Haus liegt verbranntes und verbogenes Metall im Hof herum, umgeben von Kleidern, Kissenfedern und dem Geruch von verbranntem Fleisch. Die oberen Stockwerke des fünfstöckigen Hauses sind verschwunden; das Weinlaub-Spalier ist zerschlagen wie von einer gewaltigen Faust.

«Wir haben im fünften Stock gewohnt. Wir sind geflohen, kurz bevor der Angriff begann», sagt Nana Tetladze. Ihre schwangere Nachbarin Marca, die im zweiten Stock lebte, war nicht schnell genug. «Sie und ihr Mann wurden beide getötet. Ich weiß nicht, was mit ihrem siebenjährigen Jungen geschehen ist», sagt sie. Im Hof finde ich die Überreste von dem, was einmal Marcas weißes Auto war.

Am Abend laufe ich in der Hotellobby in Tiflis zufällig Irakli Batkuaschwili über den Weg, dem Leiter von Georgiens militärischer Planungsdivision; er kommt gerade von einem Treffen mit westlichen Diplomaten. Er ist pessimistisch, was Georgiens Aussichten angeht, und sagt, die Russen rückten an allen Fronten vor. «Sie kommen vom Westen her, aus Abchasien», der zweiten separatistischen Republik in Georgien, sagt er, «und haben die Schlüsselstädte Kutaisi und Senaki erobert». Der Kommandant gesteht, dass «halb Georgien unter russischer Kontrolle ist»; die erschöpften Reste von Saakaschwilis Armee planten, einen Ring um Tiflis zu bilden. «Das ist eine klassische und vollständige Invasion. Das ist eine Besatzung.»

Der russische Vormarsch löst Panik aus — einige ausländische Beobachter drängeln sich, um irgendwie herauszukommen, viele Menschen fliehen, Mobiltelefonnetze brechen zusammen. Es ist unklar, ob der Kreml vorhat, bis nach Tiflis vorzudringen. Ich frage Batkuaschwili, ob es Russlands Ziel sei, Saakaschwili — dem Putin Kriegsverbrechen vorwirft — gefangen zu nehmen. «Es geht darum, Georgien und die georgische Regierung zu bestrafen», antwortet er. «Und Mischa [Saakaschwili]. Sie hassen Mischa.» Ein anderer georgischer Beamter sagt, Russland habe seine Bedingungen für den Rückzug der Truppen bekannt gegeben — eine Zusicherung, dass Georgien seine Pläne, der NATO beizutreten, aufgibt und sich formell zum «neutralen» Staat erklärt. «Das würde bedeuten, unsere euro-atlantischen Ziele aufzugeben», fügt er düster hinzu.

WikiLeaks-Dokumente bestätigen später diese Interpretation. Ein Jahr vor dem Krieg beschreiben US-Diplomaten in Moskau und Tiflis das Ausmaß der verdeckten russischen Aktionen in Georgien. Südossetien, berichten sie, wird tatsächlich vom FSB kontrolliert — die Fußabdrücke der Behörde finden sich in der gesamten Region. Das Ziel? «Zweifelsohne wollten die Russen Saakaschwili loswerden«, schreibt der amerikanische Botschafter in Tiflis, John Tefft, am 20. August, «aber Vielfalt und Ausmaß der aktiven Maßnahmen lassen vermuten, der tiefere Zweck sei, Georgien von seiner euro-atlantischen Orientierung ab- und wieder in das russische Einflussgebiet zurückzubringen.»

Am nächsten Morgen fahre ich wieder nach Gori, mit meinem Übersetzer, Lika Peradze, einem Absolventen der staatlichen Kunstakademie in Tiflis, und unserem Fahrer, Zura Kewlischwili. Zura hat uns bei unserem Familienurlaub in die Berge gefahren. Er wird zunehmend nervös, als wir uns der Front nähern. Am Straßenrand entdecken wir Spuren des panischen und schmählichen Rückzugs der georgischen Armee. Ein ausgebrannter Panzer liegt am Straßenrand. Sein Dach ist abgerissen. Andere georgische Militärfahrzeuge scheinen während des unglückseligen Rückzugs einfach den Geist aufgegeben zu haben. Ein Panzerfahrzeug hat zwei platte Hinterreifen; seine Besatzung hat neben dem Geschützturm Äpfel liegen lassen. Zwei Militärlastwagen sind frontal zusammengestoßen. In der Nähe liegt ein fortgeworfenes Stück Artillerie.

Wir fahren weiter nach Natsreti, ein Dorf, das acht Meilen von Gori entfernt an der Straße liegt. Plöztlich taucht wie aus dem Nichts ein russischer Kampfhubschrauber drohend über uns am weißen Himmel auf. Er ist nur 200 Meter entfernt. Der Kampfhubschrauber feuert mehrere orangefarben zischende Raketen ab. Zura gerät in Panik und bremst; ein Auto hinter uns fährt auf. Die Raketen fliegen an uns vorbei und knallen in eine Reihe hoher Strommasten, Rauch wabert über die Schnellstraße. Wir schleppen uns hinüber zum Dorf. Zura hat eine Gehirnerschütterung; sein Auto ist ein Wrack.

Die Einwohner an der Front scheinen nicht zu wissen, warum sich Georgien im Krieg mit dem mächtigen Nachbarn Russland befindet. «Ich weiß nicht, welche Seite schuld ist. Ich weiß nicht einmal, warum das alles passiert ist», sagt mir die 73jährige Olja Twauria. Olja sagt, sie und die anderen Frauen und Kinder hätten die Nacht im Keller eines Nachbarn verbracht, die Männer seien in die Berge geflohen und hätten sich in den Tannen versteckt. Die russischen Kampfflugzeuge tauchten um 2.00 Uhr nachts auf, nahmen Goris Postamt und das Militärkrankenhaus unter Beschuss und töteten den dortigen Arzt.

Wir sitzen in Oljas weinbewachsenem Haus. Es gibt Hühner, üppige Pflaumenbäume und Zucchinipflanzen in heller gelber Blüte. Viele der Nachbarn sind geflohen. «Ich bin Ossetierin, aber ich lebe lieber hier», sagt sie. Sie gibt Zura Olivenöl für seinen schmerzenden Kopf und bringt uns Fladenbrot und hausgemachten georgischen Käse. Lika und ich sind nun ohne Auto und lassen uns von zwei jungen Georgiern ins Stadtzentrum von Gori mitnehmen; einer hat einen Revolver im Armaturenbrett versteckt. Es sind nur wenige Fahrzeuge auf der Straße. Ich bin beeindruckt von Likas Mut. In Moskau verkündet Medwedew, dass die russischen Streitkräfte ihre militärische Operation einstellen werden. Nach fünf Tagen, sagt er, sei ihr Vormarsch tief in Georgiens Westen und Zentrum hinein abgeschlossen.

Für Gotscha Sechniaschwili kommt diese Nachricht zu spät. Ein paar Stunden vorher stand er auf Goris Hauptplatz, neben der gigantischen Statue Stalins. Überlebende schildern, wie eine russische Bombe ohne Vorwarnung fiel. «Die Bombe kam plötzlich runter. Unsere Fenster wurden eingedrückt. Überall barst Glas. Die Leute schrien und starben. Andere versteckten sich», sagt Gotschas Freund Tamas Beruaschwili. «Ich habe mir unsere Taschen gegriffen und bin losgerannt. Gotscha habe ich mit dem Gesicht nach unten im Schutt liegen sehen.»

Gotscha war nicht das einzige Opfer: Bei dem Angriff kamen mindestens fünf Zivilisten ums Leben, darunter auch ein 39jähriger TV-Journalist aus den Niederlanden, Stan Storimans. Er hatte im Stadtzentrum, in der Nähe des grandiosen Stalin-Museums, gefilmt, das gleich neben dem bescheidenen Holzhaus mit zwei Zimmern errichtet wurde, in dem der Diktator aufwuchs. Stalins Statue ist wie durch ein Wunder unbeschädigt. Vor dem Rathaus mit seinen schmalen Säulen hängt die georgische Flagge. Neben einem zerdrückten roten Golf liegt ein toter Hund. Schwer zu sagen, was die Russen hier eigentlich treffen wollten — wahrscheinlicher ist, dass das Ziel einfach Tod und Zerstörung waren.

Am nächsten Tag kehren Lika und ich nach Gori zurück. Wir haben einen neuen Fahrer, Koba Chkhirodze, ein einnehmender, schlaksiger Mann mit einem nachlässigen Dreitagebart. Koba ist wie geschaffen für eine Kriegszone: freundlich, furchtlos und neugierig. Er ist 41 und hat in der sowjetischen Armee gedient. An der Front parkt er sein Auto instinktiv so, dass es den Gefahrenzonen abgewand steht, für den Fall, dass wir schnell weg müssen. Er ist auch Patriot — und spricht aufgeregt davon, wie er einen Partisanenkrieg anzetteln will, wenn die Russen sich nicht zurückziehen sollten.

Als wir Gori erreichen, gibt es keine Anzeichen für den Rückzug der Russen; stattdessen erfahren wir, dass russische Panzer von Südossetien bis in Goris Stadtzentrum vorgerückt sind und neben der Sandsteinkirche stehen. Die Panzerfahrzeuge haben ihr Lager auch an der E50 gleich vor der Stadt aufgeschlagen, der wichtigsten Schnellstraße, die Georgiens östlichen und westlichen Teil trennt. Wir lassen unser Auto an einer Tankstelle stehen. Der russische Offizier am Checkpoint, Major Nail, gibt sich geistreich und philosophisch. Ich frage ihn, warum er in Georgien einmarschiert ist. «Es gibt keinen Unterschied zwischen Georgien und Russland», antwortet er und fügt hinzu: «Die Landschaft ist wunderschön. Wir haben in Dagestan aber auch hohe Berge.»

Ein paar Stunden später setzt sich die russische Armee in Bewegung: Ein gepanzertes Personenfahrzeug fährt vorsichtig über die Hügelkuppe. Es bleibt stehen, als müsse es sich orientieren, dann fährt es in Richtung Tiflis. Dahinter erscheint eine endlose Kolonne von russischen Militärfahrzeugen am strahlenden Horizont — Lastwagen, Panzer und ein mitgenommener Nissan. Die russische Armee ist im Anmarsch.

Unklar ist, wohin sie will. Die nächsten acht Meilen — an gelben Feldern vorbei und durch ein dunstiges Gebirgstal — fahren wir vor der Kolonne, die sich in behäbigem Tempo von Gori in Richtung Hauptstadt bewegt. Niemand weiß, ob dies der Beginn einer formellen russischen Besatzung Georgiens ist oder etwas anderes. Ein gemächlicher Sonntagsausflug vielleicht? Die Kolonne stößt weiter tief in georgisches Gebiet vor. Sie nähert sich Tiflis auf 30 Meilen. Sie biegt links ab. Ein russischer Soldat springt aus seinem Fahrzeug. Ich frage ihn, was er vorhat. «Wir haben Befehl erhalten, hier zu bleiben», sagt er mir und zeigt einen Matschweg hinunter auf den verschlafenen Weiler Orchosani, nur eine Meile entfernt. «Der einzige Grund, warum wir gekommen sind, ist die *prowokazija* [Provokation] von Saakaschwili», sagt er.

Es ist ein seltsamer Tag. Theoretisch ist der Konflikt zwischen Russland und Georgien vorbei, da europäische Vermittler unter der Ägide des französischen Präsidenten Nicolas Sarkozy ein Friedensabkommen ausgehandelt haben. In der Realität sehe ich, dass sich Russlands mächtige Kriegsmaschinerie munter durch die georgische Landschaft schiebt. Ein paar russische Laster geben zuviel Gas und schießen über das Ziel hinaus. Einer bleibt liegen. Ein Soldat springt mit einer langen Kurbelstange aus Metall heraus und bringt das stotternde Fahrzeug wieder zum

Laufen. Wo er herkomme? «Aus Tschetschenien», antwortet er. «Wir sind gekommen, um zu helfen.»

Für die verängstigten Bewohner von Gori und den umliegenden Dörfern ist das eine schamlose Lüge. Flüchtende Dorfbewohner aus dem ländlichen Grenzgebiet kurz vor Südossetien sprechen von einer aus tschetschenischen und ossetischen Freiwilligen zusammengesetzten Milizenarmee. Diese irregulären Kämpfer kommen kurz nach den russischen Panzern und Truppen. Sie beginnen eine Orgie des Plünderns, Brandschatzens, Tötens und Vergewaltigens, sagen Zeugen und fügen hinzu, dass sie auch junge Mädchen und Männer verschleppt hätten. «Sie haben den 15jährigen Sohn meines Nachbarn getötet. Alle sind in Panik geflohen», erzählt Larisa Lasaraschwili. «Die russischen Panzer sind um 11.20 Uhr in unserem Dorf angekommen. Wir sind weggelaufen. Wir haben alles zurückgelassen — unser Vieh, unser Haus, unseren Besitz. Wir haben nichts mehr.»

«Sie haben getötet, alles niedergebrannt und gestohlen», ergänzt Atschiko Chitarischwili aus Berbuki. «Sie haben junge Leute als Geiseln genommen und sind mit ihnen weggefahren. Das waren Tschetschenen, Osseten und Kosaken.» Er fährt fort: «Mein Dorf ist keine Konfliktzone. Es ist durch und durch georgisch.»

Diese Erzählungen von russischen Gräueltaten sind schwer zu überprüfen. Doch die panische Stimmung ist echt — die Dorfbewohner fliehen auf allen erdenklichen Wegen nach Tiflis. Eine achtköpfige Familie drängt sich in einem weißen Lada, andere fliehen auf Traktoren, eine Gruppe von Älteren entkommt auf einem Pferdefuhrwerk. Der Himmel ist voll weißen Rauchs. Zwischen Gori und Südossetien brennt eine ganze Reihe von Dörfern: Tkwiawi, Karaleti, Recha, Wariani — sie alle stehen in Flammen. In Georgien sind nicht weniger als 200 000 Menschen auf der Flucht. Die irregulären Kämpfer stehlen auch Autos — sie zwingen die Fahrer, darunter auch mehrere Journalisten, mit vorgehaltener Pistole auszusteigen. Die Fliehenden fühlen sich verraten. Sie sagen, Medwedew habe sie getäuscht. «Ich habe Medwedew geglaubt, als er sagte, dass es Frieden gibt. Deswegen sind wir in unseren Häusern geblieben. Aber das war gelogen», sagt die 62jährige Lamsira Tuschmali. «Es gibt gar keinen Waffenstillstand.»

Der Krieg zwischen Russland und Georgien von 2008 ist ein merkwürdiger Konflikt. Als ich 2001 aus Afghanistan über den von den Vereinigten Staaten angeführten Krieg gegen die Taliban berichtete, musste ich manchmal im Auto schlafen, draußen in der eiskalten Bergwüste nahe der nördlichen Front. Oft gab es nichts zu essen. In Georgien übernachtete ich im Fünf-Sterne-Marriott-Hotel an der Rustaweli, Tiflis' träger Hauptgeschäftsstraße.

Das Hotel hat einen schnellen Internetanschluss und ein Schwimmbad im Keller. Morgens pendeln Lika, Koba und ich — zusammen mit dem *Guardian*-Fotografen Sean Smith, der aus London eingeflogen ist — zu den russischen Stellungen in Gori. Abends, wenn ich meine Artikel geschrieben habe, spazieren Sean und ich durch die Tifliser Altstadt. Es ist ein angenehmes Viertel mit Holzhäusern, schmiedeeisernen Balkonen und hübschen Gärten mit Dahlien und Feigen.

Oft gehen wir ins «Schemoichede Genazwale», ein Restaurant an der gepflasterten Leselidze-Straße. Dort gibt es wunderbare *chinkali* (Fleischknödel) und *chatschapuri* (Käsebrote). Wir trinken ausgezeichneten georgischen Wein. Später, als der Konflikt allmählich abzuebben beginnt, stöbere ich in «Prospero's Books», einer englischsprachigen Buchhandlung, die zugleich ein Café ist. Der Besitzer, Peter Nasmyth, ist ein charmanter Engländer und Georgienliebhaber. Er gibt mir eine Ausgabe von *Timeless*, einem 1949 erschienenen Roman eines georgischen Aristokraten, Nicholas Tchkotoua. Nasmyth hat es neu aufgelegt, nachdem es in einem Buchladen im Londoner Stadtteil Camden wiederentdeckt wurde. Es ist eine Liebesgeschichte zwischen einer russischen Prinzessin und einem georgischen Prinzen, die im 19. Jahrhundert in einem abgelegenen Winkel des Kaukasus sowie in Paris, Tiflis und Davos spielt.

Das russische Militär hält Journalisten davon ab, nach Gori oder in die georgischen Dörfer nördlich der Stadt zu fahren, die an Südossetien grenzen. Wir begegnen immer mehr Flüchtlingen. Eine Gruppe versteckt sich in einem Graben, als ein gepanzerter russischer Konvoi vorbeirollt; als er vorbeigefahren ist, klettern sie heraus, weinend und klagend. «Überall liegen Leichen. Ich habe Hunderte Tote gesehen. Die Menschen liegen auf der Straße», sagt Elene Maisuradse, eine alte Dame von 73 Jahren. «Die Dörfer Kurta, Chala und Eredwi sind voller Leichen.» Elena sagt, sie sei aus dem georgischen Dorf Tkwiawi geflohen, nachdem zwei Gruppen Bewaffneter in ihr Haus gedrungen seien.

«Auf Russisch sagen sie: ‹Wo sind eure Jungen, wo ist euer Auto›», erzählt Elene. «Ich habe sie nicht verstanden. Einer ist Ossete und übersetzt. Ich sage ihnen, dass ich mein Auto verkauft habe, und sie gehen. Doch dann tauchen ein paar andere auf. Sie kommen rein, fragen mich, wo mein Keller ist, und schießen darin herum. Ich weine. Sie rufen: ‹Tötet sie, tötet sie›. Meine Nachbarin, eine Russin, sagt zu ihnen: ‹Tut das nicht.› Stattdessen feuern sie auf den Boden und rufen: ‹Scheiß auf dich, Saakaschwili.›»

Drei Tage dauert es, bis das Massaker bekannt wird — genau die Zeit, die Elene und die anderen Überlebenden brauchen, um zu Fuß nach Gori zu gelangen. Die Gruppe reist nachts und ernährt sich von Pfirsichen, Äpfeln und Pflaumen; eine alte Frau, Matika Elbakize, 93, stirbt unterwegs.

Ein anderer Flüchtling, Nugzari Jaschawili, beschreibt, wie er zu seinem Haus in Tkwiawi zurückkehrt. Er war in den Feldern unterwegs. Circa 50 Meter entfernt sieht er mehrere bewaffnete Männer auf seinen Nachbarn zugehen, Gela Tschichladse. «Sie gehen auf Gela zu, fassen ihn an den Schultern und schlitzen seinen Hals auf», sagt Nugzari. «Sie sind zu fünft. Sie kommen mit einem Jeep aus Südossetien. Sie gehen von Haus zu Haus durch das Dorf.» Nugzari, der 65 ist, sagt, er habe sich in einem Kornfeld versteckt. Er sah zu, als die tschetschenischen und ossetischen Milizionäre seine Möbel und seinen Generator mitnahmen. Die Straße weiter hinunter erschossen sie seinen Cousin. Ich bitte Nugzari, mir eine Karte zu zeichnen. Er schreibt Namen auf, Alter, Adressen. Andere Flüchtlinge erzählen mir unabhängig voneinander die gleichen grauenvollen Geschichten.

Klar ist, dass diese mörderische Miliz aus dem ein paar Meilen entfernten, von den Russen kontrollierten Zchinwali kommt. Mit offensichtlicher Unterstützung der russischen Armee führen die irregulären Kämpfer eine ethnische Säuberungskampagne durch — sie töten junge Männer, stehlen Fahrzeuge, plündern und setzen dann georgische Häuser in Brand. Trotz des vermeintlichen Kriegsendes zwischen Moskau und Georgien führen diese von Russland unterstützten Milizen ihren eigenen Rachefeldzug gegen Georgier auf beiden Seiten der südossetischen Grenze.

Die russische Armee — die diese Zone kontrolliert — duldet das Töten. Sie hält uns davon ab, zu recherchieren. Wir stecken außerhalb von Gori fest, blockiert von russischen Panzern. Eine Weile sitzen wir herum. Ein Panzer zerquetscht geräuschvoll ein paar kleine Tannen; andere hinterlassen Muster und Wirbel auf dem grauen Asphalt der Straße. In den nahegelegenen Bergen steigt schwarzer Rauch von einer brennenden georgischen Militärbasis auf. Alle paar Minuten spürt man die Erschütterung und hört das Grollen von Explosionen; die Luft riecht nach dem Explosivstoff Kordit.

Trotz des Waffenstillstands ist die Lage instabil und gefährlich. Ohne Vorwarnung rast ein weißer Niva-Jeep aus Zchinwali kommend an dem russischen Checkpoint vorbei. Er hält vor uns. Ein südossetischer Kommandant springt heraus; er ist betrunken, mit wildem Blick, rasend und natürlich voller Wut über den Anblick von so vielen ausländischen Fernsehteams. Es ist klar, dass wir der Feind sind. Ein Soldat steigt aus demselben Auto, wedelt mit einer Pistole herum und schreit uns an, wir sollten verschwinden. Er fängt an, in den Asphalt zu schießen. Die Russen tun nichts. Wir laufen zum Auto zurück.

Erst zwei Tage später gelingt es uns, Tkwiawi zu erreichen. Wir nehmen eine gewundene Gebirgsstraße nach Gori, zwei russische Straßensperren umgehend. In Goris Zentrum treffen wir Alexander Lomaia, Georgiens Minister für nationale Sicherheit, der einen humanitären Konvoi anführt. Wir fahren mit. Wir wenden uns nach Norden, fahren aus der Stadt heraus. Russische Soldaten winken uns durch etliche neue Straßensperren. Das Ausmaß der ethnischen Säuberungen in dem Bezirk zehn Meilen nördlich von Gori zeigt sich bald. Viele Häuser am Straßenrand sind niedergebrannt und geplündert. In meinen Notizen finde ich später das Stichwort «verkohlte Balustraden». Ein brauner Teddybär liegt am Straßenrand. Nur wenige Bewohner sind noch da.

In dem Dörfchen Karbi zeigt mir Jemal Saginaschwili, ein 72jähriger Georgier, die Stelle, an der eine russische Streubombe in seinem Apfel- und Pflaumengarten eingeschlagen ist. Die Bäume sind verkohlt; Teile der Bombe liegen in einer morastigen Pfütze. Das Dach seines Hauses ist eingestürzt, Granatsplittereinschläge bedecken die Wände des Nachbarhauses. «Meine Verwandte Dodo hat ein großes Metallstück in die

Lunge bekommen. Wir haben einen Krankenwagen gerufen, der sie ins Krankenhaus bringen sollte, aber sie ist gestorben», erzählt er.

In Tkwiawi sehen wir noch mehr Zerstörung. Die Bewohner erinnern sich, wie «Tschetschenen oder Kosaken» — wer genau wird nicht ganz klar — am 12. August einen von ihnen getötet haben, Shamili Okropiridze. Shamilis Haus liegt an der Ecke der Hauptstraße des Dorfes; er hörte den Lärm der herannahenden Panzer und sah hinaus auf die Straße, als gerade die russische Kriegsmaschinerie mit ihren Handlangern hindurchfuhr. Jemand erschoss ihn. «Seine Leiche lag eine Woche lang auf der Straße. Wir wollten ihn begraben, doch die Russen haben uns nicht gelassen», erzählt uns sein Nachbar Ruswelt Metreweli.

An seinem Gartentor finde ich dunkle Blutflecke. Leichengeruch hängt in der Luft. Auf der Veranda finde ich Shamilis Latschen. Das Haus ist nicht abgeschlossen. In seiner Küche sind die Teller ordentlich gestapelt. Auf dem Tisch liegt ein Fotoalbum: schwarzweiße Schnappschüsse von Shamili als muskulöser junger Mann, entspannt im Urlaub an der sowjetischen Schwarzmeerküste. Ein bewaffneter Eindringling ist ins Schlafzimmer gekommen — und hat einen einzigen, präzisen Schuss durch das Innenfenster abgegeben.

Ich betrachte die Fotos von Shamilis Eltern, die im Wohnzimmer hängen. Ich finde seine Tasche, für die Abreise gepackt. Ein Foto von Stalin hängt an der Wand, neben einer alten georgischen Flagge. Man sieht, dass Shamili alleine lebte; später erfahre ich, dass er eine Tochter in Tiflis hat. Einen Tag zuvor haben ihn russische Soldaten in seinem Garten begraben, neben einer uralten Weinrebe. Ruswelt sagt, er selbst habe in den vergangenen zwei Wochen nur deshalb überlebt, weil er sich in einem Feld versteckt und die südossetischen und tschetschenischen Paramilitärs gemieden habe.

Andere Dörfer nördlich von Gori haben das gleiche Schicksal erlitten. Wir fahren tief hinein in ein hübsches, fruchtbares Tal. Wilde Pfirsichbäume wachsen am Straßenrand, Pappeln säumen die Straße. Es gibt weitere Spuren der Zerstörung — geplünderte Tankstellen, das nach oben zeigende Bauchgerippe einer Kuh, zurückgelassene Traktoren. An einer Kreuzung in Tirdznisi finden wir die Überreste eines Minivans, der von einer südossetischen Bande entführt und beschossen wurde. Der Minivan ist auf die Seite gekippt; ein Leichnam sitzt noch auf dem Grünstreifen, neben ihm Schuhe, geborstenes Glas und weggeworfene Pässe.

Die Ärzte in unserem Konvoi beschließen, die Leiche zu bergen, doch der Gestank ist unerträglich; sie geben ihr Vorhaben auf. «Dieser Bus fuhr nach Tiflis. Die Ossetier haben ihn angehalten und einige der Leute als Geiseln genommen. Die anderen sind geflüchtet», berichtet Tariel Gulisashvili. «Fünf Leute aus dem Bus werden vermisst. Wir wissen nicht, was mit ihnen passiert ist.» Andere sagen, das georgische Dorf Eredwi sei komplett durch Feuer zerstört worden. Die Motivation für Racheakte ist nachvollziehbar — immerhin starben bei dem Angriff des georgischen Militärs südossetische Zivilisten.

Doch das hier sieht anders aus: wie ein systematischer Versuch, Georgier von dem Land zu vertreiben, auf dem sie seit Jahrhunderten leben, und dort eine neue monoethnische Ordnung zu schaffen. In Brüssel versichert Sergei Lawrow, Russlands Außenminister, der ganzen Welt, dass Moskau seine Besatzungstruppen aus Georgien zurückzieht. Ich aber sehe auf dem Rückweg lachende russische Soldaten in dem türkisfarbenen Patara-Liakhwi-Strom nacktbaden; ihre khakifarbenen Zelte stehen an dem glitzernden, von Weiden umsäumten Flussufer. Sie sehen nicht so aus, als zögen sie sich irgendwohin zurück.

Am nächsten Tag meiden wir Gori und fahren in die Berge in die Stadt Achalgori. Dieser schläfrige Bezirk ist — oder war — unter Kontrolle der georgischen Regierung. Die gemischte Bevölkerung von Georgiern, Osseten, Armeniern und Russen lebte einträchtig zusammen. Gestern Abend jedoch fielen unter dem Schutz des russischen Militärs südossetische Milizen in Achalgori ein. Als wir eintreffen, sind die meisten Georgier längst geflohen. Auch Achalgoris georgische Stadtverwaltung ist getürmt, ins nur 25 Meilen entfernte Tiflis.

Der Kommandeur erzählt uns, die Stadt stehe nun unter vollständiger südossetischer Kontrolle. Sie wurde befreit, erklärt er. «Sie wird Teil eines unabhängigen Landes innerhalb der Russischen Föderation sein.» Von mit Kalaschnikows bewaffneten Milizionären umgeben erklärt er uns die neue Landkarte Georgiens. «Das hier war unser Territorium. Das ist unser Territorium. Und das wird auch in Zukunft unser Territorium sein», sagt der Kommandeur und zeigt auf das Land um Achalgori.

Die Soldaten des Kommandeurs habe die zweistöckige Polizeistation der Stadt besetzt. Dort weht nun die ossetische Flagge; einer zieht die georgische Flagge, die gerade vom Dach entfernt wurde, durch den Dreck. Russische Soldaten hocken auf einem gepanzerten Fahrzeug. Sie sind entspannt und in guter Stimmung; sie nehmen Sean und mich mit. Einer scherzt: «Lasst uns bis nach London fahren! Wir brauchen kein Visum.»

Die Eroberung von Achalgori ist bedeutsam. Sie scheint Teil eines größeren Plans des Kremls zu sein, die Landkarte von Georgien neu zu zeichnen — das Land auf einen kleinen Rumpfteil zu reduzieren und die separatistischen Gebiete auszudehnen. Vor dem Krieg kontrollierten die südossetischen Rebellen eine kleine Stadt, Zchinwali, und eine Handvoll Dörfer. Moskau will nun die alten, viel weiter gestreckten Grenzen wiederherstellen, die Südossetien besaß, als es noch ein autonomes Gebiet oder ein *oblast* der Georgischen Sowjetischen Sozialistischen Republik war. Achalgori hieß damals Leningori.

Im Stadtzentrum treffe ich bewaffnete, junge Südossetier, die durch die staubigen Straßen patrouillieren. Sie tragen ein weißes Armband, das auf ihre neue Funktion verweist: «*peacekeeping*-Aufgaben». Weite Teile von Achalgori, eigentlich eine Stadt mit 10 000 Einwohnern, sind wie ausgestorben. Nur wenige Menschen, vor allem ethnische Osseten und die ältere Bevölkerung, haben sich entschlossen zu bleiben.

Ich frage den Kommandeur, warum seine Milizen in den georgischen Dörfern zwischen Südossetien und Gori ethnische Säuberungen durchgeführt haben. «Wir haben ein paar Säuberungsaktionen durchgeführt, ja», sagt er und benutzt das russische Verb *tschistitj*. «Wir haben nach Kämpfern gesucht.» Er fährt fort: «Warum berichtet ihr Journalisten nicht von den Zivilisten, die bei dem [georgischen] Angriff auf Zchinwali getötet wurden? Die Leichen von georgischen Soldaten liegen seit einer Woche dort herum. Ihre Regierung kümmert sich nicht um sie.»

Der erbitterte Krieg zwischen Georgien und Russland wird nicht nur auf dem Schlachtfeld geführt, sondern greift auf den öffentlichen Diskurs über und ist Gegenstand internationaler Untersuchungen: Wer ist schuld, und welche Seite sagt die Wahrheit? Die Russen werfen ausländischen Journalisten progeorgische Voreingenommenheit vor.

In Moskau präsentieren Russlands staatlich kontrollierte Medien ihre eigene Version des Krieges. Sie lassen ein paar Einzelheiten aus. Sie berichten nicht über die ossetischen Milizen, die sich durch georgische Dörfer gemordet und geplündert haben. Die gewöhnlichen russischen TV-Zuschauer haben keine Ahnung, dass all das geschehen ist. Stattdessen liegt der Fokus einzig auf dem Martyrium der Südosseten. Der Kreml – in den ersten Tagen des Konflikts peinlich langsam darin, unter Rückgriff auf krude Sowjetmethoden seine Botschaft zu verbreiten – startet eine wütende Attacke auf ausländische Journalisten. Er unterstellt, dass die westlichen Journalisten, die über den Konflikt berichten, in Wirklichkeit Agenten der CIA seien.

Gewiss hat auch der Kreml Wahres zu erzählen: Menschenrechtsverletzungen gab es auf beiden Seiten. Mehrere Dutzend Zivilisten starben bei dem rücksichtslosen Militärangriff auf Zchinwali, außerdem zwölf russische Soldaten und mehrere südossetische Polizisten. Ein Großteil der Stadt, auch das alte jüdische Viertel, liegt in Schutt und Asche. Doch Moskau tut sich selbst keinen Gefallen damit, die Zahl der Opfer aufzublasen – Putin behauptet, 2 000 unschuldige Zivilisten seien getötet worden. Die wahre Zahl ist viel geringer. (Der Menschenrechtskommissar des Europarates, Thomas Hammarberg, zählt 133 südossetische Opfer und 413 getötete Georgier.)

Der Kreml erlegt Journalisten Restriktionen im Sowjetstil auf. Sie werden von georgischen Dörfern ferngehalten, die innerhalb des von den Rebellen kontrollierten Südossetiens liegen und in den ersten Tagen des Konflikts niedergebrannt wurden. Amerikanische und britische Reporter dürfen nicht auf eigene Faust nach Südossetien reisen; stattdessen befördern die Aufpasser des Kremls sie jeden Tag von Wladikawkas im russischen Nordossetien nach Zchinwali, eine mühsame dreistündige Fahrt in einem Hyundai-Minibus.

Die Georgier haben den Krieg auf dem Schlachtfeld verloren und – wie ein Reporter scherzhaft anmerkt – ihren Ruf als die «Italiener des Kaukasus» gefestigt: eher der Dichtung zugeneigt, dem Genuss und den Liedern, anders als ihre bösen tschetschenischen Brüder. Doch sie sind mit Abstand die Gewinner der Medienschlacht. Saakaschwili ist bei CNN dauerpräsent. Er trifft David Cameron, zu dem Zeitpunkt noch britischer Oppositionsführer, Condoleezza Rice, David Miliband und Angela Merkel sowie die Staatschefs von Polen und den baltischen Staaten. Die mediengewandten Georgier schicken stündlich Aktualisierungen. Vor allem lässt die georgische Regierung zu, dass sich ausländische Medien frei bewegen — auch mit dem Risiko, erschossen zu werden. Sie hilft beim Transport, fliegt Journalistengruppen mit dem Helikopter in den dunstigen Hafen von Poti, der von den Russen kurzzeitig besetzt und verwüstet wurde.

Ich schließe mich einem dieser Flüge an. Wir fliegen tief über Weiden und Berge bis an die subtropische Schwarzmeerküste. Russische Kampfflieger zerstörten am 8. August den Marinestützpunkt, es gab fünf Tote. Sie versenkten auch drei Schiffe der georgischen Küstenwache. Der Geschützturm eines gesunkenen Schiffs ragt aus dem türkisfarbenen Wasser; ein anderes, weißes Schiff der Küstenwache dümpelt in Seitenlage auf dem Wasser. Die russischen Soldaten plünderten das Hauptgebäude des Hafens, sprengten Türen auf und warfen Aktenschränke um.

Auf eine weiße Kunststofftafel schrieb ein Soldat: «Georgische Schlampen. Tod den Schwanz-Päderasten.» «Sie sind in 23 gepanzerten Fahrzeugen aufgetaucht. Sie haben mitgenommen, was wertvoll war», erzählt Rezo Managadze, ein Hafenangestellter. In einem verwüsteten Krankenzimmer finde ich ein Porträt von Micheil Saakaschwili. Ein russischer Soldat hat etwas daraufgekritzelt, ein einziges Wort: «Schwanz.»

Die Russen versuchen, gegen die georgische PR-Offensive anzukommen. Der Kreml organisiert eine Reise nach Südossetien für die Journalisten, die sich in Tiflis aufhalten. Ziel der Exkursion ist es, sich ein Siegeskonzert anzuhören, dirigiert vom russischen Maestro und Ersten Dirigenten des Londoner Symphonieorchesters, Waleri Gergjew. Gergjew, geboren in Nordossetien, ist ein leidenschaftlicher Unterstützer des Kremls.

Das scheint eine gute Gelegenheit zu sein, nach Zchinwali zu kommen. Wir quetschen uns in einen überladenen russischen Armeelastwagen und fahren an den vom Feuer zerstörten Dörfern nördlich von Gori vorbei. In Karaleti halten wir. An der Hauptstraße sind etliche Häuser bombardiert worden; ein zurückgelassener Lada liegt im Graben; die örtliche Schule ist ausgeplündert. Am Vortag habe ich hier die Anwohner befragt. Sie alle haben den gleichen plastischen Bericht abgegeben: Am 12. August fielen ossetische Milizen in ihr Dorf ein und fackelten Häuser ab, beraubten und entführten die Bewohner.

Sascha, unser englischsprechender Kreml-Aufpasser, hat allerdings eine andere Erklärung. «Georgische Spezialeinheiten haben diese Häuser niedergebrannt», erzählt er einer großen Traube von ausländischen Reportern, von denen einige zum ersten Mal in der Gegend sind.

Ich äußere Zweifel. «Ich war gestern hier. Alle, mit denen ich gesprochen habe, sagen, dass eine Bande von Südosseten diese Häuser in Brand gesteckt hat. Warum sollten georgische Einheiten diese georgischen Häuser mitten in Georgien niederbrennen?» Saschas Gesichtszüge entgleisen. Widerspruch ist er eindeutig nicht gewohnt. «In diesen Häusern gab es ein Gas- oder Elektrizitätsleck», antwortet er hoheitsvoll. Dann dreht er sich zu einem grauhaarigen russischen Oberst und befiehlt ihm leise auf Russisch, mich von dem Lastwagen zu werfen.

Ich protestiere. «Sie können mich hier nicht hinauswerfen. Wir sind mitten im Niemandsland. Ich habe kein Fahrzeug. Die Lage ist nicht sicher.» Sascha ringt sich ein säuerliches Lächeln ab. »Natürlich werden wir Sie nicht herunterwerfen.» Ich darf bleiben. Aber er weigert sich, noch irgendwelche Fragen zu beantworten.

Wir fahren weiter. In Zchinwali treffe ich neben der beschädigten Statue eines nunmehr kopflosen ossetischen Poeten meinen Kollegen Tom Parfitt. Es ist eine kurze Begegnung: Wir tauschen Infos über die von den jeweiligen Seiten verbreiteten Opferzahlen aus. Tom erzählt, auf dem Weg von Wladikawkas habe er in dem von Moskau unterstützten Gebieten Südossetiens 270 brennende georgische Häuser gezählt.

Ganz in der Nähe spricht der südossetische Rebellenpräsident Eduard Kokoity, ein ehemaliger Wrestler, zu einer Menschenmenge. Er appelliert an Russland, die Unabhängigkeit Südossetiens anzuerkennen — was Medwedew, unter Berufung auf den Präzedenzfall Kosovo, kurze Zeit später auch tun wird. Das Konzert findet in Südossetiens beschädigtem Parlament statt. Gergjew dirigiert Schostakowitschs *Leningrad-Symphonie*, eine Wahl, die an Russlands heroischen Widerstand gegen Nazideutschland im Zweiten Weltkrieg erinnert.

Ein paar georgische Gefangene — einige von ihnen wurden von südossetischen Paramilitärs entführt — sehen sich das Konzert von einem Käfig aus an. Ich gebe meine Eindrücke nach London durch. Meine Versuche, das Surreale dieses Anlasses und seine triumphierende militärische Atmosphäre einzufangen, werden verstümmelt. Ich beschreibe «Soldaten, die auf Panzerfahrzeugen sitzen, umgeben von Stacheldraht [*surrounded by razor wire*]». Der Redakteur am anderen Ende der schlechten Leitung, weit weg vom Kaukasus, missversteht mich. Als am folgenden Tag meine Geschichte im *Guardian* erscheint, sitzen die Soldaten tatsächlich auf gepanzerten Fahrzeugen — doch sie sind «umgeben von Wasserreservoirs [*surrounded by reservoirs*]».

Als ich nach Moskau zurückreise, schlägt den westlichen Journalisten von öffentlicher Seite Wut und Rachsucht entgegen. Der Vorwurf, die ausländischen Medien hätten den Krieg einseitig dargestellt, ist omnipräsent. Das russische Fernsehen stellt Saakaschwili als Kriegsverbrecher und durchgedrehten Verrückten dar. Auch erzählt man der russischen Bevölkerung, die Vereinigten Staaten hätten Saakaschwili für den Angriff auf Südossetien «grünes Licht» gegeben.

Diese Gehirnwäsche ist krude, aber effektiv. Die meisten unterstützen das Handeln der russischen Regierung. Meine Vermieterin Olga behauptet, das georgische Staatsoberhaupt sei psychisch gestört. Bis auf eine Handvoll beherzter liberaler Kommentatoren plappern alle die Version des Kremls nach, derzufolge der Einmarsch in Georgien eine spontane humanitäre Mission war, um das Leben von Zivilisten und russischen Staatsbürgern zu retten. Die alternative Sichtweise — dass es eine Strafaktion war, die dazu diente, Saakaschwili zu demütigen und Georgien eine brutale Lektion in Sachen Geopolitik zu erteilen — dringt kaum durch.

Am Dienstag, dem 25. November 2008, treffe ich Boris A. Schardakow, einen Mitarbeiter der Presseabteilung im russischen Außenministerium. Ich will meine Akkreditierung für 2009 abholen, die ich brauche, um in Russland bleiben und arbeiten zu können. Schardakow ist der «Kurator», der für Visa und Akkreditierungen für die britische Presse zuständig ist. Er ist mittelgroß, Ende 50, mit Stahlgestellbrille und grauem Schnurrbart. Bei unserer Begegnung im Vorjahr konnte ich an ihm keinen augenfälligen Charme entdecken.

Schardakow trifft mich unten in der kleinen Lobby der Presseabteilung. Er ist sichtlich wütend. Er hält eine Kopie eines Artikels in der Hand, den ich am Vortag über Michail Beketow geschrieben habe, einen russischen Journalisten, der von unbekannten Angreifern brutal zusammengeschlagen und vor seinem Haus halbtot liegengelassen wurde. Beketow erlitt Hirnschäden, verlor sein rechtes Bein und vier Finger. Er ist Redakteur einer Lokalzeitung in dem Moskauer Vorort Chimki. Die Zeitung hatte kritische Artikel über eine Entscheidung veröffentlicht, eine Autobahn von Moskau nach St. Petersburg direkt durch den Wald von Chimki zu bauen. Der Hauptverdächtige in dem Fall ist Chimkis Bürgermeister, ein Veteran des sowjetischen Kriegs in Afghanistan. Mein Artikel erklärt die Hintergründe des Falls und zitiert die Bemerkung eines anderen Journalisten aus Chimki, der ebenfalls zusammengeschlagen wurde: «In Russland Journalist zu sein ist Selbstmord.»

Schardakow wirft mir meine neue Akkreditierungskarte verächtlich vor die Füße. Er fängt an, sich über die Beketow-Geschichte aufzuregen. Er spricht mich mit «*ty*», dem «Du», das normalerweise für Freunde, Paare, Kinder und Haustiere reserviert ist. Es ist eine gezielte Beleidigung.

«Warum bleibst du in diesem Land?», beginnt er.

«Hat deine Familie keine Angst, dass ihr ebenfalls unangenehme Dinge zustoßen könnten, wenn du hierbleiben?»

Ist das eine Drohung? Es hört sich so an. Ich schlage Schardakow vor, dass wir uns setzen. Wir hocken uns im Rezeptionsbereich auf ein Ledersofa. «Boris, Sie wissen genau, dass ich nichts weiter tue als darüber zu berichten, unter welchen Bedingungen einige russische Journalisten arbeiten. Beketow ist nicht der erste, der zusammengeschlagen wurde.»

«Es gibt polizeiliche Ermittlungen, die gerade laufen.»

«Das ist mir klar. Aber Ermittlungen in Russland führen meistens nirgendwohin.» (Was wahr ist. Drei Jahre später sind Beketows Angreifer immer noch nicht gefasst worden; stattdessen hat Chimkis Bürgermeister den Journalisten, der im Rollstuhl sitzt und nicht sprechen kann, wegen Verleumdung verklagt.)

Schardakow ist nicht zu besänftigen. Er sagt, die russische Regierung sei nicht glücklich über meine Berichterstattung, die russische Botschaft in London verabscheue mich zutiefst, und es sei das Beste, wenn ich meine Sachen packen und Moskau verlassen würde. Er fügt hinzu, dass meine Artikel die jungen Russen «spalteten» — mit anderen Worten, dazu führten, dass sie den russischen Staat infrage stellen. «Hat deine Frau keine Angst, dass dir etwas passieren könnte?»

Dann spricht Schardakow über den Krieg in Georgien.

«Ihr habt gelogen!», ruft er. «200 britische Journalisten waren in Georgien, und alle haben gelogen.»

Ich antworte: «Boris, Sie waren nicht dort. Wir haben im *Guardian* eine Menge unterschiedlicher Ansichten zu den Kriegsgründen aufgegriffen. Ich habe von der georgischen Seite aus berichtet, mein Kollege hat von der südossetischen Seite berichtet, und wir haben versucht, ein ausgewogenes Bild zu vermitteln. Ich habe berichtet, was ich gesehen habe. Das war vielleicht nicht genau das, was Sie im russischen Fernsehen gesehen haben.»

Bei diesem letzten Punkt gibt Schardakow nach. Doch die Unterhaltung bleibt unangenehm. Schardakows Verhalten ist reine Schikane; sein Ton ist gehässig. Er versucht offenkundig, mich einzuschüchtern. Ist dies eine Eigeninitiative von Schardakow, frage ich mich, oder handelt er auf Befehl von oben?

Als wir auseinandergehen, wiederholt Schardakow in bester KGB-Manier, nur für den Fall, dass mir die Anspielung irgendwie entgangen sein könnte: «Hast du keine Angst, dass dir etwas passieren könnte?»

Der Vorfall mit Schardakow ist unerfreulich. Doch anderen «Feinden» steht weitaus Schlimmeres bevor.

6

TOD IM SCHNEE

Weiße Kammer, Pretschistenka-Straße 1, Moskauer Stadtzentrum, 19. Januar 2009

Manchmal bezahlen Menschen mit dem Leben dafür, dass sie laut aussprechen, was sie denken.
ANNA POLITKOWSKAJA

Im Zuge des bitteren Nachspiels zum russisch-georgischen Krieg nimmt der FSB seine Kampagne gegen uns wieder auf. Im Herbst 2008 gibt es wieder Einbrüche, diesmal in unserem neuen Zuhause, einer Datsche in Sokol im Nordwesten Moskaus. Diese Einbrüche zeigen ein neues Ausmaß an Böswilligkeit.

2007 hatte ich angefangen, über die Aktivitäten des FSB Buch zu führen: unterbrochene Telefongespräche, verschwundene E-Mails, mindestens zwei Einbrüche in unsere alte Wohnung in Woikowskaja. Ich hatte eine flüchtige Mitschrift meines Gesprächs mit Major Kusmin in Lefortowo angefertigt. Dazu gehörte auch eine minderwertige Bleistiftzeichnung des FSB-Gebäudes mit seinem verschnörkelten Stacheldraht und dem einsamen Baum im Hof. Ich bin kein Leonardo da Vinci. Diese Notizen waren einfach Gedächtnisstützen für einen Text, den ich über meine Erfahrungen in Lefortowo schreiben wollte. Irgendwann sind sie aus meinem Büro verschwunden. Es ist kein großer Verlust. Aber für den FSB sind sie vermutlich ein weiterer Beleg meiner «Spionagetätigkeit» und feindlichen Absichten. Ebenso wie die Tatsache, nehme ich an, dass ich Stenografie verwende, eine Fertigkeit, die ich als junger Reporter in der englischen Küstenstadt Hastings erlernt habe.

Der FSB mag Russlands neuer, allmächtiger Adel sein. Aber kann er, frage ich mich, mein krakeliges «Pitman 2000»-Steno-Gekritzel lesen?

Ich beginne ein neues Protokoll. Diesmal notiere ich die Vorfälle von FSB-Schikanen auf der Rückseite einer Krankenakte mit blauem Pappeinband. Die Einträge füllen schnell die Rückseite. Die Akte stammt aus der russischen Privatklinik. die meinem Moskauer Büro gegenüber liegt. Ich lasse mich dort wegen einer doppelseitigen Lungenentzündung behandeln. Die Lungenentzündung ist meine eigene Schuld; ich habe sie mir zugezogen, als ich im Januar auf der Moskauer Insel Serebrjany Bor in einem gefrorenen See geschwommen bin. In ganz Russland nehmen orthodoxe Gläubige am Dreikönigstag am Eisschwimmen teil. Ich habe mich ihnen in jedem meiner Moskauer Winter angeschlossen — auch wenn die Temperaturen 2010 auf minus 20 Grad Celsius sanken. Es ist eine extreme Erfahrung; wenn man wiederauftaucht, ist es, als ereigne sich im eigenen Kopf eine nukleare Explosion. Aber Moskau ist ja auch ein extremer Ort.

Von Mittwoch, den 29. Oktober, bis Sonntag, den 2. November 2008, sind wir in Berlin. Die Taxifahrt vom Moskauer Flughafen zieht sich; es regnet und die Straßen sind verstopft. Ich plaudere mit dem Fahrer; er kommt aus Usbekistan. Als wir vor unserer Datsche halten, ist sofort klar, dass etwas nicht stimmt: Das rechte Fenster unseres Schlafzimmers im ersten Stock steht offen. Man sieht es von der Straße aus — aber niemand sonst, der einen Blick auf unser von Kletterpflanzen bewachsenes Haus mit seinem Gartenzaun und dem purpurnen Dach wirft, würde bemerken, dass etwas nicht in Ordnung ist. Das Fenster ist eine Art Semaphor, denke ich. Die Botschaft richtet sich nur an mich. Sie lautet: «Wir sind wieder da.»

Ich bin mir ganz sicher, dass ich alle Fenster geschlossen habe, als wir nach Deutschland aufgebrochen sind. Die oberen Fenster können nur von innen geöffnet werden; um die äußeren Fenster zu öffnen, muss man erst die Treppe hochgehen und zwei Innenfenster mit Blick auf die Straße entriegeln und öffnen. Also insgesamt vier Riegel. Jemand ist eingebrochen. Drinnen piepst die Alarmanlage. Am nächsten Tag rufen wir einen Techniker an. Er erstattet verwundert Bericht: Die Batterien wurden von jedem einzelnen Alarmpunkt im Haus entfernt — insgesamt 14 Batterien. «So etwas habe ich noch nie gesehen», sagt er. Er holt neue Batterien. Unmöglich, die Gründlichkeit der Eindringlinge des FSB nicht zu bewundern. Diese Jungs sind Profis.

Am Montag, dem 8. Dezember, kommen die Eindringlinge irgendwann zurück. Ich bin bei der Arbeit, die Kinder sind in der Schule, meine

Frau ist mit ihrer Walking-Gruppe unterwegs und erkundet die kleinen Sträßchen der Moskauer Altstadt. Der erste Schnee ist gefallen; die Temperaturen sind auf unter null Grad gesunken. Diesmal ist der gasbetriebene Boiler, der das Häuschen beheizt, abgeschaltet: Ein weißer Draht ist herausgezogen worden, das Haus ist eiskalt.

Doch das Schlimmste kommt erst noch: Mitten in der Nacht klingelt ein seltsamer Alarmton — ein klimperndes Arpeggio, das alle aufweckt. Ich stehe auf und sehe nach. Es ist 2.00 Uhr morgens. Es scheint aus dem Schrank unter der Treppe zu kommen. Ich schaue hinein. Ich kann nichts finden. Ich gehe wieder ins Bett. Irgendwann hört das mysteriöse Leierkasten-Geräusch auf. Um 4.00 Uhr morgens fängt es wieder an. Um 6.00 Uhr morgens geht es wieder aus. Wir verbringen eine unruhige Nacht.

Auch mein Vater, John Harding — ein regelmäßiger Besucher bei uns in Russland — kann nicht schlafen. Wir unterhalten uns nach dem Frühstück, auf dem gewundenen Weg zur Metro, der über Sokoler Hinterhöfe und Spielplätze führt. Unser Gespräch ist ernst und eindringlich. Die Methoden des FSB, da sind wir uns einig, sind unheimlich. Sie sind aber auch geduldig. Die Einbrüche sind auf clevere Weise nervenaufreibend; sie zielen darauf ab, uns in die Knie zu zwingen, unser Familienleben zu zerrütten und es schrittweise zu zerstören.

Das ist keine konventionelle Folter. Es gibt keine Daumenschrauben oder Elektroschocks. Die Vorgehensweise ist viel heimtückischer und passender für ein Regime, das auf seinen internationalen Ruf bedacht ist — eine Form des psychologischen Terrors, die den wunderbaren Vorteil hat, unsichtbar und nicht nachweisbar zu sein. Smarte Folter, wenn man so will, oder: sanfte Folter.

Die Botschaft der Behörde ist eindeutig: Sie will mich ermutigen, Russland zu verlassen. Was geschieht, wenn ich mich weigere, dem Wink Folge zu leisten? Mein Vater erklärt sich einverstanden, dem Chefredakteur des *Guardian*, Alan Rusbridger, eine Nachricht zu überbringen. Er soll wissen, dass die staatlichen Schikanen stetig zunehmen. Nach außen verhalten wir uns, als sei nichts geschehen. (Der FSB neigt schließlich dazu, jede Panik von unserer Seite als Erfolg seiner Operation zu interpretieren.) Privat allerdings frage ich mich, wie lange wir den Spielchen des FSB noch standhalten können.

Ich arbeite immer häufiger von zuhause aus, jetzt im Belagerungszustand. Eines Morgens sehe ich draußen einen jungen Mann herumlungern. Ein andermal ist es ein BMW mit getönten Scheiben, der diskret weiter oben auf der Straße parkt. Am 19. Dezember 2008 bricht der FSB in die Wohnung einer der russischen Redaktionsassistentinnen des *Guardian* ein. Sie lebt allein, ist 41 und alleinstehend. Sie kommt in ihre Wohnung und sieht ihre Mütze mitten auf ihrem Wohnzimmerboden liegen. (Als sie am Morgen zur Arbeit gegangen war, hing die Mütze an ihrem Haken.)

Sie erzählt ihrer Mutter von diesem Zwischenfall. Die Mutter glaubt ihr nicht. Ich versuche, die Situation zu erklären und versichere ihr, dass sie nicht verrückt wird. Meine Assistentin ist besorgt, verängstigt, in Tränen aufgelöst. Einige Monate lang ist sie depressiv. Sie kündigt ihren Job. Sie bricht alle Verbindungen zum *Guardia*n ab. Ich sehe sie nie wieder.

Dieses Muster wiederholt sich. Meistens macht sich der FSB auf irgendeine banale Weise bemerkbar. Am 30. Januar 2009 komme ich zur Arbeit und stelle fest, dass das Doppelschloss der Haupteingangstür etwas mehr klemmt als sonst. Ich gehe in mein Büro. Der Bildschirmschoner auf meinem Laptop zeigt normalerweise Phoebe und die Kinder vor dem spektakulären Hintergrund des verschneiten Kaukasusgebirges; das Foto ist auf unserem Georgienurlaub entstanden, nach einer anstrengenden Wanderung im Schatten des Kasbeks. Die Kinder sehen verschwitzt und fröhlich aus.

Jemand hat den Bildschirmschoner entfernt. Meine Familie ist verschwunden. Der Bildschirm ist gesperrt. Wer auch immer das Bild gelöscht hat, hat auch die Tastatur meines Laptops abgewischt. Schmutz und Staub sind verschwunden. Noch eine ganze Weile danach verpasst mir der Laptop kleine Stromschläge. Am 3. Februar 2009 schicke ich eine E-Mail an die britische Botschaft. Die E-Mail kommt nicht an. Sie landet wieder in meiner Mailbox mit dem ominösen Wort «NULL» in Großbuchstaben in der Betreffzeile. Um 2.45 Uhr morgens klingelt mein Telefon. Der Anrufer legt auf.

Zu jener Zeit sieht es so aus, als seien Russlands omnipräsente Sicherheitsdienste entschlossen, ihre Kampagne fortzuführen, bis ich es endlich begreife und Moskau verlasse. Die bizarren Einbrüche entbehren nicht eines kruden Humors. Einmal finde ich ein billiges, gebrauchtes russisches Taschenbuch neben meinem Bett. Es gehört nicht mir, auch nicht meiner Frau. Ich hebe es von meinem Nachttisch auf und betrachte es neugierig. Der Titel lautet: *Liebe, Freiheit, Alleinsein*. Der Autor ist Oscho, ein indischer Mystiker, Sexguru und Rolls-Royce-Liebhaber, seinen Anhängern besser bekannt unter dem Namen Bhagwan Shree Rajneesh. Ich bin mit Oschos Werk nicht vertraut, doch hilfsbereiterweise hat jemand auf Seite 110 ein Lesezeichen eingelegt. Das Kapitel bietet Tipps für Liebende. Ich lese: «Ein echter Orgasmus findet dann statt, wenn dein innerer Mann und deine innere Frau zusammenkommen.»

Der FSB hat einen Sexratgeber neben mein Bett gelegt.

Die Botschaft ist — was eigentlich? Dass die Behörde zusieht und findet, ich könnte es besser machen? Ich behalte das Buch. Es wird ein amüsantes Gesprächsthema bei Partys — das umso pikanter wird, wenn man bedenkt, dass unser Wohnzimmer verwanzt ist und der FSB, soviel wir wissen, zuhört, wie wir über sein bizarres, unwillkommenes Geschenk lachen.

Später erfahre ich, dass pornografisches Material im Schlafzimmer einer Zielperson zu den eher außergewöhnlichen KGB-Methoden gehört, die im Kalten Krieg angewendet wurden. Putins Spione benutzen immer noch das alte KGB-Handbuch — oder haben es wieder ausgegraben. Sie sind anscheinend nicht in der Lage, sich etwas Originelleres auszudenken. Das ist keine Spionageabwehr. Das ist Kamasutra.

Am Montag, dem 19. Januar 2009, macht sich der Anwalt Stanislaw Markelow in der Pretschistenka-Straße auf den Weg. Vor ihm liegt die Christ-Erlöser-Kathedrale mit ihren goldenen Kuppeln, von Stalin zerstört, von Jelzin und dem Moskauer Bürgermeister Juri Luschkow wieder aufgebaut. Etwas weiter entfernt liegt der Kreml mit seinen ockerfarbenen Mauern und Türmen.

Markelow ist Menschenrechtsanwalt und ein Freund der ermordeten Journalistin Anna Politkowskaja. Er ist unterwegs zur Metro. Er hat soeben eine Pressekonferenz gegeben, in der er gegen die frühzeitige Entlassung eines Armeeoffiziers protestiert hat, der wegen Mordes und Vergewaltigung verurteilt worden war. Er wird begleitet von einer Journalistin, Anastasia Baburowa. Sie ist 25 Jahre alt und freie Mitarbeiterin der führenden Oppositionszeitung *Nowaja Gaseta*. Auf den Bürgersteigen liegt weicher Neuschnee.

Markelow wird nie in die Metro steigen. Unbemerkt folgt ein junger Mann mit Skimaske dem Anwalt, als er das kleine unabhängige Moskauer Pressezentrum verlässt. Vor einem weißgestrichenen Palast — ein historisches Gebäude, das irgendwie den Moskauer Stadtplanern getrotzt hat — nähert sich der Mörder Markelow von hinten. Er schießt ihm in den Hinterkopf. Zweimal. Einem Zeugen zufolge versucht Baburowa, den Schützen festzuhalten, als er wegläuft. Er schießt auch ihr in den Kopf. Baburowa bleibt bewusstlos und schwer verletzt liegen; Markelow ist sofort tot. Er ist 34 Jahre alt.

Als ich gegen 17.00 Uhr am Tatort ankomme, ist Markelows Leiche bereits fortgeschafft worden; die Polizei hat auf dem Bürgersteig eine provisorische Absperrung errichtet. Im Schnee sind tiefrote Blutspritzer zu sehen. Abgesehen davon gibt es kaum Spuren. Markelow wurde vor der Weißen Kammer getötet, einem *palati*, oder Herrenhaus, aus dem 17. Jahrhundert, mit dicken Mauern, kleinen Fenstern und gewölbten Räumen, im frühen Barockstil erbaut. Die Adresse lautet Pretschistenka-Straße 1. Das Gebäude ist geschlossen. Die Sicherheitsleute im benachbarten Bürogebäude haben nichts gesehen. Die Frauen in der alten Apotheke gegenüber auch nicht. Sie erzählen mir, gleich nach der Schießerei sei ein Kunde hereingekommen und sie hätten einen Krankenwagen gerufen. Von dem Mörder keine Spur.

Weil ich so wenig habe, worauf ich bauen könnte, fange ich an, Unwichtiges aufzuschreiben. Neben dem Tatort hat sich auf den Schultern einer Statue von Friedrich Engels aus den 1970er Jahren eine Schneekruste gebildet. Der Oberschichten-Anarchist Peter Kropotkin wurde in einer der Seitenstraßen in einem imperialen Herrenhaus geboren. Später erfahre ich, dass Markelow Kropotkins Schriften und die seines radikalen Philosophenkollegen Michail Bakunin mochte. Ich frage mich, was Kropotkin wohl zu den schicken Konditoreien und Cafés gesagt hätte, die jetzt überall aus dem Boden schießen, um die gepflegten Anwohner der Pretschistenka-Straße zu versorgen.

Ohne Anhaltspunkte gehe ich ins Büro. Baburowa, die wichtigste Zeugin, ist nicht in der Verfassung, den Täter zu beschreiben; sie stirbt später an diesem Abend im Krankenhaus. Und wie immer, wenn in Russland Anwälte, oppositionelle Journalisten und sonstige Kremlkritiker niedergeschossen werden, ist die Polizei, die unter gewöhnlichen Umständen stets einen wachsamen Blick auf alles hat, auf mysteriöse Weise abwesend.

Als ich am Abend meinen Bericht für den *Guardian* schreibe, zähle ich die bisher erschossenen Menschenrechtsaktivisten auf, seit Putin an die Macht gekommen ist. Es ist eine lange Liste. Ich beginne mit denen, die mit der *Nowaja Gaseta* in Verbindung stehen, die für Putin und seine Entourage ein fortwährendes Ärgernis darstellt.

Seit 2000 sind vier ihrer Autoren ermordet worden. Die berühmteste ist Anna Politkowskaja, Sonderkorrespondentin der *Nowaja* (im Oktober 2006 vor dem Aufzug ihrer Moskauer Wohnung erschossen). Da wären auch Juri Schtschekochichin (im Juli 2003 auf mysteriöse Weise vergiftet) und Igor Domnikow (im Juli 2000 vor seiner Wohnung mit einem Hammer zu Tode geprügelt). Markelow und Baburowa sind Opfer Nummer vier und fünf. Dann gibt es noch Litwinenko, einen Monat nach Politkowskajas Tod in London vergiftet. Unter den anderen Opfern befinden sich Magomed Jewlojew, Journalist und Gründer einer Website in der kaukasischen Republik Inguschetien, 2008 in Polizeigewahrsam erschossen. Weitere folgen.

Die Morde an all diesen Kreml-Gegnern — Journalisten, Anwälte und Kritiker der russischen Sicherheitsdienste — haben etwas gemeinsam. In allen Fällen wurden diese Störenfriede des Staates als direkte Folge ihrer beruflichen Aktivitäten ermordet. Freunde und Kollegen zweifeln nicht daran, dass diese Morde politisch motiviert sind und entweder vom Staat selbst oder von schattenhaften Kräften ausgeführt werden, die mit ihm in Verbindung stehen. Regierungsbeamte allerdings lasten die Morde den Feinden des Kremls an. Sie argumentieren, die Morde würden begangen, um Russlands internationalem Image zu schaden. Je mehr Leichen es gibt, desto lächerlicher klingt dieses Argument.

Von den Ereignissen des Tages aufgewühlt rufe ich Markelows Freunde an. «Wir wissen nicht, wer ihn umgebracht hat. Aber wir wissen ohne jeden Zweifel, dass er getötet wurde, weil er seine Arbeit getan hat», sagt Tanja Lokschina vom Moskauer Büro von Human Rights Watch. Sie fügt hinzu: «Stas [Markelow] war so ein Mensch, der bereit war, sein Leben für die Sache aufs Spiel zu setzen. Er war lustig, unverschämt und manchmal ziemlich unausstehlich. Er war ein Kollege und ein Freund. Er erzählte immer Witze, auch die allerobszönsten. Ich kann nicht fassen, dass er tot ist.»

Ljudmila Alexejewa, eine sowjetische Dissidentin und Leiterin der Moskauer Helsinki-Gruppe, sagt, es falle ihr schwer, darüber zu sprechen: «Die Ermordung einer solchen Person ist eine Schande für unser Land.»

Ich schaue nach, ob der Kreml eine Erklärung veröffentlicht hat, die Markelows Ermordung verurteilt. Doch von Putin und Medwedew kommt nichts als Schweigen. Das staatliche Fernsehen ignoriert Markelows Tod weitgehend. Das erinnert an Putins Beschreibung von Politkowskaja, drei Tage nach ihrer Ermordung, als eine «extrem unbedeutende Figur, die nur im Westen bekannt war».

Ich finde heraus, dass Markelow, wie andere russische Menschenrechtsaktivisten auch, eine starke Persönlichkeit war, bekannt für seinen spitzbübigen Charakter. Sein Leben war voller Widersprüche: Er liebte Karaoke, sang aber schrecklich; er war ein hingebungsvoller Vater zweier Kinder, aber wenig zuhause, stets unterwegs auf anarchistischen Treffen, die in Bakunins Sommerhaus abgehalten wurden; er war Wodka-Trinker und Vegetarier. Als Anwalt übernahm er eine Reihe von Fällen, die große Aufmerksamkeit erregten und in denen es um Kremlgegner ging — er verteidigte Antifaschisten, oppositionelle Journalisten und Opfer der beiden brutalen Kriege des Kremls in Tschetschenien.

Wie andere Mitglieder von Russlands eng vernetztem Boheme-Zirkel von Oppositionsjournalisten und Menschenrechtsaktivisten bekam auch Markelow regelmäßig Todesdrohungen. Er begegnete ihnen mit grimmigem schwarzem Humor.

«Eine typische Unterhaltung ging so: ‹Hast du schon dein Testament gemacht?›», sagt Lokschina. «Die Antwort lautete immer: ‹Nein, ich auch nicht.›»

In einem langen Stück für den *Guardian* schreibe ich, dass die Schockwellen der Ermordung Markelows weit über sein eigenes Land hinausgehen und der Mord in seiner Schamlosigkeit an den an Politkowskaja erinnert, einer anderen mutigen Kremlkritikerin. Er ereignet sich vor einem Hintergrund offiziell sanktionierter Schikane und der Verfolgung von russischen Menschenrechtsorganisationen — die sich im Grunde gegen jeden richtet, der das Machtmonopol des Kremls infrage stellt.

Wie ich später herausfinde, wirft der FSB der US-Regierung vor, den Terrorismus zu finanzieren, indem sie die Aktivitäten von Nichtregierungsorganisationen im Kaukasus unterstützt. Er warnt Washington, dass, sollten die Amerikaner ihre «inkompetenten» Maßnahmen nicht einstellen, US-Bürger keine Einreisevisa mehr bekommen würden. Das harte Durchgreifen des Kremls gegenüber den Nichtregierungsorganisationen gilt als ein Produkt der Paranoia vor einer «Orangenen Revolution» in Russland. Alexejewa erzählt mir aber, dass die bedrängten Menschenrechtsaktivisten im Land gar nicht daran interessiert sind, das Regime zu stürzen. Sie sind auch keine amerikanischen Spione. Sie wollen einfach, dass die russische Regierung die Menschenrechte und die Würde ihrer Bürger achtet.

In den folgenden Tagen gehe ich möglichen Spuren im Mordfall Markelow nach. Markelow vertrat die Familie einer 18jährigen tschetschenischen Frau, die im Jahre 2000 von einem betrunkenen russischen Armeeoberst vergewaltigt und ermordet wurde. Der Fall ist einer der bekanntesten, der sich während der Tschetschenienkriege ereignete. Oberst Juri Budanow raubte Elsa Kungajewa im Zuge einer Razzia nachts aus dem Haus ihres Vaters. Er tötete sie in seinem *wagontschik* — einer Art Bauwagen — und befahl dann seinen Untergebenen, ihre Leiche heimlich zu vergraben. 2003 wurde er des Mordes für schuldig befunden, obwohl er daran festhielt, kurzzeitig durchgedreht zu sein und das Mädchen für einen Scharfschützen gehalten zu haben.

Nach der Verurteilung griffen «Patrioten» Markelow immer wieder an. 2004 wurde er von einer Gruppe von fünf Jugendlichen verprügelt. Budanow wurde eine Woche vor Markelows Ermordung aus dem Gefängnis entlassen. In seiner letzten Pressekonferenz kündigte Markelow an, dass er Budanows vorzeitige Haftentlassung anfechten werde. (Budanow selbst wird 2011 erschossen.)

Doch das ist nur eine mögliche Spur. Markelow hat auch Opfer von Polizeigewalt vertreten und mitgeholfen, Anti-Kreml-Proteste zu organisieren. Er suchte Gerechtigkeit für ein Opfer des «Nord-Ost»-Geiseldramas von 2002, in dessen Verlauf russische Spezialeinheiten Giftgas einsetzten, um das Moskauer Dubrowka-Theater zu stürmen, das sich in der Gewalt tschetschenischer Terroristen befand. Einer seiner letzten Mandanten war Michail Beketow, der Journalist, der zusammengeschlagen wurde, weil er den Behörden des Moskauer Vororts Chimki die Stirn geboten hatte.

2005 war Markelow mit der Anklage gegen einen Soldaten befasst, der einen Tschetschenen verschleppt hatte, der nie wieder auftauchte. Markelow reiste immer wieder nach Tschetschenien und arbeitete oft mit Politkowskaja zusammen. Er deckte die Existenz eines geheimen Foltergefängnisses auf, das von Ramsan Kadyrow unterhalten wird. Das einzige, stelle ich fest, worin sich alle einig sind, ist, dass er viele Feinde hatte.

Der Verdacht fällt auch auf Russlands sehr aktive Neonazibewegung, für die Markelow eine besondere Hassfigur war. 2006 vertrat er die Familie von Alexander Rjuchin, einem antifaschistischen Aktivisten, der von Skinheads ermordet wurde. Mehrere von denen, die an dem Mord beteiligt waren, erhielten Gefängnisstrafen. Doch das professionelle Vorgehen bei dem Mord an Markelow passt nicht in das Muster anderer Neonaziattacken. Es deutet vielmehr auf jemanden mit militärischem Hintergrund hin. Pawel Felgenhauer — der Kolumnist, der mit seiner Vorhersage des Georgienkriegs richtig lag — beschuldigt den FSB.

Er schreibt:

> Nach Ansicht der Mitarbeiter der *Nowaja Gaseta*, zu denen auch ich gehöre, sind die russischen Sicherheitsdienste oder verbrecherische Elemente innerhalb dieser Dienste die Hauptverdächtigen. Die Dreistigkeit des Attentats, von einem einzigen Schützen am helllichten Tag im Zentrum Moskaus ausgeführt, erfordert professionelle Planung und Überwachung, die wiederum von den Geheimdiensten, die gerade dieses Viertel genau im Blick haben, ein blindes Auge erfordert.

Die *Nowaja Gaseta* druckt eine schwarzumrandete Trauerausgabe. Die Titelseite zeigt Markelows Leiche auf dem vereisten Gehweg. Die Überschrift zollt seinem Mut Tribut. Sie lautet: «Keine Furcht.»

Drei Tage nach dem Mord gehe ich auf Markelows Beerdigung. Der

Friedhof liegt unter dem hoch emporragenden Ostankino-Fernsehturm im Norden Moskaus, die Bereitschaftspolizei hat den Eingang abgesperrt. (Die Behörden fürchten stets, dass Beerdigungsprozessionen in Proteste umschlagen könnten.) Die Totengräber bringen Markelows Körper auf einer Trage; das Loch ist schon ausgehoben; Krähen schreien in den Weißbirken über dem verschneiten Grab. Es ist ein rauer, grauer Tag. Etwa 200 Trauergäste sind gekommen. Der Deckel wird vom Sarg genommen.

Markelow trug als junger Mann einen Pferdeschwanz; er wird in seiner Anwaltsuniform — Anzug und Krawatte — beerdigt. Sein Bruder Michail sagt: «Dies ist nicht der richtige Zeitpunkt, um zu diskutieren, was passiert ist. Dies ist die Zeit, sich zu verabschieden.» Markelows Angehörige — er hinterlässt eine junge Witwe, Galina, aus Belarus, und zwei kleine Kinder — küssen ihn auf die Stirn. Die Trauernden werfen rote Nelken in seinen Sarg. Der Deckel wird zugeschlagen. Vor irgendwoher höre ich ein verzweifeltes Schluchzen. Vom Kreml ist niemand gekommen.

Nachher stehe ich in der Nähe des Friedhofstors im Schlamm und spreche mit einigen Freunden des toten Anwalts. Sie sagen, die Frage, wer ihn erschossen habe, sei wohl unbeantwortbar und gehe am Wesentlichen vorbei. Wichtig sei, sagen sie, festzuhalten, dass Russland jetzt ein Gangsterstaat sei — formal eine Demokratie, aber tatsächlich etwas ganz anderes —, in dem die Ermordung von Kremlkritikern jederzeit möglich ist. Entweder der Staat ist direkt verantwortlich für die Ermordung seiner Feinde, oder er duldet die Taten von ominösen externen Kräften stillschweigend, sagen sie. «Solch ein Mord spiegelt die kriminalisierte Situation wieder, die wir hier haben. Der Kreml ermutigt extremistische Gruppen, und verschiedene reaktionäre Kräfte sehen in seiner Rhetorik eine Art von Unterstützung», sagt Alexej Gaskarow, ein antifaschistischer Freund von Markelow. «In jedem europäischen Land würden die Behörden sofort versuchen, etwas zu unternehmen, wenn jemand Wichtiges umgebracht wird. Hier schweigen sie.»

Eine von denen, die Markelows Beerdigung besuchen, ist Natalja Estemirowa. Estemirowa, auch Natascha genannt, ist eine Freundin von Politkowskaja und Markelow. Sie ist die Vorsitzende des Büros der Menschenrechtsorganisation Memorial in der tschetschenischen Hauptstadt

Grosny. «Ich denke, dass sich Kriminelle ganz wohl fühlen mit der Art von Regierung, die wir derzeit haben. Für Verteidiger der Menschenrechte ist es weit weniger angenehm», sagt sie. Estemirowa bezeichnet das Verhalten der Behörden als seltsam und sagt, die russische Regierung werfe absichtlich Menschenrechtsaktivisten und Verräter in einen Topf. In der *Nowaja Gaseta* beschreibt sie Markelow als «heiter, charmant, verschmitzt, jemand, der sich über alle Hindernisse hinwegsetzt». Ihr Artikel endet: «Markelows Ermordung ist eine Kriegserklärung. Die Frage lautet jetzt — auf wessen Seite steht der Staat?»

Am 4. November 2009 verhaftet der FSB im Zusammenhang mit dem Mord an Markelow zwei Verdächtige. Sie heißen Nikita Tichonow und Jewgenia Chasis. Beide sind Mitglieder einer ultranationalistischen Gruppe, bekannt als die Vereinte Brigade-88. Die Gruppe habe Markelow aus Rache ermordet, sagt der FSB, weil er nach dem Mord an Rjuchin im Jahre 2006 versucht habe, andere Ultranationalisten hinter Gitter zu bringen. Tichonow war einer der Verdächtigen in diesem Mordfall, doch er tauchte unter und wurde nie gefasst; er bekam mit, wie viele seiner Freunde wegen dieses Falls im Gefängnis landeten. Alexander Bortnikow zufolge, dem Chef des FSB, wurde Tichonow bei einer Razzia gegen Extremistengruppen in Moskau gefasst. Er habe seine Verbrechen gestanden. In Tichonows Wohnung wurden mehrere Schusswaffen sichergestellt: eine 7,65-Millimeter-Browning, Baujahr 1910 und vermutlich die Tatwaffe, sowie Patronen und ein Schalldämpfer. Überwachungskameras auf der Pretschistenka-Straße haben Chasis aufgenommen, wie sie in dunkler Kleidung Schmiere steht.

Die meisten Menschenrechtsaktivisten finden die Erklärung des FSB für das Verbrechen «plausibel», schreiben US-Diplomaten in einer vertraulichen Depesche nach Washington. Dass jedoch die beiden Verdächtigen die einzigen Täter waren, daran zweifeln die Aktivisten; sie hoffen auf weitere Ermittlungen. Einer von ihnen sagt gegenüber den Amerikanern, es sei «unwahrscheinlich, dass die beiden Tatverdächtigen alleine gehandelt haben» und dass er glaube, der Drahtzieher des Mordes laufe noch frei herum. Der Kreml dagegen dringt darauf, den Fall rasch zu schließen, und freut sich über den PR-Coup, einen Mord unter großer öffentlicher Anteilnahme medienwirksam aufgeklärt zu haben. In der

Depesche wird auch der «selbstzufriedene Ton» zwischen Bortnikow und Medwedew erwähnt, als sie bei einem Treffen über die Verhaftung des Pärchens diskutieren und die beiden als «patriotisches Bonnie und Clyde-Duo» bezeichnen. Im Mai 2011 spricht ein Moskauer Gericht beide schuldig, mahnt allerdings weitere Ermittlungen an. Tichonow wird zu lebenslanger Haft verurteilt; Chasis zu 18 Jahren.

Eine Woche vor dem Mord an Markelow verlässt Umar Israilow kurz das Haus, um Joghurt einzukaufen. Israilow ist tschetschenischer Emigrant. Er ist 27 Jahre alt und war früher Aufständischer. 2003 wurde er in Tschetschenien verhaftet; die muslimische Republik wurde von Ramsan Kadyrows Vater Achmad regiert, einem ehemaligen Separatisten, der später von Moskau unterstützt wurde und dann bei einem Bombenanschlag umkam. Israilow sagt, dass er während seiner Haft mit Elektroschocks gefoltert wurde und Zeuge war, wie andere Häftlinge von Kadyrow und anderen zusammengeschlagen und getreten wurden. Nachdem er begnadigt wurde, arbeitete er kurz als Kadyrows Bodyguard, bevor er nach Österreich floh. 2006 reichte Israilow eine Klage beim Europäischen Gerichtshof für Menschenrechte ein, in der er beschreibt, wie Kadyrow ihn eigenhändig in einem geheimen Gefängnis gefoltert habe. Es ist ein mutiger Schritt.

Tschetschenischen Quellen zufolge schickt Kadyrow seine Leute nach Wien, um Israilow unter Druck zu setzen und zu bewirken, dass er seine Klage zurückzieht. Dieser weigert sich und beschwert sich stattdessen in einem Interview mit der *New York Times*. In Tschetschenien lässt Präsident Kadyrow daraufhin Israilows Vater Ali einsperren. Kadyrows Ziel ist klar: Umar dazu zu bringen, seine Aussage zu widerrufen. Ali wird zehn Monate lang widerrechtlich festgehalten und gefoltert. Nach seiner Freilassung reicht auch er eine Klage beim Straßburger Gerichtshof für Menschenrechte ein. In Wien, wo eine große tschetschenische Diaspora lebt, fürchtet Israilow um seine Sicherheit. Er wendet sich an die österreichischen Polizei und erklärt, dass er verfolgt wird. Man ignoriert ihn.

Vor einem Supermarkt in Wien, wo Israilow mit seiner schwangeren Frau und zwei kleinen Kindern lebt, überfallen ihn am 13. Januar drei Männer. Israilow weiß, was vor sich geht, und versucht zu fliehen — er rennt im Zickzack über eine belebte Straße, wird aber von seinen Verfolgern mit vier Schüssen niedergestreckt. Dann schießen sie ihm in den Kopf. Die Mörder tragen Hosen in Tarnfarben. Kurz darauf verhaftet die österreichische Polizei drei Verdächtige; sie verfolgt eine Spur, die sie bis zu Kadyrow und seinem Berater Schaa Turlajew führt. Das Mobiltelefon des Tschetschenen Ramsan Edilow, dem Kopf hinter dem Attentat, enthält ein Foto, auf dem zu sehen ist, wie sich Edilow und Kadyrow umarmen.

Der Mord an Israilow ist nur einer von vielen politischen Morden, die mit Tschetschenien in Verbindung stehen und große mediale Aufmerksamkeit hervorrufen. Eine Menschenrechtsaktivistin sagt: «Du kannst Medwedew oder sogar Putin kritisieren. Aber es ist sehr gefährlich, Kadyrow zu kritisieren.» Das gegenwärtige Klima der Angst in Tschetschenien erinnere an die stalinistische Zeit. Ob wahr oder nicht, Tatsache ist, dass Kritiker des Präsidenten der Republik Tschetschenien oft ein gewaltsames und unerfreuliches Ende finden, sowohl in Russland als auch im Ausland. In der Europäischen Union zu leben bedeutet nicht notwendigerweise, vor den tschetschenischen Killerkommandos sicher zu sein, die ausgesandt werden, um Kadyrows Kritiker zum Schweigen zu bringen. Ein anderer Feind des tschetschenischen Präsidenten, Magomed-Salach Masaew, verschwindet im August 2008; kurz zuvor hatte er der *Nowaja Gaseta* ein Interview gegeben. Er sagte der Zeitung, er sei in einem geheimen Gefängnis in Kadyrows Heimatdorf Tsentoroi wiederholt gefoltert worden. Seitdem ist der muslimische Geistliche nicht mehr gesehen worden. Markelow hat an Masaews Fall gearbeitet. Sowohl Markelow als auch Israilow wurden professionell exekutiert — könnten beide Morde, frage ich mich, miteinander in Verbindung stehen?

Tschetschenische Exilantengruppen glauben, dass nur Kadyrow — dem auch die Beteiligung an dem Mord an Anna Politkowskaja nachgesagt wird — eine solche Tat in Europa anordnen kann. Kadyrow bestreitet das; seine Leute sagen, Israilow habe einen illegalen Flüchtlingsschmugglerring betrieben und sei wegen einer geschäftlichen Fehde erschossen worden. Doch die Spur der Leichen erzählt eine andere blutige Geschichte. Im Februar 2008 wird Musa Ataew, der ehemalige «Außenminister» des separatistischen Kaukasus-Emirats, in der Türkei ermordet.

Ende März wird Sulim Jamadajew, ein Warlord mit Verbindungen zum russischen Militärgeheimdienst und einer von Kadyrows wichtigsten politischen Gegenspielern, in Dubai erschossen. Kurz davor hatte seinen Bruder Ruslan, Abgeordneter der Staatsduma, das gleiche Schicksal ereilt, als er mit seinem Luxus-Mercedes vor der britischen Botschaft in Moskau hielt. Sulims Mörder erschießen ihr Opfer mit einer vergoldeten Pistole, die vermutlich im Gepäck eines russischen Diplomaten in das Emirat geschmuggelt wurde. Die Dubaier Polizei beschuldigt Adam Delimchanow, Kadyrows Cousin und engen Verbündeten, den Mord angeordnet zu haben, und erlässt einen Haftbefehl gegen ihn.

Vertrauliche US-Diplomatendepeschen offenbaren, dass auch das Weiße Haus davon ausgeht, dass Kadyrow hinter dieser eiskalten Mordserie steckt. In einer Depesche, die amerikanische Diplomaten in Oslo am 24. Juni 2009 verschicken, geht es um die Gefahr für Israilows Vater Ali, der nach der Ermordung seines Sohnes im Ausland untergetaucht ist. Weiter heißt es, dass «der FSB vermutlich über diesen [Israilows] Mord informiert wurde und stillschweigend seine Zustimmung gab». Die amerikanischen Diplomaten ergänzen: «Alis Beschwerde vor dem Europäischen Gerichtshof für Menschenrechte in Straßburg stellt für das System der Straffreiheit, das Kadyrow in Tschetschenien errichtet hat, eine der wenigen Herausforderungen dar. Vor kurzem haben zwei Morde [die von Jamadajew und Ataew] Kadyrows Bereitschaft bestätigt, Tötungen als Mittel einzusetzen.» Aus Kadyrows Sicht seien die Morde «eher pragmatisch als rachsüchtig», meinen die Diplomaten und fügen hinzu, dass der Tschetschenen-Führer «ziemlich schlau» sei. «Diese Fälle von Menschenrechtsverletzungen sind peinlich für die russische Regierung, und in Kadyrows Logik könnte es so aussehen, dass ein Mord der Verhandlung dieser Fälle in Straßburg vorzuziehen ist.»

Im Februar 2009 laufe ich Natascha Estemirowa wieder über den Weg. Wir begegnen uns während des Prozesses gegen vier Tatverdächtige, die wegen der Beteiligung an dem Mord an Anna Politkowskaja angeklagt sind. Die Verhandlung findet in einem kleinen, überfüllten Gerichtsraum in Moskaus Militärbezirksgericht statt, einem gelbgestrichenen klassizistischen Gebäude an der Alt-Arbat-Straße. Die vier Angeklagten sitzen hinter Gittern. Zwei von ihnen sind Tschetschenen — Dschabrail und Ibragim Machmudow. Die Brüder sind untersetzt, mit dunklem, strähnigem Haar und debilen Gesichtszügen. Ein dritter Angeklagter ist Sergei Chadsikurbanow, ein ehemaliger Moskauer Polizeibeamter. Der vierte ist Oberstleutnant Pawel Rjagusow, ein FSB-Agent. Rjagusow trägt eine schwarze Bomberjacke.

Alle vier sollen laut Anklage Politkowskajas Mörder geholfen und ihre Wohnung in Lesnaja Ulitsa überwacht haben. (Politkowskajas Wohnung liegt zwei Blöcke von meinem Büro entfernt, in der Nähe von Moskaus belebter Belorusski-Metrostation.) Der mutmaßliche Todesschütze — ein dritter Machmudow-Bruder, Rustam, der Politkowskaja im Treppenhaus ihres Moskauer Appartments erschossen haben soll — ist verschwunden. Die Ermittler sagen, er sei ins Ausland geflohen. 2011 wird er in Tschetschenien verhaftet. Die Person, die den Mord an der Journalistin angeordnet hat, fehlt ebenfalls. Die Polizei sagt, sie habe den Drahtzieher nicht ermitteln können.

Estemirowa sagt, der Prozess sei eine «Farce», es habe keinen ernsthaften Versuch gegeben, den Mord an Politkowskaja aufzuklären. «Wir haben keinen Mörder. Und wir haben die Leute nicht, die wirklich dahinterstecken», klagt sie. «Das ist kein echter Prozess. Er soll bloß den Anschein von Gerechtigkeit zu erwecken.» Vieles an der Anklage der Staatsanwaltschaft, fügt sie hinzu, sei merkwürdig. Ich höre mir ihre Argumente an und komme zu dem Schluss, dass Estemirowa Recht hat. Nicht nur sind die Ermittlungen schlampig und unzureichend gewesen — das ist Standard bei russischen Gerichtsverfahren. Im Mordfall Politkowskaja ist zudem ein Teil des Beweismaterials einfach verschwunden.

Laut ihren Kollegen bei der *Nowaja Gaseta* haben Russlands «korrupte» Geheimdienste die Ermittlungen zu ihrem Tod gezielt behindert. SIM-Karten, Datenträger und sogar ein Foto von Rustam Machmudow, der angeblich nach Westeuropa geflohen sein soll, sind nicht auffindbar. Aufnahmen, die zeigen, wie der Mörder aus dem Wohnungsblock der Journalistin kommt, sind ebenfalls verschwunden. Auf dem verschwommenen Video sieht man ihren Mörder von hinten: ein dunkelhaariger Mann mit schmalen Schultern, das Gesicht größtenteils von einer Baseball-Kappe verborgen. Die angegebene Zeit ist 16.04 Uhr. Der Anwalt der Machmudows hingegen zeigt ein Mobiltelefonvideo von Rustam, wie er in einem tschetschenischen Fluss schwimmt. Er hat breite Schultern.

Während der Pause esse ich mit Estemirowa, Friederike Behr, einer Mitarbeiterin von Amnesty International, und Christian Esch, dem Moskau-Korrespondenten der *Berliner Zeitung*, zu Mittag. Wir sitzen im Untergeschoss eines deutschen Bierkellers. Estemirowa spricht über England und Oxford — sie hat Teile des Sommers mit ihrer jugendlichen Tochter in der Universitätsstadt verbracht. Wir sprechen auch über ihre Menschenrechtsarbeit in Grosny; sie sagt, sie plane, nach dem Prozess wieder nach Tschetschenien zurückzugehen.

Sie ist 50, sieht aber jünger und in ihrem schlichten schwarzen Pulli auffallend elegant aus. Estemirowa ist mutig — als Gegner Kadyrows in Tschetschenien zu arbeiten erfordert immense Courage. Mehr als das, denke ich: Sie besitzt außergewöhnliche, fast schon übermenschliche Courage und moralische Präsenz. Sie schreibt mir ihre E-Mail-Adresse auf: estemirova@gmail.com. Ich verspreche, mich bei ihr zu melden, wenn ich das nächste Mal in Grosny bin.

Der Fall Politkowskaja endet mit einem Freispruch für alle vier Angeklagten. Das Gericht ist von der Beweisführung der Anklage nicht überzeugt. Das ist angesichts der verpfuschten Ermittlungen und des fehlerhaften Prozesses nicht überraschend. Nach dem Urteil strömen wir aus dem Gerichtssaal: Der Anwalt der Machmudows, Murad Masajew, lobt die einstimmige Entscheidung des Gerichts. Er sagt, die russischen Behörden sollten sich nun daran machen, Politkowskajas «wahren Mörder» zu fassen. Er fügt hinzu, der dreimonatige Prozess sei ein «Fiasko» für den russischen Ermittlungsausschuss — der mit der Aufklärung beauftragt war —, aber ein «Sieg» für Russland. «Verbrechen wie dieses nehmen uns die besten Leute in der Gesellschaft. Der einzige Weg, diese Verbrechen zu stoppen, ist, die wahren Kriminellen zu fassen», sagt er.

Ich frage ihn, wer Anna Politkowskaja seiner Ansicht nach getötet hat. «Ich weiß es wirklich nicht. Die Ermittler haben einfach irgendwann beschlossen, diese Jungs [die Machmudows] ins Gefängnis zu bringen und die wahren Mörder straffrei ausgehen zu lassen.» Eine halbe Stunde später treten die beiden tschetschenischen Brüder aus dem Gerichtsgebäude auf die Straße. Sie wirken benommen; ihre Familien freuen sich.

Ich frage Ibragim, wie er sich fühlt. «Ich fühle mich frei.» Was wird er jetzt als Nächstes machen? «Ich werde beten.»

Politkowskajas Familie äußert sich enttäuscht über das Urteil. Auf einer Pressekonferenz am gleichen Abend sagt Annas Sohn Ilja, er respektiere den Freispruch des Gerichts, glaube aber, «die vier Menschen, die heute freigelassen wurden, haben mit dem Tod meiner Mutter zu tun». Die Anwältin der Familie, Karinna Moskalenko, schimpft über die Ermittler und findet es unglaublich, dass im Zusammenhang mit dem Mord an der Journalistin nicht auch Kadyrow befragt wurde. Sie kritisiert die Ermittler außerdem dafür, die Tatsache außer Acht gelassen zu haben, dass der Mord genau an Wladimir Putins 54. Geburtstag geschah. (Eine Theorie besagt, dass der Mord an Politkowskaja eine Art makabres Geburtstagsgeschenk für den Präsidenten gewesen ist. Zwei Tage zuvor hatte Kadyrow seinen 30. Geburtstag gefeiert.) «Das muss nichts, könnte aber etwas mit dem Verbrechen zu tun haben. Man kann es jedenfalls nicht einfach ignorieren», sagt sie. Im Juni 2009 hebt Russlands Oberster Gerichtshof das Urteil wieder auf. Er ordnet an, dass die Verdächtigen erneut vor Gericht müssen.

Ich sitze in meinem Moskauer Büro. Mein Mobiltelefon klingelt. Es ist der 15. Juli 2009. Am Apparat ist Mark Rice-Oxley, ein Londoner Kollege aus der Auslandsredaktion des *Guardian*. Mark hat in den 1990er Jahren aus Moskau berichtet; er spricht Russisch und versteht, wie die Dinge hier laufen.

Mark sagt: «Da gibt es eine Geschichte, die du dir ansehen solltest. Es gab wieder einen Mord in Tschetschenien. An einer Menschenrechtsaktivistin.»

Mir wird schwer ums Herz. «Wer ist es?»

«Natascha Estemirowa.»

Drei Tage später sitze ich im Flugzeug nach Grosny. Ich wohne bei einem tschetschenischen Journalisten in einem ruhigen Wohnblock am Stadtrand; er teilt sich die Wohnung mit seiner betagten Mutter und seinem 15jährigen Sohn. Im Februar 1944 waren seine Mutter und ihre Familie — und mit ihnen die gesamte tschetschenische Bevölkerung — auf Befehl von Stalin als Verräter nach Zentralasien deportiert worden. Erst in den 1950er Jahren kehrte sie aus Kasachstan nach Grosny zurück. Ich schlafe auf einer Matratze; hier im Süden Russlands ist es warm. Schnarchen hallt durch die ganze Wohnung.

Mein Freund und ich machen uns am nächsten Morgen auf den Weg zu Nataschas Wohnblock. Draußen stehen tschetschenische Sicherheitskräfte. Wir warten. Irgendwann gehen sie; wir gehen hinein und sprechen mit den Nachbarn.

Die Fakten ihrer Entführung und Ermordung lauten so: Um 8.30 Uhr verlässt Natascha ihre Wohnung in Grosny und macht sich auf den Weg zur Bushaltestelle. Normalerweise braucht sie 15 bis 20 Minuten zur Arbeit — eine holprige Fahrt in einem Sammeltaxi, eine Straße mit grünen Hochhäusern hinunter. Auf der Fahrt kommt man an riesigen Plakaten des tschetschenischen Warlords und Präsidenten Kadyrow und an mehreren des russischen Regierungschefs Putin vorbei.

Diesmal kommt Estemirowa nicht an. Etwa 100 Meter vor dem Hauseingang — ihre Wohnung liegt im 10. Stock, man überblickt von ihr aus eine verwilderte Grünfläche und ein paar verwahrloste Walnussbäume — warten vier bewaffnete Männer auf sie. Sie packen Estemirowa, zwängen sie in einem weißen Schiguli russischen Fabrikats und fahren los. Ein Passant beobachtet die Verschleppung und hört Estemirowa schreien: «Ich werde entführt!» Ihre Entführer fahren in Richtung Inguschetien, die Nachbarrepublik Tschetscheniens. Wahrscheinlich nehmen sie die Schnellstraße M29, obwohl es auch einen mit Gras bewachsenen Schleichweg gibt, der sich an den Hängen entlangschlängelt. Die Straße führt durch eine malerische Landschaft, einen dunklen Tunnel aus Pappeln; am Straßenrand verkaufen Frauen Melonen direkt von den Ladeflächen von Lastwagen. Die Entführer passieren mehrere Checkpoints.

Zwei Stunden später ist Estemirowa tot. Die Männer stoppen ihr Fahrzeug kurz hinter der inguschetischen Grenze. In der Nähe hat eine Gruppe von militanten Islamisten gerade ein Regierungsfahrzeug überfallen und das Feuer eröffnet. Vielleicht geraten Estemirowas Entführer einfach in Panik. Sie führen sie mit gefesselten Händen von der Straße weg. Dann schießen sie ihr fünf Mal in Kopf und Nacken — und lassen sie liegen, mitsamt ihrem Geld, Pass und Ausweis. Das ist kein Raubüberfall.

Es ist etwas anderes: eine widerwärtige, feige, minutiös geplante, staatlich unterstützte Hinrichtung, die offenbar eine abschreckende Warnung an die schrumpfende Anzahl von Aktivisten darstellen soll, die noch in Tschetschenien, Russlands Schurkenrepublik, arbeiten.

Estemirowas Freunde hatten gehofft, dass ihr internationales Renommee sie vor der Gefahr schützen würde. Doch wie bei Politkowskaja — noch eine Figur, die sich nur scheinbar außerhalb der Reichweite von professionellen Killern befand — genügte das nicht. Im Rückblick erscheint ihr Tod ebenso schrecklich wie absehbar. Nach Politkowskaja, die in Estemirowas bescheidener Wohnung ein häufiger Gast war, kam Markelow. Und nach Markelow kam Estemirowa — das nächste offensichtliche Opfer.

Ich sitze in einem Café neben dem Büro von Memorial in Grosny, wo Estemirowa gearbeitet hat, und rufe Lokschina an, ihre Freundin und Kollegin. «Sie war eine erstaunliche und inspirierende Person mit einem obsessiven und unbändigen Wunsch nach Gerechtigkeit», sagt Lokschina. «Sie war nett und witzig, hat immer gelächelt, war trotz ihres niedrigen Gehalts immer gut gekleidet und irgendwie kokett.»

Lokschina zufolge kannte Estemirowa die Risiken, denen sie sich aussetzte. «Nachdem Stas ermordet wurde, flog sie zur Beerdigung nach Moskau. Sie und ich saßen spätnachts wach und sprachen über die Situation. Wir haben uns gefragt: ‹Wer wird der nächste sein?› Natascha war die nächste.» Sie dürfte kaum überrascht gewesen sein von ihrer Entführung und ihrem gewaltsamen Tod, sagt Lokschina. Estemirowa arbeitete seit dem Jahr 2000 für Memorial in Grosny.

Sie hatte Geschichte studiert; zu ihrer Arbeit als Leiterin von Memorial in Grosny gehörte, die Menschenrechtsverletzungen seitens der tschetschenischen Vollzugs- und Sicherheitsbehörden, die *de facto* von Kadyrow kontrolliert werden, sowie der militanten Jihadisten zu dokumentieren und an die Öffentlichkeit zu bringen.

Benennen, aufzeichnen, dokumentieren — so versuchte sie, die Wahrheit festzuhalten in einer Region, die von Krieg und moralischem Zusammenbruch gezeichnet ist. Jeden Tag bildete sich eine lange Schlange von Frauen vor ihrem Büro in der Nähe von Grosnys Hauptstraße, der Putin-Avenue. (Als Kadyrow die Straße in Verbeugung vor Putin umbenannte, weigerte sich Estemirowa fortan, sie zu betreten.) Sie erzählten ihr ihre Geschichten — von Angehörigen, die von Kadyrows Truppen erschossen, von Häusern, die von maskierten und uniformierten Bewaffneten niedergebrannt wurden. Estemirowa schickte sofort einen Brief an den örtlichen Prokurator, jenem Beamten im russischen Rechtssystem, der für die Untersuchung und Ahndung eines Verbrechens zuständig ist.

Auch als sich die Welt vom Leiden der Tschetschenen abwandte, blieb Estemirowa in Grosny. Sie hörte nicht auf, extralegale Hinrichtungen, Verschleppungen, Folter und andere Verbrechen zu dokumentieren. Sie schrieb Berichte für Memorial und Artikel für die *Nowaja Gaseta*. Sie arbeitete mit Amnesty International und Human Rights Watch zusammen. Sie glaubte an Rechtstaatlichkeit. Sie war eine unermesslich wertvolle Informationsquelle für westliche Journalisten, die, vor allem in Putins zweiter Amtszeit als Präsident, Tschetschenien mit beschämender Unregelmäßigkeit besuchten.

All das führte zur unvermeidlichen Konfrontation mit Kadyrow, Tschetscheniens brutalem Zaren, ein Mann, den US-Diplomaten bei einer lärmenden Hochzeitsfeier in Dagestan dabei beobachteten, wie er «ungeschickt mit einer vergoldeten Automatik tanzte, die hinten in seinen Jeans steckte». Kadyrow, ehemals Rebell, dann bekehrter kremlfreundlicher Loyalist, schuf sich sein eigenes, von Moskau gestütztes ministalinistisches Regime in der muslimischen Republik — von 1994 bis 1996 und von 1999 bis 2004 Schauplatz der Kriege des Kremls.

Als ich durch Tschetschenien fahre, kommt es mir ein bisschen so vor, als führe ich durch eine Riesenausgabe von Kadyrows Familienalbum, so zahlreich sind die Porträts von Vater und Sohn Kadyrow. Es stimmt, dass Kadyrow den spektakulären Wiederaufbau der Republik verwaltet hat, dass ein Großteil des im Krieg zerstörten Grosny wieder errichtet wurde. Aber gleichzeitig hat er Tschetschenien in ein rechtloses, feudales, persönliches Machtgebiet verwandelt. Seine brutalen Methoden — die stets unter dem Deckmantel von Antiterrormaßnahmen daherkommen — wendet er nicht nur gegen eine unbekannte Zahl von islamistischen Aufständischen an, die noch in den tschetschenischen Wäldern und Bergen hausen, sondern auch gegen die völlig verängstigte Zivilbevölkerung.

Bei der Recherche ihrer Geschichte erfahre ich, dass Estemirowa von hochrangigen Mitarbeitern Kadyrows bedroht wurde. Im März 2008 bestellte Kadyrow sie ein und äußerte seine Unzufriedenheit mit ihrer Arbeit; zudem ärgerte ihn, dass sie sein neues Verdikt ablehnte, das tschetschenische Frauen zum Kopftuchtragen zwingt, eine geschlechtsspezifische Regelung, die gegen tschetschenische Traditionen verstößt. Estemirowa erzählte ihren Kollegen, dass Kadyrow sie bedroht habe. Er habe ihr gesagt: «Ja, meine Arme stecken bis zu den Ellbogen in Blut. Und ich schäme mich nicht dafür. Ich habe getötet und werde weiterhin schlechte Menschen töten.» Als ehemalige Lehrerin machte sie ihm Vorhaltungen. Trotzdem war die Begegnung eindeutig furchterregend. Zwei Wochen vor ihrem Tod gab Adam Delimchanow — Kadyrows mutmaßlicher Vollstrecker — im tschetschenischen Fernsehen ein Interview, in dem er Menschenrechtsaktivisten mit Terroristen verglich; beiden, sagte er, müsse man «antworten».

Die Eingangstür von Memorial ist geschlossen; die Organisation sagt, es sei zu gefährlich, die Arbeit fortzusetzen. Ich gehe um die Ecke und entdecke eine Seitentür. Ich klopfe an. Drinnen treffe ich Schakman Akbulatow, Estemirowas Mitarbeiter. An der Wand hängt ein Farbfoto von Estemirowa. Er sagt, die Entscheidung des Kremls im April 2009, Russlands Krieg in Tschetschenien formal zu beenden, habe bedeutet, dass eine Reihe von Sicherheitsmaßnahmen gelockert wurden; das führte zu einem sprunghaften Anstieg der Menschenrechtsverletzungen in der ganzen Republik. Natascha wurde plötzlich mit neuen Fällen überschwemmt; Kadyrows Kräfte verschleppten Zivilisten — und ermordeten sie in einigen Fällen — und brandmarkten sie später als militante Aufständische. Für Akbulatow steht fest, dass ihr Tod eine Strafe war für ihre beruflichen Aktivitäten, mit denen sie das Regime Kadyrow in Verlegenheit gebracht hatte. «Mit dem Mord wollte man sie zum Schweigen bringen» sagt Akbulatow. «Sie war die mutigste Person, die man sich vorstellen kann. Sie wusste, dass es sehr gefährlich war.»

Unklar ist, warum Estemirowas Feinde diesen Zeitpunkt wählten, um sie zu töten. Sie untersuchte gerade den Fall von Madina Junusowa, einer 20jährigen Frau, deren Mann am 2. Juli 2009 bei einem Sondereinsatz im Dorf Staraja Sunscha in der Nähe von Grosny getötet wurde. Die wenig glaubhafte Erklärung der Sicherheitskräfte lautete, dass sie mit einer Kalaschnikow gefeuert habe und an einer Verschwörung beteiligt gewesen sei, Kadyrow zu töten. Junusowa wurde bei der Schießerei verletzt und überlebte. Später verstarb sie unter mysteriösen Umständen im Krankenhaus. Was dann folgte, ist ein klassisches Beispiel von Sippenhaft. Am 4. Juli um 3.00 Uhr nachts kamen Männer in Tarnanzügen zum Haus von Junusowas Eltern in der Stadt Argun. Nachbarn zufolge zündeten sie das Haus an, die Familie sperrten sie in einen Schuppen.

Als ich nachforsche, finde ich ein verlassenes Haus vor. Verbrannte Kleidung liegt neben einem Beet mit gelben Dahlien im Garten. Die Junusowas sind geflohen. Ihre Hausschuhe liegen auf der Veranda unter einem mit Wein bewachsenem Spalier; durch das Fenster kann ich ein rußgeschwärztes Schlafzimmer und eine verkohlte Matratze sehen.

In Moskau beschuldigt Oleg Orlow, der Leiter von Memorial, Kadyrow. «Wir wissen, wer verantwortlich ist. Wir wissen, welche Funktion er bekleidet. Es ist der tschetschenische Präsident», sagt er. «Ramsan hasste Natascha. Er hat sie persönlich beleidigt und bedroht. Wir wissen nicht, ob Ramsan selbst den Befehl gab, Natascha zu töten, oder ob es enge Vertraute von ihm waren. Aber Präsident Medwedew scheint nichts dabei zu finden, dass ein Mörder an der Spitze einer der russischen Republiken steht.»

Kadyrows Antwort ist wie üblich leutselig. Er leugnet jede Beteiligung, bezeichnet den Mord als «monströses Verbrechen» und legt ihn später Beresowski zur Last. Medwedew nennt Estemirowas Ermordung eine «Gräueltat», bezeichnet Behauptungen über eine Beteiligung Kadyrows aber als «primitiv und inakzeptabel». Die Ermittlungen zu ihrem Tod machen kaum Fortschritte — auch wenn die Identität ihres Mörders allgemein bekannt ist.

Ich verlasse Grosny und reise nach Koschkeldy, in den tschetschenischen Bezirk Gudermes. Das Dorf ist Estemirowas Geburtsort; ihre Tante und andere Familienmitglieder leben hier immer noch. Einige männliche Angehörige sitzen im Schatten vor einem ländlichen, blaugestrichenen Haus. Sie führen mich in den Innenhof; wir machen es uns in einem hellen Nebenraum bequem. Auf dem Tisch stehen Teller mit Lammfleisch und Wassermelonenscheiben. Im Nebenraum sitzt eine Gruppe Frauen auf dem Teppich. Von Zeit zu Zeit brechen sie in Tränen aus.

Estemirowas 15jährige Tochter Lana erscheint. Sie ist erstaunlich gefasst. Wir sitzen eine Weile beieinander. Sie spricht Englisch. Sie sagt, ihre Mutter sei sich der Gefahr bewusst gewesen, in der sie geschwebt habe: «Ich weiß, dass sie bedroht wurde. Sie hat mir davon nichts erzählt, aber ich wusste es. Ich habe ihr nie gesagt, dass sie ihre Arbeit aufgeben soll. Ich weiß, dass sie für all die Leute sehr wichtig war. Sie hat nicht für sich selbst gelebt. Sie hat für jene gelebt, die ihre Hilfe brauchten.» Lana zufolge reiste sie immer ohne Leibwächter und achtete wenig auf ihre persönliche Sicherheit. «Ihre einzige Sorge galt mir. Wenn ich einen ihrer Anrufe verpasst oder mein Telefon nur auf Vibrationsalarm gestellt hatte, sagte sie: ‹Bist du verrückt? Es bricht mir das Herz, wenn du nicht drangehst.›»

Estemirowas erster Ehemann starb im ersten Tschetschenienkrieg — etwa zu der Zeit beschloss sie, ihren Beruf als Geschichtslehrerin aufzugeben und einen Weg als Aktivistin und Journalistin einzuschlagen. Sie lebte mit Lana in einer kleinen Wohnung in Grosny, vollgestopft mit Büchern, ihren internationalen Preisen und einer flauschigen Katze, Vanessa. Lana sagt, dass sie in Russland keine Zukunft sieht. Sie will in England studieren. «Selbst jetzt kann ich nicht glauben, was mir passiert ist. Ich habe sie nach der Mord nicht angesehen. Erst als ich ihre Leiche [bei der Beerdigung] betrachtet habe, ist mir klargeworden, dass ich jetzt alleine bin.»

Ich laufe zum Dorffriedhof hinauf, wo Estemirowa beerdigt wurde. Ihr Grab liegt an einem mit Gras bewachsenen Hang. Es ist eine ruhige Ecke. Ihr Vater ist in der Nähe begraben. Weiße Schmetterlinge flattern zwischen den muslimischen Grabsteinen umher; eine leichte Brise weht. Auf ihrem Grabstein steht:

Natalja Estemirowa
28.02.1958
15.07.2009

Ich bleibe eine Weile dort stehen, dann gehe ich zurück und verabschiede mich von Lana.

Als Lana ein kleines Mädchen war, waren Markelow und Politkowskaja regelmäßige Besucher in Estemirowas bescheidener Wohnung in Grosny. Die drei blieben lange auf, redeten bis tief in die Nacht — Politkowskaja konzentriert und etwas streng, Markelow herumalbernd und lachend. Erst Anna, dann Stas und dann ihre Mutter — innerhalb von drei Jahren wurden alle wichtigen Erwachsenen in Lanas Leben ermordet. Im Nebenraum geht das Wehklagen weiter. «Ich habe keine Tränen mehr», sagt Lana.

Ich hatte erwartet, dass sich in Estemirowas Haus die Journalisten drängen würden. Ich bin der einzige. Wo sind die anderen?

7

«KGB! GIVE ME YOUR PAPERS!»

Bistro-Restaurant in der Bolschoi-Savinski-Straße, Moskau, 13. Januar 2009

Nachrichten aus Russland — das ist ein Witz.
MALCOLM MUGGERIDGE, «WINTER IN MOSCOW»

Ich bin der achte Auslandskorrespondent, der seit der bolschewistischen Revolution aus Russland für den *Guardian* berichtet. Meine Vorgänger waren eine auserlesene Truppe. Der erste war Arthur Ransome, besser bekannt für seine Kinderbücher. Ransome teilte sich die Wohnung mit einem Mitglied des Politbüros, Karl Radek, spielte Schach mit Lenin und hatte eine wilde Affäre mit Leo Trotzkis Sekretärin, die er heiratete und mit nach Großbritannien nahm. (Ein Wissen, das ich Martin Walker verdanke, ein anderer meiner Vorgänger, der in den 1980er Jahren aus Moskau berichtete.) Der zweite Korrespondent des *Guardian* oder, wie er damals noch hieß, des *Manchester Guardian*, war Malcolm Muggeridge, der von 1932 bis 1933 in Moskau lebte.

Muggeridge ist es, zu dem ich die größte geistige Nähe empfinde. In seiner Einleitung zu Muggeridges Buch *Winter in Moscow* betont Michael Aeschliman, dass man von Muggeridge vielleicht hätte erwarten können, eine wohlwollende Schilderung der *brave new world* zu liefern, die da von den Sowjets geschaffen wurde. Immerhin war er der Sohn eines sozialistischen Abgeordneten, ein Verwandter der berühmten britischen Sozialisten Sidney und Beatrice Webb, und er schrieb für eine angesehene liberale Zeitung. Stattdessen war Muggeridge schockiert von dem, was er vorfand: Tyrannei, Zensur, Heuchelei, Brutalität, Armut und das, was André Gide in der nach dem Krieg unter dem Titel *Ein Gott, der keiner war* erschienenen Sammlung von Essays aus den Federn desillusionierter Ex-Kommunisten als «das Ausmaß des Bluffs» bezeichnete.

Besondere Verachtung hatte Muggeridge für die westlichen Journalisten reserviert, die bei diesem gigantischen Täuschungsmanöver mitspielten, Propagandameldungen aus Russland schickten und dabei die schrecklichen Geschehnisse ignorierten oder herunterspielten, von denen sie wussten, dass sie sich unter Stalin ereigneten. Anfang 1933 gelang es Muggeridge, der Zensur zu entwischen und sich die Folgen der von Stalin verursachten Hungersnöte in der Ukraine und im Nordkaukasus anzuschauen. Er dokumentierte den willentlichen Genozid an den sowjetischen Bauern, von denen etwa 14,5 Millionen starben — im Endeffekt nichts anderes als Mord, begangen von der Regierung.

Muggeridge schmuggelte seine Berichte an den *Guardian* im Diplomatengepäck. Die Zeitung druckte sie, ein bisschen widerwillig, im März 1933. Seine Artikel lösten wütende Reaktionen aus. Im Westen stießen Muggeridges Enthüllungen auf einen weit verbreiteten Unglauben; man beschuldigte ihn, ein Lügner zu sein. Unmöglich für ihn, noch einen Job als Journalist zu bekommen — er habe den liberalen Konsens verletzt, schrieb er, der verlangte, dass man immer noch wohlwollend auf das kommunistische Experiment unter Stalin blickte. Muggeridge kündigte beim *Guardian*; er konnte allerdings auch nicht in die Sowjetunion zurückkehren.

Muggeridge schrieb *Winter in Moscow* 1934 nach seiner Rückkehr aus der Sowjetunion; heute ist es vergriffen. Das Buch ist eine vernichtende, satirisch zugespitzte Abrechnung mit den westlichen Journalisten, die bewusst die Augen verschlossen vor den Stalinschen Hungersnöten — einem der größten Verbrechen der Menschheitsgeschichte — und ihre Leser über das wahre Wesen des Sowjetregimes täuschten. Daneben griff er die Linksintellektuellen an, die sich austricksen ließen.

Besonders sarkastisch äußert sich Muggeridge über Walter Duranty, Pulitzerpreisträger der *New York Times*. Duranty erscheint in dem Buch als ein Charakter, der Jefferson genannt wird. Er ist der Inbegriff des «nützlichen Idioten». In seinen Berichten nach Washington leugnete Duranty die Existenz von Hungersnöten und trug entscheidend dazu dabei, Roosevelt zu überzeugen, Stalins verachtenswertes und tyrannisches Regime diplomatisch anzuerkennen.

Im Vorwort seines Buches beschäftigt sich Muggeridge mit der «Stellung von ausländischen Journalisten in Russland und der Art und Weise, wie Nachrichten über Russland nach draußen gelangen». Er schreibt:

> Natürlich gibt es eine harsche Zensur; aber allgemein nicht so bekannt ist die Tatsache, dass ausländische Journalisten in Moskau unter der permanenten Gefahr arbeiten, ihre Visa und damit ihre Jobs zu verlieren. Wenn sie nicht einwilligen (was die meisten von ihnen tun), ihre Berichte auf das zu beschränken, von dem sie wissen, dass es der Diktatur des Proletariats nicht missfällt, sind sie ständiger Verfolgung ausgesetzt.

Diese Verfolgung kann, wie Muggeridge schreibt, von lästigen Nachstellereien in Sachen Aufenthaltsstatus bis zur «Inhaftierung und Exilierung jeglicher Freunde oder Verwandte reichen, die sie vielleicht haben und die das Pech haben, Sowjetbürger zu sein». Weiter schreibt er:

> Das Ergebnis: «Nachrichten aus Russland» — das ist ein Witz. Entweder stammen sie von Männern, deren langer Aufenthalt in Moskau sie handzahm gemacht hat ... oder von Männern, die aus eigennützigen oder ganz legitimen Gründen gezwungen sind, diskret zu sein, wenn sie versuchen, mehr zu sagen als sie dürfen. Es ist noch nicht einmal ungewöhnlich, dass Agenten der Sowjetregierung Druck auf Redaktionen ausüben, wenn der Korrespondent nicht zu ihrer Zufriedenheit arbeitet.

Muggeridge erwähnt auch etwas, dass er das «gründliche» Verhalten der OGPU nennt. Die OGPU waren Stalins Geheimpolizei, der Vorgänger des KGB und des heutigen FSB, dessen einstiger Chef Wladimir Putin mittlerweile das Land regiert. Ich weiß, was Muggeridge meint. In den vergangenen acht Jahrzehnten hat sich nicht viel geändert.

Die Einladung kommt unerwartet. Es ist Januar 2009. Mein Mobiltelefon klingelt. Am Apparat ist Artjom Artjomow, Assistent des russischen Milliardärs Alexander Lebedew. Ob ich Lust habe, mit Alexander zu Mittag zu essen, möchte Artjom wissen. Die Woche zuvor hatte ich für den *Observer* ein wohlwollendes Porträt von Lebedew geschrieben, dem früheren Duma-Abgeordneten und heutigen Zeitungsmagnaten. Der *Guardian* hatte berichtet, dass Lebedew Gespräche mit Lord Rothermere über einen möglichen Verkauf von Londons defizitärem *Evening Standard* führe. Es schien allerdings, dass sich die Gespräche schwierig gestaltet hätten und der *Standard*-Deal nunmehr erledigt sei.

Zweimal war ich Lebedew zuvor begegnet. Ich war einer von vielen Gästen auf der Party zu seinem 49. Geburtstag, den er im etwas heruntergekommenen Büro seiner Oppositionszeitung *Nowaja Gaseta* feierte. Lebedew war bestimmt nicht das, was man einen typischen Oligarchen nennen würde: Er trug Turnschuhe, wenn auch sehr edle. In seiner Erscheinung ähnelte er dem ergrauten Mitglied einer Boygroup auf riskanter Comeback-Tour — er trug einen fast schmerzhaft modischen Anzug und eine schmale Krawatte. Wenn ich mich nicht täusche, trug er auch ein Paar Armbänder im Glastonbury-Stil. Die Party war bescheiden, passend zur weltweit düsteren Stimmung nach dem Finanzcrash von 2008. Es gab keine Frauen, die auf dem Tisch tanzten, und keinen Champagner. Stattdessen mampften die Gäste Platten mit Schinkenspeck und tranken Wodka-Shots. Freunde trugen ihre Geburtstagsständchen vor, irgendwer spielte Akkordeon. Unter den Feiernden waren Journalisten und Spione.

Die Einladung zum Mittagessen ist eine Überraschung. Lebedew ist nicht nur ein Geschäftsmann mit politischen Ambitionen, er ist auch ein ehemaliger KGB-Agent. In den späten 1980er Jahren arbeitete er in der sowjetischen Botschaft in London. Wir verabreden uns in einem Bistro der vornehmeren Sorte, nicht weit von Lebedews Büro, einem dreistöckigen, gelbgestrichenen Stadthaus nahe der Moskwa und der Metrostation Kiewski. Ich bestelle das Neuseeland-Lamm, Lebedew die Tintenfisch-Pasta. Das Restaurant — gestaltet im bombastischen orientalischen Stil — ist vollkommen leer.

Lebedew sagt, ihm habe das Porträt gefallen, das ich über ihn geschrieben habe. Ich frage ihn, warum die Verhandlungen, den *Evening Standard* zu kaufen, gescheitert seien. Was ist schief gelaufen? Lebedew lehnt sich über den niedrigen Glastisch, er spricht makelloses Englisch und antwortet mit sanfter Stimme: «Sie sind gar nicht gescheitert.» Und beiläufig fügt er hinzu: «Ich werde den *Evening Standard* am Donnerstag kaufen.» Ich gebe mir alle Mühe, lässig zu wirken. Aber das ist eine Sensation — etwas, das einem Journalisten in seiner Karriere vergleichsweise selten passiert: ein echter Scoop im altmodischen Sinne.

Die Geschichte ist so unglaublich, dass sie einem ausgeklügelten Kalten-Krieg-Thriller entstammen könnte. Als junger Spion in der schmucken Botschaft der Sowjetunion in Kensington war es Lebedews Aufgabe, britische Zeitungen zu lesen. Jeden Morgen studierte er die *Financial Times*, den *Guardian* und die Boulevardblätter, stets auf der Suche nach kleinen hoffnungsvollen Anzeichen, dass es mit dem Kapitalismus bergab gehe. In der Regel gab es keine. Er schrieb also diplomatische Telegramme an seinen Arbeitgeber in Moskau, die 1. Hauptverwaltung des KGB. Die besonders gelungenen schafften es vielleicht sogar bis auf die Schreibtische des Politbüros. Die Themen von Lebedews Essays spiegelten die Debatten einer vergangenen Zeit wider: die Kampagne für nukleare Abrüstung, die Labour-Partei — damals wie heute in der Opposition — und die Gewerkschaftsbewegung.

Als *WikiLeaks* Tausende von geheimen US-Diplomatendepeschen veröffentlicht, liest Lebedew sie mit professionellem Blick, wie er mir später erzählt — er selbst habe zahlreiche ähnliche Berichte verfasst. «Manche Depeschen waren wie Tschechow-Stücke. Andere waren langweilig», sagt er über die amerikanischen Kabel. Seine eigenen Depeschen lagern noch in einem staubigen KGB-Archiv.

Zwei Jahrzehnte nach Lebedews Berichten aus London ist der Kapitalismus immer noch da, wenn auch nicht gerade in blendender Verfassung. Die Sowjetunion ist verschwunden. Doch Lebedews eigene Geschäfte florieren. (Für das Jahr 2011 schätzte das Magazin *Forbes* den Marktwert seines Besitzes auf 2,1 Milliarden Dollar, ihn selbst setzte es auf Platz 45 der reichsten Männer Russlands.) Beim Essen mit ihm ertappe ich mich dabei, dass ich lächele: Der neue Eigentümer des *Standard* ist ein ehemaliger feindlicher Spion, der zum ersten Mal die Zeitung las, als er als KGB-Oberstleutnant im Auslandsgeheimdienst arbeitete.

Lebedews Sohn Jewgeni erinnert sich später, wie er als Kind an dem Gebäude vorbeiging, das jetzt die seiner Familie gehörenden Zeitungen *Standard* und *Independent* beheimatet. Das frühere Kaufhaus Barkers in der Kensington High Street liegt nur ein paar hundert Meter entfernt von Lebedews Unterkunft in der sowjetischen Botschaft. Das ist eine postmoderne Wendung, die John le Carré, dem großen Ironiker des Kalten Krieges, wahrscheinlich gefallen hätte.

Lebedew hat keine große Lust, über Details des historischen Deals zu sprechen, der ihn im Januar 2009 zum ersten russischen Oligarchen macht, der eine britische Zeitung kauft. Er weigert sich, Details seiner quälenden Verhandlungen mit Lord Rothermere preiszugeben, dem Erbe des *Daily Mail*-Imperiums, den er einfach «Jonathan» nennt. «Jonathan ist ein fabelhafter Mann. Er behandelt sein Erbe nicht als etwas, das ihm Spaß macht, sondern eher als Verpflichtung», sagt er.

Lebedew legt Wert auf die Feststellung, dass er anders als andere russische Oligarchen ist, die sich britische Institutionen unter den Nagel gerissen haben. Er hat nichts gemein mit Roman Abramowitsch, dem anglophilen Eigentümer des FC Chelsea, erzählt er mir — oder mit Alischer Usmanow, einem anderen Milliardär und Landsmann, dem ein Viertel des FC Arsenal gehört, Chelseas Rivalen. «Chelsea ist schlicht und einfach eine Geldmaschine», schnaubt er. Er hält sich für etwas Besseres als andere superreiche Russen, die er als gierige, unkultivierte, halbgebildete Proleten verachtet. Sie haben keine Ahnung von der frühen italienischen Malerei, klagt er. «Sie lesen keine Bücher! Sie gehen nicht in Ausstellungen! Sie glauben, die einzige Methode, jemandem zu imponieren, sei der Kauf einer Jacht.»

Großbritanniens neuester Pressezar betont nachdrücklich, dass er ein aufgeklärter Zeitungsbesitzer sein werde, keiner, der sich einmische. Er behauptet, dass er beim *Standard* keine Herausgeberfunktion einnehmen wird. «Ich werde genau darauf achten, deutlich zu machen, dass es unhöflich wäre, wenn ein Russe sich in die britische Politik einmischte. Mein Einfluss wird gleich null sein», sagt er. Er lobt, wenngleich zurückhaltend, Gordon Brown, den Mann, den die britischen Wähler ein Jahr später aus der Downing Street vertreiben werden.

Die Reaktion in Großbritannien auf die Übernahme des *Standard* durch Lebedew ist gelassen. Aber der Kauf der Zeitung zum Preis von einem Pfund inspiriert amüsante Schlagzeilen wie diese, unübersetzbar in ihrem englischen Wortwitz: «*I'm from the KGB! Give me your papers!*» (*Papers* kann nicht nur «Papiere», sondern auch «Zeitungen» bedeuten.) Als ich das zitiere, bemerkt er: «Dieser Humor ist eine der besten Eigenschaften der britischen Medien.» Lebedew besteht auf die Feststellung, dass seine Motive nicht opportunistischer, sondern idealistischer Natur seien. Er ist voll Enthusiasmus über Großbritannien und dessen Zeitungen und vergleicht das Medienklima in Großbritannien mit dem in Russland – ein Vergleich, der für Russland ungünstig ausfällt, wo die meisten Zeitungen und Zeitschriften und alle wichtigen TV-Kanäle der Kontrolle des Kremls unterstehen.

«Da gibt es etwas, das die Menschen in Großbritannien nicht verstehen», erzählt er mir. «Ich habe eine Menge Freunde in Großbritannien, in jeder Gesellschaftsschicht. Und sie alle sagen: ‹Diese verdammten Zeitungen!› Aber versuchen Sie einmal, sich eine Gesellschaft vorzustellen, in der es keine freien Zeitungen gibt. Das ist eine der Botschaften, die ich mitbringen möchte. Ich glaube, die Presse in Großbritannien ist eine der wichtigsten Garantien dagegen, dass die Bürokratie ineffizient, hässlich und korrupt wird.»

Während unseres Mittagessens sagt Lebedew, dass er keinerlei Absichten hege, den *Independent* zu kaufen. Wie der *Standard* ist auch der *Independent* in finanziellen Schwierigkeiten. Darüber hinaus passt er besser zu Lebedews fortschrittlichen Ansichten und seinem Interesse an unpopulären Themen wie Darfur. Er scheint mehr Lebedews Fall zu sein als der zuweilen provinzielle, oft nationalistische *Standard;* dieser gehört zur selben Zeitungsgruppe wie die reaktionäre, vom Showbusiness besessene *Daily Mail.*

Im März 2010 allerdings erwirbt Lebedew auch den *Independent* und den *Independent on Sunday* von ihren irischen Eigentümern. Der folgende Launch von *i* – eine billigere Mini-Version des *Independent* – schraubt die Anzahl von Lebedews Zeitungen in Großbritannien auf vier. Lebedew ist kein Rupert Murdoch, dessen britisches Zeitungsimperium 2011 zu bröckeln beginnt, nachdem der *Guardian* Fälle von abgehörten Telefonaten und weitere Gesetzesverstöße aufgedeckt hat. Aber Lebedews Einfluss auf das öffentliche Leben in Großbritannien wächst.

Ich fange an, Lebedew zu mögen. Wir haben unsere Auseinandersetzungen: Er ist, um ein Beispiel zu nennen, nicht gerade glücklich, als ich einen Artikel für den *Guardian* darüber schreibe, dass die Belegschaft der *Nowaja Gaseta* einmal keine Löhne ausgezahlt bekam. (Im Jahre 2006 kauft Lebedew zusammen mit dem ehemaligen Präsidenten der Sowjetunion, Michail Gorbatschow, der Belegschaft 49 Prozent der Zeitung ab. Schließlich bekommen sie ihren Lohn doch noch; Lebedew schiebt die Verzögerung auf Probleme mit seiner mittlerweile eingestellten deutschen Fluglinie Blue Wings.)

Im Allgemeinen aber wird er zu einem vertrauenswürdigen Kontakt. Wir telefonieren. Ich interviewe ihn noch einmal, als sein britisches Medienimperium größer wird. Ich finde Lebedew unterhaltsam und clever. Er ist eine herrliche Quelle von Klatsch, vieles davon nicht druckbar. Ein Gespräch mit ihm kann verwirrend sein, wenn er scheinbar willkürlich zwischen zufällig ausgewählten Themen umherkurvt: seine hinterhältigen Geschäftspartner, globale Korruption, die britische High Society. Er kann auch mal ins Schwafeln geraten. Aber er ist originell, einnehmend und zugänglich. Und, noch wichtiger: Er ist der einzige Milliardär, den ich jederzeit anrufen kann. Einmal schickt er mir zu Weihnachten eine Flasche Chianti (die ich der örtlichen Wohlfahrtsorganisation spende). Beim nächsten Weihnachtsfest ist es eine limitierte Sonderausgabe von *Lagoon,* einem Gedicht von Joseph Brodsky, illustriert mit düsteren sepiafarbenen Fotos von Venedig:

> Nachts lässt die Adria per Ostwind den Canal Grande
> bis obenhin volllaufen wie eine Badewanne
> und wiegt die Gondeln; kein Ochse bläst
> die Nüstern auf am Kopfende, Fische bloß ragen
> in die Nacht, und ein Seestern bewegt die Fensterläden
> mit seinen Strahlen, solange du schläfst.

Der *Guardian* hat strikte Regeln, was die Annahme von Geschenken angeht. Aber das Gedicht behalte ich.

Wie der rastlos kosmopolitische Brodsky bewegt sich auch Lebedew zwischen zwei Welten und zwei Sprachräumen — dem russischen und dem anglophonen. In Moskau ist Lebedews Position eher die eines Insiders der politischen Elite als eines Außenstehenden. Er lebt in Rubljowka, einer exklusiven Datschen-Siedlung in der russischen Hauptstadt, Heimat von Prominenten und Politikern, auch von Putin und Medwedew. Wie andere reiche Männer scheint er junge Frauen anzuziehen: Seine zweite Frau ist ein glamouröses Ex-Model. Kein Zweifel — Lebedew gehört zum russischen Establishment, und er genießt die Privilegien, die das mit sich bringt.

Aber Lebedew stellt sich gleichzeitig als halboppositionelle Figur dar. In seinem Blog nennt er sich einen «Kapitalisten und Idealisten». (Der Blog enthält Nachdenkliches zur Natur des globalen Kapitalismus und darüber, wie die gewöhnlichen russischen Reichen sich im Urlaub in St.-Tropez benehmen.) Aber ist er wirklich ein Feind Putins? Die britische Zeitschrift *Private Eye* behauptet, dass Lebedew der russischen Regierung und ihren Machtstrukturen näher steht, als er vorgibt.

Es ist sicher richtig, dass Lebedew sich hütet, Russlands Führungsduo direkt zu kritisieren; seinen Spott hebt er sich auf für die gierigen Bürokraten des Landes — ganz ähnlich wie die Russen in früheren Zeiten, die eher die Bojaren — oder Adligen — kritisierten als den Zaren. Er bezeichnet sich selbst als «loyalen Oppositionellen» — als jemanden, der die russische Regierung lieber reformieren als stürzen will. Als einmal eine seiner Zeitungen, der *Moskowski Korrespondent*, eine Geschichte über eine angebliche Affäre Putins mit einer grazilen Turnerin aus dem Olympiateam veröffentlicht, macht Lebedew die Zeitung eilig dicht. Von 2002 bis 2007 ist er ein Mitglied der kremlfreundlichen Partei Vereintes Russland und Dumaabgeordneter.

Mir scheint aber, als bedeute Lebedews unorthodoxe Unterstützung für die *Nowaja Gaseta*, dass er aus Sicht der Machthaber ein unzuverlässiger Kantonist ist. Die Zeitung gehört zu den wenigen funktionierenden Medien, die dem Kreml gegenüber kritisch eingestellt sind. Sie berichtet weiterhin über Themen, die die von der Regierung kontrollierten Medien lieber ignorieren — Korruption, Menschenrechte, Übergriffe in Tschetschenien und den angrenzenden Republiken Inguschetien und Dagestan und die finsteren Machenschaften des FSB. Nach der Ermordung von Anna Politkowskaja bietet Lebedew eine Million Dollar für Informationen, die zur Ergreifung ihres Mörders führen. Er ruft mich Stunden nach der Ermordung Stanislaw Markelows an und sagt, er mache sich große Sorgen angesichts der Gefahren, denen die Mitarbeiter der *Nowaja Gaseta* ausgesetzt seien; er glaube, es sei besser, wenn sie Gewehre bei sich trügen.

Glaubt man Journalisten der *Nowaja Gaseta*, dann verkörpert Lebedew tatsächlich diese seltene Figur: den intellektuellen Magnaten mit sozialem Gewissen. «Die meisten russischen Oligarchen scheinen sich an das ‹Wir können ohnehin nichts tun› gewöhnt zu haben. Sie verbringen ihre Tage in Courchevel, trinken Wein, essen Kaviar und schauen sich Mädchen an, die auf dem Tisch tanzen», erzählt mir Julia Latjnina, eine Kolumnistin der *Nowaja Gaseta*. «Es gibt auch Leute, die sagen, alles sei in Ordnung.» Sie fährt fort: «Lebedew versucht etwas zu tun, damit es dem Land besser geht. Aber er weiß auch: Wenn er die Machthaber attackiert, dann wird das bestraft.»

(Ich begegne Latjnina auf Lebedews Geburtstagsparty. Latjnina ist eine scharfe Kritikerin des Kremls. Sie schreibt Artikel über Korruption und die mysteriöse Ölfirma Gunvor. Sie behauptet auch, dass Russland vor dem Georgienkonflikt einen Plan für die Invasion des Landes ausgearbeitet hatte. Ich frage sie, wie es ihr gehe. «Mir geht es gut», antwortet sie, «abgesehen von der Tatsache, dass Herr Kokoiti [der Präsident Südossetiens] versucht, mich umzubringen.» Für ein paar Monate stellt ihr die Zeitung Leibwächter zur Verfügung.)

Journalisten der *Nowaja Gaseta* sagen, dass sich Lebedew nicht in redaktionelle Belange einmische — obgleich er zuweilen eine Kolumne verfasst, wenn er mit jemandem nicht übereinstimmt. Ich lerne den Chefredakteur des Blattes kennen, Dmitri Muratow. Die Redakteure des Blattes und Lebedew sind unterschiedlicher Ansicht, was das russischen Machtgefüges angeht, sagt er. «Wir halten das System in Russland für ein vertikal korruptes System, das Putin persönlich geschaffen hat», sagt Muratow. «Lebedew und Gorbatschow glauben das nicht. Sie sind der Meinung, es seien die bösen russischen Funktionäre, die Russland daran hindern, ein normales europäisches Land zu werden.» Muratow sagt, er respektiere Lebedew. Aber sein Freund ist der Magnat nicht: Man siezt einander. Als ich Muratow bei einem von der Nowaja Gaseta organisierten Runden Tisch treffe und ihn frage, warum Lebedew nicht da sei, antwortet er: «Woher soll ich das wissen?»

Das Überleben der *Nowaja Gaseta* ist ein ziemliches Rätsel, bedenkt man die eiserne Kontrolle des Kremls über die meisten Medien, eine Situation, die einen amerikanischen Diplomaten zu der Bemerkung veranlasst, dass die Russen sich alle «vom selben Informationstrog ernähren». Nachdem Lebedew den *Standard* gekauft hat, verbringe ich einen Tag in der Redaktion der *Nowaja*. Ich frage die Journalisten, wie es die Zeitung schaffe, zu überleben, wenn man bedenke, mit welcher Regelmäßigkeit sie die Mächtigen angreife.

Die überzeugendste Erklärung liefert der stellvertretende Chefredakteur Andrej Lipski. Er sagt, das Blatt spiele aus Sicht der russischen Regierung eine nützliche Rolle. Erstens, sagt er, erlaube es dem Kreml, westliche Kritik zurückzuweisen, dass es keine Meinungsfreiheit gebe. Zweitens liefere es echte Informationen für die nervöse Führung des Landes, die in einem ständigen und erschöpfenden Kampf um Stellung, Geld und Einfluss gefangen ist. Das Blatt ist eine verlässlichere Quelle dafür, was wirklich im Land vorgeht, als das weit verzweigte Netzwerk von FSB-Agenten, die in der Regel ihren Chefs erzählen, was sie hören möchten. «Die *Nowaja Gaseta* liegt auf den Tischen der Präsidialverwaltung sowie auf denen sämtlicher Regionalgouverneure. Putin liest sie, oder seine Leute lesen sie für ihn», sagt Lipski, und dann klagt er: «Sie [die russische Führung] hat viele echte Informationsquellen zerstört, angefangen mit dem Fernsehen.»

Lebedew ist als Zeitungseigentümer erfolgreicher, als er es bislang als Politiker war. Er leistete sich eine lange Fehde mit Juri Luschkow, dem Moskauer Bürgermeister, bis der Kreml Luschkow 2010 von seinem Posten entfernte. 2003 trat Lebedew gegen Luschkow an — und verlor. Im September 2008 kündigten Lebedew und Gorbatschow, die bei der Gründung der *Nowaja Gaseta* mitgewirkt hatten, ihren Plan an, eine neue sozialdemokratische Partei zu gründen. Das Projekt floppte, vor allem weil politische Betätigung in Russland ohne den Segen des Kremls letztlich unmöglich ist, aber auch wegen des mangelnden Interesses der Wähler.

Eine Depesche der US-Botschaft in Moskau, datiert vom 10. Oktober 2009, berichtet davon, wie Lebedew sich weigerte, sich an einer neuen Oppositionsbewegung mit dem Namen «Solidarität» zu beteiligen, weil auch der ehemalige Schachweltmeister und Kremlkritiker Garri Kasparow dabei war. Aus bislang ungeklärten Gründen beschloss Lebedew stattdessen, seine eigene Partei zu gründen. «Umfragen zeigen keine besonders große Unterstützung für Lebedew oder Gorbatschow», heißt es in dem Schriftstück nüchtern.

In seinen politischen Ambitionen ausgebremst, wendet sich Lebedew nach Großbritannien. Hier zumindest kann er den Umgang mit Spitzenpolitikern und anderen Mitgliedern der feinen britischen Gesellschaft pflegen. Zu seinen Freunden zählt Geordie Greig, Chefredakteur des *Tatler*, den Lebedew zum neuen Chefredakteur des *Standard* ernennt. Andere Prominente sind Gäste seines glamourösen alljährlichen Wohltätigkeitsevents, das er im Hampton Court veranstaltet — Hugh Grant, J. K. Rowling und Vanessa Redgrave sind immer dabei, Elton John ist dort aufgetreten. Lebedews Sohn Jewgeni ist fester Bestandteil des Londoner Gesellschaftslebens. (2009 ist Lebedew Junior anlässlich der Hampton Court-Party prominent im russischen *Hello*-Magazin vertreten; mit seinem Romanow-Bart, den glänzenden schwarzen Schuhen und dem dunklem Gehrock sieht er aus wie ein ruritanischer Graf.)

Jewgeni, der als gelassen und charmant beschrieben wird, leitet das britische Zeitungsgeschäft seines Vaters. Im Herbst 2010 erhält Jewgeni die britische Staatsbürgerschaft. Die Charmeoffensive der Lebedews wirkt aber nicht bei jedem. Nach dem Aufkauf des *Standard* und des *Independent* trifft Jewgeni Prinz Charles, den britischen Thronerben, auf einem Empfang. «Ich habe mich gefragt, ob er wohl eine Meinung zu unseren Zeitungen äußern würde, da er ja oft auf den Seiten unser Blätter auftaucht. Oder ob er eine Ansicht zu Moral und Unmoral in Sachen Presseverhalten äußern würde … Aber nichts dergleichen. Stattdessen fragte er mich einfach: ‹Haben Sie sich schon Ihr ganzes Leben lang für Fußball interessiert?›», erinnert sich Jewgeni. «Das war alles. Vielleicht dachte er ja, ich sei Roman Abramowitsch. Oder vielleicht dachte er, das sei einfach alles, was Russen so tun.»

In den Monaten nach dem Erwerb des *Standard* steht Alexander Lebedews weit verzweigtes Geschäftsimperium unter Druck. Im Sommer 2009 bestellt er mich in sein Moskauer Stadthaus. Das Treffen hat einen Hauch von James Bond. Im Inneren des Stadthauses strahlen das Mobiliar und die Tischlampen behaglichen Wohlstand aus. Eine hübsche Empfangsdame im seidenen Minikleid holt mich in der Lobby ab; in einem Empfangsraum hängen Renaissancegemälde dicht an dicht. Ich werde ins Obergeschoss geführt, wo Lebedew, jetzt ein britischer Pressezar, auf dem Balkon wartet. Das einzige, was noch fehlt, ist eine flauschige weiße Katze.

Lebedew sagt, er hätte aus «verschiedenen Quellen» gehört, dass er bald verhaftet und ins Gefängnis geworfen werden könnte. Er sagt, er sei nicht ganz sicher, wer hinter dem Komplott stecke. Doch «jemand werde 50 Millionen Dollar einsetzen», um ihn wegsperren zu lassen. Er glaubt, dass eine Gruppe von zwielichtigen Investoren mit dem Geld die Ermittler bestechen will. Lebedews Kontaktleute innerhalb des russischen Machtsystems hätten ihn informiert, dass es klug wäre, Russland für sechs Monate zu verlassen.

Es ist schwer zu sagen, ob diese Geschichte echt ist, erfunden oder übertrieben. Lebedew sagt, er sei bereit, ein Weilchen im Gefängnis zu verbringen — aber lieber würde er das Schicksal von Chordorkowski vermeiden. Ich frage ihn, ob er darauf vorbereitet ist, eine gewisse Zeit in Lefortowo zu verbringen, technisch gesehen kein Gefängnis, sondern ein Aufbewahrungs- und Isolationszentrum für die Zeit vor dem Prozess. Er antwortet mit einer Maxime: «Wenn man hier lebt, sollte man immer darauf vorbereitet sein.»

Am 2. November 2010 scheint es, als sollten sich Lebedews düstere Vorahnungen bestätigen, als eine Gruppe von maskierten, bewaffneten Geheimdienstlern eine theatralische Razzia in seiner Moskauer Bank durchführt. Der FSB organisiert die Aktion, namentlich die Abteilung K, spezialisiert auf Wirtschaftskriminalität. Die Beamten stellen Dokumente und Datenträger sicher. (Sie behaupten, die Durchsuchung stehe in Zusammenhang mit polizeilichen Ermittlungen in einem anderen Fall von Bankenkriminalität.)

Als die SWAT-Einheit das Gebäude stürmt, durchpflügt Lebedew gerade den unterirdischen Swimmingpool der Bank. «Ich dachte wirklich, sie seien gekommen, um mich festzunehmen», erzählt er. «Ich entschloss mich, weiter zu schwimmen, weil ich dachte, dass es die letzte Gelegenheit sei, den Pool zu genießen.» Am Ende wird Lebedew nicht festgenommen. Er klagt bitterlich über die «*maski*-Show» des FSB — ein russisches Wort für die überzogenen Polizeirazzien der 1990er Jahre. Am nächsten Tag gibt es noch mehr schlechte Nachrichten, als Dutzende von ukrainischen Steuerermittlern Lebedews luxuriösen Hotelkomplex an der Schwarzmeerküste durchsuchen.

Schwer vorstellbar, dass die beiden Razzien nicht koordiniert waren — Präsident der Ukraine ist nun einmal Wiktor Janukowitsch, ein Freund

Moskaus. Lebedew erklärt, er sei entschlossen, den Druck, Moskau zu verlassen, zu ignorieren. «Noch bin ich hier. Ich lebe hier», sagt er. Aber er räumt ein: «Im schlimmsten Falle lautet die Botschaft der Razzia: Verlasse Russland.»

In dem Gespräch mit mir besteht Lebedew darauf, Putin habe nichts mit den zunehmend besser koordinierten Versuchen zu tun, ihm sein Geschäft kaputt zu machen. Stattdessen macht er opportunistische Elemente in Russlands undurchsichtiger Bürokratie verantwortlich. Sie würden versuchen, sich einen Teil seines Vermögens zu schnappen, sagt Lebedew, indem sie seine kühlen Beziehungen zum Kreml als politischen Vorwand benutzten.

Wir sprechen kurz über das Eindringen des FSB in Privatwohnungen und die wenig subtilen Versuche des Geheimdienstes, mich dazu zu bringen, Russland zu verlassen. «Das ist die typische Art von Schikane. Man will Ihnen die Dinge verleiden», sagt Lebedew. Er erzählt, dass selbst FSB-Offiziere von den politischen Machtkämpfen hinter den Kulissen und dem deprimierenden politischen System des Landes genervt seien. «Selbst sie sehen keine Zukunft in Russland», sagt er. Auch die Qualität des Personals, das der FSB rekrutiert, sei ziemlich gering.

Im Mai 2011 kündigt Lebedew an, er ziehe sich aus der Wirtschaft zurück und werde einer neuen politischen Initiative beitreten. Er werde Putins sogenannte «Volksfront» unterstützen, eine Bewegung, deren einziges Ziel die Rückkehr Putins in den Kreml im Jahre 2012 zu sein scheint. Die Entscheidung wirkt wie ein taktisches Manöver von Lebedew, um die Angriffe des FSB auf seine Bank abzuwehren. Kommentatoren vergleichen die Front, eine angeblich unparteiische nationale Koalition, sarkastisch mit dem «Block der Kommunisten und Nicht-Parteimitglieder», der im Vorfeld der sowjetischen «Wahlen» im Jahr 1937 von Stalin gegründet wurde.

Für seine Kritiker ist dieser Schritt ein Beweis dafür, dass Lebedew mit dem Kreml unter einer Decke steckt. Lebedew weist das zurück. Die Volksfront entscheidet derweil, dass sie Lebedew gar nicht als Mitglied haben will.

Viele Londoner Pendler dürften sich im Dezember 2009 über riesige Poster von Barack Obama gewundert haben. Sie zeigten den US-Präsidenten neben Mahmud Ahmadinejad, dem iranischen Präsidenten und Hardliner. Neben ihren Köpfen stand: «Wer stellt die größte nukleare Bedrohung dar?» Für die meisten Menschen war die Antwort wohl nicht weiter schwer — bislang hatte Obama noch nichts davon gesagt, dass Israel «von der Karte der Geschichte verschwinden» müsse. Aber für den Kreml war das Obama-Plakat der jüngste Schritt eines ambitionierten Versuchs, ein neues, postsowjetisches weltweites Propaganda-Imperium zu schaffen.

Rund 20 Jahre nach dem Untergang der Staatszeitung *Prawda* startet *Russia Today*, der englischsprachige 24-Stunden-Nachrichtenkanal des Kremls, seine erste größere Werbekampagne in Großbritannien. Von bösen Zungen «Nordkorea-TV» genannt, zeichnet der Sender unverhohlen ein Putinsches Bild von der Welt und erklärt, er wolle die «tendenziöse» westliche Sicht der Dinge korrigieren, wie sie von BBC und CNN geliefert werde.

Als ich das prächtige Hauptquartier des Senders in Moskau besuche, hat sich die Station in «RT» umbenannt. Das Gebäude liegt einen kurzen Fußmarsch entfernt von der Metrostation Park Kultury. Es beheimatet auch die Nachrichtenagentur RIA *Nowosti* und die *Moscow News*. Ich treffe Margarita Simonjan, die 29jährige Chefredakteurin von *Russia Today*. «Was wir für schwarz und weiß halten, ist vielleicht gar nicht schwarz und weiß. Wir sorgen dafür, dass die Menschen ihre eigenen Stereotype hinterfragen», erklärt sie. «Wir bieten eine Alternative zur Mainstreammeinung.»

Natürlich, die Werbekampagne von *Russia Today* ist provozierend und reizt zum Widerspruch — etwa, wenn sie in der Woche des Kopenhagener Gipfels Zweifel am Klimawandel sät oder einen britischen Polizisten mit einem tätowierten Fußballhooligan vergleicht. Aber wird irgendjemand sich das überhaupt ansehen? «Ich glaube nicht an unvoreingenommene Ansichten. Natürlich nehmen wir eine prorussische Position ein. Die BBC sagt, sie werbe ganz offen für britische Werte», sagt Simonjan. Sie gehörte vorher zu Putins Pressepool und bekam ihren Job 2005, als der Sender startete, mit gerade einmal 25 Jahren, wodurch — vielleicht unfaire — Gerüchte genährt wurden, sie habe Bewunderer in höheren Positionen.

Lange Zeit war der Kreml frustriert durch das, was er als «Voreingenommenheit» der westlichen Medien empfand. Also schafft er jetzt seine eigene konkurrierende Informationswirklichkeit. 2011 hat die russische Regierung 1,4 Milliarden Dollar für weltweite Propaganda ausgegeben — mehr als dafür, die Arbeitslosigkeit zu bekämpfen. Neben einem englischsprachigen Kanal verfügt RT über einen neuen spanischsprachigen Service, der auf Lateinamerika abzielt, eine Region wachsender geopolitischer Bedeutung für den Kreml; er sendet auch auf Arabisch. Die Regierung hat die Budgets ihrer wichtigsten staatlichen Nachrichtenagenturen, RIA *Nowosti* und ITAR-TASS, verdreifacht — und das trotz der russischen Wirtschaftskrise. (Bei beiden Agenturen kann man sich darauf verlassen, dass sie eine kremlfreundliche Sicht der Welt vermitteln; zu sowjetischen Zeiten war RIA *Nowosti* der verlängerte Arm des KGB.) Es gibt auch eine monatliche «Sonderbeilage» im britischen *Daily Telegraph* mit dem Titel *Russia Now* und eine Neuauflage des sowjetischen Radiosenders *Voice of Russia*. Andere von der russischen Regierung gesponserte Beilagen fanden sich plötzlich in der *Washington Post*, der *New York Times* und führenden europäischen Zeitungen.

Darüber hinaus beschäftigt der Kreml den PR-Giganten Ketchum und dessen Schwesterfirma Gplus. Sie verfügen über Niederlassungen in der ganzen Welt, in London nehmen sie die Dienste von Portland PR in Anspruch. Und dann gibt es da noch die Blogger — eine zwielichtige Armee von zornigen russischen Patrioten. Anfangs waren die Blogger nur auf russischen Webseiten aktiv, wo sie Kritiker der russischen Regierung abwatschten. Inzwischen sind diese Cybernationalisten auch auf den Webseiten westlicher Zeitungen unterwegs, auch auf der des *Guardian*. Wer immer es wagt, Russlands führende Politiker zu kritisieren oder einige der Missstände des Landes anzusprechen, wird sofort als CIA-Spion oder Schlimmeres gebrandmarkt. (Ein verärgerter Blogger nennt mich einen «nordkoreanischen Spion» und die «Apotheose des verlogenen westlichen Journalismus». Wie, frage ich mich, kann ich beides zugleich sein?) Im Juli 2011 richtet ein vermutlich kremltreuer Blogger einen Twitter-Account ein, der meinem eigenen nachempfunden ist. Meiner heißt @lukeharding1968. Seiner heißt genauso, bloß mit einem «i» am Anfang. Er benutzt sogar mein Foto und meinen Lebenslauf. Mein Klon twittert Pressemitteilungen von Dmitri Medwedew.

Manche Beobachter sind der Ansicht, die Blogger seien nichts weiter als ein spontaner Zusammenschluss enthusiastischer Patrioten. Einleuchtender ist aber die Lesart, wonach der Kreml diese regierungsfreundlichen anonymen Kommentatoren diskret finanziert, um Oppositionelle zu diskreditieren und Werbung für Moskaus autoritäre Agenda zu machen.

«Der Kreml begreift allmählich, dass Informationen wichtig sind und dass die Kontrolle von Informationen auf internationaler Ebene noch wichtiger ist», sagt Jewgeni Morosow, der in seinem 2010 erschienenen Buch *The Net Delusion* argumentiert, autoritäre Regime instrumentalisierten das Internet und benutzten es, um gegen abweichende Meinungen vorzugehen. Der in Belarus geborene Publizist und Wissenschaftler sagt, der Kreml verfolge seit dem Georgienkrieg einen «aggressiveren» Ansatz.

Der Konflikt war eines von mehreren PR-Desastern für Moskau; dem Kreml gelang es auch nicht, seine Sicht der Dinge zu vermitteln, als er europäische Verbraucher in den zwei jüngsten Gaskonflikten mit der Ukraine frieren ließ. «Sie haben verstanden, dass sie die ‹harten› Themen ihrer politischen Agenda nur dann vorantreiben können, wenn sie kontrollieren, was in den internationalen Medien gedruckt wird», sagt Morosow.

Morosow hält nichts von *Russia Today* — der Sender neige zu grenzwertigen Gästen und irrsinnigen Verschwörungstheorien. Zu kommunistischen Zeiten lieferten die staatlich kontrollierten Medien Russlands ausschließlich schlechte Nachrichten aus dem kapitalistischen Westen und gute Nachrichten von zuhause, meist untermalt mit Bildern von lächelnden Fabrikarbeitern und glücklichen Milchmädchen. *Russia Today* arbeitet nach dem gleichen Prinzip: Amerika wird grundsätzlich als gefährlicher Ort dargestellt, heimgesucht von Verbrechen und voller Irrer, ein Land, das von einer Katastrophe in die nächste taumelt. Im vergangenen Jahr wurde die Regierung Obama sogar mit Nazideutschland verglichen. «Für mich ist das ein Comedy-Kanal», sagt Morosow. «Man schaut ihn sich an, um festzustellen, wie unbeholfen Russlands Versuche sind, die Meinung des Auslands zu beeinflussen.» Dieser Ansatz wird mittlerweile in einer ganzen Reihe von Medien reproduziert, alten und neuen. Viele russische Medien, sagt Morosow, würden heute *Prawda 2.0* machen.

Während meiner Recherchen in Moskau lerne ich einige der Korrespondenten von *Russia Today* kennen. Insider loben die Professionalität der Redaktion, in der sich auch einige britische und amerikanische

Journalisten und Nachrichtensprecher finden. «Im Allgemeinen sind die Menschen, die da arbeiten, sehr talentiert. Aber niemand macht sich Illusionen, worum es eigentlich geht», erzählt ein ehemaliger Mitarbeiter. «Es fehlt eklatant an Objektivität.»

Ich muss daran denken, dass die westlichen Journalisten, die für den Sender schuften, eine neue Generation von «nützlichen Idioten» bilden, die Muggeridge, wäre er noch am Leben, sofort als solche erkennen würde. *Russia Today* hat sogar seinen eigenen Walter Duranty, einen amerikanischen Moderator. Seine fanatisch kremlfreundlichen Ansichten haben ihm den Spitznamen «Lord Haw Haw» eingebracht, nach dem britischen Faschisten Willian Joyce, der im Zweiten Weltkrieg Radiopropaganda für das nationalsozialistische Deutschland machte.

Eine von Putins ersten Amtshandlungen als Präsident war es, das unabhängige Fernsehen abzuschaffen. Den Anfang machte er mit dem Sender NTV. Anlässlich des 10. Jahrestags der Schließung des Senders schrieb sein ehemaliger Leiter, Jewgeni Kiseljow, in der englischsprachigen *Moscow Times*, dass es heute für Journalisten in der Ausbildung schwierig sei zu glauben, dass es in Russland jemals unabhängige Fernsehsender gegeben habe. Der FSB führte damals die Razzia im Moskauer Büro des NTV-Eigentümers Wladimir Gusinski an, die Eigentümerschaft ging anschließend auf die halbstaaliche Gazprom Media über. Die einflussreichen Zeitungen *Iswestija* und *Komsomolskaja Prawda* befinden sich mittlerweile ebenfalls im Besitz von Gazprom; beide Blätter sind heute quasi Klaqueure des Regimes.

Zehn Jahre später befindet sich ein Großteil der russischen TV-Sender in Staatsbesitz, entweder direkt oder indirekt. Kiseljow zählt die Regeln auf, an die sich die staatlich kontrollierten Sendeanstalten heute halten müssen: keine Untersuchung von Korruption und anderen Arten von Amtsmissbrauch, wenn hohe Funktionäre beteiligt sind; eine «Schwarze Liste», die verhindern soll, dass oppositionelle Politiker und Kritiker Sendezeit bekommen; Anweisungen aus dem Kreml, was gezeigt und was nicht gezeigt werden darf; und das Ende von wirklich satirischen Sendungen, die die Defizite und Fehler von Regierungsvertretern auf die Schippe nehmen. Selbstzensur ist wie zu sowjetischen Zeiten verbreitet.

Die Redakteure wissen, welche Themen sie meiden müssen, zum Beispiel Kritik an der Menschenrechtsbilanz der Regierung oder an ihrer Politik im Nordkaukasus.

Im Gespräch erzählt mir Kiseljow, dass manche Mitarbeiter in den Sendeanstalten die Produktionskultur des Live-auf-Sendung-Seins komplett verlernt haben — es gibt in Russland keine Livesendungen mehr. Regierungsvertreter stehen für Journalistenanfragen jeglicher Art nicht zur Verfügung. «Nachdem Putins Regime sich vorgenommen hatte, seine berüchtigte ‹vertikale Macht› auszubauen, konnte es sich den Luxus von unabhängigen Fernsehanstalten, die frei von staatlicher Kontrolle sind und im ganzen Land senden, nicht mehr leisten», klagt Kiseljow.

Einer der Kremlkritiker, die aus dem staatlichen Fernsehen verbannt wurden, ist Wladimir Ryschkow, einst unabhängiger Dumaabgeordneter und Historiker. Er erzählt, dass 85 Prozent der gesellschaftlichen und politischen Information in Russland aus dem Fernsehen kommt — «unter vollständiger Kontrolle des Kremls». Er vergleicht dies mit der Ära von Gorbatschow und Jelzin, als man den Versuch unternommen habe, ein politisches System aufzubauen, das offener, vielfältiger und wettbewerbsorientierter sein sollte, mit unterschiedlichen politischen Kräften, mehr oder weniger unabhängigen Gerichten, und in den 1990er Jahren auch mit freien Medien. «In den staatlichen Fernsehkanälen konnte Boris Jelzin sich selbst als Trinker sehen, als ungesund lebenden Menschen», betont Ryschkow.

Unter Putin sind diese Freiheiten verschwunden, sagt er. «Zeitungen gibt es in Russland praktisch nicht. *Wedomosti* verkauft 60 000 Exemplare am Tag, *Kommersant*, die einflussreichste politische Zeitung, 100 000 Exemplare. Wir haben vier unabhängige politische Zeitungen, und sie kommen zusammen auf einen Marktanteil von einem Prozent. Das Internet hat eine Nutzerquote von 20 Prozent. Wenn wir das auf tägliche politische Informationen einschränken, sind es nicht mehr als fünf Prozent. Mit anderen Worten: Wenn man das Fernsehen kontrolliert, kontrolliert man alles. Ein klassisches autoritäres System.» Das Internet ist der einzige Lichtblick in Russlands regierungsfreundlicher Medienlandschaft. Es ist überwiegend frei — aber für die meisten Russen keine Informations- und Nachrichtenquelle.

Russia Today genießt größere Freiheiten als Russlands staatlich kontrollierte Sender. Aber während hier zuweilen durchaus Kritik an der Regierung geübt wird, gibt es eine unausgesprochene Übereinkunft, dass man Putin weder kritisieren noch über seinen angeblichen Reichtum spekulieren darf — das erzählt mir ein früherer Mitarbeiter. Dasselbe Tabu gilt für die *Moscow News*, eine zweimal wöchentlich erscheinende englischsprachige Zeitung, die von RIA *Nowosti* produziert wird. «Wir genießen totale Freiheit außer in einer Hinsicht», räumt einer der Redakteure ein. «Man darf Medwedew kritisieren. Aber nicht Putin.»

Andere Beobachter, die sich mit der Medienstrategie des Kremls auskennen, sagen, dass sich bei hochrangigen russischen Regierungsvertretern ein hartnäckiges Missverständnis halte, wie die westliche Welt funktioniere. «Sie glauben, eine funktionierende PR-Abteilung genüge als Gegengewicht zu der schlechten Presse, die durch die Geschehnisse in Russland verursacht wird. Aber das stimmt natürlich nicht», sagt Angus Roxburgh, ein früherer Moskau-Korrespondent der BBC, der vom Kreml als PR-Berater engagiert wurde. Ich frage ihn, wie der Kreml sein Image im verbessern könnte. Seine trockene Antwort: «Ein guter Anfang wäre, damit aufzuhören, oppositionelle Demonstranten zusammenzuknüppeln.»

Im März 2009 fliege ich zurück nach London, um mit meinen Vorgesetzten über die sich verschlechternde Situation in Sachen FSB zu sprechen. Der Chefredakteur des *Guardian*, Alan Rusbridger, und die Leiterin des Auslandsressorts, Harriet Sherwood, wollen mir helfen. Wir sind uns einig, dass die Schikanen des russischen Sicherheitsdienstes ein Maß erreicht haben, das an die Grenzen des Tolerierbaren stößt. Aber was können wir gegen diesen heimlichen Krieg unternehmen?

Rusbridger vereinbart ein Treffen mit Michael Davenport. Davenport ist der Leiter der Abteilung für Russland, Zentralasien und den Südkaukasus im britischen Außenministerium, dem Foreign Office, und Großbritanniens Spitzendiplomat in Sachen Russland.

Wir versammeln uns um den runden Tisch in Rusbridgers Büro. Der Raum liegt im zweiten Stock des *Guardian*-Gebäudes, der auch den Newsroom beheimatet. Von hier oben hat man einen Blick über den Regent's Canal mit seinen Hausbooten und Moorhühnern. Davenport trägt eine Brille, ist Ende 40. Er zeigt Verständnis für meine Lage und bekräftigt, dass das Außenministerium sehr gut über die Praktiken des FSB informiert sei. Er erläutert, dass die Sowjetunion diese KGB-Methoden nicht nur in andere Länder des kommunistischen Blocks exportiert, sondern auch an befreundete Geheimdienste anderswo weitergegeben hat, auch im Nahen und Mittleren Osten.

Davenport erinnert sich, dass er einmal selbst das Opfer eines Einbruchs im KGB-Stil war — nicht im kalten Moskau, sondern im schwülwarmen Kairo. Dahinter steckte die ägyptische Geheimpolizei, die brutale *mukhabarat*, die vom KGB geschult worden war. Davenport bestätigt, was wir schon wussten: dass der FSB hinter den mysteriösen Einbrüchen steht. Jenseits dieser Bestätigung fällt es mir schwer, die Atmosphäre psychologischen Drucks und der Kalten-Kriegs-Feindseligkeit zu vermitteln, die zu unserem Leben in Moskau gehört. Davenport räumt ein, dass der Dialog mit Moskau immer schwierig war. Er wirft folgende denkwürdige Einsicht in den Raum: «Das Problem mit den Russen ist, dass sie nicht so denken, wie wir denken, dass sie denken sollten.» Später entdecke ich Davenports Namen in den *WikiLeaks*-Depeschen. In einer weiteren treffenden Formulierung nennt er Russland eine «korrupte Autokratie».

Nach diesem Treffen bringen britische Diplomaten in Moskau meinen Fall gegenüber ihren russischen Kollegen zur Sprache. Mit anderen Worten: Sie beschweren sich. Erstaunlicherweise funktioniert das. Zumindest ein paar Monate lang. Die Häufigkeit der Einbrüche geht zurück. Beim Blick in meine Aufzeichnungen stelle ich fest, dass die Geister des FSB am 4. oder 5. Juni in das *Guardian*-Büro zurückgekehrt sind. Dieses Mal verschaffen sie sich durch das doppelt verriegelte Vorderfenster Zutritt. Als ich zur Arbeit komme, wehen weiße Pappelblüten von den wie schneebedeckten Bäumen an der Straße herein. Es ist ein seltsam schöner Anblick.

Westliche Korrespondenten, die in Moskau arbeiten, haben Verständnis für meine Schwierigkeiten mit dem FSB. Insbesondere Andrew Osborn vom *Daily Telegraph*, Shaun Walker vom *Independent* und Tony Halpin von der *Times* werden enge Freunde. Tony teilt sogar mit mir einen Moment der Demütigung. Der findet allerdings nicht im Kreml statt, sondern auf einem anderen Schlachtfeld — dem Fußballplatz.

8

POLITISCHER FUSSBALL

UEFA-Champions League-Finale, Chelsea gegen Manchester United, Luschniki-Stadion, Moskau, 21. Mai 2008

Die Weltmeisterschaft wird uns helfen, ein neues Volk und eine neue Nation zu schaffen.
ALEXANDER DJORDJADSE, BEWERBUNGSKOMITEE FÜR DIE FUSSBALL-WM 2018 IN RUSSLAND

Mein persönliches Fitnessprogramm in Moskau ist nicht besonders beeindruckend. Im Winter über die vereisten Straßen der Hauptstadt zu joggen ist nicht zu empfehlen — zu gefährlich und zu kalt für die empfindlichen Weichteile. Erst im April, wenn der Schnee endlich schmilzt, nehme ich das Training nach Monaten der Lethargie wieder auf. Meistens drehe ich eine nachlässige 15minütige Runde durch unseren ländlichen Vorort.

Manchmal laufe ich über eine Straße, die von scheppernden Trolleybussen befahren wird, in einen nahegelegenen Gedenkpark. Er ist den russischen Soldaten gewidmet, die im Ersten Weltkrieg in der zaristischen Armee gekämpft haben; die schiere Zahl der Opfer, die der bolschewistischen Machtergreifung im Jahre 1917 folgten, hat die Erinnerung an diese Gefallenen verdrängt. Dort stehen ein großes Kreuz und ein Mahnmal. Etwas weiter dahinter gibt es ein Kino. Auf dem Rückweg erhebt sich ein gigantischer Hochhausblock über diesen Teil der Stadt.

Ein paar Mal veranstaltet das Pressecorps ein Kricketspiel auf dem Gelände der Moskauer Staatsuniversität. Wir sind nicht übermäßig mit Talent gesegnet. Ab und zu spielen wir Fünf-gegen-Fünf-Fußball. Das Fußballfeld ist einen kurzen Fußmarsch vom Luschniki-Stadion entfernt, 1980 Austragungsort der Olympischen Spiele in Moskau und das prestigeträchtigste Fußballstadion der Hauptstadt. Es ist auch ein Ort der Demütigung für mich. Am 17. Oktober 2007, vor dem Qualifikationsspiel Russland-England für die Europameisterschaft im darauffolgenden Jahr, nehme ich an einem Freundschaftsspiel zwischen britischen und russischen Journalisten teil.

Teilnehmen ist vielleicht etwas übertrieben. Das Spiel findet auf dem siebten Fußballfeld des Luschniki-Stadions statt. Mir gelingt ein Pass auf Jamie Redknapp, dem Moderator des ehemals britischen, inzwischen internationalen Senders *Sky* TV. Dann verliere ich den Ball. Die gegnerische Seite schießt sofort ein Tor. Es ist meine Schuld. Zehn Minuten später werde ich ausgewechselt. Die russischen «Journalisten» — die mich misstrauisch beäugen wie professionelle Fußballer und nicht wie die schwabbeligen Vertreter der vierten Gewalt — gewinnen 9:3. Ich humpele zurück zur Metrostation Worobjowi Gori, auf eine imposante Brücke über die Moskwa gebaut und mit schönem Ausblick auf die Universität und den bewaldeten Spatzenhügel.

Das Freundschaftsspiel ist ein Vorgeschmack auf das, was später an diesem Abend folgt, als England gegen Russland spielt. Offiziell sind die 80 000 Plätze im Stadion ausverkauft. Doch 48 Stunden vor dem Spiel kaufe ich zwei Tickets bei den *spekulanty* — zwielichtig aussehende Jugendliche, die vor der *kassa*, der Ticketverkaufsstelle des Luschniki herumlungern. Die Verkaufsstelle befindet sich neben dem Parkplatz des Stadions und einer großen Lenin-Statue. Die Tickets sind für Plätze in der russischen Fankurve. Ich kaufe sie von Serjoga, einem hilfsbereiten Schwarzhändler, der sich als Fan von West Ham United entpuppt.

Das Spiel findet vor dem Hintergrund schwelender britisch-russischer Spannungen statt. Nach dem Mord an Litwinenko knapp ein Jahr zuvor sind die politischen Beziehungen so schlecht wie lange nicht. Den ganzen Sommer über hatte Putin Großbritannien Arroganz und «koloniales Denken» vorgeworfen; ein paar Tage vor dem Spiel sagte er, die russische Demokratie sei der britischen überlegen. Er begründete diesen Standpunkt, indem er darauf verwies, er selbst sei demokratisch gewählt — im Gegensatz zu Gordon Brown, dem britischen Premierminister, der ohne Wahlgang als Tony Blairs Nachfolger eingesetzt wurde. Technisch gesehen stimmt das. Aber angesichts der systematischen Ausschaltung jeglichen politischen Wettbewerbs in Russland durch den Kreml ist es mehr als nur ein bisschen dick aufgetragen.

Unter den gewöhnlichen Fans auf beiden Seiten erlebe ich keine Feindseligkeiten. «Sport ist keine Politik. Außerdem sind unsere Spieler besser als eure», sagt Serjoga, als ich ihm 5 000 Rubel (knapp 130 Euro) in leuchtend grünen Scheinen für die beiden Tickets überreiche. Mark Perryman, Obmann des Londoner Fanclubs des britischen Teams, gibt sich ebenfalls pragmatisch: «Ich werde nicht in eine britische Flagge gehüllt in Moskau herumlaufen. Aber gegen die meisten Länder, gegen die wir gespielt haben, haben wir schon einmal einen Krieg geführt, oder sie waren Teil unseres Empires, oder wir haben sie zu irgendeinem Zeitpunkt besetzt.»

Ich rufe Wasili Utkin an, Russlands kenntnisreichsten Fußballexperten. Er sagt, Moskau erlebe derzeit eine Welle der Anglophilie, ausgelöst vor allem durch die Veröffentlichung der russischen Übersetzung des neuesten *Harry Potter*-Bandes. «Wer interessiert sich schon für Politik? Die letzten zwei Tage waren doch alle damit beschäftigt, *Harry Potter* zu lesen. Das spiegelt unser Verhältnis am besten wider», sagt Utkin.

Ich nehme meinen Vater mit zum Spiel Russland gegen England. Als wir am Luschniki-Stadion ankommen, ist die Stimmung laut und gut gelaunt. Vor dem Anstoß enthüllen die russischen Fans ein riesiges, 120 Meter langes Spruchband; es bedeckt eine ganze Sektion des Stadions. Das Spruchband zeigt einen furchterregenden russischen Bären mit gelben Reißzähnen. Der Slogan ist patriotisch: «*Rassija wpjerjod!*» — wörtlich: «Vorwärts Russland!»

Als gegen Ende der ersten Halbzeit Wayne Rooney ein Tor schießt, springe ich auf und jubele. Das bringt mir Tausende von tödlichen Blicken ein. Auch wenn es normalerweise freundschaftlich zugeht: Sich in den Bärenzwinger der gegnerischen Seite zu begeben ist riskant. Zur Halbzeit steht es 1:0 für England. Zu meiner Erleichterung lässt England aber im zweiten Durchgang zwei Tore der Russen zu — eins von Andrei Arschawin, das andere ein Elfmeter. Englands 1:2-Niederlage wird beim Ausscheiden der britischen Mannschaft in der Qualifikationsrunde für die Europameisterschaft 2008 eine entscheidende Rolle spielen und kurz darauf zum Rausschmiss von Trainer Steve McClaren beitragen. Mehrere Faktoren erklären Englands schlechte Leistung, überlege ich — das winterliche Wetter, der Kunstrasen im Luschniki-Stadion und McClarens machohafte Unfähigkeit. Russland hat besser gespielt und war die diszipliniertere Mannschaft.

Die Niederlage bedeutet aber auch, dass mein Vater und ich das Luschniki-Stadion heil verlassen können. Die russischen Fans sind guter Stimmung nach ihrem Triumph über Großbritannien, dem Mutterland des Fußballs; sie sind großzügig, neugierig — und sie necken uns.

«Wie seid ihr denn in diesen Teil des Stadions geraten?», fragt mich ein verwunderter russischer Fan. «Warum wart ihr nicht bei den anderen englischen Fans?»

«Ich arbeite hier in Moskau», antworte ich. «Gratuliere. Eure Mannschaft hat sehr gut gespielt.»

Das Spiel war der reinste Anschauungsunterricht. Erstens habe ich gelernt, dass es Momente gibt, in denen es gut ist, die Klappe zu halten. Zweitens und vor allem erkenne ich allmählich, dass Sport ein essentieller Bestandteil von Putins Vision der wiedererstarkenden Großmacht Russland ist. Sport war eine der Stärken der Sowjetunion. Nach dem Zusammenbruch des Reiches zerfiel sein dichtes Netz von Jugendsportvereinen; seine Trainer für Leichtathletik, Ski und Eiskunstlauf gingen in die Privatwirtschaft oder fanden andere Jobs.

Als ich nach Russland komme, erholt sich der russische Fußball allmählich von dem Tief der 1990er Jahre, auch wenn die russische Liga immer noch Mühe hat, internationale Spitzenspieler anzuziehen, und immer wieder unter beschämenden Vorfällen von Fan-Rassismus leidet.

Einer der wichtigsten Unterstützer des russischen Fußballs ist Roman Abramowitsch. Zu den Milliardären, die den Sport fördern, gehören auch der Aluminium-König Oleg Deripaska und der Öl-Magnat Wagit Alekperow. Die russische Fußballunion eifert derweil Peter dem Großen nach, der in Holland nach Bootsbauern Ausschau hielt, die ihm eine Flotte bauen könnten. Die RFU heuert den niederländischen Trainer Guus Hiddink an; er wird Trainer der russischen Nationalmannschaft. Hiddink schenkt dem russischen Team ein Gefühl von Zusammenhalt und Bestimmung, das der Mannschaft vorher fehlte. Nach dem Sieg über England erreicht Russland unter Hiddink 2008 das Halbfinale der Europameisterschaften und spielt inspirierenden Fußball.

Im Mai 2008 fallen im Luschniki wieder britische Fans ein, diesmal zum Champions League-Finale zwischen Manchester United und Chelsea. Es ist das erste Mal, dass zwei britische Mannschaften das Finale erreichen. Das Spiel ist, wie sich herausstellt, ein Vorgeschmack auf die WM 2018, die in Russland stattfinden soll. Tausende von Fans treffen vor dem Spiel in Moskau ein. Die Zeitung *Moskowski Komsomolets* schreibt, dies sei die größte Invasion, seit die Deutschen 1941–42 die Stadt belagerten. Nur Napoleon rückte 1812 mit einer noch größeren Streitmacht an, notiert die Zeitung.

Ich gehe zum Roten Platz. Das Areal wurde in ein informelles Fußballfestival verwandelt; hunderte Fans wälzen sich über die Pflastersteine. Die meisten, erfahre ich, sind mit Charterflügen aus Großbritannien gekommen. Andere sind über die baltischen Staaten gereist; einige sind sogar aus Sydney eingeflogen. «Wir haben 4 000 Pfund für das Reisepaket gezahlt», erklärt Paul Southgate, Fan von Manchester United. «Wir sind über Dubai und Singapur gekommen. Bei jedem Zwischenstopp sind noch mehr Fans von United zugestiegen.» Was hält er von dem Gegner? «Chelsea ist nichts als ein russisches Spielzeug. Das ist gar keine richtige Mannschaft», entgegnet er verächtlich. «Sie haben keine Fans. Im Stadion werden bis zu 90 Prozent United-Fans sein.»

Neben dem pyramidenförmigen Lenin-Mausoleum befindet sich ein Fünf-gegen-Fünf-Fußballfeld. In der Nähe stellen sich Fans — größtenteils Russen — an, um sich mit dem Pokal der Champions League fotografieren zu lassen. Andere fallen über die Stände von Manchester United und Chelsea her oder kaufen offizielle UEFA-Shirts zum Preis von 1 000 Rubel (25 Euro). Ich treffe einige unternehmungslustige Fans, die kurz vorbeischauen, um sich Lenin anzusehen. «Er sieht ein bisschen wie aus wie aus Wachs, wie einer aus dem Kabinett von Madame Tussauds», sagt John Hart, ein Manchester United-Fan aus Belfast. «Es ist unheimlich da unten, stockdunkel und kalt. Du schaust ihm ins Gesicht und siehst, dass er Haare hat.» Hart sagt, er und seine Freunde hätten früh gebucht und seien über Riga nach Moskau geflogen: «Wir wohnen in einem billigen Hotel. Wir machen den ganzen Trip für 200 Pfund (240 Euro).»

Die Bedingungen für die Spieler sind etwas luxuriöser. Die Mannschaft von Chelsea wohnt im Fünfsternehotel Ritz Carlton, der exklusivsten Adresse der Hauptstadt. Die Zimmerpreise beginnen bei 900 Euro für die Finalnacht, Frühstück kostet extra. Das Hotel liegt gleich am Roten Platz. Ich sehe Chelseas Torwart Petr Čech; er steht vor der Basilius-Kathedrale und ist auf Besichtigungstour. «Es ist toll, all die Menschen zu sehen, die hier den Fußball genießen», sagt er, während ihn Touristen mit ihren Mobiltelefonen fotografieren. Manchester United begnügt sich mit dem ebenfalls prächtigen Crowne Plaza in der Nähe des Weißen Hauses, Sitz der russischen Regierung, wo Jelzin einst auf einem Panzer stand. Die gewöhnlichen Fans übernachten währenddessen, wo immer sie unterkommen: in den Moskauer Vororten, in Jugendherbergen, auf Booten, die an den Ufern der schlammbraunen Moskwa anlegen.

Das politische Klima zwischen Russland und Großbritannien hat sich marginal verbessert. Vor dem Spiel hebt der Kreml Einreiserestriktionen für die Fans auf, die Tickets für das Spiel haben. Diejenigen, mit denen ich spreche, sagen, dass sie wenige Hürden bei der Einreise nach Russland überwinden mussten. Russlands Außenminister Sergei Lawrow sagt, diese Visapolitik zeige, dass Russland ein «zivilisiertes Land» sei. Der ausgewachsene Streit zwischen London und Moskau scheint für dem Moment vergessen; ich erlebe, wie die gewöhnlichen Russen ihre britischen Gäste willkommen heißen. «Die Briten sind keine Monster», sagt Olga Podiganowa, Studentin der Politikwissenschaft. «Auf offizieller Ebene sind die Beziehungen heillos, aber bei den gewöhnlichen Leuten sind sie gut.» Wer gewinnt? «Chelsea, schätze ich», sagt sie.

Vor dem Spiel statte ich auch Moskaus Schule Nummer 232 einen Besuch ab. Abramowitsch, der milliardenschwere Besitzer des FC Chelsea, ging hier in der Trubnaja-Straße zur Schule. Das Luschniki-Stadion ist eine 30minütige Metrofahrt von seinem alten Klassenzimmer entfernt. Abramowitschs ehemalige Lehrer beschreiben den jungen Roman als freundlichen und netten, aber im Grunde ziemlich gewöhnlichen Jungen — bei dem nur wenig auf zukünftige Größe hindeutete. «Er war ein ganz normaler sowjetischer Schüler», erinnert sich Nadeschda Iwanowa, seine alte Geschichtslehrerin. «Er saß immer hinten in der Klasse. Er schloss leicht Freundschaften. Er war finanziell besser gestellt als die anderen Kinder, aber das spiegelte sich nicht in seinem Verhalten wider.»

Abramowitsch, erfahre ich, bekam immer Dreien: eine anständige, aber unspektakuläre Note (das russische Notensystem reicht von eins bis fünf). Ich schaue mir Schwarzweißfotos im Schularchiv an. Sie zeigen eine Gruppe sowjetischer Jugendlicher, die beim Klassenausflug vor einem

Kriegsdenkmal in der Stadt Wolgograd posieren — dem ehemaligen Stalingrad. Einer von ihnen hält eine Blume. Er sieht eher schüchtern aus. Es ist Abramowitsch.

Damals lebte er mit seinem Onkel in dem Stadtteil des Tswetnoi-Boulevards im Zentrum von Moskau, in der Nähe von Schule 232. Seine Eltern waren beide gestorben. 1983 machte er seinen Abschluss. Ich spüre, dass seine ehemaligen Lehrer ihm wohlwollend gegenüber stehen. Zugleich scheinen sie erstaunt, dass dieser harmlose und wohlgeratene Schuljunge später ein Multimilliarden-Vermögen anhäufte — und einen prestigeträchtigen englischen Fußballverein aufkaufte. «Ich denke, es war einfach Glück — und lag auch an seiner Familie», sagt Iwanowa. «Er war ein lieber Junge und ein sehr guter Schüler, einer meiner besten. Aber letztlich denke ich nicht, dass ich weniger schlau bin als Roman.»

Abramowitsch hat offensichtlich einen großen Anteil an Russlands Fußball-Aufschwung. An seiner alten Schule hat er ein Fünf-gegen-Fünf-Spielfeld mit hohen Wänden gebaut; dort kickt nun eine neue Generation von Schuljungen unter Linden und Platanen. Er hat auch das Biologielabor und den Computerraum renovieren lassen; an beiden hängen Plaketten, auf denen sein Name steht. Abramowitsch finanziert zudem Russlands Fußballunion und die Nationalmannschaft und zahlte auch Hiddinks Gehalt bis zum bitteren Abgang des niederländischen Trainers im Jahre 2010. Abramowitsch hat überall in der Russischen Föderation Allwetter-Fußballplätze bauen lassen. Er will zweifelsohne etwas zurückgeben. Allerdings besteht der Kreml auf Gesten patriotischer Philanthropie von seinen reicheren Bürgern. Diese wissen, dass sie nicht ablehnen sollten.

Das Champions League-Finale beginnt erst um 22.45 Uhr Moskauer Zeit. Da sind die meisten Fans längst erschöpft, betrunken oder pflegen schon den beginnenden Kater; außerdem frieren sie. Ich habe einen Sitzplatz mit guter Aussicht auf den mittleren Teil des Spielfelds. Das Spiel geht in die Verlängerung. Am Ende gibt es ein Elfmeterschießen. Es fängt an zu regnen. Chelseas Mannschaftskapitän John Terry verschießt und schenkt Manchester United damit den Sieg. Es ist 2.00 Uhr morgens.

Von Moskauer Polizisten in Regenmänteln bewacht strömen die Fans von United aus dem Stadion. Viele wirken zu kaputt, um noch zu feiern, auch wenn ein paar von ihnen den unzusammenhängenden Kehrreim «*Que sera sera, now it's three, it's three*» grölen — die Zahl der Siege von United bei europäischen Pokalfinalen. Andere halten an der Lenin-Statue, um für ein Foto zu posieren. Etliche benutzen Plastiktüten, um sich gegen den herabströmenden Regen zu schützen.

In der Bahn, die zurück ins Stadtzentrum fährt, bemitleiden United-Fans brüderlich die Anhänger von Chelsea. Im letzten Waggon hat sich jemand übergeben. Ein Fan hat die Lache am Boden mit einer russischen Boulevardzeitung bedeckt.

Am nächsten Morgen gehe ich zum Mannschaftshotel von Manchester United. Nach ihrem Sieg hatten 350 Gäste — Spieler, Trainer Sir Alec Ferguson, Spielerfrauen und -freundinnen, Anhang — bis in die frühen Morgenstunden gefeiert. Ich komme zu spät, um zu sehen, wie die Spieler im Bus zum Flughafen abfahren. Die silberne Trophäe, immer noch mit roten Bändern geschmückt, reist in einem maßgefertigten Bordcase mit ihnen ab. Aber ich finde den Empfangsraum im ersten Stock, in dem die Spieler gefeiert haben — ein Meer aus Champagner-Korken, leeren Flaschen der Marke Veuve Clicquot Ponsardin Brut und einen liegengebliebenen, magentafarbenen Chanel-Lippenstift.

Die Reinigungskräfte sind unterwegs; Arbeiter sind damit beschäftigt, die Tanzfläche abzubauen, auf der die United-Spieler ihr Können jenseits des Fußbballplatzes gezeigt haben. In dem ganzen Chaos entdecke ich ein Blatt mit dem Text eines ihrer Party-Lieder. Jemand ist draufgetreten. Angesichts des nervenaufreibenden Sieges von United scheint mir der Songtext angemessen. Er lautet: «*I don't wonna work today / Maybe I just wanna stay / Just take it easy cause there is no stress.*» Oh ja, das ist die traditionellste Form des Feierns nach einem Spiel: ein Mitsing-Mannschaftslied zu dem Hit «No Stress» des französischen Tribal-House-DJs Laurent Wolf. Schwer vorstellbar, was für einen Reim sich Sir Bobby Charlton — ehemaliger United-Spieler und Nationalspieler bei Englands Weltcup-Sieg im Jahre 1966 — darauf gemacht hat.

Im Erdgeschoss begegne ich dem 17jährigen Danny Welbeck, einem Reservespieler von United; er läuft irgendwie verlassen in der Hotellobby herum. Der Bus ist offenbar vor einer halben Stunde ohne ihn abgefahren und hat einen winkenden Cristiano Ronaldo und einen stummen Wayne

Rooney mitgenommen. «Es war nur eine kleine Party», sagt Welbeck. Warum hat er den Bus verpasst? «Ich bin erst vor fünf Minuten aufgewacht.» Und wie war die Feier? «Wir waren natürlich richtig glücklich, wie man sieht», sagt er, bevor er sich anschickt, einen Fahrer aufzutreiben.

«Es war eine tolle Party», erzählt Sergei, einer der Kellner. «Es gab eine Drei-Mann-Liveband. Wir hatten eine Disko, mit einem Mix aus 1980er-Jahre-Musik und modernen Stücken. Ich habe den Wein ausgeschenkt. Die Spieler haben getrunken und gesungen. Wir haben auch ein Buffet aufgetragen.» Andere berichten, wie Rio Ferdinand — Abwehrspieler bei United — auf dem Balkon erschien; er begann zu klatschen, die Fans versammelten sich draußen und sangen «Manchester la la la».

Ein anderer Kellner, Wjatscheslaw, weist darauf hin, dass die Russen an exzessives Feiern und Gebaren gewöhnt seien. Neben ihm füllen sich Müllsäcke bis obenhin mit leeren Bierflaschen. Arbeiter entfernen das welkende Blumendekor in Rot, der Farbe von Manchester United. «Ihr Briten trinkt viel», sagt Wjatscheslaw. «Aber wir Russen trinken noch mehr. Du hättest mal sehen sollen, wie es hier nach der Silvesterparty aussah.»

Das Meer ist Postkartenblau. Unten am schwarzen Kieselstrand schlendern Touristen über eine breite Promenade. In dem Außenbecken meines Hotelpools bewegen sich Brustschwimmer auf und ab. Von meinem Sitzplatz auf einer Bank in einem subtropischen Garten aus gesehen sind es winzige Figuren in einem azurblauen Rechteck. Mein Hotel ist das Schemtschuschina, die «Perle». Der Name klingt wunderschön auf Russisch. Seine Architektur ist allerdings spektakulär hässlich: Es ist eins der klotzartigen Sowjetbauwerke entlang der Küste des Schwarzmeer-Badeort Sotschi.

Sotschi ist Putins liebster Ferienort. Es ist ein Ort, dem er emotional verbunden ist. Wenn Peter der Große St. Petersburg als seine nördliche Hauptstadt hatte, so hat Putin sein Sotschi, seine gesunde Spielwiese im Süden. Sotschi ist Austragungsort der Olympischen und der Paralympischen Winterspiele 2014. Es wird Russlands größtes und wichtigstes Sportereignis seit den Olympischen Spielen 1980 in Moskau. Hinter Sotschi liegt das Kaukasusgebirge mit ihren schneebedeckten Gipfeln, den höchsten in Europa. Hier, in dem Ferienort Krasnaja Poljana, werden die Skiwettläufe und die anderen olympischen Wettbewerbe stattfinden, mit Teilnehmern und Zuschauern, die zwischen alpinen Gipfeln und der Küste pendeln werden.

Mit seinen Sanatorien und Kurbädern ist Sotschi seit Sowjetzeiten ein beliebter Urlaubsort. Die Kreml-Chefs kamen her, um sich zu erholen. Stalin besaß hier mehrere Datschen, einschließlich einer an der verträumten, abgelegenen abchasischen Riviera. Auch Putin hat hier seine Paläste — einen offiziellen und einen inoffiziellen, von dem 2010 auf einer russischen Enthüllungs-Website Fotos auftauchten.

Nach der Entscheidung des Internationalen Olympischen Komitees, die Winterspiele in Russland stattfinden zu lassen, brach in Sotschi eine regelrechte Bauwut aus. Viele dieser Neubauprojekte sind umstritten. Umweltschützer beschuldigen die Behörden, Umweltstandards zu missachten. Sprecher von nationalen Minderheitenorganisationen protestieren ebenfalls. Vertreter der tscherkessischen Minderheit appellieren an Moskau, den von der zaristischen Armee im Jahre 1864 an ihnen verübten «Genozid» anzuerkennen. Einige der Opfer wurden in Gräbern beigesetzt, die in der Nähe der Baustelle der geplanten Wintersportanlage in Krasnaja Poljana liegen, beschwerten sich die Tscherkessen; ohne Erfolg.

Ich fliege im April 2009 nach Sotschi. Es ist der Monat vor dem Finale der Champions League. Anlass meiner Recherchen in Sotschi ist die anstehende Bürgermeisterwahl. Für einen kurzen Moment sieht es so aus, als könnte dies ein wirklich fairer Wettbewerb werden, anders als die manipulierten Abstimmungen, an die sich die russischen Wähler längst gewöhnt haben. Entgegen jeder Erwartung kann sich der Oppositionsführer Boris Nemtsow, Autor eines oppositionellen Pamphlets mit dem Titel *Putin: Eine Abrechnung*, als Kandidat registrieren.

Die übrigen der etwa 20 Hoffnungsträger für das Bürgermeisteramt sind ein buntgemischter Haufen. Zu ihnen gehören Alexander Lebedew, Zeitungsbesitzer und gescheiterter Kandidat für das Bürgermeisteramt in Moskau; die Ballerina und Klatschpressenfavoritin Anastasija Wolotschkowa; der Pornostar Jelena Berkowa; und ein paar einheimische Rentner. Andrei Lugowoi, Litwinenkos mutmaßlicher Mörder, kündigt an, er werde sich ebenfalls zur Wahl stellen, zieht seine Kandidatur dann aber zurück. Der Kandidat des Kremls und der Partei Vereintes Russland ist Anatoli Pachomow. Pachomow ist Sotschis regierender Bürgermeister, ein ehemaliger Traktorfahrer.

Es dauert nicht lange, bis ich herausgefunden habe, dass all das nichts als demokratische Fassade ist. In Wirklichkeit betreibt der Kreml seine üblichen Wahlmanipulationen. Ich treffe mich mit Nemtsow, der einmal Vize-Regierungschef war, in einem Sanatorium, wo er zu einer Gruppe einheimischer Arbeiter spricht. Er ist braungebrannt, gutaussehend und selbstbewusst, trägt ein enges Paar Jeans und ein schwarzes Jackett; es ist offensichtlich, dass Nemtsow vor allem bei seinen weiblichen Zuhörern gut ankommt. (Später erfahre ich, dass er vier Kinder von vier verschiedenen Frauen hat.)

Er ist in Sotschi aufgewachsen. Unabhängige Umfragen zeigen, dass er in einer fairen Abstimmung durchaus einen bedeutenden Teil der Stimmen auf sich vereinen könnte.

In panischer Angst, dass ihr Kandidat verlieren könnte, verhindern die Behörden, dass Nemtsow in lokalen TV-Sendern und Zeitungen erscheint. Nationale Sender boykottieren Berichte über die Wahlen in Sotschi, in denen Nemtsow auftritt. Er und andere Oppositionskandidaten sehen sich Einschüchterungen, Bestechungsvorwürfen und anderen bizarren Taktiken ausgesetzt; in der Woche vor meiner Ankunft an der Schwarzmeerküste schüttet ein Anhänger der kremltreuen Jugendorganisation Naschi Nemtsow mit Ammoniak versetzte Cola ins Gesicht, woraufhin dieser im Krankenhaus behandelt werden muss.

Ich interviewe Nemtsow auf dem Weg zu einem Wahlkampfauftritt. Wir sitzen zusammen auf der Rückbank eines rostigen gelben Minivans, der sich Sotschis steile Hügel hinauf schleppt. Nemtsow sagt, dass die Olympischen Spiele von zweifelhaftem Nutzen für die Bewohner seien, und dass die verschiedenen Wettkämpfe auch auf andere russische Städte verteilt werden sollten, vor allem auf solche, in denen es mehr Schnee gibt.

Etwa 2 600 Bewohner werden aus ihren Häusern vertrieben, um Platz für das Olympische Dorf zu machen. Die Spiele werden Russland sechs Milliarden Dollar kosten — dreimal mehr, als erfolgreiche Olympische Winterspiele bislang gekostet haben. Die immensen Zusatzkosten könne man mit Korruption und «Banditentum» erklären, sagt Nemtsow. Der Wahlkampf wurde durch himmelschreiende Provokationen behindert, sagt er – jemand habe beispielsweise 5 000 Dollar auf sein Bankkonto eingezahlt, um gezielt gegen das Wahlrecht zu verstoßen. «Das war kriminelles Geld oder FSB-Geld», vermutet er.

Nemtsow erzählt, dass mehrere Oligarchen, die eigentlich versprochen hatten, die Olympischen Spiele in Sotschi zu finanzieren, wegen der Finanzkrise bisher noch kein Geld hätten fließen lassen. So hatte Deripaska angekündigt, ein neues Terminal für den Flughafen der Stadt zu bauen. Bisher stehe dort aber nur eine leere Hülle. Als ein Inspektionsteam des Internationalen Olympischen Komitees einflog, heuerten panische Verwaltungsmitarbeiter Lehrer an, die sich als Passagiere ausgeben sollten. Sie wurden angewiesen, sich in dem halbfertigen Terminal herumzutreiben und Touristen zu spielen. Eine «Touristin» erzählte der Delegation, sie sei gerade auf dem Weg nach Bangkok – ziemlich unwahrscheinlich, da es keine Flüge von Sotschi nach Thailand gibt. Als das IOK wieder abreiste, wurden die Lichter einfach wieder ausgeknipst. Es war ein Kunststück, auf das Potemkin – der Prinz, dessen nach ihm benannte «Dörfer» Katharina die Große in die Irre führten – stolz gewesen wäre.

Nemtsows Versuche, in die russische Politik zurückzukehren, bleiben erfolglos. Bei den Wahlen 2011 weigern sich die Behörden, seine Freiheitspartei zuzulassen – die er gemeinsam mit dem ehemaligen Regierungschef und jetzigen Oppositionellen Michail Kasjanow gründete. Umfragen zufolge hätte die Partei Sitze gewonnen, wurde jedoch von den Duma-Wahlen im Dezember 2011 ausgeschlossen. Anderen Oppositionsgruppen, die sich ebenfalls für die Wahlen registrieren wollten, erging es ähnlich. Im Sommer 2011 wendet sich Guennadi Timtschenko, dem Nemtsow vorgeworfen hatte, von seinen mutmaßlichen Verbindungen zu Putin zu profitieren, an den Föderalen Gerichtsvollzugsdienst. Er bittet ihn, Nemtsow mit einem Reiseverbot zu belegen. Der Dienst erlässt eine entsprechende Order. Da sich Nemtsow in Straßburg aufhält, soll er davon abgehalten werden, nach Russland zurückzukehren. Er fliegt trotzdem zurück, die Entscheidung wird zum internationalen Skandal und erinnert an die Methoden, die in den 1970er Jahren gegen störende Dissidenten angewendet wurden.

Später am Abend treffe ich Dmitri Kapsow. Kapsow ist Aktivist der Organisation Environmental Watch im nördlichen Kaukasus. Wir gehen auf ein paar Gläser zu «Tinkoffs», eine kleine, am Ufer gelegene Brauerei, die sich in die vielen Cafés und überteuerten Al-Fresco-Restaurants entlang Sotschis belebter Promenade einreiht. Kapsow ist leidenschaftlich politisch und sehr deutlich — eine Seltenheit in der apathischen jungen Generation Russlands. Einen Monat davor hatte Russlands Umweltminister Juri Trutnew unabsichtlich Kapsows Kampagne beflügelt, als er zugab, dass einige der olympischen Baustellen in den Bergen «scheußlich« aussähen.

Kapsow zufolge sind die Bauarbeiten ein Desaster — Bäume würden abgeholzt, Naturschutzbestimmungen missachtet und Sotschis Bärenpopulation bereits um ein Drittel dezimiert. Die Baufirmen holten so viel Sand aus der Msymta, die durch die Stadt fließt, dass das gesamte Ökosystem zerstört wurde. «Wir können eindeutig sagen, dass es schon jetzt eine Verringerung der Biodiversität gibt», sagt er. «Das Projekt ist dumm, vor allem in Zeiten von steigenden Preisen und steigender Arbeitslosigkeit.» Kapsow sagt, er hätte ein Protestschreiben an den Präsidenten des IOK, Jacques Rogge, geschickt. Rogge habe aber nicht geantwortet und stattdessen den Brief an Russlands Olympisches Organisationskomitee weitergegeben.

Am folgenden Nachmittag spreche ich mit Lebedew, der nach Sotschi geflogen ist, um seinen Wahlkampf für die Bürgermeisterwahl zu starten. Lebedew weist jeden Vorwurf von Dilettantismus ab und sagt, er sei zuversichtlich, er könne das Rennen «gewinnen». «Der Kreml ist unzufrieden mit den örtlichen Behörden und der Art, wie die Olympischen Spiele vorbereitet werden. Die Korruption ist ekelhaft», sagt er.

Lebedews Wahlkampfauftakt dauert allerdings gerade lange genug, um ein paar Hände zu schütteln und um sich von der russischen Boulevardpresse als «britischen Spion in Turnschuhen» bezeichnen zu lassen. (*Iswestija* nennt den Milliardär einen «Freak».) Kurz darauf schließt ein Richter Lebedew von der Wahl aus — eine Entscheidung, die Lebedew als «verrückt» bezeichnet. In seinem Blog vergleicht er die Wahlen in Sotschi mit denen in Simbabwe. Ein TV-Film beschreibt unterdessen Nemtsow als Agenten unter ausländischem Einfluss.

Die regionale Verwaltung bleibt auch nicht untätig — sie karrt tausende Lehrer, Ärzte, Soldaten und Mitarbeiter der Sanatorien früh zur

Wahl, eine Methode, die der Opposition zufolge dazu dient, die Wahlurnen zu befüllen. «Das sind keine echten Wahlen. Es ist die Begegnung eines Kreml-Kandidaten mit ein paar einheimischen Wählerstimmen», beklagt sich der Kandidat der Kommunistischen Partei, Juri Dsaganija. «Unsere Plakate werden nachts im Dunkeln abgehängt. Wir können kein Material verteilen. Ich erscheine nicht im Fernsehen. Ich war noch nie in Simbabwe, aber der Vergleich ist nicht weit entfernt von der Realität.»

Die föderalen russischen Eliten scheinen den Schaden, den der Einsatz von «administrativen Ressourcen» — ein Euphemismus für Bestechung — während der Wahlen für den Ruf des Landes anrichtet, nicht weiter schlimm zu finden. Auch bei den Duma-Wahlen 2011 kommt es zu flächendeckendem Betrug, er löst die großen Straßenproteste aus. Moskau, wird mir klar, hat nur ein Anliegen: sicherzustellen, dass ein ausgewiesener Loyalist das Amt bekommt. Es geht vor allem um Macht. Doch es geht auch um Geld. Um viel Geld. «Putins Unterstützer haben ernsthafte finanzielle Interessen in Sotschi», sagt Nemtsows Wahlkampfmanager, Ilja Jaschin. «Für sie ist es wichtig, jemanden zu finden, der kontrolliert werden kann und in Sachen Korruption ein Auge zudrückt.»

Die Wahl ist noch in einer anderen Hinsicht interessant: Die Bewohner des nahegelegenen Abchasien dürfen mitwählen. Medwedews Entscheidung aus dem Jahre 2008, Abchasien anzuerkennen, gibt dem Territorium enormen Auftrieb, ebenso der separatistischen Führung, die in der charmanten Küstenstadt Sochumi ansässig ist. Abchasien profitiert von den olympischen Milliarden, die in seinen Vorgarten fließen. Man kann Moskaus Unterstützung für die winzige abchasische Nation allerdings kaum altruistisch nennen. Das winzige Gebiet ist für Russland von strategischem Wert. Es verfügt über einen Tiefseehafen, 900 Millionen Barrel Öl auf dem Festland und vermutlich noch weitaus größere Ölvorkommen vor der Küste. Moskauer Baufirmen, die die olympischen Anlagen in Sotschi bauen, nutzen außerdem abchasische Ressourcen.

Das erzürnt natürlich die Georgier. Sie fordern einen globalen Boykott der Olympischen Winterspiele 2014, ähnlich dem US-geführten Boykott der Moskauer Olympiade von 1980 nach dem Einmarsch der Sowjetunion in Afghanistan. Trotz der Sympathien der EU für Georgien gibt es wenig Aussicht, dass dieser Aufruf viele Unterstützer finden wird. Georgische

Abgeordnete sagen, es sei unmoralisch für ein Land, das ein benachbartes Territorium besetze, ein Sportereignis wie die Olympischen Spiele weniger als zehn Meilen von dem besetzten Gebiet entfernt auszurichten. Sie verweisen auch auf eine andere, weitaus realistischere Gefahr für die Spiele — dass nämlich jihadistischer Terror in seiner ganzen Bandbreite aus dem Nordkaukasus nach Sotschi schwappen könnte.

2008 bin ich in Abchasien. Die Reise findet vier Monate vor dem Ausbruch des Kriegs in Georgien statt, inmitten beunruhigender Spannungen zwischen Georgien und seiner abtrünnigen Provinz. Abchasien ist eine Offenbarung: Etwa 150 Meilen breit, wirkt es wie ein verschlafenes Küstenparadies. Es gibt dort Mandarinenhaine, Eukalyptusbäume und Kiesstrände. Wie in Sotschi machten hier sowjetische Arbeiter Urlaub, erholten sich in den dafür gebauten Sanatorien entlang der schwindelerregenden Steilküste.

Die abchasische Grenze liegt nur eine 45minütige Taxifahrt aus dem Stadtzentrum von Sotschi entfernt. Ich gehe zu Fuß über die Grenze und steige wieder in ein Taxi, ein allgegenwärtiger Schiguli — der russische Name für einen Lada. Innerhalb von 30 Sekunden, nachdem wir auf der von Schlaglöchern übersäten Straße losgefahren sind, hält uns ein abchasischer Verkehrspolizist an und fordert Schmiergeld. Widerwillig drücke ich ihm ein paar Scheine in die Hand. Die wirtschaftliche Isolation hat Abchasien von der Außenwelt abgeschnitten. Es gibt keine Geldautomaten — man muss russische Rubel mitbringen. Auch gibt es kaum Transportmöglichkeiten: Eine einzige Zugverbindung führt erratisch mit ihren rotorangenen, rostigen Schienen an zerfallenden klassizistischen Bahnhöfen und Palmen vorbei.

Am Inguri — dem Fluss, der die Grenze zwischen Abchasien und dem von der georgischen Regierung kontrollierten Gebiet markiert — entdecke ich gelangweilte russische Soldaten. Sie sitzen in einem getarnten Bunker und beobachten die Einheimischen beim Überqueren der Brücke. Unten auf einer Sandbank im Fluss angeln Fischer mit selbstgebastelten Angelruten in dem bewegten türkisfarbenen Wasser nach Forellen. Während meines Besuchs fallen noch keine Schüsse — man hört nur das laute Quaken von Fröschen.

Die Straße hinauf liegt das ländliche Grenzdorf Dichasurga. Hier laufen Kühe in den Walnusshainen umher. Doch viele der hübschen, von Glyzinien bewachsenen Häuser sind ohne Dach und stehen leer — sie wurden aufgegeben, als ihre Bewohner während des georgischen Bürgerkriegs 1992–93 zwischen Georgiern und den von Russland gestützten abchasischen Rebellen über den Fluss flohen. Bei einigen wachsen immer noch Narzissen im Vorgarten. Es ist, als seien die Besitzer nur mal kurz ausgeflogen.

Fast die Hälfte der abchasischen Bevölkerung — vor allem Georgier — ist während des Krieges vor knapp 20 Jahren geflohen. Tiflis will, dass die Flüchtlinge zurückkehren. Einige haben das getan. Abchasien wiederum sieht sich als Opfer der Bevölkerungspolitik Stalins, der — selbst aus Georgien — die Georgier hier ansiedelte, nachdem vorher die Osmanen und die Griechen eingefallen waren. Der Konflikt und die Tatsache, dass ihre idyllische Umgebung umstrittenes Gebiet ist, von Moskau semiannektiert und vom Westen gemieden, scheint die Bewohner weitgehend kalt zu lassen. «Wir essen einfach unser *fasol* [ein köstliches Bohnengericht], machen unsere Arbeit und schlafen», sagt Chwitscha Kobalia. «Die Politik überlassen wir Putin.»

Witali Mutko ist zuversichtlich. Ich treffe Russlands Sportminister im September 2010 in Moskau. Noch drei Monate wird es dauern, bis das Exekutivkomitee der FIFA in Zürich zusammenkommt, um zu entscheiden, wo die Fußball-WM 2018 stattfinden wird. Ich gehöre zu einer kleinen Gruppe von Journalisten, die zu einem Treffen mit Mutko im Luschniki-Stadion eingeladen sind. Mutko nimmt mich mit in die VIP-Loge; zusammen blicken wir in das Stadion und sein künstlich grellgrünes Spielfeld. Hier saß der Minister, als Russland die Engländer 2007 beim Europa-Qualifikationsspiel schlug. Alles hatte gut ausgesehen für England, erinnert er sich. «Alle waren miserabler Stimmung zur Halbzeit. Wir waren dabei, 0:1 zu verlieren. Aber ich habe vorausgesagt, dass wir zwei Tore schießen würden. Und das haben wir getan.»

Kurz vor der Entscheidung im Schweizer Hauptquartier der FIFA gelten die Bewerbungen von Russland und England als die beiden Favoriten. Die anderen — eine gemeinsame Bewerbung von Belgien und den Niederlanden und eine von Portugal und Spanien — werden als Außenseiter gehandelt. Mutko aber ist vorsichtig und vermeidet anmaßende Aussagen. «Selbstbewusstsein führt im Sport manchmal zu Tragödien», sagt er.

Die Russen scheinen mir dennoch sehr sicher, dass sie und nicht England siegreich aus dem undurchsichtigen Geheimwahlverfahren der FIFA hervorgehen werden. Woher nehmen sie diesen Glauben an sich selbst? Mutko sagt, sein Optimismus rühre von der Idee — der mächtigen Idee —, dass eine russische Weltmeisterschaft dynamischer, fesselnder und für die Nationen tiefgreifender sein werde als eine «sichere» — und vermutlich langweilige — englische. In der russischen Geschichte werde sie ein großer Moment sein.

Außerdem hat das Turnier vorher noch nie in einem Land des ehemaligen Ostblocks stattgefunden. Russlands Bewerbung passt perfekt zu dem erklärten Wunsch von FIFA-Chef Sepp Blatter, den Fußball in neue Teile der Welt zu bringen (und in neue lukrative Märkte). Ich frage Mutko, ob er glaube, dass Russlands Bewerbung attraktiver sei als die der Engländer. Er zuckt etwas zusammen, lässt dann seine Faust durch die Luft sausen und äußert ein triumphierendes und zustimmendes *da*. «Ich würde einfach dieses Land nehmen, Russland, und sagen: Hier wird so viel für den Fußball getan werden», sagt er.

Mutko sagt, dass ihn die Geschichten in der britischen Presse irritierten, die Russlands Probleme mit rassistischen Fans aufbauschen würden. (Anhänger von Lokomotive Moskau feierten den Wechsel von Peter Odemwingie zu West Bromwich Albion mit einem Spruchband, das eine Banane zeigte und auf dem «Danke, West Brom» stand.) Auch über Berichte über die weitverbreitete Korruption in Russland zeigt sich der Minister verärgert. Er glaubt, diese Themen würden böswillig übertrieben, um Russlands Bewerbung zu untergraben.

An jenem Abend gucke ich mir Russlands Qualifikationsspiel für die Europameisterschaft 2012 gegen die Slowakei an. Es findet im Moskauer Lokomotiv-Stadion statt. Laut Moskaus Bewerbung würden 2018 das Finale, das Halbfinale und das Eröffnungsspiel im Luschniki-Stadion abgehalten. Andere Spiele würden in einem nördlichen Cluster um St. Petersburg ausgetragen, desweiteren in einem Cluster entlang Europas längstem Fluss, der Wolga, und in einem südlichen Cluster, zu dem auch Sotschi gehört. Putin steht in enger Verbindung mit der russischen Bewerbung. Er hat neue Stadien versprochen, neue Trassen für Hochgeschwindigkeitszüge zwischen den Gastgeberstädten und neue Flughäfen.

Russland verliert wegen eines katastrophalen Torwartfehlers 0:1 gegen die Slowakei. Anschließend spreche ich mit Sergei Fursenko, dem Präsidenten der russischen Fußballunion. Fursenko trägt einen Anzug und einen Fanschal der russischen Mannschaft. Er gibt sich trotz des Sieges der Slowaken gnädig. Ich frage ihn nach der Bewerbung um die Fußball-WM 2018. Er antwortet mit quasi-mystischen Worten. Viele Fußballfans hätten nur eine vage Vorstellung davon, wie Russland wirklich sei, sagt er. Mit der Ausrichtung des Wettbewerbs wolle er Besucher nach Russland locken, damit diese die «russische Seele» erlebten. Er sagt: «Sie müssen vor den Russen keine Angst haben. Die Menschen sind sehr offen. Unsere Seele umarmt alles, auch Ausländer.»

Nach dem Spiel bin ich zu einem Abendessen mit Mitgliedern des Bewerbungskomitees für die Fußball-WM 2018 eingeladen. Wir sitzen in einem italienischen Restaurant in der Penthouse-Etage des frisch restaurierten Hotel Ukraina, einem stalinistischen Wahrzeichen mit Blick über das Weiße Haus und den Kutusowski-Prospekt. Die Sicht ist fantastisch, die *hors d'oevre* sind köstlich. Das FIFA-Inspektionsteam war gerade zu Gast in Moskau. Ich frage mich, ob die Delegierten den gleichen luxuriösen Parmesan gegessen haben.

Ich sitze Alexei Sorokin gegenüber. Sorokin ist der Vorsitzende des russischen Bewerbungskomitees — ein Ex-Diplomat, Ende 30, der perfekt Englisch und Französisch spricht. Sorokin ist ein überzeugter Vertreter der patriotischen Philosophie des Kremls — er glaubt, die WM werde die Art und Weise verändern, wie Russland von der restlichen Welt gesehen wird, und werde es dem Land erlauben, seinen «verdienten Platz» am internationalen Tisch wieder einzunehmen. Sorokin kommt mir vor wie der Prototyp eines Apparatschiks. Er ist clever und kann sich gut ausdrücken — aber auch abfällige Bemerkungen über London machen, das, wie er sagt, «eine zu hohe Kriminalitätsrate» habe.

Sorokin glaubt, der massenhafte Besuch von Fußballfans werde das negative und ungerechte internationale Image von Russland verbessern, ein, wie er meint, von den westlichen Medien geschaffenes Bild. «Wir würden endlich so gesehen, wie wir es verdienen, gesehen zu werden. Die

Vorurteile gegen uns hätten ein Ende», sagt er. Das Turnier wäre auch eine Gelegenheit zu zeigen, was Russland seit dem Ende des Kommunismus «in Rekordzeit» erreicht habe.

Ein anderes Mitglied des Bewerbungskomitees spricht in ebenso markigen Worten über Russlands Ambitionen. Links neben Sorokin sitzt Alexander Djordjadse, Planungsdirektor des Bewerbungskomitees. Djordjadse sagt, die Weltmeisterschaft werde ein Ereignis historischen Ausmaßes für Russland, auf einer Stufe mit dem Zweiten Weltkrieg und dem Sieg über Nazideutschland.

Er wendet sich direkt an mich: «Großbritannien hat alles. Ihr habt die Welt regiert. Ihr habt den Fußball erfunden. Ihr habt die reichste Liga. Ihr seid solide und stark als kulturelle Einheit. Wir haben das ganze 20. Jahrhundert große Opfer gebracht. Die WM wird uns helfen, ein neues Volk und eine neuen Nation zu schaffen. Es wäre eine politische Geste der FIFA, sie an Russland zu vergeben.»

Sorokins Aufgaben umfassen auch die Arbeit im Moskauer Rathaus, wo der Bürgermeister, Juri Luschkow, regiert. Luschkow ist nach Ansicht der meisten gewöhnlichen Russen in einen spektakulären Korruptionsfall und in das organisierte Verbrechen verwickelt. (Ein Verdacht, der auch in einer *WikiLeaks*-Depesche der US-Botschaft erwähnt wird; dort heißt es, der Bürgermeister habe an der Spitze einer «Pyramide der Korruption» gestanden.) Ob es nicht peinlich sei, dass der Bürgermeister der potentiellen Gastgeberstadt der Fußball-WM bekannt sei für seine zwielichtigen Deals, frage ich. Meine Frage kommt nicht gut an. Sorokin lässt durchblicken, dass Luschkow nicht mehr lange im Amt bleiben werde — tatsächlich wird er drei Monate später abgesetzt. Doch über den Korruptionsverdacht schweigt er sich aus. Djordjadse ist sichtlich verärgert. «Gehören Sie zu Nemtsows Leuten?», fragt er.

In den nächsten paar Wochen vergesse ich das anstehende FIFA-Votum. Allerdings werden immer mehr Korruptionsfälle angeprangert, in die auch FIFA-Mitglieder verwickelt sind. Anfang November bekomme ich eine mysteriöse E-Mail. Ihr Absender, «Alex», sagt, er sei im Besitz von vertraulichen Dokumenten, die die russische WM-Bewerbung beträfen. Die Dokumente seien als streng vertraulich und «nur für den internen Gebrauch» gekennzeichnet. Alex behauptet, sie beschrieben, «wie russische Regierungsbeamte mit Mitgliedern des Exekutivkomitees der FIFA zusammenarbeiten könnten, wie durch diese Kanäle Mitglieder der FIFA beeinflusst und dazu gebracht werden könnten, die russische Bewerbung im Dezember zu unterstützen».

Diese E-Mail könnte echt sein. Oder eine Fälschung. Oder Desinformation. Oder eine Falle. Alex deutet an, dass er für seine Dokumente Geld will. Wir tauschen weitere E-Mails aus. Aber sein Material bekomme ich nie zu sehen. Ich bin entschlossen, meine eigenen unabhängigen Untersuchungen über Russlands WM-Bewerbung anzustellen, ein Vorhaben, das ich aber nicht umsetzen kann.

Die FIFA vergibt die Ausrichtung der WM 2018 an Russland. Die englische Bewerbung bekommt nur zwei Stimmen. Am gleichen Tag vergibt die FIFA erstaunlicherweise die WM 2022 an das trockene Wüstenemirat Katar. Die Korruptionsvorwürfe gegen die FIFA nehmen derweil derart zu, dass sie dich zu einer regelrechten Lawine entwickeln. (Die FIFA hat die Anschuldigungen stets hartnäckig geleugnet.)

Später frage ich Stanislaw Belkowski, ob Russland die WM gekauft habe.

Belkowski antwortet folgendermaßen: Der Kreml, das russische Bewerbungskomitee und hochrangige Fußballfunktionäre hätten alle schon eine Woche vor der geheimen Abstimmung der FIFA gewusst, dass Russland gewinnen werde. Nur England, in Zürich vertreten durch das unglückselige Trio David Beckham, David Cameron und Prinz William, wusste nichts davon, dass die FIFA bereits entschlossen war, Moskau den Zuschlag zu geben.

In meinen Augen ist Russland ein plausiblerer Gewinner als Katar. Und ich zweifle nicht daran, dass die WM 2018 ein Erfolg sein wird. Doch ich halte es auch für möglich, dass Russland und die FIFA — beides verschwiegene Oligarchien — eine gemeinsame Sprache gefunden haben könnten.

9

DAS NEUE BÜRGERTUM

Ich beobachte in Russland die Herausbildung eines neuen Bürgertums aus diesen unerprobten Massen, mit exakt den gleichen Fehlern und Lastern, die unseres hat.

ANDRÉ GIDE IN «EIN GOTT, DER KEINER WAR»

Unser Haus ist eine Oase inmitten des Moskauer Wahnsinns. Die Datsche liegt im Künstlerviertel Sokol. Maiglöckchen wachsen am Gartentor. Wilder Wein bedeckt einen großen Teil des Holzhauses; im Herbst färbt er sich scharlachrot. Wir haben sogar eine eigene Birke. Aus dem Fenster unseres Wohnzimmers blickt man in flirrendes Grün — eine Aussicht wie aus dem 19. Jahrhundert. Naja, beinahe: Ein abscheuliches orangenes Hochhaus ragt ins Bild.

Das Dorf wurde Mitte der 1920er Jahre gegründet, als frühes bolschewistisches Experiment in Sachen kollektives Wohnen. Seine Bewohner waren Bildhauer, Maler und Wissenschaftler. Viele der ursprünglichen Häuser wurden inzwischen abgerissen. Aber unsere Straße, die Brjullowa — benannt nach dem russischen Maler Karl Brjullow — ist noch unversehrt. Die Nachbarstraßen tragen die Namen von Lewitan, Repin, Wereschagin: Künstler des 19. Jahrhunderts, deren Bilder, Meisterwerke des Realismus, in Moskaus Tretjakow-Gallerie hängen. Auf Russisch sind sie als *peredwischniki* bekannt. Ich verliebe mich in ihre Arbeiten.

Unsere Nachbarn scheinen selbst einer russischen Leinwand entsprungen zu sein: Ein älterer Mann mit Solschenizyn-Bart lebt nebenan in einem verfallenen Holzverhau. Hinter uns lebt ganz zurückgezogen eine alte Dame. Ich habe sie nur einmal gesehen. Wir haben einen eigenen kleinen Garten, ein beinahe unerhörter Luxus in Moskau.

Ruskin und ich kicken einen Fußball auf dem Rasen umher; wir hängen ein Vogelhäuschen in unseren Pflaumenbaum; ab und an kommt ein wunderschön gescheckter Buntspecht zu Besuch.

Einmal spaltet ein Sturm den roten Zuckerahorn, der neben unserer Garage mit dem lilafarbenen Dach wächst. Ruskin klettert auf den gespaltenen Baumstumpf und rettet eine verschollene Frisbeescheibe. Der Frühling beginnt in Moskau spät. In unserem Garten erblühen explosionsartig rote Tulpen. Es geht uns gut. Die meisten Moskauer leben in primitiven Wohnungen aus der Sowjetära. Aus Sicht der reichen Russen gibt es allerdings prächtigere Orte zum Leben — weit prächtigere.

Vögel zwitschern lieblich im Hintergrund, während mir Aras Agalarow erklärt, warum er sich entschieden hat, eine Wohnsiedlung für Russlands Superreiche zu bauen. Er steht neben einer gewaltigen klassizistischen Villa, an der die Arbeiten so gut wie abgeschlossen sind; den schlammigen Weg ein Stück hinunter erhebt sich ein schottischer Herrensitz in seiner ganzen Pracht über einem Streifen neu gepflanzter Birken. «Die Menschen, die hier leben werden, teilen einen eher konventionellen sozialen Status», sagt Agalarow. «Aber es gibt bestimmte Regeln. Ein potenzieller Käufer hatte einen afghanischen Hirtenhund. Wir erlauben keine großen Hunde auf dem Grundstück. Also habe ich ihm kein Haus verkauft.» Er schmunzelt. «Können Sie sich das vorstellen? Ich habe 30 Millionen Dollar wegen eines Hundes verloren!»

Agalarow ist milliardenschwerer Bauunternehmer. Und er ist ein Mann mit einer Vision: die exklusivste Wohngegend in Russland, wenn nicht auf der ganzen Welt zu schaffen. Russlands neue Milliardärs-Elite soll hier glücklich zusammenleben. Agalarow beschreibt sein Projekt als eine Art utopisches soziales Experiment — eins ohne arme Menschen. «Ich habe all diese Bäume gepflanzt, um das Dorf dort drüben zu verstecken», sagt er und deutet über einen Zaun hinweg auf eine Reihe von heruntergekommenen Datschen. Die Siedlung entsteht auf einem von Tannen und weißer Kamille übersähten 344-Hektar-Gelände in der Istra-Region außerhalb Moskaus. Bei meinem Besuch sind einige Häuser bereits fertiggestellt.

Mit ihren geriffelten Säulen und laubverzierten Kapitellen haben manche von ihnen Anleihen bei den alten Griechen gemacht; andere sind in kühnem gothischen Stil erbaut, mit Türmen und massiven Steinmauern. Ich schaue mir eine eindrucksvoll mit Illusionsmalerei verzierte Decke an, das Werk eines angehenden Michelangelo; Säulen und Balustraden gibt es zu bestaunen. Kein Haus gleicht dem anderen. Auf dem Gelände befinden sich außerdem ein 18-Loch-Golfparkour und eine exklusive Privatschule. Es gibt 14 künstliche Seen, Wasserfälle und ein Spa mit Strandbad und eigens herantransportiertem weißen Sand.

Zwischen 150 und 250 Villen wolle er bauen, erzählt mir Agalarow. Jede wird zwischen 10 und 15 Millionen Pfund kosten. Dafür bekommt man 2 000 Quadratmeter Wohnfläche, einen Swimmingpool mit Salzwasser und die Garantie, dass man die «richtigen» Nachbarn hat. Und auch die richtige Art von Steinen: Agalarow hat nicht nur einen amerikanischen Landschaftsdesigner angeheuert, er hat auch noch drei Millionen Euro in Steine investiert. An einem der Seen ist ein Heer von Arbeitern beschäftigt. Es sind keine Russen, stelle ich fest, sie kommen aus den verarmten Randgebieten des Sowjetreiches — Tadschikistan und Belarus — und aus dem Nachbarland China.

Über riesige Geldmengen zu verfügen reicht jedoch nicht aus, um hier ein Eigenheim zu erwerben. Potenzielle Käufer müssen sich einem persönlichen Bewerbungsgespräch mit Agalarow unterziehen. Sie müssen ein 30seitiges Dokument unterzeichnen, in dem sie zustimmen, dass sie sich an Agalarows eigene, zum Teil exzentrische, Regeln halten werden. Es ist den Bewohnern untersagt, Wäsche aufzuhängen, Modernisierungsarbeiten an den Häusern vorzunehmen, Feuerwerke zu veranstalten und aus den Fenstern auf Vögel zu schießen. Hinzu kommt, dass alle Bodyguards in kleine Häuser mit Billardtischen am Rande der Community verbannt werden. «Die meisten Familien haben fünf oder sechs Bodyguards. 200 Familien bedeutet 1 000 Bodyguards», begründet Agalarow seine Überlegungen.

Agalarow wurde in Baku geboren, der Hauptstadt Aserbaidschans. *Forbes* sieht ihn in der Liste der reichsten Menschen der Welt auf Platz 962. 2011 gab es in Russland 101 Dollar-Milliardäre — mehr als in jedem anderen Land mit Ausnahme der Vereinigten Staaten. Das Magazin schätzt Agalarows Vermögen auf 1,2 Milliarden Dollar. Wie er mir erzählt, liegt sein wirkliches Vermögen eher bei 10 Milliarden Pfund — viele der russischen Oligarchen, sagt er, sind beträchtlich reicher als offizielle Schätzungen besagen.

Viele von denen, die hier ein Grundstück erwerben, sind durch den Rohstoffboom reich geworden, der kurz nach 2000 begann, als Putin Präsident wurde. Ihr Wohlstand ist mit dem Anstieg der Öl- und Gaspreise verbunden. Einige, bemerkt Agalarow, sind gut vernetzte Kremlbürokraten, mit Häusern in Kensington oder Südfrankreich und Einkommensquellen, über die nur gemutmaßt werden kann. Seine eigene Frau und seine Tochter leben in den Vereinigten Staaten, sagt Agalarow. Er selbst empfinde den Sog Russlands aber als zu stark, um seine Zelte im Ausland aufzuschlagen. «Meine Arbeit ist hier. Mein Leben ist hier. Mein ganzer Bekanntenkreis ist hier.»

Agalarow fährt mich mit einem britischen Land-Rover durch seine neue Milliardärs-Siedlung. Wir erreichen das Dörfchen Woronino, das an den Wasserrand des Geländes angrenzt. Es ist das einzige Hindernis, das Agalarows Vision eines proletarierfreien Paradieses noch im Wege steht. Er hat es geschafft, 14 der 28 Häuser zu kaufen, mit der Absicht, sie niederzureißen. Doch der Mann in Haus Nummer 54 — einem baufälligen Backsteinhäuschen — weigert sich, zu verkaufen, obwohl man ihm eine Million Dollar anbietet. Agalarow ist zuversichtlich, dass er sich durchsetzen wird. Letzlich ist es doch das Geld, das sich durchsetzt, hier, in der nassforschen Welt des russischen Kapitalismus. «Am Ende wird er verkaufen.»

Neben seinem exklusiven Wohngebiet ist Agalarow unter anderem der Eigentümer von Russlands größtem Ausstellungsgelände. Es liegt im Nordwesten Moskaus, gleich neben dem tosenden äußeren Stadtring. «Crocus Expo» ist der Veranstaltungsort für eines der schamlosesten jährlichen Events in Moskau — der Millionärs-Messe. Ein niederländischer Unternehmer, Yves Gijrath, hat die Messe ins Leben gerufen, die auch in Amsterdam und Shanghai stattfindet, in Moskau bereits zum achten Mal.

Die Logik eines gigantischen Einkaufszentrums für reiche Russen ist unwiderstehlich: «Russische Kunden kaufen gern, leben gern und geben gern Geld aus», erzählt mir Gijrath, als ich ihn 2008 besuche. Russen haben eine andere, eher verschwenderische Haltung zum Konsum als Europäer, sagt er. «Es ist die gleiche historische Situation wie in jeder neuen Ökonomie. So war es in den Vereinigten Staaten in den 1950er, in Saudi-Arabien in den 1970er und in Japan in den 1990er Jahren.»

Auf der Messe werden Dinge zum Verkauf angeboten, die dazu angetan wären, Karl Marxens Bart abfallen zu lassen — Golfstrom-Jets, Strandvillen, Designerskier und einen 4 000-Dollar-Rasenmäher. In der Nähe des Eingangs zur «Crocus Expo» schenkt eine junge Frau Laurent-Perrier-Champagner aus, während sie kopfüber in einem Reifen hängt. Ich erfahre, dass Russlands 103 000 Millionäre die Veranstaltung umsonst besuchen dürfen. Nicht-Millionäre dürfen auch teilnehmen, vorausgesetzt, sie lassen 64 Dollar für ein Eintrittsticket springen und erscheinen angemessen gekleidet, im Smoking oder Kleid.

Viele der Anwesenden sind jung, hübsch, weiblich und im Cocktailkleid. Obgleich selbst nicht millionenschwer, sind sie, so scheint mir, ziemlich wild darauf, einen Millionär kennenzulernen. «Ich suche nicht nach einem reichen Ehemann. Ich suche jemanden mit einer ausgeprägten Persönlichkeit», versichert die 26jährige Irina, während sie Fotos von ihrer Freundin Olga auf dem Rücksitz eines Aston Martin macht. (Der Aston ist mit 11 637 795 Rubeln eingepreist — knapp 300 000 Pfund.) Sie denkt ein paar Sekunden nach und sagt dann: «Aber wenn es ein Oligarch mit ausgeprägter Persönlichkeit wäre — auch in Ordnung.»

Ich gehe weiter in die höhlenartige Halle hinein und stoße auf eine exklusive deutsche Zahnklinik, einen Bildhauer, der weibliche Akte ausstellt, und eine Boutique, in der iranische Seidenteppiche verkauft werden. Es gibt auch einen 12-Millionen-Euro-Helikopter, komplett mit Innenausstattung von Versace. Etwas mehr nach meinem Geschmack ist eine Firma, die Luxus-*banias* vertreibt. Für 300 000 Dollar kann man eine russische *bania* — ein Dampfbad — bekommen, eingebaut in ein gemütliches Blockhaus im Garten.

In Moskau gehe ich häufig in die *bania*, zusammen mit meinen britischen und russischen Freunden. Es ist ein stimulierendes, geradezu süchtig machendes Erlebnis. Ein- oder zweimal probiere ich auch aus, mich auf russische Art selbst zu schlagen, mit Birkenzweigen, die man als *veniki* kennt. Meine Lieblings-*bania* liegt in der Nähe der Metrostation 1905. Sie ist viel günstiger als das berühmte Sanduni-Badehaus, wo die Reichen der Hauptstadt gern hingehen — auch wenn mir dort einmal jemand meine Saunakappe stibitzt hat. Es geht das Gerücht, dass der FSB einen Agenten damit zu beauftragen pflegte, eine *bania*-Gruppe von amerikanischen Korrespondenten zu infiltrieren. Im Dampf ist es natürlich schwierig, festzustellen, wer gerade zuhört.

Einen großen Teil der Millionärs-Messe machen Luxusjachten aus. Die Liebe der Oligarchen zu ihren Jachten liefert Stoff für Boulevard-Schlagzeilen; ich klettere an Bord einer der größeren — eine schnittige, weiß gestrichene «Prinzessin». Das Boot wurde in Plymouth gebaut und wie ein neureiches Londoner Penthouse ausgestattet — komplett mit Plasmafernseher, gemütlichen Doppelbetten und einer Kochnische. (Das einzige, was fehlt, denke ich, ist ein britischer Politiker.)

Der russische Verkäufer der «Prinzessin», Jewgeni Kochmann, sagt, dass die Geschäfte bemerkenswert gut gehen — und dass es eine Warteliste für das Modell gibt, auf dem ich stehe und das eine Million Pfund kostet. Müssten die Russen angesichts des verheerenden Zustands der Beziehungen zwischen Großbritannien und Russland nicht Angst davor haben, britische Produkte zu kaufen? «Die politischen Beziehungen sind schlecht, das stimmt. Aber die zwischen Russen und Briten sind in Ordnung. Wir kaufen eure Jachten, und ihr kauft unser Gas», sagt Kochman. Einer seiner Kunden sei Chelsea-Eigentümer Roman Abramowitsch gewesen, erzählt er und versichert eilig: «Das ist lange her. Heute hat er ein größeres Boot.»

Es ist eine Binsenweisheit, dass Politiker Schmiede ihres eigenen Glücks sind. Doch nach einem desaströsen Jahrzehnt in den 1990er Jahren, als Russlands Wirtschaft am Boden lag, hatte Putin das Glück, genau in jenem Moment an die Macht zu kommen, als die Ölpreise zu steigen begannen. Binnen kurzer Zeit erfreute sich der Kreml einer Phase verblüffender Prosperität. Während der Präsidentschaft Putins erholte sich das Wirtschaftswachstum eindrucksvoll, im Schnitt betrug es sieben Prozent pro Jahr. Es gab ökonomische Stabilität, es gab fiskalische Disziplin, Liberale übernahmen Schlüsselpositionen. Moskau zahlte seine Auslandsschulden ab, Putin zufolge ein Symbol für die erniedrigende Schwäche des Landes während der Jelzin-Ära, als Moskau gezwungen war, in Sack und Asche beim Internationalen Währungsfonds vorzusprechen. Als die Rohstoffpreise in die Höhe schossen, saß Russlands Finanzministerium plötzlich auf einem riesigen Geldberg. Dieses Geld wurde in einen «Stabilisierungsfonds» gesteckt, der 2008 über 157 Milliarden Dollar verfügte. Ein Stück von diesem plötzlichen Reichtum bekamen auch die einfachen

Russen ab: Der Lebensstandard stieg, das Durchschnittseinkommen verdoppelte sich unter Putin — ausgehend von einem mageren Wert von unter 400 Dollar monatlich.

Dieser Anstieg ist ein entscheidender Faktor, um Putins Beliebtheit während der ersten zwei Präsidentschaften zu verstehen. Nach dem globalen Wirtschaftscrash im Jahre 2008 begannen Putins Umfragewerte — immer noch beeindruckend hoch — zu sinken. Die Staatsbudgets standen plötzlich unter enormem Druck, als der Ölpreis von 147 auf 50 Dollar pro Barrel sank. Die Inflation stieg an, befeuert durch massive Korruption und Monopolbildung.

Während die normalen Arbeitnehmer damals einen nur geringfügigen Anstieg ihres Lebensstandards erlebten, wurden gut vernetzte Bürokraten und andere Machtinsider schwindelerregend reich; sie konnten sich einen Lebensstil leisten, den sich ihre Vorgänger nur erträumen konnten. «Es ist der wahr gewordene Traum eines jeden alten kommunistischen Apparatschiks», sagt Jewgeni Kiseljow, der frühere NTV-Chef. «Sie [Russlands Bürokraten] können alles Geld der Welt verdienen, ins Ausland reisen und sich Grundstücke und Häuser am Mittelmeer, in Westeuropa oder auf griechischen Inseln kaufen. Niemand erwartet von ihnen, dass sie sich in ihrem Privatleben korrekt verhalten. Sie können sich scheiden lassen und eine jüngere Frau heiraten. Der einzige Preis, den sie zahlen müssen, ist Loyalität zum Chef. Wenn man sich an diese Regeln hält, stört einen niemand bei finanziellen Angelegenheiten.»

Kiseljow zufolge sind die Privilegien der Bürokraten von heute Teil eines größeren Sozialpaktes zwischen Herrschern und Beherrschten: «Putinismus ist eine Praktik in der modernen Politik, die auf einer Art von New Deal zwischen Macht und Menschen basiert. Wir erlauben dir, zu tun, was du willst. Du erlaubst uns, zu regieren, wie wir es wollen. Die Grundlage ist Korruption, die vollständige Abwesenheit jeglichen Respekts für bestimmte humanistische und demokratische Werte, und außerdem Heuchelei und Doppelmoral.» Er zitiert eine berühmte Maxime des Autoritarismus: «Für meine Freunde: alles! Für meine Feinde: das Gesetz!»

Das augenfälligste Anzeichen für Korruption sind für den Oppositionspolitiker Wladimir Ryschkow die Milliarden, die jährlich von Russen in London ausgegeben werden — allein 2006 waren es 20 Milliarden Pfund. Die Russen bilden heute eine der größten ausländischen Gemeinden in London; die geschätzten Zahlen schwanken zwischen 200 000 und 400 000. Ryschkows Angaben zufolge handelt es sich bei 60 Prozent derjenigen, die Immobilien in der britischen Hauptstadt erwerben, um «Bürokraten aus Moskau». Ungeachtet der offiziellen Gehälter von 1 000 Dollar monatlich sind sie in der Lage, sich Wohnungen im vornehmen Londoner Stadtteil Belgravia zu leisten und ihre Kinder auf teure Privatschulen zu schicken. «Russische Bürokraten haben ihre Häuser und Familien in London, und ihre Kinder gehen nach Cambridge und Oxford. Sie verwahren ihr Geld außerhalb Russlands, weil keiner von ihnen an Russland oder an die offiziell verkündete Stabilität glaubt. Alle wissen, dass es mit dieser Stabilität täglich vorbei sein könnte. Es handelt sich also um eine ziemlich seltsame politische Klasse.»

Ryschkow bezeichnet diese Klasse als «*offshore*-Aristokratie». Ihre Tausende von Mitgliedern verdienen ihr Geld in Russland, ziehen es aber vor, außerhalb des Landes zu leben; für sie ist das Vaterland eine Art Kolonie. Ihr Wohlstand ist nicht unternehmerisch erarbeitet, sondern das Ergebnis von undurchsichtigen Schmiergeldsystemen, so Ryschkow. «Sie verdienen ihr Geld nicht wie ein Bill Gates, indem sie etwas produzieren, sondern indem sie Bestechungsgelder annehmen, die aus den Einnahmen aus dem Öl- und Gasgeschäft stammen.»

In der Theorie glauben hochrangige Regierungsvertreter daran, dass Russland seinen Status als Großmacht wieder erlangen und «souveräne Demokratie», wie das offizielle ideologische Leitlinie des Kremls lautet, verbreiten werde. In der Praxis aber, sagt Ryschkow, haben diese Beamte eine weit schlichtere Mission: an der Macht bleiben, Bestechungsgelder kassieren, dieses Geld aus Russland hinaustransferieren, Häuser außerhalb Russlands kaufen und ihren Kindern eine Zukunft im Ausland ermöglichen. «Die heutige politische Klasse ist zynisch und korrupt. Aber vielleicht sind das gute Nachrichten für den Rest der Welt: Russland hat, anders als in der Vergangenheit, keine globalen Ambitionen mehr.»

Ryschkows Hintergrund ist der eines Historikers. Er erzählt mir, dass es einen direkten Zusammenhang zwischen Russlands politischem System und dem Ölpreis gibt. Wenn der Preis niedrig ist, sagt er, ist der Kreml reformbereit. Wenn der Preis hoch ist, dann ist es Zeit, das traditionelle autokratische Regierungssystem wiederherzustellen. Er vergleicht die Putin-Jahre mit denen von Leonid Breschnew in der Mitte der 1970er Jahre — noch eine friedliche autokratische Periode, die durch einen Rohstoffboom gefördert wurde, aber zu lange andauerte und in politischer und wirtschaftlicher Stagnation mündete: «Es war das goldene Zeitalter von Breschnews Sowjetunion. Nun haben wir wieder ein goldenes Zeitalter des traditionellen Autoritarismus, weil die Öl- und Gaspreise hoch sind und wir eine Menge Geld haben. Das ist der Hauptgrund für Stabilität, Wirtschaftsblüte und Restauration [des russischen Autoritarismus].» Unter Putin ist die Korruption tatsächlich dramatisch angestiegen — besonders in seiner zweiten Amtszeit. Natürlich gibt es Korruption nicht erst seit Putin. Sie florierte in den letzten zwei Jahrzehnten der Sowjetunion, als es ein ausgeklügeltes Schwarzmarktsystem für alles gab — von Aeroflot-Tickets bis Klempnerarbeiten. Und das sowjetische System der Inanspruchnahme von Gefälligkeiten und des Ausnutzens von Netzwerken und Bekanntschaften — auch *blat* genannt — ist heute so verbreitet wie eh und je.

Unter Putins Regentschaft hat die Korruption laut der russischen Nichtregierungsorganisation Indem allerdings um das Sechsfache zugenommen. Zugleich ist die Zahl der Staatsbediensteten, wie Michael Bohm von der *Moscow Times* unter Berufung auf staatliche Statistiken schreibt, in der Ära Putin signifikant angestiegen, von 485 566 im Jahre 1999 auf 846 307 im Jahre 2008. Bohm zieht den logischen Schluss: «Der Zusammenhang ist eindeutig. Je mehr Bürokraten, desto mehr Korruption.» Er betont, dass Putin die Korruption hat gedeihen lassen, da sie eine der Grundlagen seiner vertikalen Machtstruktur ist: «Putins System der Loyalität ist in hohem Maße davon abhängig, dass seine Armee von Bürokraten Mittel veruntreut und Schmiergelder annimmt. Diejenigen, die unter Putin zu Wohlstand kommen, wollen das bestehende System natürlich so lange wie möglich erhalten.»

Wenn Wladimir Putin jeden Morgen zur Arbeit fährt, kommt er nicht an den Armen und Verzweifelten vorbei. Stattdessen rauscht der Konvoi des Premierministers durch die traumhaften Pinienwälder und die duftenden Birkenwäldchen von Rubljowka. Die entzückenden Dörfer und Dörfchen auf beiden Seiten der Straße Rubljowo-Uspenskoje sind seit zaristischen Zeiten Heimstatt der russischen Elite. Iwan der Schreckliche pflegte hier inmitten der sandigen Fährten und Rodungen auf die Jagd zu gehen. Jahrhunderte später bekamen die Mitglieder des Politbüros und des Zentralkomitees Landhäuser zugeteilt. Breschnews Datsche stand in der Nähe des Dorfes Schukowka; der Komponist Schostakowitsch und der Cellist Mstislaw Rostropowitsch besaßen Landhäuser in einer nahegelegenen Hochschulsiedlung. Solschenizyn lebte für eine Weile in einer Hütte am unteren Ende von Rostropowitschs Garten.

Der *New York Times*-Korrespondent Hedrick Smith, dessen klassische entmystifizierende Studie über die Sowjetunion, *The Russians*, in den 1970er Jahren ein Bestseller war, erinnert sich gut an den Charme von Schukowka. Er schreibt:

> Es ist ein lieblicher, ruhiger, zeitloser Ort, nur rund 33 Kilometer entfernt von der pulsierenden Moskauer City und doch eine ganz andere Welt. Bei Sonnenuntergang kann man auf der Anhöhe am Flussufer sitzen und über Kilometer und Jahrhunderte auf das ewige Russland schauen. Die Felder, die Büsche und das Unterholz sind hier wild und ungeordnet, frei von menschlichen Eingriffen. Der Himmel hat einen weichen Farbton; nicht das strahlende Orange oder Rot der Sonnenuntergänge in Florida oder Kalifornien, sondern ein leichter, weißlicher Schimmer, da die Region so hoch im Norden liegt. Der leichte Wind bringt den prächtigen Duft von Pinien. Gedämpfte Geräusche sind zu hören — Hundegebell, Fische, die sich im Wasser tummeln, weiter entfernt Kinderlachen in den Wäldern.

Die Künstler, Atomwissenschaftler und Intellektuellen, die einstmals hier lebten, sind fast alle tot oder weggezogen. Aber Russlands Elite ist in der Gegend immer noch zu Hause. Putins eigene Datsche, Nowo-Ogariono, steht in der Nähe des Dörfchens Usowo. Eine Pinienallee führt zu seinem Anwesen, einem geschmackvollen Gutshaus im Stil des 19. Jahrhunderts mit klassischer Fassade.

Ab und zu werden Journalisten hierher gekarrt, in einem Bus, der vom Roten Platz startet. In Putins Haus werden sie in ein schmuckloses Nebenzimmer mit Blick auf den Hof gebracht. In dem Raum steht ein Billardtisch. Ansonsten gibt es nicht viel mehr zu tun als Tee zu trinken, der in einer farbenfrohen chinesischen Teekanne serviert wird, und Plätzchen zu essen. Nach langer Wartezeit dürfen sie Putin dabei zusehen, wie er — nicht gerade selten — öffentlich einen Minister der Regierung beschimpft. Auch Medwedew hat seine eigene staatliche Residenz, Meiendorff. Es ist ein riesiges Schloss aus Ziegelstein, komplett mit Springbrunnen und in jenem bombastischen Gutsherrenstil gestaltet, der bei Walt Disney-Fans beliebt ist.

Andrei Soldatow und Irina Borogan, zwei Journalisten, die sich mit Russlands Geheimdienstaktivitäten beschäftigen, berichten, dass auch viele hochrangige FSB-Offiziere Grundstücke in Rubljowka erhalten haben. Zu sowjetischen Zeiten bekamen KGB-Generäle Grundstücke in der Gegend zugewiesen — mussten sie jedoch räumen, wenn sie aus dem Dienst schieden. Die Generäle des FSB dagegen erhielten 2003 und 2004 das Land ohne weitere Verpflichtungen vom Staat.

Die meisten der ursprünglichen schindelgedeckten Datschen — die schon zu Hedrick Smiths Zeiten nach und nach aus dem Ortsbild verschwanden — wurden abgerissen. Riesige befestigte Steinhäuser, bekannt als *kottezhi*, haben ihren Platz eingenommen. Alte Bauformen sind weitgehend verschwunden. Rubljowka ist der einzige Teil Moskaus, in dem sich Phoebe — die eine eigene Walking-Gruppe leitet, wilden Hunden und wilden Campern trotzend — schwer tut, einen Weg für Fußgänger zu finden. Die Grundstückpreise hier gehören zu den höchsten der Welt.

Einer meiner russischen Freunde verbringt seine Zeit mit dem Versuch, die langsam verfallende Datsche seines alten Vaters gegen Gangster zu verteidigen, die sich sein Grundstück unter den Nagel reißen wollen, das einen Wert von Millionen hat. Die Datsche beherbergt auch so ihre Schätze: Teller mit Hakenkreuzen, Beutegut aus den Zeiten, als der Vater meines Freunds an der Schlacht um Berlin teilnahm.

Am anderen Ende der Straße von Putins Datscha befindet sich ein elitärer Einkaufskomplex, das Barwicha-Luxus-Dorf. Bei meinem Besuch sind nur wenige Kunden da, es ist ein wolkenverhangener Februartag, immer noch kalt, der Boden schneebedeckt. Aber alle Lieblingsmarken der Elite sind versammelt: Gucci, Versace, Prada und Dolce&Gabbana, das einen eigenen, mit Nerz ausgekleideten VIP-Raum hat. Lamborghini und Ferrari unterhalten Ausstellungsräume. «Wir dachten, das neue Jahr würde ruhig sein. Aber wir hatten extrem viel zu tun.», erklärt Alexander Reebok, Geschäftsführer der privaten Firma, die das Dorf betreibt. «Wir verkaufen einen Bentley pro Tag. Wir verkaufen nicht ganz so viele Ferraris, aber das sind ja auch eher tiefliegende Autos; bei Schnee sind sie nicht so leicht zu fahren.»

Ich frage Reebok, womit seine Kunden ihr Geld verdienen. «Die Einnahmen aus dem Öl- und Gasgeschäft haben definitiv dazu beigetragen, dass Russlands Wirtschaft Fortschritte macht», antwortet er. «Wir sind sehr glücklich darüber.» Die billigsten Grundstücke hier kosten fünf Millionen Dollar, die teuersten 100 Millionen aufwärts, sagt er.

Der Wirtschaftscrash von 2008 erschütterte die Vermögen von Russlands reichsten Unternehmern schwer. Nach Angaben der Finanznachrichtenagentur *Bloomberg* verlieren Russlands reichste 25 Menschen zusammen rund 230 Milliarden Dollar. Magnaten wie Oleg Deripaska erleben, wie ihre Vermögen pulverisiert werden, während Roman Abramowitsch — zumindest auf dem Papier — einen Verlust von 20 Milliarden erleidet. Alischer Usmanow, der fußballverrückte Magnat, verliert weitere 11 Milliarden. Russlands Aktienmarkt büßt 75 Prozent seines Wertes ein.

Wie auch immer: Am Ende des Jahrzehnts haben sich die Geschäfte von Russlands Milliardären in geradezu triumphaler Weise erholt — teilweise dank eines großzügigen staatlichen 50 Milliarden-Dollar-Rettungspakets von Putin.

Die großen Verlierer der Krise sind, natürlich, nicht die Reichen. Es sind die einfachen Arbeiter, die Älteren und die Arbeitslosen — mit anderen Worten, Russlands Heer der Armen.

Vor 50 Jahren war das westrussische Dorf Sliosi («Tränen» auf Deutsch) ein lebendiges Örtchen. Es gab Männer, Frauen, Kinder, Kühe und Schweine. Ein Stück die Straße hinunter stand ein kollektiv betriebener Bauernhof, wo stets Einiges los war. Die Einheimischen hielten Bienen und Hühner. In den späten 1950er Jahren bekamen sie ihren ersten Mähdrescher. Doch mit dem Zusammenbruch der Sowjetunion und dem Ende des Kommunismus hat sich Sliosi nach und nach ge- oder eher: verwandelt — von einer florierenden bäuerlichen Gemeinde in eine Geisterstadt.

Nach dem Zweiten Weltkrieg und dem Abzug der Deutschen hatte Sliosi eine Einwohnerzahl von rund 100. Heute ist die Bevölkerungszahl um einiges niedriger. Als ich ankomme, treffe ich gerade einmal vier Einwohner an. Da ist Olga, eine 83jährige Witwe, die am Stock geht und einen etwas übertrieben temperamentvollen Hund hat, Werni. Sie lebt in einer verfallenen Datsche an der Hauptstraße. Olga ist leicht taub. Ihr Mann Boris ist 2004 verstorben. Dann ist da Tamara — jüngste Bewohnerin des Dorfes und mit ihren 79 Jahren noch vergleichsweise rüstig. Tamara lebt mit ihrer Freundin Alexandra, genannt Sascha, in einem schmucken Häuschen am Ende eines schneebedeckten Pfades. Sie hat zwei Hühner, zwei Katzen und einen Hund. Beide Frauen sind ebenfalls Witwen. Und dann gibt es da noch eine weitere Olga. Olga Nummer zwei ist auch 83, gebrechlich und nicht in der Lage, Gäste zu empfangen.

Der letzte männliche Bewohner des Dorfes starb 2007, kurz vor meinem Besuch. Darauf trifft man immer öfter in Russland, dem größten Land der Welt, wo es mindestens 34 000 Dörfer gibt, die zehn Einwohner oder weniger haben, praktisch alle von ihnen alte Frauen. «Im letzten Winter hat unsere Fernsehantenne den Geist aufgegeben. Es gibt keine Männer mehr im Dorf, die so etwas reparieren können. Wir hoffen, dass einer der Eigentümer der Datschen sich im Sommer darum kümmert», erzählt mir Tamara, als ich das Dorf an einem kalten Februarnachmittag besuche. Sie steht vor ihrer grün gestrichenen Holz-Datsche; wie alle Frauen hier trägt sie ein buntes Kopftuch und *walenki*, traditionelle Filzschuhe.

Das Dorf ist rund 40 Kilometer von Lettland und damit der Grenze zur Europäischen Union entfernt, und eine Stunde Fahrzeit von der geschichtsträchtigen Stadt Pskow mit ihrer Festung und ihrer am Fluss gelegenen Kirche. Es umfasst zwölf Häuser. Fünf von ihnen sind verfallen; nur drei sind bewohnt; zwei dienen als Sommer-Datschen. Die Nebengebäude, Gewächshäuser und Felder liegen einsam und verlassen. Das Dorf atmet den Hauch von gespenstischem Verfall. In einem verlassenen Schuppen finde ich jede Menge leere Flaschen billigen Wodkas.

Der einzige regelmäßige Besucher in Sliosi ist der Sozialarbeiter — er kommt jeden Tag hierher geradelt, um die Damen mit Wasser aus einem Brunnen zu versorgen. Ab und zu kommt ein Enkelkind aus der Stadt vorbei. Ein Bus bringt einmal die Woche Lebensmittel; Tamara transportiert für gewöhnlich Milch und Brot zur gebrechlichen Olga, die nicht mehr so recht laufen kann. «Wir waren mal ein paar mehr. Aber in den letzten drei Jahren sind acht Leute gestorben. Ich habe meinen Ehemann beerdigt. Drei Männer sind letzes Jahr gestorben. Jetzt gibt es nur noch Frauen», sagt Tamara. Sie hält den Zweig eines Apfelbaumes aus ihrem Obstgarten umklammert. «Früher hatte ich Bienen», sagt sie und zeigt auf ein paar leere Bienenstöcke. «Ich hatte Kühe, Schweine, Schafe. Nun, da die Männer gestorben sind, schaffe ich das nicht mehr.»

Sliosis Männermangel steht sinnbildlich für das demografische Problem Russlands, besonders im europäischen Norden und Westen des Landes. Die durchschnittliche männliche Lebenserwartung in Russland beträgt zum Zeitpunkt meines Aufenthalts gerade einmal 59 Jahre — erheblich unter dem Durchschnitt in Westeuropa und in vielen Entwicklungsländern. Bei den Frauen liegt er bei 70 Jahren. Die Volkszählung von 2010 bestätigt, dass Russlands Bevölkerung schrumpft. Die Gesamtbevölkerungszahl beträgt 142,9 Millionen, ein Rückgang um 1,6 Prozent seit 2002. Es gibt 76,7 Millionen Frauen, aber nur 66,2 Millionen Männer. (Im Jahre 2010 steigt nach offiziellen Angaben die männliche Lebenserwartung auf 63 Jahre an, die weibliche auf 74.) Die meisten europäischen Länder sind mit noch sinkenden Bevölkerungszahlen konfrontiert. Aber in Russland ist der Rückgang rapider, und er hat Schlagseite.

Ungeachtet des Rohstoffbooms leben viele der mehr als 30 Millionen russischen Rentner in Armut. Die Durchschnittsrente beträgt 3 000 Rubel (knapp 80 Euro) monatlich. Zu einer Zeit, in der ihre westlichen Pendants das Leben genießen, kann man Russlands Rentner auf den Straßen von Moskau und St. Petersburg dabei antreffen, wie sie versuchen, ihre Einkommen aufzustocken, indem sie Gurken, Pullover oder Wollsocken verkaufen. Die meisten von ihnen sind Frauen; in den Städten wie auf dem Lande gibt es eine verblüffende Abwesenheit alter Männer. Die Russen sind es gewöhnt, mit Krisen fertig zu werden — viele bauen Gemüse in kleinen Küchengärten an, um zu überleben, andere vertrauen auf ein

Netzwerk enger Verwandter und Freunde. Allerdings fallen einige von ihnen unvermeidlicherweise durchs soziale Netz.

In Sliosi hat keiner einen Zweifel, warum die Männer verschwunden sind. Das Problem heißt Alkoholismus — ein allgegenwärtiges Problem auf dem Lande. Andere soziale Faktoren haben sicherlich dazu beigetragen: schlechte Gesundheitsvorsorge, Rauchen, Arbeitslosigkeit und die schlechte gesundheitliche Verfassung vieler russischer Rentner, die gegen die Deutschen gekämpft haben. (Olga erzählt mir, dass ihr verstorbener Mann eine Verwundung am Bein erlitten hatte.) Aber letztlich haben die Männer von Sliosi sich zu Tode getrunken. «Mein Mann trank während unserer gesamten Ehe», sagt Olga, die vor ihrer Datsche steht. «Alle Männer im Dorf waren Trinker. Nun, da sie alle tot sind, ist niemand mehr da, um zu trinken.» Olga lebt von der Kriegsrente ihres Mannes — 5 000 Rubel oder knapp 130 Euro monatlich. «Ich bin so einsam», erzählt sie mir.

Im Nachbardorf Welie, das man nach kurzer Fahrzeit von Sliosis verfallenem sowjetischem Bauernhof-Kollektiv aus erreicht, zeichnen die Einheimischen das gleiche Bild. «Das Trinken ist ein riesiges Problem hier. Es ist ein furchtbares Problem im Dorf. Es ist ein Alptraum», sagt die 79jährige Sinaida Iwanowna. «Die Männer hier vertrinken ihre Rente, sobald sie sie bekommen. Sie verkaufen alles, was sie haben, um mehr Alkohol zu bekommen. Sie trinken einfach alles — schwarz gebrannten Schnaps, sogar Fensterreinigungsmittel.» Welie hat eine Kirche, eine Schule und einen Einkaufsladen, wo die Verkäuferin die Kosten meines Lunches — ein Karton Fruchtsaft und ein Brötchen — mittels eines Rechenschiebers ermittelt. Es gibt ein kleines Museum, das die bäuerliche Tradition des Dorfes dokumentiert, und ein Modell, das ein nicht mehr vorhandenes Kloster abbildet. 33 Kilometer weiter hat Puschkin gelebt; im Sommer kurven Touristen aus St. Petersburg eine Serpentinenstraße hinauf zu seinem Landsitz; manchmal halten sie an, um Blumen zu pflücken.

Derweil liegen die Männer von Sliosi allesamt auf dem Dorffriedhof. Er bietet einen malerischen Anblick; er liegt am Weg zu einem Birkenwald, von dort schaut man auf einen zugefrorenen See. Hier finde ich Tamaras Ehemann, Alexander Stepanowitsch. Er starb im Jahre 2004.

Auf dem Dorfplatz gelingt es mir schließlich, eine männliche Person aufzutreiben — einen Rentner mit einer großen schwarzen russischen

Pelzmütze. Mit 79 Jahren, erzählt er mir, ist er Welies ältester männlicher Einwohner. Wie kommt es, dass er noch am Leben ist? «Ich trinke ausschließlich Milch», scherzt er. «Die anderen trinken Wodka.» Er fügt hinzu: «Schauen sie mich an. Ich sehe nicht älter aus als der da», wobei er auf einen Mann um die 40 zeigt, der gerade im Laden aufgetaucht und jetzt schon — es ist später Nachmittag — ganz schön wacklig auf den Beinen ist.

In den späten 1980er Jahren stieg die Lebenserwartung, nachdem Gorbatschow eine erfolgreiche Kampagne gegen exzessives Trinken gestartet hatte. In den 1990er Jahren, unter dem nicht gerade abstinenten Jelzin, sank sie wieder dramatisch. Ungeachtet einer marginalen Verbesserung sterben Russlands Männer weiterhin, bevor sie alt werden. Im Durchschnitt trinken sie eine Flasche Wodka am Tag. Rund 30 Prozent aller Todesfälle von Männern in Russland haben mit Alkohol zu tun.

«Das ist wirklich ein ernsthaftes Problem in unserem Land. Niedrige Preise für Wodka treiben die Promillewerte in die Höhe. In Schweden ist die Regierung damit fertig geworden, indem sie die Preise hochgesetzt hat. Aber hier kann man hausgemachten Wodka für 15 oder 20 Rubel kaufen», sagt Tatjana Nefedowa, Geografin an der Russischen Akademie der Wissenschaften in Moskau.

Andere Experten betonen die Tatsache, dass das Leben in Russland schlicht und ergreifend härter ist als anderswo. «Die männliche Lebenserwartung fiel in den 1990er Jahren dramatisch. Über die vergangenen zehn Jahre war sie mehr oder weniger stabil. Viele tropische Inseln haben eine höhere Lebenserwartung als Russland. Auf einer Insel hat man eine saubere Umwelt, jede Menge Fisch und ein ruhiges Leben», sagt Andrei Treiwisch, der Geografie an der staatlichen Universität in Moskau lehrt.

Das Phänomen der nur von Frauen bewohnten Dörfer steht natürlich auch in Zusammenhang mit der Entvölkerung der ländlichen Gegenden Russlands. Dieser Trend verstärkte sich während der späten Sowjetzeit und beschleunigte sich in den 1990er Jahren, als viele kollektiv betriebene Bauernhöfe schlossen. Im Jahre 1926 lebten 77 Millionen Russen in ländlichen Gebieten; heute liegt die Zahl bei weniger als 38 Millionen. Die Jungen oder Ehrgeizigen fliehen in die Städte und lassen die Älteren, die Schwachen und die Trinker zurück. Russland ist heute eine überwiegend urbanisierte Gesellschaft; beinahe drei Viertel der Bevölkerung leben in Städten. Auf dem Land dagegen gibt es heute 13 000 Dörfer, in denen überhaupt niemand mehr lebt — nachdem die letzten Olgas und Tamaras gestorben sind.

Von Zeit zu Zeit verspricht der Kreml Riesensummen, um die ländlichen Regionen Russlands wiederzubeleben — so wurden beispielsweise 2008 zwei Milliarden Pfund dafür zugesagt. Doch Humangeografen bezweifeln, dass Subventionen den Strom der Migration vom Land in die Städte umkehren können, der große Teile Russlands in Einöden verwandelt. Russische Regierungsvertreter räumen das Ausmaß des Problems ein; eines Problems, das trotz aller offiziellen Versuche, die Lebenserwartung bis zum Jahre 2020 auf 75 Jahre zu erhöhen, weiter besteht. Derzeit sinkt die Einwohnerzahl Russlands Jahr für Jahr.

Als ich Sliosi verlasse, bin ich überrascht und beeindruckt von der Tatsache, dass die Frauen mit ihrem bescheidenen Leben zufrieden zu sein scheinen. Ihre Renten sind gering, aber ausreichend, sagen sie. Tamara und Alexandra haben bei den Parlamentswahlen 2007 beide für Putins Partei Vereintes Russland gestimmt. Sie sagen, dass sie dankbar für seine Reformen sind — zu denen gehört, dass sie jährlich mit Feuerholz im Wert von 1 000 Rubeln versorgt werden — obgleich Olga einräumt, dass sie nicht so ganz weiß, wer Putin ist. In diese abgeschiedenen Nester kann, so scheint es, noch nicht einmal die aufdringlichste und allgegenwärtigste Kreml-Fernsehpropaganda vordringen.

Die Frauen erinnern sich an die Sowjetära als ein goldenes Zeitalter. «Es gab so viele Menschen hier nach dem Krieg, drei oder vier Kinder in jedem Haushalt. Die Arbeit war hart. Wir mussten die Felder von Hand bepflanzen und abernten. Das Leben war schwer. Aber nach und nach wurde es besser», sagt Tamara. «Die 1970er und 1980er Jahre waren die beste Zeit. Wir mussten für nichts bezahlen. Es gab kostenlose Erziehungseinrichtungen und kostenlose Kliniken. Doch danach fiel alles auseinander. Ab einem bestimmten Punkt sind die Leute dann weggegangen.»

Tamara gibt mir ein paar Äpfel aus ihrem Garten mit und zeigt uns das Nebengebäude, in dem sie ihre Hühner hält. Sie zeigt auf die verdorrten und frostigen Felder und die verfallenen Nebengebäude. «Wir sind die einzigen, die übrig sind. Es ist ausgeschlossen, dass Menschen wieder hierherziehen, also ist dieses Dorf dem Untergang geweiht. Alles, was wir noch tun, ist hier zu sitzen und zu warten, bis wir sterben.»

Während meiner vier Jahre in Moskau verbringe ich weniger Zeit damit, über die sozialen Probleme des Landes und über die riesige gesellschaftliche Kluft zwischen Besitzenden und Habenichtsen zu berichten, als ich eigentlich gern möchte. Die Disparitäten sind größer als in jedem anderen Land, in dem ich als Auslandskorrespondent gearbeitet habe, einschließlich Indiens, wo ich von 2000 bis 2003 gelebt habe, und anderer armer Länder in Südasien.

2009 überholt Russland Saudi-Arabien als größter Ölexporteur der Welt; es ist bereits der größte Exporteur von Erdgas und stillt ein Viertel des gesamten Erdgas-Bedarfes der Europäischen Union. Im gleichen Jahr rutschen nach offiziellen Angaben sechs Millionen russische Familien wieder in die Armut — definiert als Erwachsenen-Einkommen von weniger als 5 497 Rubeln oder 140 Euro monatlich —, womit die Erfolge bei der Armutsbekämpfung in den Jahren 2000 bis 2008 vollkommen zunichte gemacht sind. Es gibt enorme regionale Einkommensunterschiede. Die Eliten, die in Moskau und St. Petersburg, und diejenigen, die in heruntergekommenen Dörfern und in Industriestädten mit einer einzigen Fabrik leben, bewohnen völlig verschiedene Welten.

Ein reiches Land voller armer Menschen — das führt immer wieder zu Absurditäten und Paradoxien. Bei einem Besuch in der Provinzstadt Oriol, 354 Kilometer südwestlich von Moskau, treffe ich Tatiana Scherbakowa, eine 68jährige Rentnerin. Als ich ihre winzige Wohnung besuche, sitzt Tatiana im Wohnzimmer. Es ist, irgendwie unpassend, dekoriert mit dem gigantischen Poster eines sonnengefluteten tropischen Strandes. Man sieht schimmernde Palmen, Inseln und eine Jacht. Sie erzählt mir, dass das Bild eine Aufnahme von den Kanarischen Inseln ist, eines der vielen exotischen Reiseziele, die Frau Scherbakowa gern besuchen würde, was sie sich allerdings nicht leisten kann. «Ich habe nicht das Geld, um zu reisen», erklärt sie. «Es ist meine große Leidenschaft. Ich wollte schon immer einmal Wladiwostok sehen. Aber das Zugticket ist zu teuer.»

Das ist einer der seltsamsten Aspekte von Russlands postsowjetischer

Entwicklung. Vor 30 Jahren, als die Welt in zwei rivalisierende Lager geteilt war, durfte Frau Scherbakowa nicht in den Westen reisen. Aber sie nutzte die günstigen innersowjetischen Fahrpreise, um in der riesigen Sowjetunion herumzureisen — Urlaub in Moldau, Schwimmen im Schwarzen Meer, Fahrradfahren in den Bergen Kasachstans. Heute hätte Frau Scherbakowa die Freiheit, überallhin zu reisen. Aber mit einer mickrigen staatlichen Rente von 5 600 Rubeln kann sie es sich nicht leisten. Selbst ein Abstecher ins Erholungsbad um die Ecke ist kaum erschwinglich. Die meisten ihrer Freunde leben von einer noch geringeren Rente. (Frau Scherbakowa hat Anspruch auf eine höhere Rente, weil die Deutschen sie und ihre Familie 1943 festnahmen, als sie Oriol überfielen, Schauplatz einer berühmten Panzerschlacht des Zweiten Weltkriegs. Sie verbrachte fünf Monate als Zwangsarbeiterin, bis die Rote Armee kam.) «Es reicht, um Essen zu kaufen. Ich hungere nicht», sagt sie. «Aber ich glaube nicht, dass ich es irgendwann auf die Kanarischen Inseln schaffen werde».

In der Woche vor meinem Trip nach Oriol hatte Russlands orthodoxe Kirche den höchst ungewöhnlichen Schritt unternommen, davor zu warnen, dass die Kluft zwischen Arm und Reich weiter auseinander gehe als je zuvor. Rund 20 Prozent der Russen lebten unterhalb der Armutsgrenze, erklärte die Kirche. Die reichsten zehn Prozent seien mindestens 25mal wohlhabender als die ärmsten zehn Prozent. Genaue Schätzungen seien schwierig, fügte die Kirche hinzu, weil die Reichen in Russland — wie überall in der Welt —, dazu tendierten, ihren tatsächlichen Wohlstand zu verbergen.

Und es gebe eine dramatische Spaltung zwischen städtischem und bäuerlichem Leben, bekräftigte die Kirche und warnte: «Russland besitzt zwischen 30 und 40 Prozent der Ressourcen der Erde. Mit den Einkünften aus den Rohstoffexporten hat man den Stabilisierungsfonds geschaffen. Doch nur ein sehr kleiner Teil der Gesellschaft wird reicher, und das in einem derartigen Tempo, dass es selbst einige der reichsten Menschen der Welt verblüfft. Die Mehrheit der Bevölkerung lebt in Armut.»

In den bäuerlichen Dörfern gleich außerhalb Oriols entdecke ich kaum Anzeichen von Wohlstand. Stattdessen kümmern sich gebeugte *babuschkas* um ein paar Hühner und Gänse oder ernten Kartoffeln und Zwiebeln aus dem kargen Boden. Wie in Sliosi sind die jungen Leute alle weggegangen, während die meisten der älteren Männer offenbar gestorben sind. «Zu Zeiten der Sowjetunion war es viel besser», sagt die 79jährige Tonia Fominich. Sie kettet ihren Wachhund an und lädt mich in ihr Holzhäuschen ein, das nur aus einem Raum besteht. «Die Renten waren niedrig, aber sie waren angemessen. Wir lebten gut. Nun sind unsere Renten so gut wie nichts wert.»

Jeden Monat bekommt Fominich 1 540 Rubel — rund 39 Euro — vom Staat. Als ihr Haus 2004 niederbrannte, war sie gezwungen, ihre einzige Kuh zu verkaufen. Sie hat drei Jahrzehnte für die sowjetische Polizei gearbeitet, aber jetzt lebt sie von Almosen ihrer Nachbarn und ihres Sohnes. «Wir können überleben, aber nicht leben», sagt sie.

Anderswo sind die Leute in noch schlechterer Verfassung, zum Beispiel in dem Dorf Lawrow. Mit einiger Mühe erreiche ich Sascha Iwanowitsch, der in etwas lebt, das man nur als Bruchbude bezeichnen kann — ein übel riechender Holzverschlag, übersät mit schmutziger Kleidung und ungespültem Geschirr. Iwanowitsch — schlafend oder betrunken — braucht einige Minuten, um die Tür aufzumachen. Er zeigt mir einen Eimer mit Kartoffeln aus seinem Garten. Sie sind seine Hauptnahrungsquelle. Er kann sich nichts anderes leisten, sagt er. «Alles ist teurer geworden. Die Brotpreise sind gestiegen, die Zigarettenpreise sind gestiegen. Meine Schwester bezahlt meine Gasrechnung. Ich kann mir keinen Wodka leisten.» Er schaut hoch. «Hätten Sie mal 100 Rubel für mich?» Ich greife in meine Tasche und gebe ihm einen Schein.

Während ich für den *Guardian* über meine Reise schreibe, stelle ich fest, dass die Ökonomen des Kremls vor einem Dilemma stehen — wenn sie die Renten erhöhen, riskieren sie, die Inflation anzufachen, die sich bereits im zweistelligen Bereich bewegt. In Wirklichkeit ist nur ganz wenig von Russlands Milliarden nach unten durchgesickert zu den ärmsten Bevölkerungsgruppen — zu den Rentnern, Arbeitslosen, kleinen Regierungsangestellten oder zu Frau Scherbakowa, früher lokale TV-Redakteurin, deren Mann, ein Mathematiker, auf wackligen Krücken herumhumpelt.

Ich kann es kaum glauben, dass dem kapitalkräftigen Kreml beim Versuch, fiskalische Disziplin zu erreichen, entgangen sein soll, dass er über die sozial ungleichste Gesellschaft der russischen Geschichte herrscht. «Ich halte das Inflations-Argument nicht für richtig», sagt Natalia Rimaschewskaja, Armutsexpertin an der Russischen Akademie der Wissenschaften. «Im Moment liegen 30 Prozent aller Löhne unter dem Existenzminimum», erzählt sie mir. «Die Renten sind niedrig. Der Durchschnittswert beträgt 2 500 Rubel (64 Euro). Das ist für Rentner ein wirtschaftlicher Balanceakt. Wenn die Preise steigen, sinken sie in die Armut.»

Obgleich die Durchschnittslöhne unter Putin deutlich gestiegen sind, verbergen die Statistiken die Tatsache, dass sich für Millionen armer Russen das Lohnniveau praktisch nicht geändert hat, sagt Frau Rimaschewskaja. Eins der größten Probleme, fügt sie hinzu, ist Russlands regressives Steuersystem, das dafür sorgt, dass sowohl Oligarchen als auch einfache Straßenkehrer denselben Steuersatz von 13 Prozent zahlen.

In Oriol sagt Frau Scherbakowa, dass sie sich ungeachtet ihrer derzeitigen prekären finanziellen Lage keine Rückkehr der alten Sowjetunion wünscht. «Ich kann nicht sagen, dass es besser war. Es war wie ein Traum oder etwas aus einem Roman», überlegt sie. «Es gab nichts zu kaufen. Aber es war okay.» Doch es gibt kein Zurück: «Ich habe keine nostalgischen Gefühle, was diese Zeiten angeht. Ich bin Demokratin.»

10

DER EWIG NEUE KRIEG

Lubjanka, Metrostation gegenüber dem FSB-Hauptquartier, Moskau, 29. März 2010

Ich erinnere mich an eine alte Geschichte aus dem Kaukasus, die ich teils selbst erlebt, teils von Augenzeugen gehört und teils in meiner Fantasie ausgesponnen habe.
LEW TOLSTOI, HADSCHI MURAT

Als wir nach Moskau kamen, haben wir uns bewusst entschieden, kein Auto zu kaufen — die Staus sind schrecklich, das Fahren zu gefährlich, fast selbstmörderisch. Stattdessen nutzen wir die öffentlichen Verkehrsmittel wie die meisten der weniger wohlhabenden Moskauer. Dieser etwas weltfremde Entschluss macht aus unserem morgendlichen Schulweg — meine Lieblingszeit des Tages — eine verzwickte Angelegenheit.

Zuerst gehen wir von unserem Haus zu einer provisorischen Bushaltestelle um die Ecke. Es folgt eine kurze Fahrt zur Wolokolamskoje-Chaussee, einer hässlichen mehrspurigen Schnellstraße, an der unsere Tramhaltestelle liegt. Wir nehmen die Nummer 23. Normalerweise ist es sehr voll, und wir klammern uns im hinteren Teil fest. An Feiertagen wird patriotische Musik gespielt. Die Tram ist oft schneller als die sich stauenden Autos — sie rauscht an grauen Wohnblocks und einer leuchtenden Grünfläche vorbei, rattert unter der Siegesbrücke hindurch, beschleunigt dann über einer Eisenbahnbrücke und fährt in den überfüllten Vorortsbezirk Woikowskaja.

Das letzte Stück läuft man durch einen kleinen städtischen Park. Dort gibt es Pappeln, ein modernes Wohnhochhaus, Hunde, eine Poststelle und schließlich die britische Schule, ein unauffälliges zweistöckiges Gebäude hinter einer Schienentrasse. Das letzte Stück ist am besten. Wir sprechen über Matheprobleme, Kosmologie, die Frage, ob es einen Gott gibt (wir sind uns einig, dass es keinen gibt), die teuflisch schwere Deklination im Russischen oder *Die Simpsons*. Irgendwann schickt die

Stadtverwaltung einen giftgrün gekleideten Mann an unseren tückischen Fußgängerüberweg. Wir witzeln, dies sei einer der seltenen Belege für Präsident Medwedews «Modernisierungsprogramm». Tilly läuft die letzten 100 Meter allein — mit ihren zwölf Jahren finde sie ihren Vater schon peinlich. Ich begleite Ruskin, eine kleine, in Gedanken versunkene Gestalt im blauen Mantel, zum Schultor. Er drückt eine schwere Metalltür auf und verschwindet. Auf dem Weg zur Arbeit nehme ich ein Sammeltaxi zurück nach Woikowskaja und steige dann in die Metro um.

Es ist Montagmorgen, der 29. März 2010. Ein Schultag wie jeder andere. Wir sind fast an der Schule angekommen, als mein Mobiltelefon klingelt. Es ist die Auslandsredaktion des *Guardian* — es gab zwei Explosionen in der Moskauer Metro mit vielen Toten. Die Nachricht ist ganz frisch, es sind kaum Details bekannt. Ich verabschiede mich von den Kindern und renne zur Metrostation Woikowskaja. Moskau ist in Panik, seine Straßen völlig verstopft, doch zu meiner Überraschung arbeitet die Metro ganz normal. Sie ist meine einzige Chance, das Zentrum der riesigen Stadt zu erreichen. Ich nehme den nächsten Zug.

20 Minuten später erreiche ich die Station Teatralnaja neben dem Bolschoi-Theater, das immer noch restauriert wird und von einem Gerüst umgeben ist. Von hier ist es nur ein kurzer Fußmarsch an einer Büste von Karl Marx und am Hotel «Metropol» vorbei bis zum Schauplatz der ersten Explosion. Offenbar hat sich jemand in der Lubjanka-Station in die Luft gesprengt. Die Explosion ereignete sich fast direkt unter dem Moskauer Hauptquartier des FSB. Die Wahl der Lubjanka — ein Ort, der gleichbedeutend für Russlands Geheimpolizei und für Terror und Repression in der stalinistischen Ära steht — ist eindeutig kein Zufall.

Es ist der erste große Terrorangriff in der russischen Hauptstadt seit sechs Jahren. Der riesige Platz neben der Metrostation ist abgeriegelt. Feuerwehrleute und Rettungskräfte laufen umher, über uns dröhnt ein Helikopter. Von den Opfern ist nichts zu sehen. Ein Mann sagt mir, er suche seine Frau. Es gibt Gerüchte über eine dritte Explosion, die sich als falsch herausstellen.

Die Lubjanka selbst ist unbeschädigt — ein bedrohlicher, massiver Bau, der mit seiner strengen, klassischen Fassade eine anonyme und unheimliche Macht ausstrahlt. Hinter den Fenstern brennt Licht. Von draußen ist es unmöglich, menschliche Konturen auszumachen. Wer hält sich dort auf?

Ich stehe mitten auf dem Lubjanka-Platz, neben einer Verkehrsinsel. Hier stand eine riesige Statue von Felix Dserschinski, bis eine überschäumende prodemokratische Menschenmenge sie am 27. August 1991, nach dem gescheiterten Putschversuch des KGB gegen Präsident Gorbatschow, entfernte. Für den KGB war es ein Tiefpunkt. Doch innerhalb weniger Jahre kehrte der Geheimdienst — jetzt unter dem Namen FSB — zurück, und am Ende des Jahrzehnts saß sein ehemaliger Chef im Kreml. Regelmäßig gibt es Forderungen, Dserschinski wieder aufzustellen. Doch bisher hat er seinen alten Platz noch nicht zurückbekommen. Er steht nun im Skulpturenpark hinter der Neuen Tretjakow-Galerie, einem atmosphärischen Friedhof gefallener Vorbilder aus der Sowjetzeit.

Der FSB zeigt großes Geschick, wenn es darum geht, oppositionelle politische Kundgebungen zu zerschlagen, Geld von Großunternehmen einzutreiben und ausländische Spione, echte oder eingebildete, zu jagen. Weitaus weniger geschickt agiert er bei der Verhinderung terroristischer Anschläge. 2002 konnte der Geheimdienst tschetschenische Terroristen nicht davon abhalten, ein Moskauer Theater zu stürmen. Zwei Jahre später war er nicht in der Lage, ein Massaker an einer Schule in Beslan zu verhindern, bei dem 334 Geiseln starben, darunter 186 Kinder. Der Dienst erhält enorme Ressourcen, genießt die Unterstützung des Kremls und offizielles Prestige. Doch er ist offenbar nicht fähig, Moskau vor einer kleinen Gruppe entschlossener religiöser Fanatiker zu schützen.

In seiner auf «ausländische Feinde» gerichteten Obsession hat der FSB das Wesentliche übersehen: dass die größte Gefahr für Russlands Stabilität von Extremisten im eigenen Land ausgeht. Wenige Stunden nach den Bombenanschlägen ist klar, dass zwei Selbstmordattentäterinnen aus dem Nordkaukasus für die Explosionen in Moskaus überfüllter Metro verantwortlich sind. Sie hatten ihre Sprengsätze zu Beginn der morgendlichen Stoßzeit gezündet. Mindestens 40 Menschen wurden getötet und 100 verletzt. Die Attentäterinnen waren am frühen Morgen in die Metro gestiegen, offenbar unentdeckt. Eine sprengte sich um 7.56 Uhr in der Station Lubjanka in die Luft, nur einen kurzen Fußmarsch vom Roten Platz entfernt. Die zweite Attentäterin zündete ihren Sprengstoffgürtel um

8.37 Uhr in der Station Park Kultury, in der Nähe des berühmten Gorki-Parks.

In meinem Bericht für den *Guardian* schreibe ich am Abend, dass die Detonationen ein schwerer Schlag für Putin und für die stockenden Bemühungen des Kremls sind, die unruhigen muslimisch geprägten Teilrepubliken Tschetschenien, Inguschetien und Dagestan zu befrieden. Die Ziele scheinen mit Bedacht ausgewählt worden zu sein: Sie sind ein symbolischer Stich mitten ins Herz der russischen Regierung. Die erste Bombe zielte eindeutig auf den FSB ab, auf die Behörde, die für brutale Operationen gegen Aufständische im Nordkaukasus verantwortlich ist. Die zweite Bombe, glauben einige, könnte für die Oktjabrskaja-Station bestimmt gewesen sein, die gleich neben Russlands Innenministerium liegt.

Putin bricht einen Besuch in Sibirien ab. Er fliegt nach Moskau zurück und erklärt, dass die «Terroristen zerstört werden». Die Anschläge sind ein direkter Affront gegen Putin und ein Zeichen, dass seine Strategie für die Region nicht aufgeht.

Für arme Tschetschenen ist es eine aus der Not geborene Tradition. Zum Frühlingsbeginn machen sich Einheimische auf den Weg in die schneebedeckten Wälder, um wilden Knoblauch zu pflücken. (Der Knoblauch hat — wie wilder englischer Lauch oder Bärlauch — breite grüne Blätter und eine bleiche, längliche Knolle.) Am 11. Februar 2010 reisen etwa 200 Bewohner der tschetschenischen Stadt Aschkoi-Martan in einem Konvoi von klapprigen Bussen in die benachbarte Republik Inguschetien. Zu der Gruppe gehören vier Jugendliche: Adlan Mutaew, 16, sein Bruder Arbi, 19, und ihre beiden Freunde Schamil Kataew, 19, und Mowsar Tataew, auch 19.

Bis 15.00 Uhr haben die Jungen ihre Segeltuchrucksäcke mit Knoblauch vollgestopft, den sie auf dem örtlichen Markt verkaufen wollen. Sie gehen in Richtung Waldrand zurück, um den Bus nach Hause zu nehmen. Plötzlich und ohne Vorwarnung eröffnen russische Einheiten hinter einen kleinen Hügel das Feuer. Schamil und Mowsar werden beide verwundet. Ein Schuss trifft Adlan ins Bein, doch er schafft es, in einen Graben zu kriechen. Er versteckt sich. Sein Bruder Arbi versucht ebenfalls zu fliehen, doch Männer in Tarnanzügen holen ihn ein.

Der Menschenrechtsorganisation Memorial zufolge, deren Mitarbeiter Angehörige und Überlebende befragt haben, wird Arbi gezwungen, seine beiden verwundeten und blutenden Freunde durch den Schnee zu schleifen. Schamil fleht um sein Leben. Doch die russischen Soldaten sind unerbittlich. Sie verbinden Arbi die Augen, eröffnen das Feuer – und exekutieren Schamil und Mowsar an Ort und Stelle. Mindestens zwei weitere Knoblauchpflücker erleiden das gleiche Schicksal: Ramsan Susaew, 40, und Mowsar Dakaew, 17. Ihre Leichen werden 48 Stunden später gefunden.

Die Jungen waren unwissentlich in eine «Operation gegen Aufständische» geraten, die das russische Militär in der dicht bewaldeten Grenzzone zwischen Tschetschenien und Inguschetien durchführte. Die Soldaten suchten offenbar nach militanten islamistischen Rebellen, die Krieg gegen den russischen Staat führen. Stattdessen stießen sie auf eine Gruppe unbewaffneter Jugendlicher. Sie erschossen sie trotzdem. Das Morden findet inmitten einer malerischen Kulisse aus sanften, schneebedeckten Hügeln statt.

Drei Tage nach den Bombenexplosionen in der Moskauer Metro bekennt sich der Anführer der Aufständischen in Tschetschenien, Doku Umarow, in einer Videobotschaft zu den Anschlägen. Er sagt, die Selbstmordattentate seien Vergeltung für den Tod der Zivilisten, die beim Knoblauchpflücken erschossen wurden. Umarow nennt den Ort, an dem die Jungen exekutiert wurden: in der Nähe des inguschetischen Dorfes Arschati. Er behauptet auch, dass FSB-Einheiten Messer benutzt hätten, um die Leichen zu verstümmeln und sich noch nach deren Tod über die Opfer lustig zu machen. «Wie ihr alle wisst, wurden zwei Spezialoperationen durchgeführt, um die Ungläubigen zu bestrafen und dem FSB in Moskau einen Gruß zu übermitteln», sagt Umarow. Es gibt Zweifel an der Echtheit seiner Bekennerbotschaft. Doch das Video erscheint auf *KavKazCenter.com*, der wichtigsten Nachrichtenquelle des von den Rebellen ausgerufenen kaukasischen «Emirats».

Umarows Erklärung hat etwas Opportunistisches. Die Selbstmordattentate in Moskau wurden vermutlich weit im Voraus geplant. Die Moskauer Polizei ist auf der Jagd nach mehreren Komplizen. Trotzdem verdeutlicht die Videobotschaft eine tiefere Wahrheit über den Konflikt:

dass beide Seiten in einer endlosen Spirale aus Blut und Vergeltung gefangen sind. Der Politikwissenschaftler Andrei Pjontkowski drückt es so aus: Die Gewalt ist kein schwerer regionaler Konflikt mehr, sondern wird immer mehr zur existenziellen Bedrohung für das gesamte Land.

Es scheint unabweisbar, dass das brutale Vorgehen der Sicherheitskräfte den Aufstand, der nun Russlands südliche Regionen erschüttert, die gebirgigen Republiken Dagestan, Inguschetien, Tschetschenien und Kabardino-Balkaria, angeheizt hat. Seit 1992 und seit der Entstehung der tschetschenischen nationalistischen Bewegung hat der Kreml immer wieder versucht, die Aufständischen mit Gewalt zu bekämpfen und niederzuringen. Diese Strategie hat sich inzwischen als kontraproduktiv erwiesen. Doch Moskau ist anscheinend nicht in der Lage, sich einen andere einfallen zu lassen.

Drei Tage nach den Anschlägen fliege ich nach Wladikawkas, die Hauptstadt Nordossetiens. Von hier will ich nach Nasran fahren, die inguschetische Hauptstadt. Mein Ziel ist es herauszufinden, was die beiden Frauen dazu gebracht haben könnte, sich selbst und andere in der Metro in die Luft zu sprengen, und die dahinterliegenden — sozialen, politischen, ethnischen — Ursachen dieses eskalierenden Bürgerkriegs aufzudecken.

In Wladikawkas nehme ich ein Taxi bis zur inguschetischen Grenze — eine 15minütige Fahrt, die an einem Gedenkfriedhof für die Opfer von Beslan vorbeiführt. An der Grenze steige ich aus und passiere sie zu Fuß. Ich trage einen kleinen Koffer bei mir mit ein paar T-Shirts und Unterwäsche zum Wechseln. Es ist warm — 25 Grad —, der Himmel ist strahlend weiß. Die Art der Grenzüberquerung ist ungewöhnlich, doch seit dem ethnischen Konflikt von 1992 zwischen Inguschen und Osseten schwelen immer noch Spannungen. Fahrer passieren ungern die Grenze zwischen den beiden Republiken. Dieser Konflikt war einer von vielen, die in der ehemaligen Sowjetunion ausbrachen, als sie zerfiel. Zu den anderen — man nennt sie auch «eingefrorene Konflikte» — gehören dei Krisenherde Tschetschenien, Südossetien, Abchasien, Tadschikistan, Nagorno-Karabach und Transnistrien.

Ein Grenzsoldat überprüft meinen Pass. Er winkt mich durch. Kurz hinter der Grenze treffe ich mich mit einem einheimischen Journalisten, Vacha Tscherepanow, der an dem Grünstreifen am Straßenrand mit einem Auto auf mich wartet. Zusammen fahren wir nach Nasran weiter — eine kleine, staubige Stadt mit niedrigen, roten Klinkerbauten — und zum Büro von Memorial.

Dort treffe ich Magomad Mutsolgow, einen Menschenrechtsaktivisten, dessen Bruder vor vier Jahren «verschwand». Er ist ein Freund von Politkowskaja, Markelow und Estemirowa — sie alle wurden ermordet. Ich frage ihn nach Inguschetien. Das Bild, das er zeichnet, ist düster: «Menschen verschwinden. Menschen werden umgebracht. Es gibt keine Garantie für Sicherheit.» Wir sitzen in einem Arbeitszimmer im Obergeschoss, von dem aus man die zerstörte, fensterlose Polizeistation von Nasran sehen kann; im vergangenen Sommer sprengte ein Selbstmordattentäter die Station mit einem Laster voller Sprengstoff in die Luft.

Mutsolgow erzählt mir, dass sich die Situation in den vergangenen zwei Jahren dramatisch verschlechtert hat und dass die Strafverfolgungs- und die Föderalen Sicherheitsbehörden in Inguschetien völlig außer Kontrolle geraten seien. Die Truppen der Föderation seien verantwortlich für Dutzende willkürliche Verhaftungen, Folter und unmenschliche und demütigende Behandlung. Die russischen Sicherheitskräfte, sagt er, nehmen auch extralegale Hinrichtungen vor.

Meist wird ein Dorf oder ein Bezirk in einer sogenannten «Reinigungsaktion» von bewaffneten, maskierten Kräften eingekreist, genau wie bei der Operation in Arschati. Die Sicherheitskräfte dringen in die Häuser ein, schlagen die Bewohner und zerstören ihren Besitz. Vermeintliche Rebellen werden mitgenommen. Viele kehren niemals zurück. Andere werden einfach erschossen, und neben ihnen findet man dann Waffen und Uniformen. Ihnen wird posthum die Mitgliedschaft in einer illegalen Vereinigung zur Last gelegt.

Laut Mutsolgow und anderen Menschenrechtsaktivisten, mit denen ich spreche, haben die brutalen Antiterrormethoden des Kremls im Nordkaukasus den Konflikt verschlimmert. «Gewalt produziert mehr Gewalt. Sie treibt die Leute in den militanten Widerstand. Die Sicherheitskräfte gehen komplett straffrei aus, und die Menschen werden gedemütigt, gefoltert oder müssen erleben, wie ihre Angehörigen verschwinden. Sie schließen sich aus dem Wunsch nach Vergeltung den Rebellen an», sagt er. «Die Straflosigkeit ist der größte Faktor bei der Rekrutierung von Aufständischen.» Der Kreml brüstet sich häufig damit, Rebellenführer «ausgelöscht» zu haben. Doch die Strategie ist ineffektiv, sagt Mutsolgow. «Immer rückt jemand anderes an ihre Stelle.»

Nach 16 Jahren, zwei Kriegen in Tschetschenien und dem Tod von hundertausenden Zivilisten wütet der Konflikt in Russlands Hinterhof schlimmer denn je, sagt er. Das Wesen des bewaffneten Aufstands im Nordkaukasus habe sich jedoch verändert. Von 1994 bis 1996 führte Boris Jelzin einen Krieg hauptsächlich gegen säkulare tschetschenische Separatisten, die — wie die neuerdings unabhängigen Georgier auf der anderen Seite des Gebirges — ihre eigene Verfassung und ihren eigenen Nationalstaat wollten. In der Zeit von 1999 bis 2004 führte Präsident Wladimir Putin einen zweiten Tschetschenienkrieg. Das Ziel war eindeutig, den tschetschenischen Separatismus zu zerschlagen.

Heute bekämpft der Kreml eine andere Art von Feind. Die neue Generation von Aufständischen hat dezidiert islamistische Ziele: die Schaffung eines radikal pankaukasischen Emirats mit Scharia-Gesetzgebung, ein bisschen wie Afghanistan unter den Taliban. Diesen jihadistischen Rebellen mangelt es nicht an Ehrgeiz. Einen Monat vor meiner Reise nach Inguschetien schwört Umarow, nicht nur den Nordkaukasus und das Gebiet Krasnodar Krai zu «befreien», sondern auch Astrachan — am Kaspischen Meer — und die Wolga-Region; mit anderen Worten, einen großen Teil des europäischen Russlands.

Auch die Methoden der Rebellen sind fanatischer geworden. Umarow hat die Selbstmordkommandos seines Vorgängers Schamil Basajew wieder eingeführt, den der FSB 2006 ermordet hatte. Ähnlich dem Angriff auf die Polizeistation in Nasran gelang es einem anderen Selbstmordattentäter, das Auto des inguschetischen Präsidenten Junus-Bek Jewkurow zu rammen. (Er überlebte, sein Fahrer starb.) Es gab unzählige weitere Anschläge in Tschetschenien und Dagestan — laut Mutsolgow waren es 2009 und 2010 jeweils fast 20 Selbstmordattentate. Mit den Anschlägen auf die Moskauer Metro haben die Rebellen gezeigt, dass sie taktisch in der Lage sind, den Krieg auch in die russischen Städte zu tragen.

Zunehmend nutzen die Aufständischen auch eine mächtige, neue virtuelle Waffe: das Internet. Am 2. März 2010 starten russische Spezialeinheiten eine massive Operation in Ekaschewo, einem Außenbezirk von Nasran mit modernen Häusern aus rotem Ziegelstein. Dort töten sie Said Burjatski, einen in Sibirien geborenen islamischen Konvertiten, dessen jihadistische Botschaften an desillusionierte Muslime sich auf *YouTube* einer globalen Anhängerschaft erfreuten. Schon unter russischem Artilleriebeschuss und nur wenige Augenblicke vor seinem Tod zeichnet Burjatski eine letzte Botschaft für seine Jünger auf.

Ich will den Schauplatz des Kampfes sehen, er ist nur eine kurze Fahrt von Nasran entfernt. Doch Vacha, der inguschetische Journalist und meine Kontaktperson, warnt mich, dass die Reise nach Ekaschewo zu riskant ist. Stattdessen spielen mir Mitarbeiter von Memorial Videos vor, die sie aus dem Dorf erhalten haben. Sie zeigen ein Bild der Verwüstung: pulverisierte Häuser, zerstörte Autos und mit Ziegelsteinen übersäte Gassen. Nach dem Kampf zeigen die russischen Sicherheitskräfte einen Stapel Waffen vor, die sie den Rebellen abgenommen haben — zusammen mit einer abgerissenen menschlichen Hand.

«Die Methoden der Regierung haben zu einer Radikalisierung des Widerstands geführt. Die Rebellen haben nur ein Ziel: Russland zu schlagen, um jeden Preis», erzählt mir Timur Akiew, der Leiter der Zweigstelle von Memorial in Nasran. Akiew sieht beide Seiten kritisch. Er wirft ihnen vor, menschliches Leben nicht zu respektieren. «Die Rebellen und die Sicherheitskräfte verhalten sich einander gegenüber gleich. Und die Zivilbevölkerung ist in der Mitte gefangen.» Menschenrechtsorganisationen wollen nichts weiter, als dass der Staat die Menschenrechte achtet. Stattdessen, sagt Akiew, werfen die Behörden Menschenrechtsaktivisten und Rebellen immer öfter in einen Topf.

Wie ihre imperialen zaristischen Vorgänger, die den Kaukasus einer anhaltenden und grausamen Kampagne des Rodens und Brandschatzens unterwarfen, zeigt auch die heutige russische Führung wenig Verständnis für die Region und ihre Nuancen, sagt Akiew. Er verurteilt die Metroanschläge. «Ich verstehe nicht, wie man als Vergeltung für das Morden an der tschetschenischen Zivilbevölkerung russische Zivilisten töten kann. Das ist absurd. Die Menschen, die in der Metro gestorben sind, hatten mit dem Konflikt nichts zu tun. Sie hätten Verwandte der Menschen sein können, die beim Knoblauchpflücken im Wald erschossen wurden.»

Ich habe eigentlich vor, im Hotel Assa in Nasran zu übernachten, von dem aus man einen kleinen See überblickt, der bei Fischern sehr beliebt ist. Doch Vacha informiert mich, dass örtliche Sicherheitskräfte vor ein paar Stunden dort drei Journalisten der *Agence France-Presse* verhaftet haben. Ich beschließe, meinen Plan zu ändern, und kehre nach Wladikawkas zurück. Während des ersten Tschetschenienkriegs durften sich Journalisten noch frei bewegen — ihre Bilder von der Demütigung der russischen Armee durch die Rebellen gingen um die ganze Welt. Während des zweiten Krieges schränkte Putin, der aus Jelzins Fehlern gelernt hat, die Berichterstattung der Medien stark ein.

Der Kreml versucht, ausländische Journalisten davon abzuhalten, auf eigene Faust in den Nordkaukasus zu reisen. Lieber sieht er es, wenn sie in Moskau bleiben oder an organisierten Pressereisen teilnehmen, bei denen ihre Aktivitäten genau überwacht werden können. In manchen Teilen der Region ist der Zutritt wegen «Antiterror-Operationen» ganz untersagt. Diese Regeln sind willkürlichen und unangekündigten Änderungen unterworfen. Vor meiner Abreise in Moskau rufe ich die örtliche FSB-Stelle an. Man kann mir keinerlei Auskunft geben. Ich versuche es bei Kaloi Achilgow, dem Pressesprecher des inguschetischen Präsidenten Jewkurow. Achilgow lädt mich nach Nasran ein. Er verspricht, ein Interview mit seinem Chef zu arrangieren.

Meine Abreise in Inguschetien verläuft glatt — bis ich an der Grenze zu Nordossetien den Grenzposten erreiche. Dort klopft ein mit einer Kalaschnikow bewaffneter Zollbeamter in Zivilkleidung an die Fensterscheibe. Er fragt nach meinen Papieren. Ich gebe ihm meinen Pass. Er ist sofort ganz aufgeregt. «Wir haben noch einen!», gibt er begeistert per Funk durch.

Ein paar Minuten später befinde ich mich in einem Minivan und fahre zurück nach Nasran. Der Beamte — jung, mit strähnigem Haar, arrogant und dumm — sagt, dass er mich in das Büro des Föderalen Migrationsdienstes bringe. Hier stellt der russische Leiter der Stelle fest, ich hätte einen administrativen «Verstoß» begangen. Wenige Tage zuvor, so erfahre ich, sei beschlossen worden, Nasran für Ausländer zu sperren.

Es ist offenkundig, dass die Beamten in Zivil gar keine Zollbeamten sind: Sie gehören zum FSB. Ihr Büro ist unauffällig — vier Tische, ein paar

Stühle und ein Fotokopierer; an der Wand hängt ein Porträt von Dmitri Medwedew. Einer der FSB-Offiziere zeigt auf den russischen Präsidenten. Er scherzt: «Putins Stellvertreter!» Er benutzt das russische Wort *sam*, eine Abkürzung für *samestitel* (Stellvertreter). Der diensthabende Russe sagt, dass ich, wie die Franzosen, die vor ein paar Stunden im gleichen Büro saßen, eine Strafe zahlen muss. Die zu zahlende Summe beträgt 2 060 Rubel — 52 Euro.

Ich protestiere. Ich habe eine Einladung vom inguschetischen Präsidenten, erkläre ich und verweise darauf, dass es einigermaßen schwierig sein dürfte, ihn zu treffen, wenn ich mich nicht in Inguschetien bewegen darf. Der FSB-Mann zeigt sich unbeeindruckt. Er bedeutet mir, dass Jewkurow für ihn und seine mächtige Behörde eine Person von geringer Bedeutung ist.

Ein dritter, älterer Mann kommt hinzu. Er bittet mich, meine Hemdsärmel hochzukrempeln. Er nimmt ein Stempelkissen. Er benetzt nicht nur meine Finger und Handflächen, sondern meinen ganzen Arm bis zum Ellbogen. Er wirkt entschuldigend. Er presst meine Hände und Arme auf eine neu angelegte Kriminalakte. Als sein Chef den Raum verlässt, wendet er sich mir zu.

Er flüstert: «Die gehören alle zum FSB, wissen Sie. Ich persönlich finde es peinlich, Ausländer so zu behandeln. Wir sollten Ihnen gegenüber gastfreundlicher sein.»

Der Mann begleitet mich über den Innenhof zu einem Waschbecken. Er besorgt ein neues Stück billige weiße Seife, packt es aus und reicht es mir. Ich beginne, die Tinte abzuwaschen. Es dauert ein wenig. Ich bin wütend. Mir ist klar, dass diese Unannehmlichkeiten harmlos sind. Doch ich denke an das Schicksal der einheimischen inguschetischen Jungen, denen Verbindungen zu Terroristen unterstellt und die zum «Verhör» hierher gebracht werden. Was geschieht mit ihnen?

Als ich zurückkomme, sitzt der FSB-Mann wieder an seinem Schreibtisch. Ich kann mich nicht bremsen und frage ihn, ob er nicht glaubt, dass das Schikanieren ausländischer Journalisten kontraproduktiv sein könnte — würde eine andere Behandlung nicht zu einer verständnisvolleren Berichterstattung führen? Ich verweise darauf, dass der Kreml 2010 mehr als 1,4 Milliarden Dollar für internationale Propaganda ausgegeben hat. Dieses Geld wäre besser angelegt, wenn Journalisten etwas anständiger behandelt würden, sage ich.

Der FSB-Mann wird wütend.

«Woher kennen Sie diese Zahlen? Ich glaube, Sie sind ein britischer Spion. Sind Sie ein Spion?»

Ich sage ihm, dass diese Zahlen nicht gerade ein Staatsgeheimnis sind — sie werden im russischen Haushaltsbericht veröffentlicht.

Die Unterhaltung ist zu Ende. Ich frage die FSB-Beamten, ob von ihnen irgendwer jemals ins Ausland gereist ist. Keiner von ihnen, stellt sich heraus, hat Russland je verlassen. In einer Hinsicht muss man den FSB loben: Seine Rekruten sind psychologisch wirklich homogen. Sie alle teilen eine institutionalisierte Phobie vor dem Westen, einem Ort, der für sie so abgelegen sein muss wie Europa für das mittelalterliche Japan.

Nach einer Stunde bin ich auf freiem Fuß und kann wieder nach Nordossetien fahren. Der Mann mit den Fingerabdrücken schüttelt mir die Hand. Er ist freundlich und murmelt erneut eine Entschuldigung. «Kommen Sie wieder und besuchen Sie uns», sagt er.

Wieder am Grenzübergang hält mich ein regulärer Grenzsoldat in Uniform an. Er will Geld. «Haben Sie Euro oder Sterling?», fragt er. Er beordert mich in sein Wachhäuschen. Ich sage ihm, es sei ein langer Tag gewesen. Irgendwann lässt er mich gehen — mit einer unberührten Brieftasche. Mein inguschischer Fahrer bringt mich zu einer ossetischen Kollegin gleich hinter der Grenze; sie fährt mich zurück nach Wladikawkas.

In meinem Hotelzimmer mit Blick auf den Terek-Fluss und die schroffen Kaukasusberge denke ich über die bedrückenden Ereignisse der vergangenen Tage nach. Die Antwort des Kremls auf die Metroanschläge heißt Vergeltung. Putin ruft dazu auf, die Verantwortlichen «aus der Kanalisation zu kratzen». Medwedew besucht Kisljar, eine Stadt in Dagestan, wo zwei Selbstmordattentäter zwölf Menschen töten und 28 verletzen. Die Sicherheitskräfte sollten «grausamer» werden, empfiehlt er.

Ich klappe meinen Laptop auf. Ich starre wieder auf die Fotos der toten Knoblauchpflücker, die Memorial zusammen mit einem etwa einseitigen Bericht über die Tötung veröffentlicht hat. Die Bilder sind grauenvoll.

Ich lese, dass die Angehörigen in Aschkoi-Martan zwei Tage brauchten, um herauszufinden, was mit ihren Jungen geschehen war. Nachdem er sich 48 Stunden in einem Erdloch versteckt gehalten und von Quellwasser gelebt hatte, kroch Adlan Mutaew aus dem Wald heraus. Einheimische fanden ihn lebend am Waldrand. Die russischen Streitkräfte ließen seinen Bruder Arbi nach zwei Tagen frei. Menschenrechtsaktivisten von Memorial besuchten den Schauplatz am 14. Februar. Sie befragten Dutzende von Zeugen und fotografierten die im Schnee aufgestapelten Leichen, die neben Säcken voll Knoblauch lagen.

Das Foto von Mutaews Freund Schamil Kataew zeigt, dass ihm aus nächster Nähe in die Schläfe geschossen wurde. Man sieht ein sauberes Einschussloch. Jemand stahl sein Mobiltelefon und seinen Pass sowie einen Brief des Bürgermeisters von Aschkoi-Martan, der den Knoblauchpflückern Zutritt zu dieser Gegend gewährte. Schamil war in der Hoffnung in den Wald gegangen, etwas Geld für seine große, verarmte Familie zu verdienen, berichten seine Verwandten den Mitarbeitern von Memorial.

Die Leiche von Mowsar Tataew ist übersät mit Schusswunden; sie ist blutverschmiert und völlig verstümmelt. Brust und Rücken weisen Stichwunden auf. Sein Bruder findet seine Leiche im Wald. Ein Arm steht unnatürlich ab. Das Foto ist entsetzlich. Seine letzten Augenblicke müssen qualvoll gewesen sein.

Überraschenderweise räumt Jewkurow — den ich nicht mehr treffe — ein, dass bei dem Sondereinsatz mehrere unschuldige Zivilisten getötet wurden. Er fügt jedoch hinzu, dass es den Sicherheitskräften gelungen sei, 18 Rebellen zu töten, und sagt, die Operation habe dazu gedient, «Stabilität in der Region» herzustellen. Ramsan Kadyrow, der tschetschenische Präsident, zahlt den Familien der getöteten Jungen Entschädigungen.

Die Geschichte der Familie von Mowsar Dakaew ist eine der traurigsten. Sie sagen, sie hätten keine Ahnung gehabt, dass er in einer Gegend unterwegs war, in der eine Operation gegen Aufständische durchgeführt wurde. Dakaew bat einen seiner Freunde, ein Foto von ihm im Wald zu machen. Wir kennen die Uhrzeit — 13.40 10.02.10 steht in roter Schrift auf der linken Bildseite.

Auf dem Foto trägt Dakaew schwarze Handschuhe und eine hellgrüne Fleecejacke; er steht vor einem Hang mit Schnee und kahlen Bäumen. Er sieht ernst aus, mit leicht gehobenen Augenbrauen, sehr lebendig, jungenhaft gutaussehend, an der Schwelle zum Mann. Zwei Stunden später ist er tot. Das zweite Foto zeigt ihn im Schnee liegend. Sein Gesicht ist gelblich. Man sieht Blutflecke. Dakaews Augen sind noch offen, bemerke ich; er starrt in den Himmel, als sei das Leben ein unbegreiflicher Traum.

Ein paar Tage nach den Anschlägen in der Metro identifiziert der FSB die zwei weiblichen Attentäter. Es sind Mariam Scharipowa, 27, und Dschennet Abdurachmanowa, erst 17. Beide kommen aus Dagestan, der größten autonomen Republik im Nordkaukasus. Scharipowa kommt aus Balachani, einem Bergdorf, das als Hochburg des konservativen Islam gilt. Abdurachmanowa stammt aus der Gegend Chasawjurt im Westen Dagestans. Scharipowa löst die erste Explosion in der Metrostation Lubjanka aus; Abdurachmanowa die zweite in Park Kultury.

Selbstmordattentate von sogenannten tschetschenischen «schwarzen Witwen» gehörten zu den grausigen Merkmalen von Putins Zweitem Tschetschenienkrieg. Doch dies ist etwas Neues: Zum ersten Mal sind Frauen aus Dagestan in die Hauptstadt gereist, mehr als 1 000 Meilen weit entfernt, und haben sich selbst in die Luft gesprengt.

Abdurachmanowas Familienhintergrund ist etwas undurchsichtig. Nach den Anschlägen verschwindet ihre Mutter. Doch Scharipowas Eltern sprechen mit der *Nowaja Gaseta*. Sie geben zu, dass ihre Tochter mit ziemlicher Sicherheit die Lubjanka-Attentäterin gewesen sei. Ihr Vater, Rasul Magomedow, sagt, er habe Mariam anhand eines Fotos von einer der toten Attentäterinnen identifiziert, das von der Polizei freigegeben wurde. Er sagt, dass sie ein paar Tage vor den Anschlägen verschwunden sei. Er habe sie sofort erkannt.

Ich rufe die Reporterin Irina Gordienko von der *Nowaja Gaseta* an. Wir sprechen über meine Möglichkeiten, nach Dagestan zu reisen. Sie nennt mir mehrere Kontaktpersonen. In den folgenden Wochen stelle ich mir immer wieder die gleiche Frage: Warum hat Mariam Scharipowa, eine gebildete, sensible junge Frau aus einer soliden und anscheinend glücklichen Familie, sich und andere getötet?

Meine Reisepläne konkretisieren sich nur langsam, doch sechs Wochen nach den Metroanschlägen reise ich nach Dagestan, um Scharipowas Vater zu treffen. Ich fliege in einem alten Sowjetflugzeug in die

Hauptstadt Dagestans, Machatschkala. Dort treffe ich mich mit Juri Kosyrew, einem begabten russischen Fotografen, der gerade aus dem Irak zurückgekehrt ist, wo er mehrere Jahre für das amerikanische Magazin *Newsweek* gearbeitet hat. Magomed Schamilow, ein ehemaliger dagestanischer Polizist, begleitet uns. Er kennt die Familie Scharipowa. Und er besitzt eine Wolga-Limousine, ein panzerartiges Fahrzeug, mit dem sich die hoffnungslos holprigen Straßen der Republik bewältigen lassen.

Die Situation in Dagestan ist der in Inguschetien auf unheimliche Art ähnlich, sagt Schamilow. Die Republik, die größte und vielfältigste im Nordkaukasus, ist vom Kampf der Aufständischen erfasst. Dagestan war einst immun gegen die Gewalt, die 1994 im benachbarten Tschetschenien ausbrach. Jetzt scheint es sich inmitten eines kleinen Bürgerkriegs zu befinden. Dieser Krieg, geprägt von täglichen Schießereien und Bombenanschlägen, wird zwischen der dagestanischen Polizei und den militanten islamistischen Aufständischen ausgefochten. Die dagestanische Zivilbevölkerung wird in der Mitte aufgerieben. Schamilow sagt, etliche seiner früheren Kollegen seinen in diesen tödlichen Scharmützeln umgekommen. Viele von ihnen seien anständige Polizisten, die einfach nur versuchten, ihre Arbeit zu tun.

Während wir uns unterhalten, lassen wir Machatschkala hinter uns und fahren über eine grüne, mit Flachbauten gesprenkelte Ebene; allmählich verschwindet das schimmernde Kaspische Meer. Wir fahren in Richtung Gebirge, passieren eine Landschaft mit steilen Gipfeln und Flusstälern. Adler schweben in dem dunstigen Himmel über den Fichten, es gibt Schmetterlinge und Vogelgesang. Wir halten an einem Sufi-Schrein am Straßenrand, der mit bunten Fähnchen dekoriert ist.

Die Fahrt dauert vier Stunden. Schließlich erreichen wir Balachani. Das Dorf sieht aus, als habe sich seit dem 19. Jahrhundert nichts mehr verändert. Balachani hat etwas Uneinnehmbares: Das Dorf liegt unterhalb von zwei steilen Gebirgsflanken; Esel trotten über dunkle, gepflasterte Straßen an Gärten mit Aprikosen und Maulbeeren vorbei. Zwei Männer pflügen ein Maisfeld mit zwei Ochsen.

Rasul Magomedow begrüßt uns im Innenhof des Hauses. Wäsche hängt an einer Leine, die Schuhe sind ordentlich aufgereiht. Es gibt eine Satellitenschüssel, Feldsperlinge fliegen an herabhängenden Weinranken vorbei. Er zeigt uns das vordere, ebenerdige Schlafzimmer, in dem Mariam, seine einzige Tochter, wohnte. Sie dekorierte ihre in Magenta gehaltenen Wände selbst. Ihre Sachen sind noch da: L'Oréal-Feuchtigkeitscreme, ein Nachttisch und ein Spiegel. Bücher auf Arabisch. Überraschender ist der Stapel Mode- und Frauenzeitschriften — *Health and Beauty*, *Good Advice* und *Glamour*. Fotos zeigen eine attraktive junge Frau: Ihr Haar ist in der Mitte gescheitelt und hinter die Ohren gesteckt, sie hat volle Lippen, ovale Augen und dunkle Augenbrauen.

Wir treten ein. Rasul sitzt mit gekreuzten Beinen auf dem Teppich und sagt mir, er könne nicht glauben, dass seine Tochter eine Selbstmordattentäterin sei. «Ich weiß nicht, was passiert ist», sagt er. «Auch wir suchen nach Antworten. Sie kennt sie. Allah kennt sie. Das war's.» Er spricht den Angehörigen der Moskauer, die auf ihrem Weg zur Arbeit bei den Explosionen umkamen, seine Anteilnahme aus. Normalerweise hinterlassen Attentäter einen Abschiedsbrief, bevor sie auf ihre letzte Mission gehen. Doch Mariam hinterließ keinerlei Nachricht. «Wir haben überall gesucht. Wir haben nichts gefunden», sagt er.

Ihr Hintergrund bietet keine Anhaltspunkte, warum sie sich selbst töten und andere ermorden wollte. Scharipowas Eltern gehören beide zu dem, was früher einmal die sowjetische Intelligenzija gewesen ist. Rasul unterrichtet russische Literatur an der Schule in Balchani; seine Frau ist Biologin. Scharipowa war eine hervorragende Studentin. Ihre Bücher sind übersät mit ihrer ordentlichen Handschrift. Sie nahm Arabischunterricht. Sie hatte Verben in ihr Übungsheft geschrieben — am 7. Februar, wenige Wochen vor ihrem Selbstmord. «Sie war nicht die Art von Person, die so etwas tut. Sie war selbstbewusst, jemand, der klare Ziele definiert und diese auch erreichen wollte», sagt er.

Scharipowa, ein kluges Mädchen, studierte Mathematik an der staatlichen pädagogischen Universität in Dagestan. Sie war die erste Person aus ihrem Umkreis, die einen Master machte, und graduierte anschließend auch in Psychologie. 2006 begann sie, an der Dorfschule zu arbeiten. Ihr Lebensweg hat nichts gemein mit den von der Folter geprägten Biografien der radikalisierten tschetschenischen «schwarzen Witwen», deren Motiv meist persönliche Rache ist, nachdem ihre Männer und Brüder von Sicherheitskräften getötet wurden.

Oder war sie eine Vertreterin einer neuen Form des Terrors? Balachani ist bekannt als religiöses Zentrum der salafistischen Gemeinschaft in Dagestan. Diese konservative Spielart des Islam hat sich rapide über die ganze Republik ausgebreitet. Sie ist radikaler als die traditionellen Formen des Sufismus oder des islamischen Mystizismus, die in der Region seit Mitte des 8. Jahrhunderts existieren — viel länger als in jedem anderen Winkel Russlands. Die Spannungen zwischen den Religionsgemeinschaften in Dagestan nehmen zu, viele Salafisten stehen den lokalen religiösen Autoritäten kritisch gegenüber. Sie werfen ihnen vor, der Staatsmacht zu nahe zu stehen und zu weltlich geworden zu sein.

Die Autoritäten wiederum bezeichnen die Salafisten als Extremisten und «Wahhabisten» und lasten jegliche Attacke gegen die Föderation ihnen an. Scharipowas Vater sagt mir, er verurteile Gewalt. Andererseits spricht er kenntnisreich über den ewigen, 300jährigen Krieg gegen die eindringenden Russen in den Bergen von Dagestan. Er erwähnt Scheich Mansur. 1785 organisierte Mansur die erste große Rebellion gegen die russische Expansion in das kaukasische Hochland. Mansur rief zum *gazavat*, zum Heiligen Krieg auf, ein Slogan, der auch heute noch von den vernetzten Guerillakämpfern verwendet wird.

Der berühmteste antirussische Militärkommandeur, Imam Schamil, ergab sich ganz in der Nähe, nachdem ihn die zaristischen Kräfte in dem dagestanischen Dorf Gunib eingekreist hatten. Schamil war auch ein geistlicher Führer: Am schärfsten kritisierte er nicht die «ungläubigen» Russen, sondern seine spirituell schwachen Glaubensbrüder. 150 Jahre später wird der gleiche interne Konflikt erneut ausgetragen — wenn zum Beispiel jihadistische Aufständische muslimische Polizisten in die Luft jagen, weil sie sie für Abtrünnige halten.

Wie Rasul es sieht, sind Russland und seine Muslime im Süden, Bürger seit den Zeiten Tolstois, in einer unversöhnlichen Umklammerung gefangen — eine tödliche «historische Spirale». «Wir hatten 16 Jahre Krieg im Kaukasus», sagt er. «Wir haben uns der Russischen Föderation nicht freiwillig angeschlossen. Es war eine Annektion. Aber wir wollen sie auch nicht verlassen», fügt er hinzu — ein Paradox. Er sagt, er sehe keinen Unterschied zwischen den «Terroristen im Wald» — den Rebellen — und den «Terroristen mit den Schulterklappen» — den Sicherheitskräften.

Gleichzeitig liebt er die russischen Schriftsteller des 19. Jahrhunderts — er spricht von Puschkin, Lermontow und Tolstoi —, die alle im Kaukasus gedient haben. Da wäre zum Beispiel *Hadschi Murat*, Tolstois außergewöhnliche späte Novelle. Sie erzählt die Geschichte des berühmten Avaren-Führers Hadschi Murat, der zu den Russen überläuft und wieder zurück — das Thema der Uneinigkeit und des Verrats ist ein wiederkehrendes Motiv in der tschetschenischen Geschichte. Ich sage, dass ich denke, dies sei Tolstois größtes Werk. «Ich bewundere die Philosophie Tolstois und seine Haltung gegen Gewalt», sagt Rasul. «Man kann diesen Krieg nur mit politischen Mitteln gewinnen. Gewalt wird ihn nicht beenden.»

Am Nachmittag spazieren wird durch Balachani. Es ist nicht anders als andere Dörfer, die ich in den Bergen Afghanistans oder Pakistans besucht habe: Vor der Moschee kommen wir an jungen Männern mit weißen Gebetskappen und Vollbärten vorbei. Wir laufen am Fluss entlang, in dem Müll schwimmt. Wir besuchen die Mittelschule, an der Scharipowa unterrichtet hat — ein weiß getünchtes, einstöckiges Haus.

Rasul lehnt die offizielle Darstellung vom Tod seiner Tochter ab, auch die Beschreibung der russischen Medien von ihr als terroristische Zombie-Attentäterin. «Das ist Unsinn. Aus meiner Sicht ist all das Teil einer bösartigen Kampagne [der Russen] gegen die Muslime.» Es beginnt zu regnen. Wir stellen uns im Hauseingang der Schule unter. Eine Gruppe von Jungen kickt einen Fußball über den schlammigen Schulhof.

Rasul glaubt, dass russische Geheimdienstagenten seine Tochter in Machatschkala festgenommen haben könnten. Das ist eine Version. Doch könnte jemand sie davon überzeugt haben, sich selbst zu töten? Russische Ermittler sagen, Scharipowa habe heimlich ein Doppelleben geführt. Sie behaupten, sie sei die Frau eines Rebellenführers gewesen, Magomedali Wagabow, den die Polizei ein paar Monate nach den Metroanschlägen erschießt.

Geheime Hochzeiten zwischen Rebellenführern und gläubigen jungen Frauen sind nicht ungewöhnlich; diese Paare treffen sich etwa alle paar Monate in einem sicheren Haus, um einen kurzen Moment der Intimität zu erleben. Die Tragödie der Mariam Scharipowa, zu diesem Schluss komme ich, war vielleicht die einer ganzen Generation. Die jungen russischen Muslime sind heute weniger sowjetisiert als ihre im Kommunismus aufgewachsenen Eltern. In dem Maße, in dem ihre Entfremdung wächst, wächst auch ihre Bereitschaft, nach radikalen Lösungen zu suchen.

Ich verabschiede mich von Rasul. Bevor ich gehe, zeigt er mir seine 1975 verfasste Doktorarbeit. Ihr Thema ist die avarische Dichtung des 16. und 17. Jahrhunderts.

Der FSB bekommt den Terrorismus im eigenen Land nicht in den Griff. Am 24. Januar 2011 betritt ein Selbstmordattentäter den Moskauer Flughafen Domodedowo. Niemand hält ihn auf. Er sprengt sich selbst in die Luft, tötet 37 und verletzt 180 Menschen.

Die Gefahr eines Terrorangriffs in Moskau ist groß — eine konstante Bedrohung unter der Oberfläche. Doch es gibt noch eine andere, greifbarere Form des Schreckens; sie marschiert durch die Straßen der Stadt. Sie nimmt die Menschen aus dem Kaukasus ins Visier — sie sind hier nicht mehr Täter, sondern Opfer — sowie alle, die nichtslawischer Herkunft sind. Dieses Schreckgespenst ist der russische Nationalismus, der sich mit aller Gewalt bemerkbar macht.

11

DER AUFSTIEG DER RECHTEN

Nr. 21, Block 2, Kedrow-Straße, im Südwesten Moskaus, 16. April 2007

Lasst uns den Dreck auskehren!
WAHLSLOGAN DER RODINA (MUTTERLANDSPARTEI)

Um 21.10 Uhr geht Karen Abramian zurück zu seiner Wohnung im Südwesten Moskaus. Er hat seine Eltern in einem nahegelegenen Wohnhochhaus besucht. Der Rückweg dauert fünf Minuten — vorbei an einer Reihe grauer Hochhäuser, die sich in Moskaus dichte Skyline einfügen, und an einem Kinderspielplatz, dann eine bescheidene Freitreppe hinauf.

Als er den Eingangscode eingibt, nähern sich ihm von hinten zwei junge Männer mit Baseballkappen und Bandanas. Sie stechen auf ihn ein, wieder und wieder: Systematisch stechen sie auf Kopf, Nacken, Rücken und Bauch ein. Abramian fleht die beiden an. «Bitte, tut das nicht. Bitte, nehmt mein Geld!» Seine Angreifer — zwei schmächtige, jungenhafte, fast streberhaft wirkende Gestalten — ignorieren ihn. Sie stechen insgesamt 56 Mal auf ihn ein.

In diesem Moment schaut Abramians Frau Marta aus dem Fenster ihrer Wohnung im 9. Stock. Sie blickt nach unten. Sie sieht zwei Jungen, die auf eine dunkle, am Boden liegende Gestalt einstechen. Ihren Mann.

Der 14jährige Sohn des Paares, Georgy, der in der Nähe gespielt hat, findet seinen Vater im Eingang. Er ist da schon blutüberströmt. Georgy zieht sein T-Shirt aus — es ist noch Winter in Russland und bitterkalt. Er wickelt es um seinen Vater und rennt die Treppen hoch. Abramian ist bei Bewusstsein, als Georgy mit einer Decke und einem Kissen zurückkommt. Gemeinsam warten sie in der Dunkelheit auf den Krankenwagen.

Abramian sagt seinem Sohn: «Das waren Skinheads.»

Vier Stunden später ist Abramian tot. Die Ärzte hatten versucht, ihn zu retten, aber angesichts eines so großen Blutverlusts waren sie machtlos.

Die Namen der Mörder Abramians lauten Artur Ryno und Pawel Skatschewski. Beide sind 17 Jahre alt. Ihr Motiv für den Mord an Abramian — den 46jährigen Leiter einer Moskauer Versicherungsgesellschaft — ist kein kriminelles, sondern ein ideologisches.

Die Jungen hatten Abramian ausgewählt, weil er gebürtiger Armenier ist. Seine Ermordung ist ein Akt rassistischer Gewalt: Ryno und Skatschewski hatten ihn auf der Straße gesehen und spontan beschlossen, ihn zu töten. Dass sie gefasst wurden, ist reiner Zufall: Ein Nachbar wird Zeuge des Überfalls und läuft ihnen nach. Sie entwischen mit einer Tram der Linie 26. Der Nachbar, ein ehemaliger Fahnder, hält einen vorbeifahrenden Polizei-Lada an und nimmt die Verfolgung auf. Die Polizisten stoppen die Tram und verhaften die Jungen. (Ryno und Skatschewski hatten ihre blutbefleckten Mäntel auf links gedreht; ihrem Opfer war es aber gelungen, einen von ihnen am Arm zu packen und einen blutigen Abdruck zu hinterlassen.)

Ryno und Skatschewski machen keine Anstalten, ihr Verbrechen zu leugnen. Im Gegenteil, sie sind stolz darauf. In ihrem Rucksack findet die Polizei 25 Zentimeter lange Messer. In Untersuchungshaft fragen die Ermittler Ryno und Skatschewski, ob sie noch weitere Morde begangen hätten. Zu ihrer Überraschung antworten die Jugendlichen, ja, das hätten sie. Die beiden gestehen, dass sie in einem Zeitraum von acht Monaten 20 Menschen getötet hätten, zwischen August 2006 und April 2007. Mindestens zwölf weitere hätten sie angegriffen, diese hätten aber überlebt.

Anfangs ist die Polizei skeptisch; sie nimmt an, dass die Jugendlichen irgendwie gestört sind. Nach und nach bestätigen die Beamten jedoch die unglaublichen Behauptungen von Ryno und Skatschewski. Die Ermittler finden heraus, dass die beiden Minderjährigen tatsächlich 20 Menschen getötet haben.

Der Fall ist schockierend — und spektakulär. Er zeigt aber auch, dass der Flirt des Kremls mit dem Nationalismus — der sich in der ständigen Denunziation ausländischer «Feinde» äußert — düstere und unabsehbare Folgen hat.

Ryno und Skatschewski gehören zu den schlimmsten Massenmördern in Russlands neuerer Geschichte. Drei Stunden vor der willkürlichen

Hinrichtung Abramians hatte das Duo noch jemanden erstochen — Kyril Sadikow, einen Tadschiken. Sie aßen etwas, machten sich dann auf den Weg und suchten ihr nächstes Opfer. Das 45seitige Gerichtsurteil zeigt ein verstörendes, fast schon düster-symphonisches Muster — die Skinheads liegen an verschiedenen vorstädtischen Metrostationen auf der Lauer und traktieren ihre Opfer oft mit nicht weniger als 60 Messerstichen.

Die Attacken haben allesamt eine Gemeinsamkeit: Die Opfer sind keine Slawen. Die meisten sind Gastarbeiter, die in Moskaus Bauindustrie oder als Reinigungskräfte in den Höfen und Parks der Hauptstadt schuften. Niemand weiß, wie viele Niedriglohngastarbeiter derzeit in Moskau leben — einer wimmelnden Metropole mit zwölf Millionen Menschen. Viele von ihnen sind Taxifahrer ohne Lizenz und arbeiten in Moskaus verstopften Straßen.

Typischerweise sind die Opfer der Skinheads aus der Armut der ehemaligen Sowjetrepubliken Zentralasiens geflüchtet — aus Tadschikistan, Usbekistan und Kirgistan. Andere kommen aus China. Ein paar haben ein «kaukasisches Erscheinungsbild», wie es in der Anklageschrift heißt, und kommen aus Russlands instabilen südlichen Provinzen Tschetschenien oder Dagestan.

Wie alle Krieger, die sich in einem Heiligen Krieg wähnen, haben auch die beiden Jungen Fehler gemacht: einige ihrer dunkelhäutigen Opfer waren in Wirklichkeit ethnische Russen. Eine Bluttat sticht besonders heraus. Genau eine Woche vor dem Mord an Karen Abramian traf es S. Asimow, einen usbekischen Studenten (in der Anklageschrift wird er einfach als «S. Asimow» bezeichnet). Die Skinheads überfallen ihn vor seiner Wohnung in dem ruhigen nordwestlichen Moskauer Stadtteil Woikowskaja. Asimow lebte in der Soja-und-Alexander-Kosmodemjanski-Straße — benannt nach zwei sowjetischen Partisanen. Die Britische Internationale Schule liegt nur einen kurzen Fußmarsch entfernt — über einen lebhaften Boulevard, an einem Fernsehreparaturladen und an Kiosken vorbei, die Bier und Kebab verkaufen. Mittelschichts-Eltern rauschen in Range Rovern vorbei.

Die Skinheads stechen 56 Mal auf Asimow ein. Als er am Boden liegt und das Leben langsam aus ihm weicht, schneiden sie sein linkes Ohr ab.

Alexander Werchowski beschreibt den Amoklauf von Ryno und Skatschewski als «sehr außergewöhnlich». Werchowski ist ein redegewandter Russe mit schulterlangem schwarzen Haar und einer Wildlederjacke im 1970er-Jahre-Stil. Er spricht fließend Englisch. Er ist Experte für ausländerfeindliche Gewalt und Direktor von Sowa, einem Moskauer Informationszentrum, das rassistische Gewaltverbrechen aufarbeitet und dokumentiert.

Wir treffen uns in einem Moskauer Café, wenige Tage, bevor Rynos und Skatschewskis fünfmonatiger Prozess enden soll. Gleich um die Ecke veranstalten 300 Neonazis eine Kundgebung, direkt unter der mit Grünspan bedeckten Statue des russischen Dramatikers Alexander Gribojedow aus dem 19. Jahrhundert. (Das ist kein Zufall: Gribojedow ist eine Art früher Märtyrer der Skinheads. Der Autor der Komödie *Wehe dem Verstand* wurde 1829 von einem persischen Mob erstochen.)

Die Skinheads schwenken schwarze, gelbe und weiße Flaggen; ein paar klettern auf die Statue und zeigen den Hitlergruß, rufen «Russland den Russen!». Später erfahre ich, dass die meisten russischen Skinheads «den Führer» verehren — und meinen, sein einziger Fehler sei gewesen, die Sowjetunion anzugreifen. Das Durchschnittsalter liegt bei 15 oder 16, die Jugendlichen tragen Baseballkappen, Burberry-Schals oder Lonsdale-Kleidung — die Uniform der britischen Rechtsextremisten. Einer der Skinheads trägt sogar eine Jacke mit Union-Jack-Aufdruck. Unter ihnen sind auch mehrere junge Frauen.

Die Skinheads hängen zwei ultranationalistischen Gruppierungen an — der Bewegung gegen Illegale Einwanderung und der Slawischen Union. Beide werden von den Behörden später verboten. Ein Stand zeigt Fotos der 15jährigen Anna Beschnowa — ein bildhübsches russisches blondes Schulmädchen, das im Oktober 2008 von einem usbekischen Arbeiter vergewaltigt und ermordet wurde. Ihr Tod hatte in den ohnehin leicht entflammbaren Außenbezirken der unteren Mittelschicht rassistische Unruhen ausgelöst und mehrere Racheattacken inspiriert.

Laut Werchowski ist das Phänomen der rassistischen Gewalt in Russland nicht neu. Was den Fall von Ryno und Skatschewski so bemerkenswert macht, sagt er, sei die Bilanz ihres Amoklaufs — 20 Tote innerhalb von acht Monaten.

Die Tatsache, dass Ermittler diesen Fall gelöst haben, hat nichts mit deren investigativen Fähigkeiten zu tun, sagt er, sondern liege an den Geständnissen der Jugendlichen. «Dies ist kein Beispiel für erfolgreiche Ermittlungsarbeit», stellt er fest. Werchowski sagt, die Verbrechen seien eine extreme Manifestation von flächendeckendem Rassismus. «Es gibt sehr weit verbreitete rassistische Vorurteile in Russland.»

«Mehr als 50 Prozent unterstützen die Forderung, dass Russen gegenüber anderen ethnischen Gruppen bevorzugt werden sollten. Mehr als 50 Prozent glauben, dass der Zuzug ethnischer Minderheiten begrenzt werden sollte oder dass sie ausgewiesen werden sollten», berichtet Werchowski. Auch im Kommunismus gab es Vorurteile gegenüber Nichtslawen und Juden, trotz der multiethnischen Charakters der sowjetischen Gesellschaft. In den 1990er Jahren, als viele ethnische Russen aus plötzlich unabhängigen Republiken wie Usbekistan zurückkehrten, hielten sich die Vorurteile.

Doch erst im vergangenen, von Putin geprägten Jahrzehnt sei der Rassismus so erstaunlich zugenommen, sagt Werchowski. Russlands Zweiter Tschetschenienkrieg und Bombenattentate auf Wohnblocks 1999, bei denen in vier russischen Städten fast 300 Menschen getötet wurden, schürten die Xenophobie, glaubt Werchowski.

Der Kreml lastete die Bombenanschläge tschetschenischen Terroristen an; andere, auch Alexander Litwinenko, hielten die Anschläge für ein Werk des FSB. Kurze Zeit später nutzte Putin die Bombenanschläge, um seinen kompromisslosen Einmarsch in Tschetschenien zu rechtfertigen, aus dem dann rasch der Zweite Tschetschenienkrieg wurde.

Litwinenko zufolge, Koautor eines Buches über die Anschläge — *Blowing Up Russia: Terror From Within* —, hätten aktive FSB-Agenten die Bomben gelegt. Die erste zerstörte am 9. September 1999 ein neunstöckiges Wohnhaus auf der Gurjanowa-Straße im Südwesten Moskaus, tötete 94 und verletzte 249 Menschen. Die zweite explodierte vier Tage später in dem Keller eines Wohnhauses auf der Kaschirskoje-Schnellstraße im Süden Moskaus. Sie tötete 118 Menschen und verletzte über 200. Zwei FSB-Agenten wurden später erwischt, als sie eine weitere Bombe an einem Gebäude in der Stadt Rjasan anbrachten. Nikolai Patruschew, Leiter des FSB, sagte, die Agenten hätten lediglich eine Übung durchgeführt. Er bestand darauf, dass die «Bombe» von Rjasan aus Zucker bestand, nicht aus Sprengstoff.

Viele Russen glauben weiterhin, dass die Angriffe das Werk des FSB waren, auch wenn die Journalisten Andrei Soldatow und Irina Borogan kürzlich zu dem Schluss kamen, dass die Behörde nicht hinter den Anschlägen steckte. Am Ort der zweiten Bombenexplosion — neben der Moskwa und umgeben von grellmodernen Hochhäusern, die den Anschlag überstanden haben — steht heute eine kleine orthodoxe Holzkirche. Als ich 2010 dort hineinlaufe, albern ein paar Kinder im Turm herum und läuten die Kirchenglocken.

Wer oder was auch immer hinter den Bombenanschlägen von 1999 gesteckt hat: Der Rassismus in Russland ist jetzt überall auf dem Vormarsch. Sowa zufolge wurden 2010 mindestens 37 Menschen bei rassistischen oder neonazistischen Angriffen getötet, 368 verletzt; 2009 waren es 60 Tote und 306 Verletzte; und 2008 wurden mindestens 110 Menschen getötet und weitere 486 verletzt oder verprügelt. (Die Zahl der Toten lag 2004 bei 50, 2005 bei 47, 2006 bei 64 und 2007 bei 86.)

Sowas Recherchen haben ergeben, dass ausländerfeindliche Vorurteile inzwischen akzeptierte Mehrheitsmeinung sind. Auch wenn die meisten Russen rechtsextreme Ansichten nicht aktiv unterstützen, gibt es, schätzt Werchowski, etwa 2 000 bis 3 000 junge Skinheads, die bereit sind, Migranten anzugreifen und zu töten. Russlands Strafverfolgungsbehörden, deren Aufgabe es ist, diese Mörder zu fassen, teilten die gleichen Vorurteile wie die restliche russische Bevölkerung.

Oft ignorieren die Polizisten rassistische Angriffe — oder ordnen sie dem weniger schweren Straftatbestand des Hooliganismus zu. Werchowski sagt: «Die Strafverfolgung ist schwach. Diese jungen Rechtsradikalen haben keine Angst vor der Polizei, denn ihr Risiko, geschnappt zu werden, ist gering.»

Die blutige Beweisspur scheint seine düstere These zu bestätigen. Ein paar Tage vor unserem Treffen verschickt eine vorher unbekannte Gruppierung, die Militante Organisation Russischer Nationalisten, eine bedrohliche E-Mail. Die Gruppe sagt, sie habe einen 20jährigen Tadschiken ermordet. Sechsmal habe sie auf ihn eingestochen, als er von seiner Arbeit in einem Lebensmittelgroßmarkt zurückkam. Sie hätten ihm den Kopf abgeschnitten und diesen in eine Abfalltonne vor einem Verwaltungsgebäude im Westen Moskaus geworfen.

Die Leiche des Opfers wird in der Nähe des Dorfes Schabkino entdeckt, ein paar Meilen außerhalb der Hauptstadt. Die E-Mail hat einen Anhang. Es ist ein Foto von dem Kopf des jungen Mannes, der auf einem riesigen hölzernen Hackbrett liegt. Das Bild ist ekelerregend und abstoßend: Im Dunkeln aufgenommen zeigt es das Gesicht des Opfers, blutüberströmt, die Augen qualvoll verdreht.

Die Gruppierung schreibt, der Mord sei eine Protestaktion gegen die Behörden, weil diese unfähig seien, die Einwanderung zu regulieren, oder, wie die Mörder schreiben, Russland von seinen kaukasischen und zentralasiatischen «Besatzern» zu befreien. Falls die Regierungsbeamten nicht «die Schwarzen» deportierten, so die Warnung, würden deren «Köpfe rollen». Die Enthauptung erinnert an einen anderen grausamen Neonaziangriff, der 2007 auf rechtsextremen Websites kursierte. Das Video mit dem Titel «Exekution eines Tadschiken und eines Dagestaners» zeigt zwei Männer, die in einem herbstlichen russischen Wald gefesselt und geknebelt unter einer Naziflagge knien. Maskierte Männer sägen einem der Männer den Kopf ab und erschießen den anderen. Die russischen Ermittler halten das Video anfangs für eine Fälschung.

Später allerdings stellt sich heraus, dass es echt ist. Ein Mann erkennt in dem dagestanischen Opfer seinen verschollenen Bruder, der ein paar Monate zuvor in Moskau verschwunden war. In der gleichen Woche, im Dezember 2008, stechen unbekannte Angreifer in der südrussischen Stadt Wolgograd geradezu beiläufig einen afroamerikanischen Teenager nieder. Stanley Robinson, 18, aus Providence (Rhode Island) war als Austauschschüler in Russland. Bei dem Angriff wird er schwer verletzt; er wird nach Finnland in die Notfallchirurgie ausgeflogen.

Im Süden Moskaus ist es ein weiterer ganz normaler Tag. Mutmaßliche Skinheads stechen einen 18jährigen kasachischen Schüler nieder, Jerlan Aitymow, während er an der Kaluschskaja-Station auf den Bus wartet. Jerlan stirbt auf dem Weg zum Krankenhaus.

Artur Ryno und Pawel Skatschewski passen nicht in das klassische Profil des Serienkillers. Es gibt nicht viel in ihrer Herkunft, das darauf schließen lässt, dass sie einmal großspurige Mörder sein werden. Ryno wächst in der Stadt Jekaterinburg im südlichen Ural auf. Seine Eltern lassen sich scheiden, als er noch klein ist; sein Vater stammt aus der Provinz Tschukotka tief im Osten Russlands. (Ironie des Schicksals: Rynos eigene Gesichtszüge sehen nicht gerade slawisch aus.)

In der Schule zeigte Ryno Geschick beim Zeichnen. Klassenkameraden beschreiben ihn als einen stillen, introvertierten Schüler, der sich damit schwertut, Freunde zu finden. Er trägt sein Haar lang und eine nietenbeschlagene Lederjacke. Seine Anwälte sagen, dass Ryno in den Einfluss rassistischen Ideenguts geriet, nachdem er von einem tschetschenischen Schulkameraden verprügelt wurde. 2006 zieht Ryno nach Moskau. Hier immatrikuliert er sich an Moskaus Kunstinstitut und studiert Ikonenmalerei. (Mehrere von Rynos Ikonen hängen in der Kirche in Jekaterinburg, die genau an der Stelle gebaut wurde, an der die Bolschewiken Russlands letzten Zaren und seine Familie erschossen und mit dem Bajonett exekutierten. Die Romanows tauchen in der kitschig-überladenen goldbemalten Ikonostase der Kirche auf.)

In Moskau rasiert Ryno sein Haar ab. Er lernte Skatschewski über eine ultranationalistische Website kennen, *Format18.ru* — die Zahlen 1 und 8 verweisen auf die Initialen Adolf Hitlers. Das Forum ist beliebt bei jugendlichen Skinheads; sie nutzen es, um Videos von ihren rassistischen Überfällen auszutauschen.

Skatschewski wächst in Moskau auf. Der Sohn einer stellvertretenden Schuldirektorin ist ein talentierter Schüler und gewinnt sogar einen Preis für seine akademische Leistung. Wie Ryno beginnt auch Skatschewski, die «Schwarzen» zu hassen. Er behauptet, dass mehrere seiner Freunde bei den Bombenattentaten auf die Moskauer Wohnblöcke ums Leben gekommen seien. «Ich wohne in einem Haus auf der anderen Seite der Gurjanow-Straße und des Wohnblocks, den die Tschetschenen in die Luft gesprengt haben», erzählt er Freunden.

In dem Zeitraum der Morde ist Skatschewski als Student an der Moskauer Akademie für Physische Erziehung eingeschrieben. Das Duo schart eine Gang von rund einem Dutzend gleichgesinnter Skinheads um sich. Es ist ein eher brav aussehender Haufen — die größte unter ihnen ist eine junge Frau, Swetlana Awwakumowa, 22, die eine der brutalen Attacken der Bande auf einen chinesischen Jugendlichen aufnimmt. Mehrere von ihnen tragen Brillen. Im Februar 2008 gelingt es der Polizei, Awwakumowa zu verhaften.

Der Prozess gegen die Ryno-Skatschewski-Bande beginnt im Juli 2008; er findet in Raum 408 in Moskaus modernem Stadtgericht statt. Es ist ein schöner Sommertag. Vor dem Gerichtsgebäude treffe ich Swetlanas Mutter, Jelena, die in der Hoffnung aufgetaucht ist, ihre inhaftierte Tochter zu sehen.

Jelena scheint verwirrt über die Beteiligung ihrer Tochter und leugnet, dass Swetlana irgendetwas mit den Skinheads zu tun hat. Nach der Verhaftung haben ihr die Ermittler ein Video gezeigt, das akribisch dokumentiert, wie die Gang mitleidslos einen chinesischen Jungen, der hilflos am Boden liegt, zusammentritt und mit einem Messer verletzt. Der Junge weint. Ihre Tochter lädt den Film auf ihrem heimischen Computer. Auf dem Computer befinden sich auch Schnappschüsse von der Klosterinsel Walaam, aufgenommen im Urlaub in Russlands pittoreskem Norden.

«Swetlana war immer ganz unschuldig. Als Mädchen war sie ein bisschen burschikos. Sie mochte Fußball und hat immer Spartak geguckt», sagt Jelena. Spartak Moskau spielt 2010 eine wichtige Rolle bei den schlimmsten rassistischen Unruhen, die Russland je erlebt hat. Interessanterweise hat Jelena eine starke Ahnung, wann genau ihre Tochter den falschen Weg eingeschlagen haben könnte.

Skinheads sind gewissermaßen ein Paradox in Russland, ein Land, das mindestens 25 Millionen Menschen im Kampf gegen Nazideutschland verloren hat. «Mein Vater war Panzerkommandeur im Krieg. Er wurde in der Schlacht um Königsberg schwer verletzt; danach war er behindert. Er hat persönlich gegen den Faschismus gekämpft. Swetlana weiß genau, was Faschismus ist. Wir haben die Orden ihres Großvaters aufbewahrt.»

Jelena zufolge hat sich die Haltung nach dem Zusammenbruch der Sowjetunion verändert. «Meine Generation war sowjetisch. Wir waren internationalistisch. Wir haben armenische Verwandte. Mein Bruder hat sogar eine japanische Frau geheiratet. Das Problem ist die neue Generation. Sie versteht den Unterschied zwischen Nationalismus und Patriotismus nicht mehr. Sie verwechselt das.»

Dmitri Djomuschkin trägt ein Ben Sherman-Hemd. Er hat eine Platte Kebab bestellt und eine Schale Borsch — russische Rote-Beete-Suppe. Er spricht Russisch mit leichtem Sprachfehler und raucht eine Zigarette, während er isst.

Djomuschkin ist Vorsitzender der Slawischen Union, Russlands radikalster ultranationalistischer Bewegung. Als ich ihn 2008 interviewe, ist er erst 30 und doch schon ein Veteran der rechtsextremen Szene in Russland. Wir treffen uns in einem Pub in Marino — einer sich immer weiter ausbreitenden Schlafstadt im Süden Moskaus, voller Wohnhochhäuser und am Ende von Moskaus hellgrüner Metrolinie gelegen.

Sowohl Ryno und Skatschewski waren Mitglieder der Slawischen Union. (In Russland nennt sich die Organisation *Slawjanskij Sojus*, die «SS».) «Ich habe sie nicht persönlich gekannt. Das waren junge Männer, die bei den Treffen in der Ecke saßen. Sie waren still wie Mäuse», sagt Djomuschkin. Seine Organisation hat 1500 Mitglieder in ganz Russland — auch wenn Experten die Zahl der aktiven Rechtsextremen auf etwa 50 000 schätzen. Die SS kämpft gegen illegale Einwanderung und für die Rechte der Russen in Russland, ergänzt er.

Djomuschkin sagt, er sei enttäuscht gewesen von den radikalen Aktionen vieler seiner Mitglieder — mehr als 100 wurden verhaftet, etliche verbüßen nun lebenslange Haftstrafen wegen Mordes. (Einer der Anführer der Gruppe, Nikola Korolew, wurde weggesperrt, weil er im August 2006 auf dem Moskauer Tscherkisowski-Markt mit einer Bombe vor einem vietnamesischen Café ein Attentat verübt hatte, bei dem 14 Menschen getötet und 49 verletzt wurden.)

«Diese Taktik ist falsch», findet Djomuschkin. Er glaubt auch, dass Russland mit Belarus und der Ukraine wiedervereint werden sollte, sodass die alte westliche Grenze der Kiewer Rus wiederhergestellt würde. Tschetschenien und die anderen muslimischen Republiken gehörten nicht zu Russland. Am überzeugendsten wird Djomuschkin, wenn er über die Bedrohung spricht, die von der Slawischen Union inzwischen für Wladimir Putin ausgeht. Im Laufe des vergangenen Jahrzehnts habe Putin jede unabhängige politische Aktivität in Russland buchstäblich erstickt. Es sind nur noch zwei Oppositionsbewegungen übriggeblieben, so Djomuschkin — die ultranationalistische und die liberaldemokratische.

Für die Liberalen hat Djomuschkin nur Verachtung übrig — «viele von denen sind Juden» —, auch wenn er einige ihrer kremlkritischen Standpunkte teilt. Doch während die Demokraten schwach sind, zerstritten und marginalisiert, genießen die Rechtsextremen viel mehr Unterstützung. Sie werden von Elementen tief innerhalb der mächtigen russischen Bürokratie und der Sicherheitsbehörden gefördert, auch dem FSB. (Sowohl Ryno als auch Skatschewski hatten Verbindungen zu einem rechten Abgeordneten in der russischen Duma. Offiziell waren sie seine parlamentarischen Mitarbeiter.)

Djomuschkin beschreibt Putins Russland als «Polizeistaat», der die schlimmsten Aspekte der Sowjetunion erhalten, die guten Hinterlassenschaften aber beseitigt habe. «Es mag paradox klingen. Aber unsere Bewegung kämpft heute für die Freiheit. Es sind die Nationalisten, die für die Redefreiheit und Versammlungsfreiheit kämpfen. Niemand anderes hat die Kraft, es zu tun. Alle anderen haben Angst», sagt er.

Djomuschkin ist Mitinitiator des «Russischen Marsches», einer Massenveranstaltung der Rechtsradikalen, die immer am 4. November stattfindet. 2008 lösen Polizei und föderale Sicherheitsbeamte den Marsch in Moskau auf und verhaften 1 000 Leute, darunter Djomuschkin. Er wird allerdings nach wenigen Stunden in Polizeigewahrsam freigelassen und muss später lediglich eine Summe von 1 000 Rubel (26 Euro) zahlen — ein armseliger Betrag verglichen mit den Strafen, die einige prodemokratische Demonstranten bekommen haben.

Russlands Behörden stehen dem Aufstieg der Rechtsradikalen offensichtlich planlos gegenüber, deren politische Anziehungskraft wächst, je mehr das Land in die ökonomische Krise und die Stagnation rutscht. Wenn der Lebensstandard sinkt, gibt man den Einwanderern die Schuld. Während meiner vier Jahre in Russland habe ich nichts erlebt, was auf eine Art prowestliche Orangene Revolution hindeutete.

Die Möglichkeit einer ultranationalistischen Revolte gegen Putins Machtanspruch dagegen ist real und wird größer. Die Skinheads — eine Armee von pickligen, jugendlichen Rassisten aus der unteren Mittelschicht — stellen eine ernsthafte Gefahr für den ansonsten festen Griff des Kremls dar. Ebenso die Parteien, die Ausländerfeindlichkeit propagieren und fördern.

2005 wird die nationalistische Oppositionspartei Rodina (Mutterlandspartei) von der Teilnahme an den Moskauer Wahlen ausgeschlossen. Man hatte ihr wegen ihrer Wahlkampagne, zu der auch der Wahlslogan «Lasst uns den Dreck auskehren!» gehörte, vorgeworfen, zu rassistischer Hetze anzustacheln. Putins Anhänger dürften erleichtert gewesen sein, dass Rodinas Ambitionen ausgebremst wurden. Ihre Parteiführung bleibt trotzdem salonfähig. 2007 wird Dmitri Rogosin, 2005 Vorsitzender von Rodina und Verfasser des «Raus mit dem Dreck»-Slogans, zum russischen NATO-Botschafter ernannt.

Im Dezember 2010 erlebt Russland die schlimmsten rassistischen Unruhen seiner Geschichte. Auslöser ist der Tod eines Anhängers von Spartak Moskau, der 28jährige Jegor Swiridow. Er stirbt am 6. Dezember nach einer Schlägerei auf dem Kronstadtski-Boulevard zwischen kaukasischen Jugendlichen und einer Gruppe von russischen Fußballfans.

Am 11. Dezember versammeln sich nicht weniger als 2 500 Rechtsextreme auf dem Moskauer Manesch-Platz, direkt unter den Mauern und Türmen des Kremls. Sie sind gekommen, um ihre Verbundenheit mit Swiridow zu demonstrieren. Die Moskauer Bereitschaftspolizei ist normalerweise gut vorbereitet, um gegen jede Form von Bürgeraufstand hart vorzugehen: Oppositionelle Demonstranten werden oft innerhalb von Minuten zu den wartenden Fahrzeugen der Polizei geschleppt. Doch diesmal war die Bereitschaftspolizei zahlenmäßig unterlegen.

Aus der Menge heraus beginnen Neonazis, dunkelhäutige Passanten zu attackieren. Als die Polizei einschreitet, wenden sich die Skinheads gegen die Einsatzkräfte, wobei sie Fackeln, Messer und Metallstangen einsetzen. Nach einem halbstündigen Kampf, bei dem die Skinheads die Oberhand behalten, trifft Verstärkung ein. Die Polizei setzt sich irgendwann durch. Es gibt mindestens 32 Verletzte, darunter fünf Polizisten. In der ganzen Hauptstadt und in anderen russischen Städten kommt es zu ethnischen Spannungen. Sie halten monatelang an.

In Moskau wird ein junger Kirgise erstochen. Menschen mit nichtslawischem Aussehen werden in der Moskauer Metro angegriffen. Russlands orthodoxe Kirche warnt düster vor einem «Krieg der Ethnien». Die Polizei nimmt 60 Skinheads fest — nur um sie gleich wieder laufen zu lassen.

In der Dunkelheit besucht Putin Swiridows Grab und legt einen Strauß hellroter Nelken in den weißen Schnee. Für die Liberalen unterstreicht diese Respektbekundung die dubiose Beziehung des Kremls zum Nationalismus.

Tatsächlich muss sich das russische Regime vorwerfen lassen, die ethnischen Spannungen angeheizt zu haben. Öffentlich haben Putin und Medwedew rassistische Gewalt natürlich verurteilt. Putin hat es jedoch immer wieder nützlich gefunden, die nationalistische Karte zu spielen — und hat den Westen und anderen «äußere» Mächte angegriffen, die Russland vermeintlich schwächen wollen. Werchowski zufolge gibt es klare Hinweise darauf, dass die Behörden in der Vergangenheit ultranationalistische Gruppierungen nicht nur ermutigt, sondern sogar direkt unterstützt haben.

Im Dezember 2010 berichtet der Bürochef der *Financial Times* in Moskau, Charles Clover, dass Mitglieder einer weiteren Neonazizelle, die (inzwischen aufgelöste) Nationalsozialistische Organisation, «über ein ausgeklügeltes System von nicht nachvollziehbaren Banktransaktionen» monatlich 25 000 Rubel überwiesen bekommen — knapp 640 Euro. Wer bezahlt sie? Niemand weiß es. Doch einer der Verdächtigen ist der FSB. Der Aufstieg der Rechtsradikalen rechtfertigt den noch größeren Kontrollbedarf des Kremls.

Werchowski argumentiert, dass diese Strategie auf gefährliche Weise gescheitert ist. «Ich denke, dass ein Regierungsbeamter oft denkt, dass er eine bestimmte Neonazi-Gruppierung manipuliert. Stattdessen ist es vielleicht so, dass die Gruppierung ihn manipuliert», sagt er im November 2009 den Amerikanern, wie aus einem durchgesickerten Kabel des US-Außenministeriums hervorgeht. In der Depesche, die von John Beyrle unterzeichnet wurde, dem amerikanischen Botschafter in Moskau, wird berichtet, dass die russische Regierung nun versucht, von dem «nationalistischen Begleiter Abstand zu nehmen, den sie zur Party mitgebracht hat». Dies, stellt er fest, dürfte «schwierig» werden.

Im Dezember 2008 werden Ryno und Skatschewski zu zehn Jahren Gefängnis verurteilt — die für Jugendliche zulässige Höchststrafe. Fünf weitere Mitglieder ihrer Bande bekommen zwischen sechs und 20 Haftjahre. Das Gericht spricht Swetlana Awwakumowa und ein anderes männliches Mitglied der Gruppe frei. Während der Verhandlung zeigen die Skinheads keine Reue: Sie kichern ständig und zeigen in Richtung der Familien ihrer Opfer.

Ryno hält ein Schlussplädoyer. In einer ausschweifenden Ansprache erklärt er, er habe die Morde für «Zar, Vaterland und Monarchie» begangen. Später sagt er, dass er nach seiner Zeit im Gefängnis eine neue Karriere anstrebt. Er möchte Politiker werden.

Marta Abramian zeigt mir Familienfotos. Auf einem tanzt Karen mit den Töchtern auf einer Feier; ein anderer Schnappschuss zeigt die fünfköpfige Familie entspannt im Urlaub in Ägypten, neben einem Kamel; es gibt Schwarzweißfotos aus der Kindheit ihres Mannes in Baku, der Hauptstadt Aserbaidschans. In Baku lernte sich das Paar kennen; in den späten 1980er Jahren zog es nach Moskau, als zwischen Aserbaidschan und Armenien ein Krieg ausbrach. Karen studierte an der Universität Moskau und fing dann bei einer Versicherungsfirma an, Garmed. Dort stieg er zum Generaldirektor auf. Er schrieb Gedichte und komponierte Lieder.

«Er war ein wunderbarer Vater, ein wunderbarer Sohn und ein wunderbarer Ehemann», sagt Marta. «Ich hätte niemals gedacht, dass meinem Mann so etwas passieren könnte. Wir haben uns als Bürger Russlands gesehen. Wir arbeiten hier. Wir zahlen Steuern. Das ist unser Land.»

Wir treffen uns in der Wohnung von Karens Eltern, Asja, 75, und Georgy, 76; das betagte Paar sitzt auf dem Sofa und hält Abramians gerahmtes Foto in den Händen. Der Mord an ihrem Sohn entsetzt sie immer noch. Die Familie lebt in Moskaus südwestlichem Außenbezirk Jugo-Sapadnaja, der bei wohlhabenden Armeniern beliebt ist. Nach einer Stunde — unterbrochen von Anrufen aus dem Gerichtssaal, der Prozess gegen die Skinheads geht gerade zu Ende — führt uns Marta an die Stelle, an der Karen ermordet wurde.

Neben dem Eingang hat sie eine kleine grüne Tanne gepflanzt. Sie und die Kinder leben immer noch oben im 9. Stock; jeden Tag laufen sie an der Stelle vorbei, an der er gestorben ist. «Damit wir uns an Papa erinnern können», sagt sie. «Es ist sehr schwierig ohne ihn. Da ist nichts als Leere. Nichts kann die Lücke füllen.»

12

DIE NACHBARN

Tscheremuschki-Distrikt, Osch, im Süden Kirgistans, 16. Juni 2010

Wie andere Länder der Welt hat auch Russland Regionen, in denen es besondere Interessen verfolgt.
PRÄSIDENT DMITRI MEDWEDEW, SEPTEMBER 2008

Bei meiner Ankunft in Moskau ist mein Russisch rudimentär. Ich hatte 2006 während eines Sabbaticals angefangen, die Sprache zu lernen, und dann in Oxford weitergemacht, nachdem ich dreieinhalb Jahre als Korrespondent für den *Guardian* in Berlin gearbeitet hatte. Ich nahm mir einen Anfängerkurs mit dem Titel *Through Russia… with love* [*Durch Russland… mit Liebe*] vor, saß in der Küche eines gemieteten Hauses in der Observatory Street und hörte russische Sprach-CDs. In dem Lehrbuch kommen ein paar interessante Gestalten vor, unter anderem ein britischer Journalist namens Michael Cronin, der Moskau besucht, und ein geselliger Russischprofessor, Oleg Petrowitsch Below. Außerdem kommen vor: ein Familiengeheimnis, eine Bootsfahrt auf der Wolga und eine kurze Geschichte der Moskauer Metro.

In der ersten Lektion gibt es einen Dialog, der davon handelt, wie man durch eine russische Passkontrolle kommt:

Beamter: Sind Sie Cronin?
Michael: Ja, ich bin Cronin.
Beamter: Wo ist Ihr Pass?
Michael: Bitte, hier ist mein Pass. Und hier ist mein Visum.
Beamter: Gut, danke. Hier sind Ihr Pass und Ihr Visum.

Oleg wartet, um Michael am Flughafen abzuholen. Er ist in Begleitung seines Mündels, Katja, einer Studentin.

Katja fragt Oleg: «Ist Michael kein Spion?»

Oleg antwortet: «Nein, Michael ist kein Spion.» Michael ist nicht geheimdienstlich tätig, sondern, wie Oleg erklärt, «Journalist, Musiker und Optimist».

Es ist das erste Mal, dass ich dem gängigen russischen Vorurteil begegne — seit Sowjetzeiten weitverbreitet —, alle britischen Journalisten seien Spione.

Zweimal in der Woche haben Phoebe und ich Russischunterricht bei Irina Duddell, einer grauhaarigen russischen Einwanderin, die uns von der Sprachenfakultät der Universität empfohlen wurde. Wir sitzen in Irinas hellem Wohnzimmer in ihrem Flachbau in Summertown. Irina bringt uns Vokabular bei, das in Moskau nützlich sein könnte — wir lernen zum Beispiel das Wort *tusovka*, Party. Wir beherrschen das kyrillische Alphabet; es geht erstaunlich schnell. Ich gewinne fälschlicherweise den Eindruck, Russisch lernen sei einfach. Ist es aber nicht. Kyrillisch lernen ist wie im Hügelvorland eines Gebirges herumstreuen, wenn die Besteigung des Mount Everest noch bevorsteht.

Richtige Fortschritte mache ich mit der Sprache erst, nachdem wir in Moskau angekommen sind. Ich nehme Unterricht bei Wiktoria Tschumirina, eine schmale, elfenhafte Frau Anfang 30 mit dunklem, jungenhaftem Haar und intelligenten, sanften braunen Augen. Wika ist Mitarbeiterin an der Philologischen Fakultät der prestigeträchtigen Moskauer Staatsuniversität. Ihr Job ist es, junge Vordiplomstudenten zu unterrichten. Um ihr mageres Gehalt an der Uni aufzubessern, gibt sie Journalisten Stunden. Wika ist eine anspruchsvolle Lehrerin. Ich begreife schnell, dass sie sich ihre Schüler aussucht, nicht umgekehrt. Wir sind Nachbarn; sie lebt mit ihrer Mutter und einer Katze in einer mit Büchern vollgestopften Wohnung in Sokol, gleich hinter der Leningradski-Straße.

Schritt für Schritt nehmen wir die russischen Bewegungsverben durch, bestimmte und unbestimmte, perfekt und imperfekt — *jechatj/jesditj, lestj/lasitj, plytj/plawatj*. Ich lerne die Betonung. (Wenn man den falschen Teil des Wortes betont, versteht keiner, was man sagt.) Wir nehmen uns die russischen Klassiker vor, lesen Geschichten von Iwan Bunin, kurze Stücke, die eine Welt des vorrevolutionären Umwerbens und der unglücklichen Liebesgeschichten heraufbeschwören; Prosaarbeiten von ausgewanderten sowjetischen Schriftstellern der 1970er und 1980er Jahre wie Sergei Dowlatow, ein Meister der knappen Ironie; einen Roman von

Lydia Tschukowskaja, der in den 1930er Jahren auf dem Höhepunkt von Stalins Säuberungen spielt und sich in langsamen, gespenstischen Passagen entfaltet. Mein Grammatikbuch bekommt Eselsohren. Ein Buch mit einer Geschichte von Wiktor Pelewin fällt mir in den Schnee.

Einer meiner Lieblingstexte ist *In der Datsche*. Es ist ein schlichter Prosatext von Anton Tschechow. Ein Ehemann mittleren Alters bekommt eine Nachricht von einer mysteriösen Frau, die ihn zu einem Treffen in einem alten Sommerhaus bestellt. In der Nachricht heißt es: «Ich liebe dich … verzeih mir diese Liebeserklärung, doch ich kann nicht mehr schweigen. Ich bin jung, gutaussehend, was könntest du mehr wollen?» Als er ankommt, stellt er fest, dass sein Schwager Mitja bereits am gleichen Ort wartet, nachdem er eine identische Nachricht bekommen hat. Es ist eine wunderbare Kurzsatire über männliche Eitelkeit und weibliche Schuld, in der die Frauen die Oberhand haben.

Ich genieße unsere Unterhaltungen auf Russisch. Im Winter findet der Unterricht in meinem ärmlichen Büro statt. Im Sommer arbeiten wir manchmal zuhause und sitzen draußen im Garten unter einer Birke. Wika und ich plaudern 20 Minuten, bevor wir das Grammatikbuch aufschlagen. Wir sprechen über die Zerstörung des alten Moskaus und das Verschwinden der Linden, die einst seine Boulevards säumten; die Gier des Moskauer Bürgermeisters, Juri Luschkow; das allgemeine Klima politischer Hoffnungslosigkeit. Ich kenne bereits das russische Wort für Maiglöckchen — *landyschi*. Als ein Nachtigallenpärchen über unserer Eingangstür nistet und fließend in die ersten Sommerstunden hinein singt, lerne ich ein weiteres verlockendes russisches Substantiv — unsere geflügelten Gäste heißen *solowi*.

Wika ist eine perfekte Gesprächspartnerin, verständnisvoll (solange ich mich korrekt ausdrücke) und angesichts meiner verunglückten Versuche, das russische «r» zu rollen, recht nachsichtig. Wir sind nicht immer einer Meinung, wenn es um Politik geht — sie ist zum Beispiel empört über die NATO. Doch wir finden einen gemeinsamen Nenner. In dem Maße, in dem mein Russisch flüssiger wird, werden die grammatischen Herausforderungen härter. Wir verbringen Monate mit den Präfixen. Sie werden zu einer Art Fuge: Variationen in *sa, pro, na, ot, pere*, während ich in der Metro durch die dunklen Tunnel der Stadt rumpele.

Ein Universitätskozent weist darauf hin, dass unsere Moskauer Wohnung in der kulturellen Tradition der sowjetischen Spukhäuser steht. 1921 verfasste Anna Achmatowa — die gefeierte Dichterin, deren Mann und Sohn erschossen beziehungsweise inhaftiert wurden und die selbst jahrzehntelang nicht schreiben durfte — ein Gedicht. Es beschreibt auf schaurige Weise eine ähnliche Begebenheit: einen Raum, in den eingedrungen wird, offene Fenster, die seltsame Anordnung der Gegenstände, ein Gefühl von Bedrohung. Später erinnerte sich Boris Pasternak — noch ein russischer Autor, der vom Staat verfolgt wurde —, wie er die Angewohnheit entwickelte, jedes Mal, wenn er einen leeren Raum betrat, «Hallo» zu sagen. Er wusste, «die Wände haben Ohren».

Ich bin nicht Doktor Schiwago. Der im 19. Jahrhundert lebende Satiriker Michail Saltykow-Schtschedrin schrieb, dass «Willkür, Heuchelei, Lügen, Raubgier, Verrat und Leere» die russische Gesellschaft beherrschten. All das weiß ich auch ganz ohne Unterricht. Dank Wika beginne ich, Russlands tragische Dichtung zu verstehen und zu lieben.

Ich wusste vor meiner Entsendung nach Moskau, dass ich Russisch brauchen würde, um die russische Presse lesen und meine Interviews führen zu können. Was ich nicht wusste, war, dass 20 Jahre nach dem Zerfall der Sowjetunion Russisch die *lingua franca* in allen postsowjetischen Staaten bleiben würde, mit Ausnahme der drei baltischen Länder (wenngleich auch hier noch teilweise Russisch gesprochen wird).

Man kann die russische Sprache in Astana hören, Kasachstans Steppenmetropole, und in der baltischen Stadt Riga, Tausende von Meilen entfernt, mitten in Europa. Und dann ist da der fortwährende Einfluss der russischen Kultur. Russisch erweist sich auch als nützlich, wenn man von den äußeren Rändern des ehemaligen Sowjetreiches berichtet. Im Juni 2010 bricht in der kleinen, verarmten zentralasiatischen Republik Kirgistan ein blutiger ethnischer Konflikt aus. Nach zwei Jahrzehnten lebt das Land noch immer im Schatten seiner kommunistischen Vergangenheit.

Die Unruhen beginnen in der südlichen Stadt Osch. Zeugen berichten von Schießereien zwischen kirgisischen und usbekischen Jugendlichen. Sie beschreiben, wie ein Mob von kirgisischen Männern usbekische Dörfer niederbrennt, die Anwohner tötet und Polizeistationen stürmt. Tausende von verängstigten Usbeken fliehen an die Grenze zu Usbekistan, nachdem ihre Häuser zerstört wurden. In den ersten drei Tagen berichte ich aus Moskau darüber. Als sich die Gewalt ausbreitet und droht, in eine regionale Krise zu münden, die alle Nachbarstaaten Kirgistans erfasst, fliege ich in die kirgisische Hauptstadt Bischkek.

Die brechend volle Aeroflot-Maschine landet um 5.00 Uhr Ortszeit. Nach ein paar Stunden Schlaf in einem Bischkeker Hotel nehme ich einen Inlandsflug nach Osch, einen dramatischen Flug durch das verschneite Tian Shan-Gebirge. Am Flughafen von Osch spielen sich chaotische Szenen ab: Hunderte chinesische Arbeiter warten verzweifelt auf eine Gelegenheit zur Flucht. Die Straße vom Flughafen zum Stadtzentrum ist zu einer Scharfschützen-Allee geworden. Sie führt durch ein usbekisches Dorf. Es gibt keine Transportmöglichkeit. Es scheint, als müssten wir alle im Parkhaus schlafen. Irgendwann bieten mir kirgisische Soldaten die Mitfahrt in ihrem Armeelaster an. Ich ziehe meine kugelsichere Weste an und lege mich flach hin. Tony Halpin von der Londoner *Times* tut das gleiche. Wir fahren über diese Straße, weiter bis in das zerstörte Stadtzentrum von Osch, wo wir nach der Sperrstunde im Gästehaus «Sonnenaufgang» einchecken.

Das Ausmaß der ethnisch motivierten Tötungen in Osch wird am nächsten Morgen bitter deutlich, als ich durch das vorwiegend usbekische Viertel Tscheremuschki fahre. Die meisten Häuser sind verkohlte Hüllen; Überlebende bringen mich zu einer ausgebrannten Wohnstraße, in der ein Toter noch im Bett liegt. Viel ist von ihm nicht mehr übrig: nur ein puzzleartiges Rückgrat und die Hüftknochen. Eine Ecke weiter sind usbekische Überlebende damit beschäftigt, die Leichen von sieben Kleinkindern zu bergen. Sie verbrannten zusammen mit ihrer Mutter, als sie sich in einem dunklen Keller versteckten.

Als ich vor ihrem Haus stehe, berichten mir Augenzeugen, wie die örtliche kirgisische Bevölkerung die usbekische Minderheit angriff — es sei ein versuchter Genozid gewesen, sagen sie. Die Gewalt brach vor vier Tagen aus, möglicherweise ausgelöst durch eine Schlägerei in einem Kasino. Doch vieles scheint sorgfältig koordiniert gewesen zu sein, sagen sie. Die Übergriffe haben die wohlhabenden usbekischen Vororte der

Stadt mit ihren Bungalows und Vorgärten, über denen sich dramatisch das Gebirge erhebt, völlig unerwartet getroffen.

Ein usbekischer Anwalt, Rustam, erzählt mir, was passiert ist. «Es begann Freitagmittag», sagt er. «Sie kamen in drei Wellen. Die Kirgisen drangen mit gepanzerten Mannschaftswagen in den Bezirk Tscheremuschki ein. Sie haben den Weg freigemacht. Etliche von ihnen trugen Armeeuniformen. Zuerst waren wir erleichtert. Jemand kommt, um uns zu schützen, dachten wir. Dann eröffnete der MTW [der gepanzerte Mannschaftstransportwagen] das Feuer und begann, wahllos auf Leute zu schießen.»

Rustam erzählt weiter: «Hinter ihnen kam die zweite Welle. Das war ein Mob von etwa 300 kirgisischen Jugendlichen mit automatischen Waffen. Die meisten waren sehr jung — zwischen 15 und 20 Jahre alt. Die dritte Welle bestand aus Plünderern, es waren auch Frauen und Jugendliche dabei. Sie stahlen alle Wertsachen und packten sie in ihre Autos. Dann haben sie unsere Häuser in Brand gesteckt.»

Beweise für den Pogrom gibt es überall. Die Nachbarn berichten, wie der Mob eine Allee mit ordentlich geschnittenen Rosenbüschen entlang strömte und vor dem Haus einer jungen usbekischen Frau, Zarifa, stehenblieb. Sie drangen in ihren Innenhof ein. Als sie bestätigte, dass sie Usbekin war, rissen sie ihr die Kleider vom Körper und schnitten ihr später die Finger ab. Nachdem sie Zarifa und ihren kleinen Sohn getötet hatten, warfen sie die Leichen auf die Straße. Dann zogen sie weiter zum nächsten Haus.

Ich stehe in Zarifas Innenhof, neben einem verbrannten Kirschbaum. «Sie waren wie Tiere», erinnert sich Zarifas Nachbar Bachtir Irgajschon und zeigt auf den ausgebrannten Rahmen des Bettes, in dem Zarifa vergewaltigt wurde. Ein paar Töpfe und Pfannen sind erhalten, der Rest des Hauses ist eine verkohlte Ruine. Zarifas Ehemann Ilham ist verschwunden, vermutlich tot, sagt Irgajschon.

Rustam zufolge ist die offizielle Opferzahl der Unruhen — 178 Tote und 1 800 Verletzte — eine traurige Untertreibung. Er glaubt, dass rund 2 000 Usbeken starben, da der Pogrom sich schnell von Osch in die 30 Meilen entfernte Nachbarstadt Jalal-Abad und in andere usbekische Dörfer im Süden ausbreitete. (Eine offizielle Untersuchung stellt später den

Tod von 470 Menschen fest — höher als die offizielle Zahl, niedriger als Rustams Schätzung.) «Ich habe 27 der Leichen selbst getragen. Es waren nur Knochen übrig», sagt Rustam. «Wir sprechen hier von Genozid.»

Als die Gewalt weitgehend abebbt und nur noch gelegentliche Schüsse die abendliche Sperrstunde in Osch stören, frage ich die Bewohner von Tscheremuschki, wem sie die Schuld geben. Einige verweisen auf Kirgistans abgesetzten Präsidenten, Kurmanbek Bakijew. Sie beschreiben die Gewalt als vorsätzlichen Versuch Bakijews, sich selbst an der strauchelnden neuen Führung des Landes zu rächen. Bakijew floh im April 2010 nach blutigen Protesten in der kirgisischen Hauptstadt außer Landes. Seine Anhänger kontrollieren einen Großteil des Südens. Sie beherrschen die monoethnisch kirgisischen Sicherheits- und Machtstrukturen in Osch einschließlich des Rathauses.

Viele sagen, die örtlichen Behörden hätten die Unruhen geduldet. Das ist recht wahrscheinlich. Ich vermute jedoch, dass auch andere, historisch weiter zurückliegende Gründe eine Rolle spielten. 15 Prozent von Kirgistans 5,6 Millionen Menschen zählender Bevölkerung sind Usbeken. Sie dominieren die Städte Osch und Jalal-Abad. Diese alten Siedlungen in der Nähe des Ferghana-Tals landeten eher versehentlich im modernen Kirgistan — als Stalin sie im Herbst 1924 der Sowjetrepublik zuschlug.

Stalin dachte, wenn er diese usbekischen Städte den Kirgisen aushändige, würden sie eher ihre Traditionen aufgeben und sich in die neuen proletarischen Machtstrukturen einfügen. Doch er hatte noch ein weiteres Motiv: das Mosaik der zentralasiatischen Nationalitäten aufzubrechen — und diese zu schwächen, zur Rivalität anzustacheln und auf diese Weise vom Zentrum abhängig zu machen. Einst befand sich das Ferghana-Tal unter Kontrolle eines einzigen feudalen Herrschers; Stalin teilte es zwischen Usbekistan, Tadschikistan und Kirgistan auf. Im Kommunismus funktionierten die internen Grenzen. Heute jedoch ist diese sowjetische Hinterlassenschaft in Form von unnatürlichen Staatsgrenzen eine tickende Zeitbombe.

«Wir sind hart arbeitenden Leute. Wir waren nie Nomaden wie die Kirgisen. Wir haben nie in Jurten gelebt. In den vergangenen 2 000 Jahren haben wir Häuser aus Stein gebaut», sagt Rustam, als wir an den verkohlten Überresten eines BMW neben dem Haus eines erfolgreichen usbekischen Geschäftsmannes vorbeilaufen. Er räumt ein, dass die Usbeken der Stadt meist wohlhabender sind als ihre kirgisischen Nachbarn. «Seit den Zeiten der alten Seidenstraße haben wir Handel getrieben. Wir sind erfolgreich. Die Kirgisen sind neidisch und missgünstig.»

Ich beobachte, wie die Anwohner, die den Angriff überlebt haben, sich durch den Schutt wühlen. Schwalben huschen an geräumigen, jetzt rußgeschwärzten Familienhäusern vorbei; ein zahmer Kakadu versteckt sich in einer Hecke; die Sonne ist heiß und grell. Die Ereignisse der vergangenen Woche ergeben keinen Sinn, sagt Rustam — und erklärt sie als Rückfall in den Barbarismus in einem Zeitalter, das nur scheinbar von internationalen Regeln und Institutionen regiert wird. «Wir wurden drei ganze Tage lang bombardiert», sagt er. «Der Staat war gegen uns. Das ganze System. Alle.»

Ich fahre in das Zentrum von Osch, in dem eine gigantische Lenin-Statue steht. Hier sehe ich, dass die meisten usbekischen Geschäfte in Trümmern liegen. Jemand hat das Restaurant «Jupiter» mit Brandbomben beworfen. Auch der danebenliegende Supermarkt wurde geplündert. Ein Hund schnüffelt nun geschäftig an ein paar verkohlten Orangen herum. An den Wänden prangen kirgisische Graffiti: «Usbeken verpisst euch», «Tod den Usbeken». Läden, die mit «KG» für kirgisisch markiert wurden, sind dem Inferno entkommen.

Nach Beginn der Unruhen flohen tausende Usbeken panisch an die Grenze zu Usbekistan, die nur fünf Kilometer von Osch entfernt ist, auf einer Straße, die an großen Pappeln, landwirtschaftlichen Siedlungen und Maisfeldern vorbeiführt. Nicht jeder hat es geschafft: Eine Augenzeugin erinnert sich, wie zwei usbekische Jugendliche im Stadtzentrum versehentlich in einen kirgisischen Mob hineingerieten. «Sie haben die beiden usbekischen Jungen aus dem Auto gezerrt und innerhalb von weniger als fünf Minuten mit Stöcken und Messern getötet», sagt Maja Taschbolotowa. «Dann haben sie die beiden in den Ak-Bura-Fluss geworfen.» Sie hat das Geschehen über den Gartenzaun hinweg beobachtet, etwa 25 Meter von meiner Unterkunft entfernt.

Ich fahre zur usbekischen Grenze. Zehntausende sind auf der Flucht, alles deutet auf eine schwere humanitäre Krise hin. Sobald das usbekische Gebiet beginnt, steige ich aus: Unser kirgisischer Fahrer hat zu viel Angst weiterzufahren. Ansässige Usbeken, die einen Checkpoint kontrollieren, lassen uns in einem BMW mitfahren. Auf usbekischer Seite patrouillieren uniformierte Soldaten an einem eineinhalb Meter hohen Stacheldrahtzaun entlang. Ganz in der Nähe, auf der kirgisischen Seite, waschen sich usbekische Flüchtlingskinder in einem Fluss; eine alte Frau, der man ins Gesicht geschlagen hat, wird in einer improvisierten Krankenstation behandelt. Die Stimmung schwankt zwischen Wut, Trauma, Unglaube und Gefühlen des Verratenseins. Viele der Mädchen, die an der Grenze ankommen, wurden vergewaltigt, berichten Zeugen.

In der Krankenstation weint ein 35jähriger usbekischer Arzt leise in einer Ecke. «Wozu bin ich Arzt geworden? Etwa hierfür?», fragt er. Der Arzt sagt, dass vielen der usbekischen Opfer ins Gesicht oder anderswo in den Kopf geschossen wurde. Eine Krankenschwester zeigt mir Mobiltelefonaufnahmen von einem usbekischen Mann, der mit Kerosin übergossen und angezündet wurde. Sein Kopf und seine Arme sind schwarze Stümpfe. Er hat keine Augen mehr. Er bewegt schwach seine Arme, eine grausame Parodie auf das Leben. Zwei Tage, bevor ich ankomme, stirbt er.

«Wir sind 20 Jahre lang diskriminiert worden», sagt der Arzt und erinnert an die ethnischen Unruhen, die 1990 kurz vor dem Zerfall der Sowjetunion in der Nähe von Osch ausbrachen. In letzter Zeit, sagt er, habe der kirgisische Chauvinismus zugenommen. Die Schwäche der neuen Übergangsregierung in Bischkek habe ihn zusätzlich angeheizt, zusammen mit der Furcht kirgisischer Politiker, dass die usbekische Minderheit von sezessionistischen Anführern beeinflusst werde, vermutet der Arzt.

Von humanitärer Hilfe ist derweil kaum etwas zu sehen. Kirgisische Fahrer haben zu viel Angst, in usbekische Viertel zu fahren. Die Usbeken haben ihr Territorium markiert, indem sie Ahornbäume gefällt und behelfsmäßige Barrikaden aus ausgebrannten Autos gebaut haben. In der Stadt errichten kirgisische Soldaten Checkpoints in einer Art nachträglicher Machtdemonstration. Einige kirgisische Einwohner sehen die Verantwortung für die Unruhen bei usbekischen Jugendlichen, die, so sagen sie, nach einem Streit ein örtliches Kasino geplündert hätten.

Ich kehre abends in die Pension zurück und schreibe einen Artikel für den *Guardian*. Kaum jemand außerhalb der unmittelbaren Region könnte

Kirgistan auf einer Karte lokalisieren — oder buchstabieren. Doch die Geschichte des Massenmords an den Frauen und Kindern, die nicht fliehen konnten, ist bewegend und wichtig. Innerhalb von fünf Jahren gab es zwei Revolutionen im Land, 2005 und 2010, und jetzt die schlimmsten Ausschreitungen zwischen den Volksgruppen seit zwei Jahrzehnten.

Ich denke über die erstaunliche ethnische Vielfalt Kirgistans nach, die weiterbesteht, lange nach dem Verschwinden der Sowjetunion. Viele Russen aus Zentralasien sind nach 1991 in die neue Russische Föderation ausgewandert. Doch Millionen von Russen blieben außerhalb der neuen Staatsgrenze, zurückgelassen durch den Gezeitenfall der sowjetischen Geschichte. Das Schicksal der Russen in Estland, Lettland und Litauen ist ein Quell fortwährender Spannungen zwischen den baltischen Staaten und Moskau.

Am nächsten Tag fahre ich nach Jalal-Abad. In der Nähe, an einem anderen Teil der usbekischen Grenze, entdecke ich in dem Dorf Bekobat 6 000 usbekische Flüchtlinge, die im Freien campieren. Noch immer gibt es keine internationale Hilfe. Die Flüchtlinge sagen, sie seien nach den Pogromen von Osch nach Jalal-Abad geflohen, Kirgistans drittgrößte Stadt. Sie sagen auch, sie seien wütend über die Unfähigkeit der internationalen Gemeinschaft, ihre Not zu lindern oder sie überhaupt zu bemerken.

Eine Frau, Adina Haidarowa, erzählt mir, wie sie geflohen ist, als das Inferno ihr Haus in der Leninstraße erreichte, der Hauptdurchgangsstraße in Jalal-Abad — ihr Name wieder ein Echo der sowjetischen Vergangenheit. Draußen brannte ein kirgisischer Mob usbekischen Besitz nieder. Adina floh mit ihren zwei Enkelkindern und ihrem kranken Ehemann Satulam aus ihrem Haus. Sie verließen es durch die Hintertür, stolperten über Felder, und schlossen sich einer Reihe von weinenden Frauen und Kindern an, die in Richtung der usbekischen Grenze marschierten. Sie liefen 14 Stunden lang — ein elender, angsterfüllter Exodus mit wunden Füßen. Einmal dröhnte ein kirgisischer Hubschrauber über ihre Köpfe hinweg. In der Entfernung erleuchteten die Feuer in den usbekischen Vierteln den Nachthimmel. «Wir dachten, sie würden uns erschießen», sagt die 56jährige Adina. «Wir haben versucht, uns zu verstecken. Aber sie haben nicht geschossen. Stattdessen haben wir gehört, wie sie uns ausgelacht haben.»

Die Familie fand schließlich Zuflucht in Bekobat, einer landwirtschaftlichen Siedlung wenige Meilen von der Grenze entfernt. Während der ersten vier Nächte schliefen sie in einem grasbewachsenen Feld im Freien, neben einem Walnussbaum. Danach zogen sie in ein winziges Einzimmerhäuschen mit Fernseher, Teekanne und einer Geranie. Satulam, der Herzprobleme hat, bekam das einzige Bett. Als ich ankomme, leben dort 15 Erwachsene und Kinder. «Wir haben nicht genug Platz, darum schlafen wir in Schichten, mit den Kindern auf unserem Schoß», erklärt Adina. «Wir haben absolut nichts. Die Kinder sind hungrig. Wir haben kaum etwas zu essen. Das einzige, was wir zu essen bekommen, ist das, was die Einheimischen uns geben.» Adina zeigt uns eine magere Plastiktüte, die ein halbes Kilo gammelige Kartoffeln und einen wenig beeindruckenden Kohl enthält. «Wie soll ich damit 15 Leute ernähren?» Andere sagen, dass sie keine Medikamente haben, Windeln oder fließendes Wasser; Satulam klagt, dass die Kinder auf seine Matratze gepinkelt haben.

Infolge der Ausschreitungen, schätzen Nichtregierungsorganisationen, sind mehr als 400 000 Usbeken auf der Flucht. 100 000 Usbeken leben in Übergangslagern im benachbarten Usbekistan. Das mangelnde Interesse der Weltgemeinschaft an der Region ist eine verbreitete Klage. «Wir sind auf dem besten Weg, ein zweites Afghanistan zu werden», sagt Farkat Matsakow, ein Sprecher des improvisierten Hilfskomitees des Dorfes. Die usbekische Minderheit des Landes fühle sich verraten, ergänzt er: «Wir trauen niemandem mehr. Die örtlichen Behörden, die Polizei, der Westen, sie alle haben uns im Stich gelassen.»

Wenn man mit Farkat spricht, ist es schwer, nicht zu dem Schluss zu kommen, dass Kirgistans Zukunft trostlos aussieht. Die meisten Usbeken setzten ihre Hoffnungen auf die neue Interimsregierung des Landes, die von Rosa Otunbajewa geführt wird, eine Karrierediplomatin und frühere kirgisische Botschafterin in London. Sie übernahm die Regierungsmacht von dem abgesetzten Bakijew, der wiederum 2005 im Zuge der «Tulpenrevolution» den vorherigen Amtsinhaber von der Macht verdrängt hatte. Nun, ein paar Monate, nachdem die neue Regierung das Ruder übernommen hat, inszenieren ominöse nationalistische Kräfte in Zusammenarbeit mit dem Militär und der Polizei wütende Pogrome gegen die Usbeken im Land.

Ich kehre von der Grenze nach Jalal-Abad zurück. Ich erfahre, dass die dortigen Unruhen denen in Osch geähnelt haben — mit gepanzerten Truppentransportern, die dazu eingesetzt wurden, wehrlose Zivilisten zu töten und dem mit Messern und Schlagstöcken bewaffneten Mob den Weg zu bereiten. «Was in beiden Städten passiert ist, war ein Genozid, ein Holocaust», sagt Alischer Karimow, ein lokaler usbekischer Journalist; wir treffen uns vor einem Verwaltungsgebäude. «Das war alles sehr gut organisiert.»

Ich lade Karimow zum Mittagessen ein. Wir suchen uns ein Café in der Nähe des Bazars, wo Spiegeleier und Würstchen serviert werden. Für die kirgisische Bevölkerung ist das Leben beinahe normal, mit Fladenbroten, das an bunten Ständen verkauft wird. Am Stadtrand sehe ich kirgisische Hirten, die auffällige landestypische Hüte tragen und ihr Vieh eine Bergstraße hinauf zu grünen Sommerweiden treiben. Doch für die Usbeken geht der Alptraum weiter. Beim Mittagessen zittern Karimows Hände; er rührt sein Essen kaum an, zündet eine Zigarette an und redet, redet, redet. Zu Schluss fängt er an zu weinen. Bei den anderen Überlebenden erlebe ich eine ähnliche Stimmung: wütend, ungläubig, trotzig. Flüchtlinge zeigen mir Mobiltelefonaufnahmen von einem toten usbekischen Jugendlichen, der in Osch erschossen wurde. Das Projektil aus dem Gewehr eines Truppentransporters hat eine Seite seines Kopfes weggerissen.

Adina erzählt mir, sie habe nicht die Absicht, Jalal-Abad zu verlassen, auch wenn ihr Haus nicht mehr stehe. Die Stadt ist benannt nach Dschalal, einem usbekischen Krieger aus dem 13. Jahrhundert, einem Helden, betont sie. «Wir wollen hier bleiben. Dies ist unser Land. Dies ist unsere Stadt. Wir werden nicht weggehen. Sie [die Kirgisen] sind die Neuankömmlinge.» Wie kann sie Seite an Seite mit den Menschen leben, die ihr Haus niedergebrannt haben? «Das können wir nicht. Sie sind unsere Feinde.»

2007 zählt William Burns, der amerikanische Botschafter in Moskau, fünf «Prinzipien» der russischen Außenpolitik auf. Das erste Prinzip des Kremls, schreibt Burns in einer auf *WikiLeaks* veröffentlichten Depesche, sei es, «als Großmacht internationale Anerkennung zu gewinnen und Russlands globalen Einfluss zu maximieren». Das zweite sei «die territoriale Integrität von souveränen Staaten zu verteidigen», das dritte «die Beteiligung aller Interessensparteien, auch der ‹unerwünschten›, an einem Friedensabkommen zu fördern». Das vierte und fünfte seien «die Wahrscheinlichkeit einer weiteren Expansion der NATO nach Osten zu minimieren» und «die russischen Exporte zu erhöhen, darunter auch Waffen, in all jene Länder, die über die entsprechenden Mittel verfügen».

Die US-Botschaft in Moskau erstellt auch nützlich *briefings* für gastierende amerikanische Regierungsbeamte, in denen die Mentalität der russischen Gastgeber erklärt wird. Diese *briefings* sollen den von Groll gefärbten Hintergrund von Putins aggressiver und oft konfrontativer Außenpolitik und seinen schneidenden Ton gegenüber dem Westen erläutern. Putins denkwürdigste Kostprobe war eine Rede in München 2007, als er die Vereinigten Staaten scharf angriff. Er erteilte der «unipolaren» Welt mit Amerika als «Boss» eine Absage und rief stattdessen die «multipolare» Welt aus.

Quer durch das politische Spektrum fühlten viele Russen immer noch den Schmerz über ihre vermeintliche «Demütigung» durch die Amerikaner und Europäer, vor allem während der akuten Schwächephase in den 1990er Jahren, lautet die Einschätzung der US-Diplomaten . Zudem fänden die Russen, dass wichtige Gesten Putins — zum Beispiel seine Unterstützung für den von den Amerikanern angeführten Afghanistankrieg nach den Anschlägen vom 11. September 2001 — unerwidert geblieben seien. Moskau ist nach wie vor vehement dagegen, dass die Vereinigten Staaten ein Raketenabwehrschild in den ehemaligen Ostblockstaaten stationieren. Es glaubt, dass diese Stationierung die russische nationale Sicherheit und seinen Status als «Großmacht» bedroht. 2008 schraubte die Regierung Obama die amerikanischen Raketenabwehrpläne in Europa herunter, in einem Versuch, den russischen Ängsten zu begegnen. Drei Jahre später ist der Kreml jedoch immer noch unzufrieden. Medwedew deutet sogar an, dass Moskau bereit ist, den neuen START-Vertrag mit den Amerikanern über die Verringerung von Atomwaffen aufzukündigen.

In einem trocken-amüsanten Schreiben, das von Russlands globaler Waffenexportindustrie handelt, schiebt Burns einen Großteil von Moskaus Empfindlichkeiten auf einen «Minderwertigkeitskomplex gegenüber den Vereinigten Staaten». In den vergangenen Jahren hat der

Kreml Militärequipment im Wert von Milliarden von Dollar an Länder wie Venezuela, Iran, Syrien und den Sudan verkauft. Burns schreibt: «Es ist für einige russische Politiker zutiefst befriedigend, die Amerikaner im Namen einer multipolaren Weltordnung herauszufordern und sich in Nullsummenkalkulationen zu ergehen ... Während Experten noch immer den Profit solcher Geschäfte als Russlands wichtigstes Ziel ansehen, ist uns der sekundäre Kitzel nicht entgangen, den es für Russland bedeutet, den Vereinigten Staaten Probleme zu bereiten, indem es Waffen an antiamerikanische Regierungen in Caracas und Damaskus verkauft.» Hinter diesen Waffenverkäufen stecke Russlands Bestreben, «als globaler Partner ernstgenommen zu werden».

In den vier Jahren in Moskau schreibe ich zahlreiche Artikel über die russische Außenpolitik. Während dieser Zeit führt Putin die sowjetische Praxis, Raketen, Panzer und schwere Artillerie zur jährlichen Siegesparade auf dem Roten Platz vorzuführen, wieder ein. Nach meinem ersten Jahr in Moskau bekomme ich kaum mehr Einladungen zu Veranstaltungen irgendeiner Art; das Außenministerium hat mich auf eine schwarze Liste für ihre jährliche Party gesetzt.

Unerklärlicherweise bekomme ich aber jedes Jahr eine weiße Karte mit goldener Schrift, eine Einladung zu der Parade auf dem Roten Platz; ich bekomme sogar einen Sitzplatz an Lenins Grab neben der VIP-Tribüne. Ich berichte, als Putin den Vertrag, der die konventionellen Streitkräfte in Europa begrenzen soll, aussetzt, als er Ansprüche auf einen Großteil der Arktis erhebt und als er mit China und vier zentralasiatischen Nationen gemeinsame Manöver abhält. Er unternimmt mit der veralteten russischen Flotte von TU-95-Atombombern wieder Fernpatrouillen über den Atlantik, Pazifik und den Arktischen Ozean. Westliche Experten zeigen sich von dem Schritt wenig beeindruckt: «Das ist das reinste Schwanzvergleich-Gehabe, nichts weiter», sagt einer von ihnen.

Der sensibelste Bereich der russischen-amerikanischen Konkurrenz ist aber nicht die Luftraumpatrouille, sondern Russlands «nahes Ausland». Der Ausdruck umfasst die ehemaligen Sowjetrepubliken, heute souveräne Nachbarn Russlands — die drei baltischen Staaten, die Ukraine, Georgien, Belarus und Moldau, Armenien und Aserbaidschan, sowie die fünf zentralasiatischen «Stans». Der außenpolitische Experte Dmitri Trenin meint, dass Russland nach dem Zusammenbruch der Sowjetunion den Kommunismus abgeschüttelt und sein historisches Reich verloren habe. Seither ringe es um eine neue Rolle. Russland habe sich verhalten, schreibt Trenin, als sei es durch zwei Türen gleichzeitig gegangen: Eine führte in die globalisierten Märkte des 21. Jahrhunderts, die andere zurück in die Welt des 19. Jahrhunderts, die Welt des imperialen *Great Game*.

Einen Monat nach dem Krieg in Georgien formuliert Medwedew Russlands neue außenpolitische Doktrin; der zufolge sieht Russland in den benachbarten Ländern seine «Zone der privilegierten Interessen». Mit anderen Worten: Moskau hat das Recht, deren innere Angelegenheiten zu beeinflussen. Die Regierung Obama lehnt dies ab. Barack Obama sagt Putin, diese Idee gehöre ins 19. und nicht ins 21. Jahrhundert. Trotzdem steht der Kreml der Einmischung der Vereinigten Staaten in seinem «nahen Ausland» weiterhin zutiefst feindselig gegenüber. Und, das hat der Georgienkrieg 2008 gezeigt, er ist bereit, seine Interessen mit militärischer Gewalt zu verteidigen. Der Kreml ist außerdem vehement gegen die Expansion der NATO.

Russland verfügt über etliche Strategien, um seine Nachbarn unter Druck zu setzen. Seine mächtigste Waffe ist Energie. Zweimal dreht Russland der benachbarten Ukraine den Gashahn zu – 2006 und 2009. Es gibt zahlreiche weitere Lieferstopps für die baltischen Staaten, Belarus und Turkmenistan. «In der UdSSR hatten wir den Lauf eines Gewehrs auf uns gerichtet. Jetzt haben wir den Lauf einer Pipeline auf uns gerichtet», beklagt sich einem durchgesickerten diplomatischen Memorandum zufolge Litauens Außenminister Petras Vaitekunas, nachdem Moskau im Sommer 2006 Gaslieferungen nach Litauen stoppt.

Doch Moskau bekommt nicht immer seinen Willen. Seine Versuche, ein regionales politisches System mit Moskau als Zentrum zu schaffen, haben wenig Erfolg. Keiner von der unmittelbaren Nachbarn Russlands schließt sich Moskaus Anerkennung der Unabhängigkeit von Südossetien und Abchasien an. Sogar Belarus, Russlands zuverlässiger Verbündeter, lehnt dies ab, zumal die Beziehungen zwischen dem Kreml und dem belarussischen Diktator Alexander Lukaschenko längst in eine Schlammschlacht abgleiten.

Russland bleibt ein wichtiger strategischer Partner für alle ehemaligen

Sowjetstaaten. Doch hinter verschlossenen Türen wettern die zentralasiatischen Staatschefs gegen das, was sie als russischen Rassismus empfinden. 2009 sagt der usbekische Präsident Islam Karimow gegenüber einer Delegation von US-Spitzendiplomaten, Russland wolle eine Zone der «privilegierten Interessen» errichten. Warum, fragt er, behandele Russland Finnland wie ein unabhängiges Land, nicht aber Usbekistan? Russlands größtes Problem blieben seine «imperialen Ambitionen», beklagt er, zusammen mit seinem rassistischen «Chauvinismus» gegenüber ethnischen Minderheiten.

Zentralasien ist von großer strategischer Bedeutung auch für die Vereinigten Staaten, vor allem wegen des Kriegs im benachbarten Afghanistan und des von den Amerikanern angeführten Kampfes gegen die Taliban. Im Frühjahr 2009 reise ich nach Tadschikistan, das ärmste Land der Region. Wie Kirgistan ist auch Tadschikistan ein wichtiger logistischer Stützpunkt der US-Truppen, die gleich nebenan kämpfen.

Ich fliege Ende März nach Duschanbe — von den gefrorenen und verschneiten Straßen Moskaus in Tadschikistans frühlingshaft warme Hauptstadt. Die Cafés am Straßenrand sind voll, der Himmel tiefblau, die Temperatur — 24 Grad — einfach perfekt. Ich finde einen Fahrer und mache mich auf den Weg zur afghanischen Grenze. Wir fahren zwei Stunden. Die Straße führt an leuchtenden Bergwiesen vorbei. Sie fällt dann steil ab zu einer neuen, von den Amerikanern gebauten Brücke. Auf der anderen Seite des trägen Panj-Flusses liegen Afghanistan und die staubige nordafghanische Stadt Kunduz. Diesseits liegt Nischni Panj, ein ehemals schläfriger Grenzübergang.

Hier, an der einstmals abgelegenen Grenze zur Sowjetunion, planen die Vereinigten Staaten und die NATO eine neue Operation. In den Wochen nach meinem Besuch beginnen NATO-Laster mit nichtmilitärischen Gütern über diese nördliche Route nach Afghanistan zu rollen — auf diese Weise meiden sie Pakistans gefährliche Stammesgebiete und den für Überfälle geeigneten Khyber-Pass. Dieser nördliche Korridor ist von zentraler Bedeutung, wenn Präsident Obamas Afghanistan-Strategie aufgehen soll. Weil die Konvois, die die amerikanischen und die NATO-Streitkräfte in Afghanistan versorgen, auf der Pakistan-Route regelmäßig von den Taliban angegriffen werden, umwerben die Vereinigten Staaten wieder verstärkt die ehemaligen Sowjetrepubliken Zentralasiens — Tadschikistan, Usbekistan, Kirgistan, Kasachstan und Turkmenistan.

Kurz vor meiner Ankunft unterzeichnet die NATO ein Transitabkommen mit Tadschikistan. Sie verhandelt auch über bilaterale Abkommen mit Usbekistan und Kasachstan. Pakistan bleibt die wichtigste Nachschubroute, doch der ruhige tadschikisch-afghanische Grenzübergang bei Nischni Panj — das im Winter von hungrigen Wölfen aus dem nahegelegenen Wald bedrängt wird — wird zu einem zentralen Drehpunkt in Obamas Afghanistan-Vorstoß. Ich versuche, mit dem tadschikischen Kommandeur zu sprechen. Er ist nicht erreichbar. Wir fahren zum nächsten Dörfchen. «Wir haben den Fluss immer mit dem Boot überquert. Dann haben die Amerikaner eine Brücke gebaut», sagt Rasul Nematow, 35, und deutet auf den Flussübergang. Neben seinem Vorgarten, hinter einer Wäscheleine und wildem Wein, steht ein tadschikischer Wachturm.

Zehn Millionen Dollar hat das Pentagon Duschanbe gegeben, damit es die Sicherheit an seiner Gebirgsgrenze erhöht — einer der wichtigsten Kanäle für Afghanistans größtes Exportgut, Opium. (*WikiLeaks*-Dokumenten zufolge waren russische Grenzsoldaten, die bis Sommer 2005 hier stationiert waren, an dem lukrativen Heroinhandel beteiligt.)

Nematow sagt, er habe nichts dagegen, dass die NATO ihre Aktivitäten ausweite. «Was wir hier aber wirklich brauchen, das ist ein Minibus, der unsere Kinder zur Schule bringt», fügt er hinzu. «Sie liegt fünf Kilometer entfernt. Im Moment gehen sie zu Fuß.»

Bis 2009 überquerten nur ein paar Dutzend afghanische Fahrer am Tag die Brücke. In Duschanbe füllten sie ihre Kamaz-Trucks mit Zucker und anderen Gütern. Dann fuhren sie zurück. Jetzt erlaubt Tadschikistan bis zu 250 NATO-Lastern täglich, die Grenze zu passieren. Ich fahre auf der gleichen Route, an Baumwollfeldern vorbei, an kleinen Jungen, die Fisch verkaufen, an Eseln und Weiden und Pappeln. Flockige Samen — auf Russisch heißen sie lautmalerisch *puch* — schweben über eine duftende grüne Frühlingslandschaft. «Diese Straße nach Tadschikistan ist gut, sicher und ruhig», sagt Said Muhammed, LKW-Fahrer aus der nordafghanischen Stadt Mazar-e-Sharif. «Probleme gibt es auf der Straße südlich von Kabul nach Kandahar. Dorthin fahre ich nicht. Es ist gefährlich. Die Taliban haben meinen Freund aus seinem Laster gezerrt und das Fahrzeug dann angezündet.»

Über den jüngsten amerikanischen Versuchen, einen Fuß in den zentralasiatischen Raum zu setzen, schwebt der lange Schatten der ehemaligen Kolonialmacht der Region — Russland. Offiziell hat Moskau Obama angeboten, ihn bei seinen Bemühungen zu unterstützen, mit der sich verschlechternden Lage in Afghanistan und Pakistan fertigzuwerden. So stimmte der Kreml beispielsweise dem Transport von zivilen Nachschublieferungen nach Kabul über russisches Territorium zu. Inoffiziell ist Russland jedoch entschlossen dazu übergegangen, seinen Einfluss in Zentralasien wieder geltend zu machen, einer Region, die es immer noch als seinen Hinterhof betrachtet.

2001 vereinbarten Putin und der damalige US-Präsident George W. Bush, im Afghanistankrieg zu kooperieren; Moskau wollte dem amerikanischen Militär gestatten, mehrere Stützpunkte in Zentralasien zu errichten. Bald jedoch sah sich der Kreml wegen der prowestlichen Revolutionen in Georgien und der Ukraine getäuscht, die er für das Werk der Amerikaner hielt. Er rächte sich, indem er Hinterzimmer-Absprachen mit den autokratischen Herrschern Zentralasiens traf. 2005 veranlasste der usbekische Präsident Islam Karimow, der von der Kritik des Westens an seinen üblen Menschenrechtsverstößen die Nase voll hatte, die Schließung der amerikanischen Militärbasis in der Nähe der Grenzstadt Termez.

In Duschanbe trinke ich Tee mit Parwis Mullajanow, Tadschikistans führendem Experten für internationale Beziehungen. Mullajanow meint, Russland sei im *Great Game* um Zentralasien immer noch im Vorteil. «Es ist ein Auf und Ab. Nach 2001 hatten die Amerikaner in Zentralasien die Nase vorne. Jetzt erobern die Russen zurück, was die Amerikaner verloren haben», sagt er. «In Wirklichkeit hatten die Amerikaner das Spiel nie gewonnen. Russland ist es nach dem Zusammenbruch der Sowjetunion gelungen, seine Vormachtstellung in Zentralasien zu halten.»

Mullajanow zufolge hat Moskau seine militärische, ökonomische und geheimdienstliche Aktivität in der Region deutlich verstärkt. Und es habe weitere Vorteile auf seiner Seite: «Alle postsowjetischen Staaten leben informationstechnisch in der russischsprachigen Zone. Die Mehrheit der

Bevölkerung schaut russisches Fernsehen und liest russische Zeitungen. Sie sehen die Außenwelt durch russische Augen. Das ist ein machtvolles Instrument.» Die Position der Amerikaner dagegen sei «sehr schwach». Washingtons Versuche, die Zivilgesellschaft und Oppositionsgruppen zu erreichen, hätten in Zentralasien wenige Fortschritte gemacht — einer Region, die von einer Reihe von unterschiedlich repressiven Superpräsidenten beherrscht wird, alle anscheinend auf Lebenszeit imt Amt sind. Die Vereinigten Staaten stehen zudem vor einem weiteren Problem: China, dem ehrgeizigen präimperialen Herausforderer in der Region.

Kurz vor meiner Reise veröffentlicht die in Brüssel ansässige International Crisis Group einen düsteren Bericht über die Region. Sie bezweifelt, dass es von Obama klug ist, sich auf seine neuen Partner zu verlassen, und hält Zentralasien für kaum stabiler als das krisengeschüttelte Pakistan — eine «äußerst riskante Wette». Der Autor des Berichts, Paul Quinn-Judge, bemerkt: «Die Staatsoberhäupter sind allesamt ehemalige sowjetische Apparatschiks ... die meisten Bewohner leben in großer Armut, und die Volkswirtschaften dieser Länder sind zumeist schwach und fragil.»

Er ergänzt: «Zu den Szenarien für den schlimmsten Fall gehören der Kollaps des Staates, die Auflösung der staatlichen Infrastruktur, chaotische Nachfolgekämpfe und islamistische Aufstände.»

Von seinem gigantischen Monument über der Stadt Sewastopol schaut Lenin hinaus aufs Schwarze Meer. Unten im Hafen baden ältere Damen in geblümten Badeanzügen in dem warmen, lilafarbenen Wasser. Weiter entfernt schimmert ein russisches Kriegsschiff, die *Moskwa*, gerade zurückgekehrt aus dem Georgienkrieg. Der Hafen von Sewastopol liegt an der felsigen Südküste der Krim, einer autonomen Republik innerhalb der Ukraine und Stützpunkt der russischen Schwarzmeerflotte. Nach dem Zerfall der Sowjetunion versprach die Ukraine, Russland dürfe die Basis in Sewastopol bis 2017 behalten. Als ich allerdings Wiktor Juschtschenko besuche, den prowestlichen Präsidenten der Ukraine, will er die Russen hinauswerfen.

Meine Reise in die Ukraine im Herbst 2008 fällt in eine Zeit wilder Spekulationen, dass die Krim — nach Südossetien und Abchasien — das nächste Ziel russischer Ambitionen werden könnte. Mehr als die Hälfte der Bewohner sind Russen. Juschtschenkos Regierungsbeamte werfen Russland vor, Pässe an Russen auf der Krim zu verteilen, wie es auch in Südossetien geschehen ist. Die Regierung Juschtschenko fürchtet, dass ein Streit über die Nutzung des Stützpunktes separatistische Bestrebungen verstärken könnte und dass sich die Krim nach einem Referendum von der Ukraine lossagen könnte.

In Sewastopol, stelle ich fest, ist die Stimmung in der Bevölkerung nicht einfach prorussisch. Eine treffendere Beschreibung wäre wohl prosowjetisch, mit einer beinahe allumfassenden Nostalgie für die UDSSR. Die Bewohner sind vehement gegen Juschtschenkos Pläne, der NATO beizutreten — Pläne, die sich in jeder Hinsicht erledigt haben, als Juschtschenko 2010 abgewählt wird.

Ich frage Anatoli Kalenko, Vorsitzender der Veteranenvereinigung in Sewastopol. «Die Mehrheit der Bevölkerung hier ist für die Präsenz der Schwarzmeerflotte», sagt er. Kalenko zufolge würden sich die Einwohner jedem Versuch, die russische Flotte loszuwerden, widersetzen, vor allem, wenn stattdessen NATO-Schiffe den Stützpunkt kontrollieren würden. «Andere Schiffe lehnen wir hier kategorisch ab. Keine amerikanischen, keine französischen und auch keine türkischen», erklärt Kalenko. «Großbritannien hat eine Seefahrertradition. Wir respektieren das. Wir denken da an Nelson. Aber offen gestanden wollen wir auch euch hier nicht haben.»

Die russische Flotte beschäftigt 25 000 Menschen, sagt Kalenko. Seine Vereinigung lehnt jeden Vorstoß kategorisch ab, die sowjetischen Denkmäler abzureißen, die an den hügeligen Straßen der Stadt stehen. Mir fällt eine Karte der Sowjetunion auf, die an der Wand hängt; über dem Schreibtisch hängt ein Portrait von Lenin. Die Stimmung in der Bevölkerung gegen die NATO sei wenig überraschend, sagt Kalenko, schließlich handele es sich um einen «aggressiven militärischen Block».

Viele der Politiker auf der Halbinsel geben offen zu, dass sie sich wünschen, die Krim träte der Russischen Föderation bei. «Es ist ein Mythos, dass die Ukraine kein Teil Russlands ist. Wir glauben nicht daran», unterrichtet mich Oleg Rodilow, ein prorussischer Abgeordneter im autonomen Parlament der Krim. Wir treffen uns in einem Straßencafé in der Nähe des Parlamentsgebäudes in der regionalen Hauptstadt Simferopol und sprechen — wie immer — Russisch. Es sei falsch, diese Haltung «separatistisch» zu nennen, sagt er. «Für Sie sind die Ukraine und Russland *a priori* unterschiedliche Staaten. Für uns gehören sie *a priori* zusammen», erklärt er. Die Verbindungen zwischen Kultur, Sprache und orthodoxer Kirche machten aus der Ukraine und Russland eine untrennbare Einheit, meint er. «Wir glauben nicht, dass es irgendeinen Unterschied gibt. Wir waren 350 Jahre lang geeint.»

Diese Sichtweise teilt laut *WikiLeaks*-Dokumenten auch Wladimir Putin. Dem polnischen Außenminister Radoslaw Sikorski zufolge hält er die Ukraine mit sechs Millionen Russen für ein «zusammengewürfeltes Land».

Katherina die Große erbaute nach dem Sieg über die Türken 1783 die Seezitadelle auf der Krim. Seither steht der Hafen für russische und sowjetische Militärmacht. Wie im Falle Kirgistans erklärt allerdings die sowjetische Vergangenheit die sich heute vertiefenden Gräben. 1944 deportierte Stalin die Krimtartaren und mehrere andere kleinere Bevölkerungsgruppen nach Zentralasien. Stattdessen siedelte er Slawen aus Russland oder aus dem russisch geprägten Osten der Ukraine an. Die meisten Neuankömmlinge waren armer, urbaner Herkunft; sie zogen in die von den Deportierten zurückgelassenen Häuser. Ihre Verbindung zur Ukraine war schwach. Schon vor 1991 kehrten viele der Krimtartaren — die ursprünglichen, turksprachigen muslimischen Bewohner der Halbinsel — zurück. Sie waren gut ausgebildet und organisiert und stellen mit heute 300 000 Menschen 15 Prozent der Bevölkerung auf der Krim.

Der sowjetische Staatschef Nikita Chruschtschow schlug 1954 die Krim der Ukrainischen Sozialistischen Sowjetrepublik zu. Seitdem hat Russland die modernen Grenzen der Ukraine immer wieder bestätigt. Bei meinem Besuch finde ich nationalistische Abgeordnete der Krim in gereizter Stimmung vor — sie kündigen an, dass die Krim ihre Unabhängigkeit erklären werde, sollte Juschtschenko nicht von seinen Plänen ablassen, der NATO beizutreten.

«Falls Juschtschenko Russland zum Feind erklärt, wird die Krim das nicht akzeptieren. Hier wird es einen Krieg geben, vielleicht sogar einen Weltkrieg», sagt Leonid Grach, ein prorussischer Abgeordneter, als ich ihn in Simferopol besuche. Grach ist eine legendäre Figur. Er hat ölig zurückgekämmtes weißes Haar und eine überschwängliche Art. Die Ukraine sollte der NATO eine Absage erteilen, einem Freundschafts- und Kooperationsvertrag mit Russland zustimmen und den Pachtvertrag für die russische Schwarzmeerflotte verlängern, findet Grach. Genau das geschieht im April 2010: Wiktor Janukowitsch, der neue prorussische Präsident der Ukraine, verlängert den Pachtvertrag mit Russland um 25 Jahre. Im Gegenzug gewährt ihm Moskau einen Rabatt auf die Gasrechnung.

Russlands Versuche, auf seine unmittelbaren Nachbarn Druck auszuüben, umfassen nicht nur schlichte Gaslieferungsstopps. 2004, nach der Orangenen Revolution in der Ukraine, startet Moskau eine systematische Kampagne zur Finanzierung prorussischer Gruppen auf der Krim. Ziel ist, interethnische Spannungen auf der Halbinsel zu schüren und sie am Kochen zu halten. Durchgesickerten Einschätzungen der Amerikaner zufolge ist Russlands Militärgeheimdienst — der GRU — ganz vorne dabei, wenn es um die Finanzierung lokaler NGOs geht, die dann als verlängerter Arm Russlands agieren sollen. (Der FSB, heißt es in einem Memorandum, begrenzt seine Aktivitäten auf Spionageabwehroperationen und darauf, auf «westlichen Besuchern» den Daumen zu halten). Ein Großteil dieses Geldes stammt nicht aus den Schatztruhen des Kremls, sondern von Bürgermeister Luschkow und seiner Moskauer Stadtverwaltung. Luschkows Beamte beharren darauf, dass sie keinen russischen Nationalismus unterstützen, sondern lediglich die russische Sprache und Kultur.

Als ich vom Sewastopoler Museum aus die Straße etwas weiter hinaufgehe, entdecke ich die Räume der «Russischen Gemeinschaft», eine von vielen Nichtregierungsorganisationen zur Förderung der russischen Sprache. Ihre Vorsitzende, Raisa Taliatnikowa, wehrt sich gegen die Unterstellung, sie betreibe eine Art Frontorganisation des Kremls. «Dies ist unser Land. Mein Vater und mein Onkel haben während des Großen Vaterländischen Krieges für dieses Gebiet gekämpft», sagt sie und verwendet die russische Bezeichnung für den Zweiten Weltkrieg. «Warum sollten wir fortgehen? Niemand hat uns gefragt, ob wir in der Ukraine leben wollen. Niemand von uns plant, irgendwohin zu gehen.» Sie gibt zu, dass sie über die Auflösung der Ukraine nicht unglücklich wäre. «Persönlich wäre ich nicht allzu traurig, wenn sie auseinanderbräche. Dann wäre alles wieder am richtigen Platz.»

13

BATMAN UND ROBIN

Verfahren gegen Michail Chodorkowski, Chamownitscheski-Gericht, Moskau, 31. März 2009

Moskau ist reich an Gerüchten und arm an harten Fakten, und diejenigen, die über den Politikbetrieb berichten, müssen sich dauernd anstrengen, zwischen Tatsachen, Spekulationen auf hohem Niveau, gestreuten Gerüchten und einfachen Gerüchten zu unterscheiden.
SERGE SCHMEMANN VON DER «NEW YORK TIMES», ZITIERT IN «THE MOSCOW CORRESPONDENTS»

Als ich mein Büro betrete, ist klar, dass etwas nicht stimmt. Meine Freunde vom FSB haben mir wieder einen nächtlichen Besuch abgestattet. Der oder die Agenten haben eine Spur von kleinen, gezielten Hinweisen hinterlassen. Das Fenster in meinem Arbeitszimmer ist geöffnet. (Als ich am Abend zuvor um 21.45 Uhr ging, war es abgeschlossen. Es hat innen zwei Riegel, draußen Gitterstäbe.) Als ich versuche, mich einzuwählen, funktioniert das Internet nicht. Das ist an sich noch kein Beleg für eine Verschwörung. Doch beim Überprüfen des Modems, sehe ich, dass es jemand ausgestöpselt hat. Das Bürotelefon ist nicht aufgelegt. Mein unerwünschter Gast hat den Hörer von der Gabel genommen und demonstrativ auf den Tisch gelegt.

Ich bin inzwischen ein alter Hase, wenn es darum geht, die Botschaften des FSB an mich zu entschlüsseln. Der Einbruch — mit seiner Troika an kleinen Hinweisen — ist eine Mahnung, dass ich wieder einmal Geschichten recherchiere, die der FSB für inakzeptabel hält. Es ist der 30. Juni 2010. Am Vortag habe ich für den *Guardian* einen langen Beitrag über die spektakuläre Verhaftung zehn russischer Undercover-Agenten in den Vereinigten Staaten geschrieben. Sie gehörten zu einem Netz von Langzeit-«Schläfern». Unter ihnen befand sich auch Anna Chapman, eine glamouröse junge Russin, die in London gelebt hatte und kurz mit einem Briten verheiratet gewesen war. Die Verhaftungen sind für den Kreml ziemlich peinlich. Sie erfolgen drei Tage nach einem Besuch von Präsident Medwedew in Kalifornien und platzen mitten in den Aufschwung russisch-amerikanischer Beziehungen.

In meiner Geschichte hieß es:

> Das 55seitige Dossier des FBI offenbart in peinlichen Details das oft amateur- und stümperhafte Verhalten der Moskauer Agenten in den Vereinigten Staaten — die allesamt in den grünen Vororten von Boston, New York und Washington lebten. Dem FBI zufolge seien die Spione gedrängt worden, als Teil ihrer Integrationsbemühungen amerikanisierte Namen anzunehmen und Informationen in Think-Tanks und Regierungskreisen zu sammeln.
> Unentdeckt blieb das aber nicht — das FBI scheint über den Spionagering mindestens seit 2001 Bescheid gewusst zu haben … FBI-Agenten observierten heimlich zahllose Treffen in Cafés in Manhattan, bei denen die Spione den russischen Mittelsmännern Daten von ihren Laptops drahtlos überspielen sollten. Oft jedoch versagte die Technik. Es folgten verzweifelte Appelle an Moskau, das Problem zu lösen.

Ich beschreibe auch die «gestelzten Spionagemethoden wie aus dem Lehrbuch», die von den Russen angewandt wurden, um sich gegenseitig zu identifizieren. Während eines besonders skurrilen Treffens wird Chapman instruiert, dass ihre Kontaktperson sie fragen wird: «Entschuldigung, sind wir uns vergangenen Sommer in Kalifornien begegnet?»

Woraufhin sie antworten soll: «Nein, ich glaube, es war in den Hamptons.»

Kurz darauf sitzen die russischen Spione im Flugzeug nach Hause. Es ist der größte Austausch von Spionen zwischen Washington und Moskau seit Jahrzehnten. Nach ihrer Rückkehr und scheinbar ohne jede Atempause lässt Chapman für das russische Magazin *Maxim* die Hüllen fallen. Dann schlägt sie eine politische Karriere als «Cheerleader» für Putins Partei Vereintes Russland ein. Putin begrüßt seine heimkehrenden Agenten mit patriotischem Singsang.

Ich bin nicht der einzige Journalist, der die Geschichte mit einer gewissen Leichtigkeit im Stile eines Melodrams des Kalten Krieges beschreibt. Meine Moskauer Kollegen verfassen ihre Artikel in einem ähnlichen Tonfall. Der immense Anstieg von russischer Spionageaktivität in Übersee seit Putins Amtsantritt und die Tatsache, dass sich das Budget des FSB seither verdreifacht hat, wirkt wie eine Arbeitsbeschaffungsmaßnahme für die gutvernetzten Sprösslinge der russischen Elite. (Chapmans Vater ist ein hochrangiger Mitarbeiter des «auswärtigen Dienstes».) Der britische *Daily Telegraph* bekam Chapmans Exmann zu sprechen. Er druckte sogar ihre Hochzeitsfotos ab. Doch aus irgendwelchen unerfindlichen Gründen werde mal wieder nur ich für eine besondere Bestrafung auserwählt. Ich dokumentiere dieses jüngste «Eindringen» des FSB auf der Rückseite meiner blauen Krankenakte. Viel Platz ist da nicht mehr. Ich muss Notizen über die Details an die Ränder quetschen.

Im Sommer 2010 habe ich eine starke Vorahnung, dass meine Karriere als Moskau-Korrespondent möglicherweise nicht mehr lange andauern wird. Es ist nicht unwahrscheinlich, dass der FSB, sollte ich meinen Pflichten weiterhin ganz normal nachkommen, mich nach einer Auslandsreise an der Rückkehr nach Russland hindern könnte. Deswegen beschließen wir, einen letzten Familienurlaub innerhalb Russlands zu machen. Wir brechen nach Sibirien auf.

Eine Stunde stehe ich in der Station Belorusski an. Irgendwann gelingt es mir, Tickets zu kaufen: von der Uralstadt Jekaterinburg zu der alten sibirischen Hauptstadt Tobolsk; von Tobolsk nach Omsk; und von Omsk nach Tomsk — wegen der BBC-Kinderserie *The Wombles* aus den 1970er Jahren ein magischer Name für eine ganze Generation Briten mittleren Alters. Die Reise umfasst drei Fahrten im Nachtzug mit der Transsibirischen Eisenbahn. Wir fahren nicht bis Wladiwostok. Ich habe es noch nie bis dorthin geschafft. Wladiwostoks feuchtes Klima und sein Ruf als Hochburg der Kriminalität scheint mir das ein Verzicht zu sein, mit dem ich leben kann. Wir legen immerhin ein gutes Stück der längsten Zugstrecke der Welt zurück, das heißt einen Teilabschnitt der 5 752-Meilen-Route zwischen Hauptstadt und Pazifikküste.

Zugreisen gehören zu den erfreulichsten Aspekten unserer Russlanderfahrung. In einem Land, das von Korruption und Bürokratie gebeutelt ist, sind die Züge sauber, gut organisiert und effizient. In Jekaterinburg sind wir zwei Stunden vor Eintreffen der Züge am Bahnhof, weil wir nicht wissen, dass die Russischen Eisenbahnen, die in unterschiedlichen Zeitzonen operieren, ihren Fahrplan nach der Moskauer Zeit ausrichten. Im Expresszug nach Tobolsk haben wir ein eigenes Abteil; die Kinder besetzen die obersten Schlafkojen. Eine Prowodniza bringt Frotteepantoffeln, eine Zeitung und Snacks; für 25 Rubel außerdem noch schwarzen Tee mit Zitrone in einer Glastasse mit filigranem Silberhalter.

Die Landschaft draußen ist typisch russisch: Birken, Dörfer mit verfallenen Datschen und schlammigen Straßen, die tief in die Weite der Taiga hineinführen. Bei einem Zwischenstopp kaufe ich geräucherten Fisch, Bier und Chips; einheimische Frauen verkaufen Körbe mit erdigen Kartoffeln und die bitteren Samen von Kiefernzapfen. Es ist Hochsommer. Die Sonne geht fast gar nicht unter. Um 4.00 Uhr morgens ist es hell. Tagsüber ist der sibirische Himmel klar und weit.

Tobolsk stellt sich als klein und charmant heraus, mit einer gut erhaltenen Altstadt und einer barocken Kathedrale. Eine große Zahl von Tartaren lebt dort — Sibiriens muslimische Ureinwohner. Wir sind die einzigen Touristen. In Omsk regnet es; die Kinder entdecken einen Spielplatz neben dem Fluss. Ansonsten ist die Stadt heruntergekommen. Tomsk dagegen ist ein Juwel, eine Universitätsstadt mit europäischer Atmosphäre und mehreren Pizzerien; wir passieren ihre alten Holzhäuschen mit der Tram. Zu meiner Enttäuschung und zur Erleichterung der Kinder ist das Tomsker Gulag-Museum geschlossen.

In Nowosibirsk, der modernen Hauptstadt Sibiriens, besorgen wir uns einen Jeep und einen Fahrer, Sergei Kudrin. Kudrin betreibt ein Unternehmen, das Touristen in das Altaigebirge bringt, eine abgelegene Region im Süden Sibiriens, 2 000 Meilen von Moskau entfernt. Als versierter sowjetischer Bergsteiger, der heute Ende 50 ist, hat Kudrin die meisten Gipfel des Altai bestiegen. Die russische Republik Altai liegt an den Rändern Zentralasiens, an der schwindelerregenden Schnittstelle zwischen der Mongolei, Kasachstan und China. Die Gegend ist bei der sibirischen Mittelschicht beliebt. Sie machen dort Wildwasserfahrten oder gehen Gletscherklettern und Reiten; europäische Besucher sieht man dagegen kaum.

14 Stunden brauchen wir, um den nördlichen Gipfel des Altai zu erreichen. Für riussische Verhältnisse ist das Altaigebirge herrlich unberührt. Seine saftigen alpinen Täler gehen in unheimliche Halbwüsten und desolate Grenzstädte über, je mehr man sich der mongolischen Grenze nähert. In einem der Täler sehen wir eine vergoldete Lenin-Statue. Daneben steht eine Ziegenfamilie — ein unwirklicher Anblick. Allerorten kommen wir an den unverkennbaren Zeichen früher menschlicher Besiedlung vorbei. Nomadische Skythen lebten hier seit Dutzenden von Jahrhunderten, lange bevor die Bolschewiken auftauchten. Sie hinterließen charakteristische Grabhügel aus Stein, bekannt als *kamennuju babu* oder als «steinerne Großeltern» — große, unheimliche Grabsteine, in die die Gesichter eines fremdartigen Turkvolkes eingeritzt sind.

Wir halten an der M52, der Hauptstraße durch den Altai, und untersuchen eins dieser *kamennuju babu*, das in einem breiten Tal verlassen steht. Riesige Grillen mit scharlachroten Flügeln springen durch die Luft, sie klingen wie ausser Kontrolle geratene Fußballrasseln. Die uns umgebende Wiese ist ein einziger summender Teppich aus Insekten; in der Nähe befinden sich mehrere Grabhügel. Den Grabstein zieren stilisierte Schlitzaugen und eine breite Nase. (Es fehlt der charakteristische Terry-Thomas-Schnurrbart, den wir auf anderen Exemplaren in den Museen von Omsk und Tomsk gesehen hatten.)

Nach ein paar Kilometern fordert uns Kudrin auf, einen steilen, schuttbedeckten Hügel hinaufzuklettern. Die Kinder reißen dabei Unkraut aus und finden, in den Stein graviert, die Felszeichnung eines Hirschs. Weiter oben gibt es noch mehr prähistorische Gravuren: Einige wurden mit einem stumpfen Gegenstand angefertigt, andere sind sorgfältiger in kunstvollem Graffito gearbeitet. Da gibt es Hirsche, Steinböcke und Wildschweine, alle sofort zu erkennen und aus uraltem Gestein zum Leben erweckt.

Am Abend erreichen wir unser Lager im Schatten des Aktru, eines 4 000 Meter hohen, schneebedeckten Berggipfels. Es wird der Höhepunkt unserer Reise. Das Lager liegt in einem Lerchenwald am Fuß der Berge. Die Kinder ziehen los und bauen sich eine Höhle. Über uns schwebt ein Drache mit schwarzen Segeln in einem smaragdgrünen Himmel; von dem baufälligen Aussichtsposten auf einem nahegelegenen Hügel kann man über das ganze Tal in Richtung Mongolei gucken. Das Lager ist einfach, aber gemütlich, mit einem holzbeheizten Badehaus, einer Bania. Wir schlafen in einer Jurte. Das einzige Manko sind die Milliarden sibirischer Moskitos.

Die Nacht ist kalt. Am nächsten Morgen brechen wir in Richtung Gebirge auf. Die Fahrt ist atemberaubend: über eine wacklige Brücke, durch Nadelwälder voller schillernder Gebirgsblumen. Phoebe entdeckt Enzian, dicht gedrängt wachsende Glockenblumen, Labkraut und Mädesüß. Wir lassen unseren Jeep in der Nähe eines Flusses stehen und wandern in die Gebirgsausläufer. Auf der einen Seite erhebt sich der Aktru aus einer Reihe schneebedeckter Gletscher; auf der anderen liegen in dichter Folge Sommerlagunen und kleine Seen. Auf dem Rückweg springen Ruskin und ich in einen schnell fließenden, türkisfarbenen Fluss.

Moskau — mit all seiner Überwachung und seinen finsteren Schattenspielen — fühlt sich sehr weit weg an.

Eins der Bücher, die ich lese, heißt *The Moscow Correspondents* [*Die Moskau-Korrespondenten*]. Der Autor ist Whitman Bassow, ein amerikanischer Journalist, der Ende der 1950er und Anfang der 1960er Jahre im sowjetischen Moskau lebte. Bassow dokumentiert darin das Auf und Ab — vor allem das Ab — der rund 300 amerikanischen Reporter, die seit 1921 aus der Sowjetunion berichtet haben. Sie alle erfuhren ein gewisses Maß an Schikane durch den KGB und seine Vorgänger. Von zahlreichen anderen Zumutungen wird da berichtet, bei dem, was ein Reporter seinen «grausamsten Einsatz» nennt. Die Liste ist lang: endlose Arbeitsstunden, magere Kost, fehlendes Toilettenpapier und das physisch aufreibende Moskau der Nachkriegszeit — damals wie heute eine eintönige, graue und deprimierende Stadt.

Eine der größten Schwierigkeiten für die Berichterstattung aus Moskau war der schiere Mangel an Informationen. Während der Ära Breschnew und danach erreichte die «Kremlogie» — eine berühmte wissenschaftliche Disziplin, bei der es darum geht herauszufinden, was sich im Politbüro abspielt — ihren Höhepunkt. Unterversorgt mit offiziellen Informationen griffen die Reporter zu immer erfindungsreicheren Methoden. Als Juri Andropow, Breschnews Nachfolger, erkrankte, säumten Reporter seinen Weg zur Arbeit am Kutusowski-Prospekt, in der Hoffnung, einen Blick auf den siechen Führer in seiner Limousine zu erhaschen.

Am Abend des 9. Februar 1984 fuhr ein besonders unternehmungslustiger Journalist auf der Suche nach einer Bestätigung für seine Vorahnung, das Andropow gestorben sei, durch die Moskauer Straßen. Er stellte fest, dass im KGB-Hauptquartier, im Verteidigungsministerium und im Hauptquartier des Generalstabs noch Licht brannte. Er setzte eine exklusive, über Nacht verfasste Geschichte ab, in der er vermeldete, Andropow sei gestorben — was sich am nächsten Tag bestätigen sollte.

In dieser Zeit war es nahezu unmöglich, sowjetische Funktionäre zu treffen. Mit Gorbatschow und der Glasnost-Periode Mitte der 1980er Jahre wurde es etwas besser, doch zu wirklichen Veränderungen kam erst unter der — oft chaotischen — Präsidentschaft von Boris Jelzin. Meine Vorgänger als *Guardian*-Korrespondenten, Jonathan Steele und David Hearst, konnten ungehindert mit hochrangigen Kremlbeamten und regierungsnahen Quellen sprechen. Chrystia Freeland, eine rührige Journalistin der *Financial Times*, hatte ein kumpelhaftes Verhältnis zu Oligarchen und Kabinettsministern; ihre Energie und ihr Charme flossen unter anderem in ein höchst lesenswertes Buch über das Innenleben von Jelzins Hofstaat.

Putin kehrte diese Entwicklung um. Auf unabhängige Medien wird Druck ausgeübt. Die alte KGB-Gewohnheit der Geheimhaltung ist wieder da. Unter Putin gibt es weniger Informationen, erzählt ein altgedienter Journalist, als in den späten 1970er Jahren, als er erstmals aus Breschnews Sowjetunion berichtete: «Damals hatten wir die *Prawda*. Da konnte man wenigstens zwischen den Zeilen lesen.» Als Dmitri Medwedew im Mai 2008 zu Russlands drittem Präsidenten ernannt wird, lebt die Kremlogie wieder auf.

Natürlich gibt es Zeitungen, Magazine, Radiosender, die über das politische Geschehen berichten und Medwedews scheinbar reformistischen und modernisierenden Kurs beleuchten. Russland erfreut sich auch einer beeindruckenden Riege politischer Kommentatoren und akademischer Experten. Einige von ihnen — wie der Polittechnokrat Gleb Pawlowski und der nachdenkliche Abgeordnete der Partei Vereintes Russland, Sergei Markow — stehen dem Kreml nahe und repräsentieren die offizielle Meinung. Andere dagegen bleiben unabhängig. Beide Lager sind für wohl begründete Spekulationen gut.

Doch in einer Stadt, die zu Gerüchten und Verschwörungstheorien neigt, kann man mit Berechtigung sagen, dass es zur Amtszeit Medwedews nur sehr wenige Menschen in Moskau gibt, die wirklich wissen, was an der Kremlspitze vor sich geht. Selbst das russische Kabinett scheint weitgehend im Dunkeln zu tappen.

Teilweise liegt das an Russlands ungewöhnlicher Regierungskonstellation: dem Tandem. Das Tandem bedeutet, dass Russland anstelle eines Herrschers nun zwei besitzt — Medwedew und Putin, wobei Putin, der Regierungschef, formal Medwedew, dem Präsidenten, untergeordnet ist. Dieses Modell ist in der russischen Geschichte nicht nur atypisch. Es ist noch nie da gewesen — ein Bruch mit der jahrhundertealten autoritären Tradition in Russland und der Sowjetunion, die einen starken Mann an der Spitze vorsieht — oder gelegentlich eine starke Frau. Die Herrschaft von Stalin, Chruschtschow und Breschnew entsprach immer diesem Muster, und jedes neue Staatsoberhaupt denunzierte seinen Vorgänger. So war es auch in der Ära davor unter Peter I., Katharina II. und Alexander III. Zwischen 2000 und 2008, nach Jelzins Intermezzo und Experiment in Sachen Beinahe-Demokratie, restaurierte Putin Russlands klassisches autoritäres Führungsmodell. Sein Regime war stark personalisiert; jeder wusste, wer die oberste Instanz ist. Doch jetzt gibt es zwei oberste Instanzen.

Dieses merkwürdige Führungsduo sorgt für einige Verwirrung bei Kommentatoren, Journalisten und Diplomaten: Welcher der beiden Herrscher bestimmt denn nun, wie es läuft? Zunächst herrschte überall die Annahme, dass Putin noch immer der Boss ist. Doch innerhalb weniger Wochen nach Medwedews Amtsantritt begannen die Spekulationen: Kann Medwedew — von Putin in das Amt gedrängt — dem Darth Vader-Schatten seines Vorgängers entkommen? Und ist Medwedews Gerede davon, den «rechtlichen Nihilismus» zu beenden und den Kampf gegen die Korruption aufzunehmen, ernst gemeint oder nur eine liberale Ergänzung zu Putins autoritärem Kurs?

Nach Anzeichen von Dissonanzen innerhalb des Führungstandems zu suchen wird zu einem der beliebtesten Moskauer Gesellschaftsspiele. Es gibt viele trügerische, aber kaum zutreffende Hinweise. Selbst diejenigen innerhalb des Kremls scheinen ahnungslos. Ich frage Natalia Timakowa, Medwedews Pressesprecherin, nach dem Verhältnis von Präsident und Regierungschef. Sie weiß nicht, was sie antworten soll. «Ein gutes?», frage ich hilfsbereit. «Ja», sagt sie.

Ich stelle bald fest, dass die in Moskau stationierten US-Diplomaten genauso rätseln und herumtappen wie alle anderen, wenn auch auf die feine und intelligente Art. Erstaunlicherweise scheinen die Vereinigten Staaten keine wirklichen Informanten in den Korridoren der russischen Machtzentrale zu haben: Sie sprechen mit der gleichen kleinen Gruppe von Experten wie ich. Wo bleiben die amerikanischen Maulwürfe?

Es ist, zugegeben, nicht so einfach, dieses Tandem zu durchschauen. Das hat immerhin zu einigen der fruchtbarsten und originellsten Umschreibungen geführt, die sich in den mehr als einer Viertelmillion amerikanischen, von *WikiLeaks* veröffentlichten Diplomatendepeschen finden lassen. Im November 2008 schickt der amerikanische stellvertretende Botschafter, Eric Rubin, nach einer Rede Medwedews vor der Föderalen Versammlung ein Kabel an Washington, in dem er die unterschiedlichen Meinungen zu dem noch frischen — erst sechs Monate alten — Machtverhältnis zwischen Putin und Medwedew darlegt. Es gibt, schreibt er an Washington, «drei sehr verschiedene Lager»:

> Die erste Gruppe sieht Medwedew im Aufstieg begriffen; er häufe allmählich Macht an und spiele seine Stärken bei der Bewältigung der Wirtschaftskrise aus. Die zweite Gruppe ist skeptischer; sie argumentiert, Medwedew spiele weiterhin den «Robin» zu Putins «Batman»; beide seien von loyalen Anhängern des Regierungschefs umgeben, die von Putins Dominanz über die Legislative und die regionalen Eliten im Zaum gehalten werden. Für die Vertreter der dritten Gruppe gibt es keinen substanziellen Unterschied zwischen Putin und Medwedew; sie nimmt die Einigkeit des Tandems in Vision und Tat wörtlich.

Rubin stellt treffend fest, dass es unmöglich ist, herauszufinden, welche Sichtweise zutrifft: «Jede Einsicht wird durch die undurchdringliche

Natur der Kremlpolitik und das fruchtbare Feld der Spekulationen und Gerüchte behindert, das mit dem Informationsvakuum entsteht.» In seinem Bericht gibt Rubin die in Moskau verbreitete Ansicht wieder, dass Medwedew ein «Juniorpartner» ist — nicht nur der Robin zu Putins Batman, sondern, in den verächtlichen Worten eines Oppositionspolitikers, «der Liliputaner des obersten Befehlshabers Putin». Putin sei derjenige, der «die Fäden zieht». In einem weiteren geistreichen Vergleich heißt es, Putin sei Kardinal Richelieu und Medwedew König Louis XIII.

Das Emblem der Russischen Föderation ist der doppelköpfige Adler, ein altes byzantinisches Symbol, dessen verwirrte Köpfe — wie Russland selbst — in beide Richtungen blicken, nach Westen und Osten. Viele bezweifeln allerdings, dass Medwedew wirklich der zweite Kopf auf dem Adler ist. Ein Analyst sagt den Amerikanern, der Präsident sei eigentlich «die Nummer drei». Medwedew sei weniger wichtig als Putin und als dessen Stellvertreter, Igor Setschin, Anführer des Silowiki-Clans und der mächtige Schwarze Mann des Kremls.

Die amerikanischen Diplomaten glauben, Setschin sei derjenige gewesen, der den Niedergang von Chodorkowskis Ölkonzern Yukos vorangetrieben habe — «ein bedeutender Wendepunkt in Putins Regierungsansatz». Setschin gilt als Kopf hinter dem «extrem staatszentrierten und von den Silowiki vorangetriebenem Widerstand gegen ausländische Investitionen in strategischen Sektoren, vor allem Öl und Gas». Es «wird weithin angenommen, dass er Ölexportgeschäfte an vom Kreml favorisierte Konzerne wie Gunvor umgeleitet hat».

Mit so wenig gesicherten Informationen ausgerüstet stöbern Journalisten und Kommentatoren auf der Suche nach Hinweisen in Medwedews Lebenslauf herum. Als Putin 2000 das Präsidentenamt antrat, war er noch relativ unbekannt und gab Anlass zu der Frage: «Wer ist dieser Putin?» Ende 2007, als Putin Medwedew seinen Segen gab, wurde aus dieser Frage: «Wer ist dieser Medwedew?» Ich selbst versuche mich für den *Guardian* an einer Antwort und schreibe ein Portrait von Russlands künftigem Präsidenten. Ich stelle fest, dass die PR-Berater des Kremls Medwedew zum Vertreter von Russlands neuer und aufsteigender Mittelschicht erkoren haben — ein bescheidener, internetaffiner, kosmopolitischer Staatschef, der Urlaub am Schwarzen Meer macht und gern zu Rockmusik aus den

1970ern tanzt. (Medwedew ist als Fan der hoffnungslos veralteten britischen Rockband «Deep Purple» bekannt.)

Ich schreibe:

> Wie sein Mentor und Freund Putin wuchs auch Medwedew in Leningrad auf, heute St. Petersburg. Über seine ganz gewöhnliche sowjetische Kindheit in dem Arbeitervorort Kuptschino spricht er in einem Interview mit dem Magazin *Itogi* mit schwärmerischen Worten. Seine Eltern waren Universitätsdozenten; sie hatten kein Geld, mussten aber auch nicht hungern. Sein Jugendtraum, sagt er, war, irgendwie in den Besitz des Pink Floyd-Albums «The Wall» und eines Paares Wrangler-Jeans zu kommen.
>
> Medwedew und seine Frau Swetlana lernten sich in der Schule kennen; sie haben einen Sohn, Ilja, geboren 1995. Medwedew erinnert sich, dass er als Arbeiter und Schneeschaufler gejobbt hat, als er an der Leningrader Staatsuniversität in Jura promovierte. «Ich habe nie danach getrachtet, oder mir erträumt, dass die ganze Welt mich einmal kennen würde», sagt er. Er lernte Putin kennen, als sie beide für den liberalen St. Petersburger Bürgermeister Anatoli Sobtschak arbeiteten.
>
> Medwedews wahre Persönlichkeit bleibt jedoch ein Rätsel. Beobachter sind sich einig, dass er kein Dummkopf ist — immerhin hat er im Haifischbecken des Kremls überlebt, zunächst als Putins Wahlkampfmanager während der Präsidentschaftswahlen im Jahre 2000 und dann als dessen Stabschef. Die meisten Experten glauben, sein Programm sei im Wesentlichen das gleiche wie Putins — mit höchstens kosmetischen Unterschieden.

Einer meiner Lieblingskommentatoren, Grigorii Golosow von der St. Petersburger Europauniversität, sagt, er glaube nicht, dass Medwedew nur eine «Marionette» sein werde. «Es scheint so, als hätte er einen eigenen Willen und intellektuelle Kapazitäten.» Nachdenklich fügt er hinzu: «Aber ob sich das in irgendeiner Weise niederschlagen wird, das müssen wir abwarten.»

Eine Personenbeschreibung von William Burns vom Dezember 2007 füllt einige meiner Informationslücken. Burns beginnt: «Trotz seiner Prominenz als erster Vize-Regierungschef, als Vorsitzender des Direktoriums von Gazprom und davor als Leiter der Präsidialverwaltung erscheint Medwedew heute kaum weniger rätselhaft als sein Mentor Putin, als dieser vor acht Jahren zum Nachfolger Jelzins ausgewählt wurde.»

Der nächste Absatz trägt die Überschrift «Der Nicht-Putin?». Burns schreibt:

> Medwedew scheint nicht Putins Ehrgeiz oder dessen «harte» Schale zu besitzen, wahrscheinlich, weil er weniger beweisen muss. Während Putin in einer Arbeiterfamilie in einer kommunalen Wohnung aufwuchs, liegen Medwedews Wurzeln im St. Petersburger Bildungsbürgertum … Putin lernte Judo, um gegen die harten Jungs in seiner Nachbarschaft anzukommen; Medwedew stemmte Gewichte und konzentrierte seine Energien auf Heavy Metal, eine Musik, die damals noch als «subversiv» galt. Medwedew warb außerdem erfolgreich um Swetlana, ein Mädchen, das seine Zeitgenossen als das «hübscheste» der Schule bezeichnen.

(Die US-Diplomaten widmen Swetlana später eine ganze Depesche. Sie beschreiben sie als Frau, die «hinter den Kulissen» Einfluss auf ihren Ehemann ausübt. Frau Medwedewa ist «aktiver» als Putins nahezu unsichtbare Frau Ljudmila, aber weniger auffällig als Gorbatschows Frau, die damals kürzlich verstorbene Raisa.)

Burns endet mit der Vermutung, Medwedew werde wohl die Rolle als Putins «fähiger Assistent» einnehmen. Ob fähiger Assistent oder nicht, Obamas Weißes Haus nutzt jede Gelegenheit, um Medwedew und das «liberale Lager», das er vermeintlich vertritt, zu stärken. Washington will die russische Außenpolitik von Putins Hardlinertum wegdirigieren und zu einem konstruktiveren, multilateralen Ansatz bringen. Im Juni 2008 berichte ich über Präsident Obamas ersten Besuch in Moskau, der einer Phase der russisch-amerikanischen Spannungen in den letzten Jahren der Regierung Bush folgt.

Medwedew und Obama geben eine gemeinsame Pressekonferenz. Sie findet in den beeindruckenden vergoldeten Palasträumen des Kremls statt. Schon der Unterschied in der Statur der beiden Staatslenker ist unübersehbar; neben dem hoch aufgeschossenen Obama sieht Medwedew aus wie ein kleiner Schuljunge, der von seinem Direktor eine Auszeichnung bekommt.

Im Kern der Gespräche der beiden Staatschefs geht es um ein neues Rüstungsbegrenzungsabkommen, das den START-Vertrag ablösen soll. Natürlich fragt einer der Reporter Obama, was er glaube, welcher Teil des Tandems das Land wirklich regiere. Obama reagiert trocken: «Medwedew ist der Präsident und Putin der Premierminister.» Obama wirkt nach seinem langen Transatlantikflug aus Washington müde; er lobt Medwedew, hat jedoch Schwierigkeiten, den Namen seines Gastgebers auszusprechen, und macht an manchen Stellen «Mededew» daraus.

Während die Gespräche andauern, laufe ich um den Kreml. Die beiden Delegationen scheinen verschiedenen Welten zu entstammen: riesige Minivans der Marke Chevrolet aus dem Fuhrpark des Weißen Hauses parken direkt im Innenhof des Kremls gegenüber einer Kathedrale aus dem 15. Jahrhundert mit goldenen Türmen. Im Inneren des Kremls sehe ich, wie mehrere Mitglieder aus Obamas Delegation stehenbleiben, um ein Foto eines Gemäldes zu machen. Es zeigt russische Bogenschützen, die ihre Feinde in einer mittelalterlichen Schlachtenszene töten. Allem Gerede von einem «Neustart» und dem Drücken der *reset*-Taste zum Trotz verharren die russischen Medien im Kampfmodus des Kalten Krieges; sie spielen Obamas Besuch herunter und verbannen ihn auf die hinteren Plätze der Nachrichtenagenda.

In privaten Gesprächen geben sich US-Regierungsbeamte hinsichtlich Medwedews begrenztem Handlungsspielraum keinen Illusionen hin. Sie betonen aber, dass Obama Medwedew als seinen «wichtigsten Gesprächspartner» behandeln solle. Die Regierungsbeamten drücken zaghafte Hoffnung aus, dass man, indem man Medwedew in den Mittelpunkt des Verhältnisses zu den Vereinigten Staaten rückt, die «progressiveren» Kräfte in Medwedews Lager und Medwedew selbst stärken könne.

In einem Schreiben drückt es John Beyrle, Burns' Nachfolger, so aus: «Wir sind nicht dafür, Putin zu umgehen; im Gegenteil, wir können uns ohne seine Mitwirkung keine verbesserten russisch-amerikanischen Beziehungen vorstellen. Stattdessen werden wir das Kunststück vollbringen müssen, Putin und sein Ego so zu handhaben, dass die Zusammenarbeit der Vereinigten Staaten mit Medwedew als konstruktiv und nicht als Einmischung in die innerrussische Politik angesehen wird.» Beyrle warnt, dass das Lager der Silowiki die sich verbessernden Beziehungen zwischen den Vereinigten Staaten und Russland sabotieren wolle. Er beschwert sich über die «aggressive Einschüchterung» der amerikanischen Entwicklungshilfebehörde USAID durch den FSB und über «Schikanen» gegenüber dem National Democratic Institute.

Zwei Jahre später rätseln amerikanische Diplomaten immer noch über die Dynamik der Tandembeziehung. Inzwischen jedoch haben sich alle Hoffnungen, dass Medwedew eine teilweise Liberalisierung der russischen Gesellschaft vorantreiben wird, entweder ganz verflüchtig oder sie sind nur noch in Spurenelementen vorhanden. Die meisten Korrespondenten, mich eingeschlossen, haben aufgehört, über Medwedews Reden zu berichten, die repetitiv und langweilig geworden sind. Der Tenor des Präsidenten ist immer noch optimistisch: Er spricht über Innovation, die Eindämmung der Korruption und «Rechtsstaatlichkeit». Eine seiner wenigen «Errungenschaften» kommt schon früh, als er die zukünfitge Amtszeit von Russlands Präsidenten von vier auf sechs Jahre verlängert — ein Rückschritt in Sachen Demokratie. Der Schritt gilt als Vorbereitung auf das potenzielle Comeback eines ganz bestimmten Präsidentschaftskandidaten im Frühjahr 2012: Putin.

Medwedews Präsidentschaft wird vom Fall Michail Chodorkowski überschattet, dem inhaftierten Oligarchen, der 2009 zum zweiten Mal vor einem Moskauer Gericht steht. Chodorkowski und sein Geschäftspartner Platon Lebedew sind seit 2003, seit ihrer Verhaftung und Verurteilung wegen Steuerhinterziehung, in Haft. Mit der drohenden Aussicht auf vorzeitige Haftentlassung schleudern die Staatsanwälte den Angeklagten eine zweite Ladung von Vorwürfen entgegen: Diesmal werden sie der Veruntreuung angeklagt. Ziel ist, Chodorkowski im Gefängnis zu halten; der Verfasser der Anklage ist Putin höchstpersönlich. Jedem ist klar, dass dieser Prozess politisch ist. Er entspringt Putins tiefem persönlichen Hass auf den Oligarchen.

Der Prozess stellt Medwedew vor ein offensichtliches Problem. Er selbst hat immer wieder eine unabhängige Justiz gefordert. Ein Freispruch würde bedeuten, dass man Medwedew ernst nehmen muss. Er wäre auch ein positives Signal an die internationale Gemeinschaft, gut für die russische Zivilgesellschaft und würde dem Präsidenten Auftrieb geben, dessen Glaubwürdigkeit schwindet. Doch umgekehrt gilt: Sollte Chodorkowski verurteilt werden, dann steht Medwedew als Schwindler da. Der Fall ist richtungsweisend für Russlands zukünftigen Kurs: vorwärts izu einer liberaleren Gesellschaft oder rückwärts auf dem gleichen düsteren KGB-Pfad wie bisher.

Im März 2009 besuche ich den Auftakt des Prozesses gegen Chodorkowski und Lebedew. Vor Moskaus Chamownitscheski-Gericht drängen sich Reporter; die Angeklagten, Staatsanwälte und Verteidiger sammeln sich in einem kleinen, stickigen Raum im dritten Stock. Ich sitze in einem überfüllten Raum ein Stockwerk tiefer. Es gibt eine interne Übertragungsanlage, auf deren Bildschirmen die Verhandlung gezeigt werden soll. Als sich der Gerichtssaal erhebt, eilt jedoch eine jähzornig wirkende Gerichtsdienerin herbei und schaltet die Liveübertragung aus. Einer von Chodorkowskis Anwälten, Robert Amsterdam, erklärt mir: «Dieser Fall ist von immenser Bedeutung, weil er uns allen etwas über die Richtung verraten wird, in die sich Russland entwickelt.» Da ich nichts sehen kann, interviewe ich draußen eine Handvoll Demonstranten. «Ich denke, Putin hat Angst vor Chodorkowski. Er ist neidisch auf ihn», sagt die 73jährige Irina Nabatowa. Chodorkowskis Unterstützer singen einen ironischen Kehrreim: «Schluss mit dem rechtlichen Nihilismus», skandieren sie.

Als ich ein paar Monate später wieder am Prozess teilnehme, habe ich mehr Glück. Ich erwische einen Sitzplatz in dem überfüllten Gerichtssaal. Chodorkowski sitzt mit Lebedew in einem Glaskäfig; er sieht blass, aber heiter aus. Sein Haar ist in Häftlingsmanier streng geschoren; seine randlose Brille verleiht ihm ein professorales Aussehen. Er spricht mit seinen Anwälten. Sieben mit Kalaschnikows bewaffnete Wachen passen auf. Doch der Oligarch sieht nicht so aus, als stünde er kurz vor einem Fluchtversuch. Chodorkowskis Eltern sitzen in der ersten Reihe. Kurz vor Beginn der Sitzung geht ein Sicherheitsbeamter zu Chodorkowskis betagtem Vater und nimmt dessen Stuhl weg.

Er ist schmerzhaft offensichtlich: Dieses Verfahren ist nichts weiter als ein Ausdruck politischer Rachsucht — dazu gedacht, Chodorkowski im Gefängnis zu behalten, wenn seine achtjährige Haftstrafe endet. Die Anklage gegen Chodorkowski ist so schwach und widersprüchlich, dass sie schon fast surreal anmutet. (Die Anklage behauptet, die beiden Männer hätten 350 Millionen Tonnen Öl im Wert von mehr als 25,4 Milliarden Dollar veruntreut und über 21,4 Milliarden «gewaschen». Die Verteidiger halten dagegen, dass die Vorwürfe bis zur Unverständlichkeit absurd seien. Demnach hätte Chodorkowski sämtliches Öl gestohlen, das sein Konzern, Yukos, produziert hat.) Das wahre Verbrechen des Oligarchen besteht darin, dass er Putin herausgefordert und eine ungeschriebene Regel — eine Art *omertà* —gebrochen hat: Russische Geschäftsleute, reiche zumal, sollten sich aus der Politik heraushalten.

Amerikanische Diplomaten, die dem Prozess gegen Chodorkowski am 28. April 2009 beiwohnen, liefern ihren eigenen skurrilen Bericht. Sie finden den Prozess ganz offensichtlich genauso monoton und undurchsichtig wie ich. Sie schreiben:

> Ein Dämmerzustand senkte sich über den Gerichtssaal, als der von der Anklage bestimmte Vorleser immer weiter vor sich hinleierte … Die Ankläger zögerten häufig und stolperten über ihre eigenen Worte; sie hatten Schwierigkeiten, aus ihren eigenen Dokumenten vorzulesen oder die Gegenstände zu finden, die sie brauchten … Als der Vorleser der Anklage sich in enervierenden Details über ein ganz bestimmtes Paket von Yuganskneft-Anteilen erging, die einen verworrenen Weg durch eine Reihe von Unterfirmen von Yukos genommen hatten, fragten wir einen neben uns sitzenden Zuschauer: «Hören Sie eigentlich zu?» Er antwortete: «Nein, tue ich nicht. Und die Person, die vorliest, auch nicht.»

Die amerikanischen Regierungsbeamten schreiben, es sei «zu einfach», das Verfahren gegen Chodorkowski mit den Schauprozessen der stalinistischen Ära zu vergleichen. (1938 wurden beispielsweise Bucharin und Jagoda nach ihrem Prozess gleich hinausgebracht und erschossen.) Chodorkowskis Plädoyer ist als «PowerPoint»-Datei im Netz zu finden; seine Unterstützer dürfen an Anhörungen teilnehmen. Einmal holt der

Oligarch ein Marmeladenglas voller Rohöl hervor, woraufhin der Richter sich wundert: «Wie zum Teufel ist das denn hier hereingekommen?»

Der Fall lässt dem Kreml wenig Spielraum; jeder Schritt, der den Liberalen gefällt, verärgert die Konservativen, und umgekehrt. Aber — wie die Diplomaten nach ihrem nervtötenden Tag im Gerichtssaal feststellen — «niemand glaubt, dass der Richter seine Entscheidung frei vom Einfluss der russischen Regierung treffen wird.» Sie fügen hinzu: «Letztlich beobachtet alle Welt diesen Fall, um etwas über die politischen Absichten der russischen Regierung zu erfahren, nicht über die juristischen Absichten des Richters.»

Diese Vorhersage bestätigt sich auf deprimierende Weise. Der Prozess gegen Chodorkowski und Lebedew zieht sich über 16 Monate. Am Tag der Urteilsverkündung eskortieren Sicherheitsbeamte den Richter, Wiktor Danilkin, in den Gerichtssaal. Wie erwartet spricht er beide Angeklagte schuldig. Chodorkowski muss bis 2016 in Haft bleiben. (Er bekommt 14 Jahre, die auf seine ursprünglichen Haftstrafe angerechnet werden; die Strafe wird später um ein Jahr reduziert.) Ein paar Wochen später sagt die Gerichtsschreiberin Natalja Wasiljewa aus, dass jemand anderes den Schuldspruch für Richter Danilkin geschrieben hat. Er habe ursprünglich vorgehabt, Chodorkowski zehn und nicht 14 Haftjahre zu geben. Chodorkowski war vorher in Tschita, im fernen Sibirien, eingesperrt; diesmal wird er in eine Strafanstalt in Karelia geschickt, eine Gegend mit Wäldern und Seen im Nordwesten Russlands nahe der finnischen Grenze.

Wasiljewas Entscheidung, ihre Stimme zu erheben, ist mutig. Sie sagt gegenüber dem unabhängigen Fernsehsender *Regen*: «Was Chodorkowski und Lebedew angeht, so denke ich nicht, dass sie ins Gefängnis gehören. Ich habe kein Mitleid mit ihnen, aber kann sie verstehen. Mir ist klar, dass sie einfach das Pech hatten, sozusagen in den Fleischwolf zu fallen.»

2010 werden die Analogien, mit denen Medwedew beschrieben wird, noch respektloser. Während eines Seminars in London bekomme ich mit, wie ein Experte Russlands Herrschaftsmodell nicht als Tandem beschreibt, sondern als «Fahrrad mit einem Kindersitz vorne dran». Andere Kommentatoren vergleichen Medwedew mit Putins Schatten — oder sogar mit seinen Schnürsenkeln. Kritiker sagen, während seiner vier Amtsjahre als Präsident sei die Unterdrückung sogar noch schlimmer geworden. Neue Gesetze seien erlassen worden, die Oppositionelle als «Extremisten» einstufen, und die Zahl der politischen Gefangenen sei gestiegen. Der Eindruck, dass Medwedew ein Waschlappen ist, ist weitverbreitet.

Einige glauben, es gebe innerhalb der russischen Bürokratie ein Medwedew-Lager, das aus liberal gesinnten Staatsbeamten besteht, die mit den Ex-KGB-Leuten über Kreuz liegen. Doch einem Bonmot zufolge, das die Runde macht, darf man ernsthaft bezweifeln, ob Medwedew selbst überhaupt zum Medwedew-Lager gehört. Für die Amerikaner läuft der wohlmeinende Medwedew Gefahr, als «Sitzwärmer für den Premierminister» oder als «permanent unterwürfig gegenüber Putin» abgestempelt zu werden.

Die US-Botschaft berichtet von einem weiteren bitteren Witz, der in Moskau zirkuliert:

> Medwedew sitzt auf dem Fahrersitz eines neuen Autos. Er begutachtet das Innere, das Armaturenbrett und die Pedale. Er sieht sich um, doch das Lenkrad fehlt.
> Er dreht sich zu Putin und sagt: «Wladimir Wladimirowitsch, wo ist das Lenkrad?»
> Putin zieht eine Fernbedienung aus seiner Tasche und sagt: «Um das Lenken kümmere ich mich.»

Im Herbst 2010 lautet die einzig wichtige politische Frage, ob Medwedew für eine weitere Amtszeit antreten darf. Oder wird, was wahrscheinlicher scheint, Putin in sein altes Amt zurückkehren? Die Analysten haben aufgehört, Kaffeesatz zu lesen und nach Anzeichen eines internen Streits zwischen Russlands schwachem Präsidenten und mächtigem Regierungschef zu suchen. Stattdessen gibt es einen zynischen Konsens: dass Medwedew einfach für eine exportfähige Version des Putinismus steht. Sein Gerede von Reformen und Modernisierung kommt gut an bei jenen, die Garri Kasparow als «westliche Anhänger des Appeasement» bezeichnet — westeuropäische Nationen wie Deutschland, Frankreich oder Italien, denen freundschaftliche Beziehungen zum Kreml wichtiger sind als die Menschenrechte.

In den Schreiben an Washington wird deutlich, dass die US-Botschaft glaubt, es sei allein Putin, der entscheide, wer 2012 bei der Präsidentschaftswahl in Russland antritt. Das bedeute nicht zwangsläufig, dass Putin wieder Präsident werde — auch wenn alles in diese Richtung weise —, dass es jedoch in seiner Macht stehe, darüber zu entscheiden. Die Diplomatin Susan Elliott sagt voraus, dass Russlands «doppelköpfiges Herrschaftsmodell» angesichts der russischen Geschichte und der «derzeitigen Dynamik im Tandem» wohl nicht mehr lange halten werde. Ihrer Beobachtung nach «arbeiten Putin und Medwedew gut zusammen, doch Putin hält die meisten und die besten Karten in dieser Tandembeziehung. Seine Rückkehr in den Kreml ist nicht unvermeidlich, doch sollten die Dinge stabil bleiben, ist Putin in der Position, sich selbst, Medwedew oder eine andere Person als Russlands nächsten Präsidenten auszuwählen.»

Mehrere Faktoren lassen eine Rückkehr Putins wahrscheinlich erscheinen. Der Kreml ist prestigeträchtiger als das Weiße Haus, der Sitz der russischen Regierung, und gibt Putin eine internationale Plattform. Vor allem aber kann Putin als Präsident volle Kontrolle ausüben. Ein Informant sagt den Amerikanern, dass Putin sicherstellen muss, in der Position zu bleiben, «jeden zerstören zu können, der eine Deputinisierung herbeiführen könnte oder behauptete, Putin sei an schmutzigen Dingen beteiligt, wie zum Beispiel den Journalistenmorden oder den Hochhausanschlägen von 1999.» Ein anderer verweist auf Putins geheimen Reichtum. Putin werde entscheiden, wer Präsident werde, abhängig «von seiner Wahrnehmung, wer dazu in der Lage ist, Russlands politisch-ökonomisches System zu kontrollieren und Putins finanzielle Interessen zu schützen». Das Tandem, so scheint es, ist am Ende.

Die Bestätigung für das schmerzvolle Aus des Tandems kommt im September 2011 beim jährlichen Kongress der Partei Vereintes Russland. Medwedew kündigt an, der nächste Präsidentschaftskandidat der Partei sei … Wladimir Putin! Russlands Spitzenpolitiker werden die Plätze tauschen. Medwedew macht den Weg frei. Zum Trost wird er Putins alten Job als Regierungschef bekommen.

Die Nachricht ist einerseits sensationell, andererseits keine Überraschung. Auf der Bühne, vor jubelnden Anhängern, umarmen sich die beiden Männer. (Medwedews Lächeln sieht allerdings etwas angestrengt aus.) Putin verrät, Medwedew habe 2007 insgeheim zugestimmt, nur für eine Amtszeit als Präsident zu dienen. Die Verkündung dieses Rollentauschs ist ein Moment der Erniedrigung für Medwedew, den Platzhalter. *Twitter*-Nutzer verhöhnen ihn und verwenden das *Twitter*-Stichwort «jämmerlich».

Im November 2011 geschieht allerdings etwas Außerordentliches. Niemand hatte es für möglich gehalten. Erstmals in zwölf Jahren wird Putin gedemütigt. Der Anlass ist ein Kampfsportturnier in Moskaus Olimpiski-Stadion. Als Putin in den Ring steigt, um dem Gewinner zu gratulieren, gibt es Pfiffe und Buhrufe aus dem Publikum — und zwar viele. Die PR-Berater des Kremls versuchen die Zwischenrufe herunterzuspielen. Sie behaupten, die Fans mussten auf die Toilette gehen. Doch die Wahrheit ist: Putins Popularität beginnt zu schwinden. Risse tun sich im Gefüge des Kremls auf.

Es kommt noch schlimmer. Am 4. Dezember muss die Partei Vereintes Russland bei den Dumawahlen einen erniedrigenden Gezeitenwechsel hinnehmen — ihr Stimmanteil fällt von 64 Prozent im Jahr 2007 auf unter 50 Prozent. Und dieses «Ergebnis» wird nur mit Wahlfälschung im großen Maßstab erreicht: Wähler-Karussell, das «Vollstopfen» von Wahlurnen — selbst Löschtinte, mit der Stimmen für die «falschen» Parteien gelöscht werden, kommt zum Einsatz.

Unregelmäßigkeiten bei russischen Wahlen sind nichts Neues. Doch es scheint, als hätte Russlands Bevölkerung — vor allem die Vertreter der Mittelschicht — genug von den Lügen, Betrügereien und der feudalen Missachtung, die in der Ära Putin herrscht. Zehntausende gehen in Moskau auf die Straße; es sind die größten Antiregierungsproteste seit dem Zusammenbruch der Sowjetunion. Ihre Forderung ist einfach: Eine Wiederholung der Wahlen und eine faire Abstimmung. Die meisten wollen außerdem, dass Putin zurücktritt.

Trotz dieser beispiellosen Demonstrationen ist Putins «Wiederwahl» im März 2012 nahezu ausgemacht. Das wahrscheinlichste Szenario ist, dass seine Herrschaft fortdauert. Dank Medwedews Verfassungsänderungen kann Putin auf vollkommen «legalem» Wege bis 2024 im Kreml bleiben — theoretisch jedenfalls, mit zwei weiteren, jeweils sechsjährigen Amtszeiten als Präsident.

In Vergleichen wird Leonid Breschnew herangezogen: Auch er regierte in einer Epoche politischer Stagnation und hoher Ölpreise; es gab ebenfalls einen Krieg (Afghanistan) und Olympische Spiele (Moskau 1980). Nach der Verkündung von Putins «Rückkehr» veröffentlichen die Liberalen ein Foto von ihm, zurechtgemacht wie Breschnew — komplett mit Militäruniform, patriotischen Sowjetmedaillen, mit Hammer und Sichel. Putin bekommt sogar Breschnews Augenbrauen.

Anfang 2012 macht Putin keine Anstalten, sich freiwillig von der Macht zu verabschieden. Seine Strategie scheint stattdessen zu sein, die Krise hartnäckig auszusitzen — er verunglimpft die Demonstranten und vergibt Schlüsselposten in der Regierung an loyale Ex-KGB-Verbündete. Das könnte funktionieren. Oder auch nicht. Die Ära Breschnew endete zumindest erst, als der Generalsekretär horizontal aus dem Kreml getragen wurde.

Eine weitere Wolke verdunkelt den Horizont des Kremls. Im November 2009 stirbt ein 39jähriger Anwalt, der für die Vermögensverwaltungsfirma Hermitage Capital arbeitete, im Gefängnis. Man hatte ihm die medizinische Behandlung einer akuten Bauchspeicheldrüsenentzündung und Gallensteine verweigert. Sein Name ist Sergei Magnitski. Hermitage und Magnitski hatten Russlands Innenministerium vorgeworfen, 230 Millionen Dollar Steuergelder gestohlen zu haben, die Hermitage dem russischen Staat im Vorjahr gezahlt hatte. In den Betrug sind 60 hochranginge russische Staatsbeamte verwickelt. Nachdem Magnitski gegen sie ausgesagt hatte, wurde er von denselben Beamten verhaftet und fast ein Jahr lang ohne Anklage eingesperrt.

Entgegen Medwedews Beteuerungen, die Verantwortlichen zu bestrafen, wurde gegen die beteiligten korrupten Staatsbeamten nichts unternommen. In Europa und den Vereinigten Staaten löste der Fall Empörung aus. In Washington schlug eine aus beiden Parteien zusammengesetzte Gruppe von Senatoren ein neues Gesetz vor, das nach Sergei Magnitski benannt werden sollte. Es sollte amerikanische Visalockerungen zurücknehmen und finanzielle Transaktionen für russische Staatsbeamte erschweren, die an Menschenrechtsverletzungen beteiligt sind. Das vorgeschlagene Gesetz ärgerte Moskau; einer von jenen, die auf der Liste standen — Wladislaw Surkow, Chefideologe des Kremls — flog sogar zu dringenden privaten Gesprächen nach Washington. Im Juli 2011 prescht das US-Außenministerium vor und verhängt Einreiseverbote für bestimmte russische Staatsbeamte. Der Schritt ist eigentlich ein Versuch der Regierung Obama, die weitaus folgenreicheren Sanktionen zu vermeiden, die der Gesetzesentwurf vorsieht. Trotzdem ist Moskau wütend. Medwedew befiehlt seinem Außenministerium Vergeltung; es soll eine Liste von US-Bürgern erstellen, die aus Russland ausgewiesen werden sollen. Der Gesetzesentwurf hat die Achillesferse des russischen Regimes identifiziert — seinen Reichtum im Westen.

Bei seiner Aussage vor dem Auswärtigen Ausschuss des amerikanischen Repräsentantenhauses argumentiert Garri Kasparow, der «Allgemeinplatz», dass die zivilisierte Welt keine Handhabe gegen den Kreml habe, sei falsch. «Man kann diese Art der Argumentation prinzipiell widerlegen, weil Russland nicht mehr die Sowjetunion ist. Putins engste Verbündete, die ihn an der Macht halten, sind keine gesichtslosen Politbürofunktionäre, die nichts weiter wünschen als ein hübsches Haus oder ein Auto. Putins Oligarchen besitzen globale Unternehmen, sie kaufen Immobilien in London, Biarritz, New York. Das Geld, das sie aus Russlands Staatskasse stehlen, kauft Kunst, Jachten, amerikanische und britische Sportvereine. Kurzum, sie wollen die Vorzüge genießen, und das macht sie angreifbar. Putin braucht die Unterstützung des Westens, weil dort alle seine Leute ihr Geld anlegen.»

Einem Ermittler fällt eine neue und treffende Beschreibung für Putins Russland ein. Er nennt es «einen regelrechten Mafiastaat».

14

WIKILEAKS

Geheimer Bunker, «The Guardian», Kings Place, London, 28. Oktober 2010

Grinda sagte, er halte Belarus, Tschetschenien und Russland für regelrechte «Mafiastaaten»... Man könne zwischen den Aktivitäten der Regierung und des OV *[organisierten Verbrechens] nicht unterscheiden.*
DER SPANISCHE STAATSANWALT JOSÉ GRINDA GONZALEZ, 13. JANUAR 2010

Meine Vormittage in Moskau haben eine behagliche Routine angenommen. Nach dem Schulweg nehme ich die Metro und fahre vier Stationen bis zur Belorusski-Station. Ich frühstücke in einem der dortigen Cafés. Mein Lieblingsladen ist eine schlichte Pfannkuchen-Bar in der unterirdischen Passage der Station. Ich bestelle einen *blin* (Pfannkuchen) mit Kondensmilch und eine kleine Tasse schwarzen Kaffee für 55 Rubel. Ich plaudere mit dem Personal, einer jungen russische Frau und ihren kirgisischen Mitarbeitern. Es ist ein Nichtrauchercafé, ungewöhnlich für Russland. Oft ist es leer. 20 Minuten lang sitze ich und lese still und genüsslich: einen Roman oder eine Kurzgeschichte von Bunin oder Nabokov.

Ich gebe mein Tablett zurück, laufe fünf Minuten an der von Autos verstopften Grusinski-Straße entlang, kürze durch einen kleinen Park ab, laufe an einem Kiosk vorbei, der Lebensmittel verkauft, und an einem Strickwarenladen. Das Büro des *Guardian* liegt in einer ehemaligen Diplomatenanlage aus den 1970er Jahren, die der staatlichen Immobilienagentur UPDK gehört. Das Gebäude beheimatet jetzt eine bunte Mischung aus Büros mit niedrigen Decken und privaten Wohnungen. Ein Sicherheitsmann steht neben dem Eingang und dem Schlagbaum — das Wort für die bewegliche Schranke kommt aus dem Deutschen. Im Winter presst er seine Hände zusammen, um sie zu warmzuhalten.

Unser Büro hat die Nummern 75–76; zwei schäbige Wohnungen, die zusammengelegt wurden, um einen kleinen Arbeitsraum zu schaffen. Ich hole die Tageszeitungen aus dem Briefkasten vor der Tür. (Jemand hat vor langer Zeit das Schloss aufgeknackt; wir haben uns nicht darum gekümmert, es reparieren zu lassen. Meine Post kommt meistens nicht an. Ist das Ineffizienz oder wird sie abgefangen? Schwer zu sagen.) Ich teile das Büro mit meinem Kollegen Tom Parfitt und einer ganzen Reihe kluger junger Assistentinnen und Assistenten, die Ideen für Stories vorschlagen und sich um die Buchhaltung kümmern — Julia, Sergei und Olga.

Jeden Morgen durchforsten wir die Tageszeitungen. Wir beginnen mit den unabhängigen — der englischsprachigen *Moscow Times*, der *Kommersant*, *Wedomosti* und *Nowaja Gaseta*. Am späteren Vormittag koche ich in unserer schmuddeligen Küche Kaffee; durch die Fenster blickt man auf eine kleine Grünfläche, die bei Hundebesitzern beliebt ist. Dann gehen wir die regierungsfreundlichen Tageszeitungen durch: *Komsomolskaja Prawda* und andere, die tägliche Mitteilungsblätter für Putin und Medwedew sind. Zum Schluss lese ich *Iswestija*. Einst ein lebhaftes, unabhängiges Blatt, hat sich *Iswestija* in ein stumpfes Propagandablatt des Kremls verwandelt, seitdem es von dem Energiegiganten Gazprom aufgekauft wurde.

Am Morgen des 25. Oktober 2010 überrascht mich *Iswestija* mit einem interessanten Artikel. Es geht um Julian Assange, Chef der Enthüllungsplattform *WikiLeaks*. Ich weiß von Assanges Aktivitäten: Der *Guardian* und seine internationalen Medienpartner haben — jeweils im Juli und im Oktober — vertrauliche Militärdokumente über die Kriegen in Afghanistan und im Irak veröffentlicht.

Diesmal verspricht Assange Enthüllungen, die Russland betreffen. Assange sagt *Iswestija*: «Wir haben [kompromittierendes Material] über Russland, über eure Regierung und eure Geschäftsleute.» Ein anderer *WikiLeaks*-Sprecher, Kristinn Hrafnsson, geht noch weiter. Er sagt dem *Kommersant*: «Die Russen werden eine Menge interessanter Fakten über ihr Land herausfinden.» Hrafnsson, ein isländischer Journalist und einer von Assanges wichtigsten Mitarbeitern, fügt hinzu, *WikiLeaks* werde bald die «despotischen Regime in China, Russland und Zentralasien» ins Visier nehmen. Es werde frische Dokumentladungen geben, sagt er.

Ich bin fasziniert. Kommen wir irgendwie an diese Dokumente heran? Der Verdacht der Korruption bis ganz oben in die Kremlspitze ist weitverbreitet, doch bis heute gibt es dafür kaum Beweise. Selbst mit Insiderinformationen, einer Armee begnadeter Anwälte, detailliertem Wissen über das Auslandsbankenwesen und fünf Jahren Zeit zum Recherchieren und Nachforschen wäre es, schätze ich, nahezu unmöglich, der Spur des Geldes zu folgen. Assanges «Material» aber wäre ein guter Anfang. Ich schreibe dem stellvertretenden Chefredakteur des *Guardian*, Ian Katz, eine E-Mail:

> Lieber Ian,
> Julian Assange hat in einem Interview mit der Zeitung *Iswestija* gesagt, er besitze belastendes Material in Sachen Russland. Er hat nichts Genaueres gesagt, behauptet aber, die Informationen stammten aus amerikanischen Quellen.
> Es ist nicht klar, ob es um den Irak geht oder um etwas anderes. So oder so wäre es gut, an das Material heranzukommen. Könntest du mich wissen lassen, wie wir vorgehen: Soll ich ihn direkt anschreiben (und wenn ja, mit welcher Frage?) oder ist das etwas, das du ihm gegenüber erwähnen möchtest?
> Luke

Katz schickt eine kryptische Antwort:

> Hi Luke,
> ich denke, wir wissen, worum es geht. Ich schlage vor, du meldest dich nicht bei Assange. Ich werde David Leigh bitten, dich ins Bild zu setzen.
> Ian

David Leigh ist als Redakteur beim *Guardian* für Investigatives zuständig. Er ist ein Kollege und Freund. Ende der 1990er Jahre haben wir zusammen ein Buch über den konservativen Politiker Jonathan Aitken geschrieben. (Aitken kam ins Gefängnis, nachdem er vor dem High Court, dem obersten Zivilgericht, in einer wilden Verleumdungsklage gegen den *Guardian* einen Meineid geschworen hatte.)

Offenbar hat der *Guardian* Assanges mysteriöses «Material» bereits gesichtet. Leigh schickt mir per E-Mail Auszüge aus einer diplomatischen Depesche der US-Botschaft in Rom, zusammen mit konspirativen Anweisungen, die E-Mail zu löschen, sobald ich sie gelesen habe. Das Schreiben betrifft Silvio Berlusconi und sein Verhältnis zu Wladimir Putin. Ich lese, dass Berlusconi und Putin «enge persönliche Beziehungen» haben, die auf «wechselseitigen geschäftlichen Interessen» basieren. Den Amerikanern zufolge scheint Berlusconi «persönlich und reichlich» von Russlands Regierungschef zu profitieren. Mit anderen Worten — Berlusconi steht auf Putins Gehaltsliste! Das könnte erklären, warum Italiens Regierungschef allzu bereit scheint, in europäischen Verhandlungen als Putins Sprachrohr zu fungieren, und es erklärt Italiens kuriose Rolle als Russlands engster Verbündeter in der EU.

Den Amerikanern, stelle ich fest, gefällt das nicht besonders. Die US-Botschaft in Rom zum Beispiel schreibt 2006:

> Wir sind besorgt, dass diese Beziehungen die internationale Kritik an Russland schwächen könnten in einer Zeit, in der die Russische Föderation demokratische Reformen rückgängig macht … Wir sollten Berlusconi gegenüber bekräftigen, dass Russlands Verhalten, sich gegen den demokratischen Wandel zu sperren, internationale Organisationen zu unterminieren, die Innenpolitik seiner Nachbarländer zu manipulieren und Energieexporte als politisches Instrument einzusetzen, eine Bedrohung für die globale Stabilität darstellt und unmittelbare und manchmal auch öffentliche Kritik erfordert.

Das Material ist in der Tat sensationell. Doch hat der *Guardian* noch mehr? Ich schreibe Leigh eine E-Mail. Angesichts der Sicherheitsfragen, die mit den *WikiLeaks*-Dokumenten einhergehen, und der zudringlichen Überwachung meiner Wohnung und meines Büros durch den FSB biete ich an, nach London zu fliegen. Leigh stimmt zu. «Komm her», schreibt er. Innerhalb von 24 Stunden stehe ich in der Redaktion des *Guardian* am Kings Place in der Nähe des Bahnhofs King's Cross. Es ist der 28. Oktober 2010. Leigh erklärt, dass der *Guardian* und andere internationale Medien — die *New York Times* und das deutsche Magazin *Der Spiegel* — mit *WikiLeaks* wieder an einem geheimen Projekt arbeiten. Dieses

Projekt sei schon seit ein paar Monaten in vollem Gange. Die geheimen Dokumente aus Afghanistan und Irak waren «Paket» eins und zwei. Doch es gibt auch noch ein Paket drei.

Paket drei ist das größte und bislang spektakulärste — mehr als eine Viertelmillion geheimer diplomatischer Depeschen, verschickt von amerikanischen Botschaften und Konsulaten aus aller Welt. Ein desillusionierter 22jähriger Nachrichtenspezialist der US-Armee, Bradley Manning, hatte die Dokumente offenbar von einem amerikanischen Militär- und Verteidigungsserver in Bagdad heruntergeladen. Dann, so heißt es, habe er sie an *WikiLeaks* weitergegeben.

Sie sind in fünf Kategorien aufgeteilt. Da gibt es geheim/noforn (nicht für ausländische Staatsbürger freigegeben); geheim; vertraulich/noforn; vertraulich; und nicht klassifiziert. Es gibt keine Kategorie *top secret*: Diese Kategorie von supersensiblem Material wurde von der ursprünglichen SIPRNet-Datenbank entfernt, die vom amerikanischen Außen- und Verteidigungsministerium genutzt wird, um Informationen sicher auszutauschen. Die meisten der Dokumente betreffen die vergangenen fünf Jahre. Das neueste ist auf den 28. Februar 2010 datiert.

Es ist der größte *leak*, die größte Enthüllung in der Geschichte. Das Vorhaben, auf Grundlage dieser außergewöhnlichen Datenfülle eine Reihe von Artikeln zu veröffentlichen, ist bereits weit fortgeschritten. Als ich in London eintreffe, haben sich gerade zwei weitere europäische Zeitungen, die spanische Tageszeitung *El País* und die französische *Le Monde* dem Medienkonsortium angeschlossen, das die Depeschen veröffentlichen soll. Die fünf Medienpartner und *WikiLeaks* haben sich insgeheim verständigt, zeitgleich am 28. November 2010 mit der Veröffentlichung zu beginnen. Mehrere Auslandskorrespondenten des *Guardian* sind bereits eifrig damit beschäftigt, die Telegramme Region für Region zu durchkämmen — den Nahen und Mittleren Osten, Afghanistan, Iran, Jemen.

Meine Aufgabe lautet, mir Russland und die ehemaligen Sowjetstaaten anzusehen. Ich richte mich im geheimen Bunker des *Guardian* im vierten Stock ein. Es ist ein überheizter Raum mit einer Reihe von Computern. In der Nähe steht eine kostenloser Kaffeeautomat. Es gibt auch einen Entspannungsraum. Ich logge mich in den internen «*leakserver*» des *Guardian* ein und gebe einen Suchbegriff ein. Ich probiere «Litwinenko».

Das System spuckt Dutzende von Ergebnissen aus. Bingo! Ich klicke auf das erste. Ich fühle mich ein bisschen wie der britische Archäologe Howard Carter, als er zum ersten Mal einen Fuß in das Grab von Tutanchamun setzt und begreift, dass er auf einen wahren Schatz gestoßen ist. Ich beginne zu lesen. Stunden später lese ich immer noch, vertieft und verblüfft. Das Material ist keine Enttäuschung. Es ist eine Fundgrube an Informationen über einen der verschwiegensten Staaten der Welt.

Die Botschaftsdepeschen der Amerikaner zeichnen ein hoffnungsloses Bild von Putins Russland. Dass die Korruption weitverbreitet ist, weiß man; ebenso, dass das Land in Sachen Demokratie und Menschenrechte seit dem Jahr 2000 besorgniserregend zurückgefallen ist. Doch die Dokumente gehen noch weiter. Aus ihnen geht hervor, dass Russland in eine brutale, autokratische Kleptokratie metastasiert ist, mit Putins alles überragender Herrschaft im Zentrum und mit Staatsbeamten, Oligarchen und Bossen des organisierten Verbrechens, die sich miteinander vernetzt haben, um einen «regelrechten Mafiastaat» zu schaffen.

Waffenschmuggel, Geldwäsche, persönliche Bereicherung, Schutz für Gangster, Erpressung und Bestechung, Koffer voller Geld und geheime ausländische Bankkonten in Zypern und der Schweiz: Die Kabel legen ein gestörtes politisches System bloß, in dem allein die Korruption geschätzte 300 Milliarden Dollar im Jahr verschlingt und in dem es schwer ist, zwischen den Aktivitäten des Staates und denen des organisierten Verbrechens zu unterscheiden.

Die Amerikaner, lese ich mit Interesse, glauben ebenfalls, dass Putin heimlich ein riesiges Vermögen angehäuft hat. Mehrmals werden seine «mutmaßlichen illegalen Einkünfte» im Ausland erwähnt. Privat, so scheint es, haben die amerikanischen Diplomaten in Moskau die gleichen düsteren Ansichten über den Kreml wie ich: weniger ein Staat als vielmehr ein einträglicher privater Geschäftssektor, in dem das Stehlen zu einer pathologischen Angewohnheit geworden ist. A. D. Miller — Autor des Romans *Snowdrops* — beschreibt die Logik der herrschenden Klasse so: Theoretisch müsste Russland ein großartiges Land sein, doch bis dahin ist Russland ein verachtenswertes Durcheinander — und wenn wir es nicht ausplündern, tut es jemand anderes.

Die meisten der Dokumente, die ich sichte, kommen von der amerikanischen Botschaft in Moskau. Ein Schreiben aus Spanien erregt ebenfalls meine Neugier. Geschickt von dem amerikanischen Botschafter in Madrid, William Duncan, berichtet es von Spaniens führendem Experten in Sachen russischer Mafia. Sein Name ist José «Pepe» Grinda Gonzalez. Grinda ist Staatsanwalt; in den vergangenen zwölf Jahren hatte er die wenig beneidenswerte Aufgabe, das organisierte Verbrechen in Spanien zu bekämpfen und Mafiabosse vor Gericht zu bringen.

Am 13. Januar 2010 hält Grinda vor einer neuen amerikanisch-spanischen Gruppe, die Terrorismus und organisiertes Verbrechen bekämpfen soll, einen freimütigen Vortrag. Die Sitzung findet hinter verschlossenen Türen statt. Erst zwei Monate zuvor hatte Grinda seine Ermittlungen im Fall von Sachar Kalaschow abgeschlossen, einem russischen Staatsbürger georgischer Herkunft und berüchtigter *wor w zakonje*. (Der Begriff bedeutet «Dieb des Gesetzes», der höchste Rang in den kriminellen Strukturen von Russlands organisiertem Verbrechen. Russischen Experten zufolge sind diese russischen *wory* viel raffinierter als Dima — der tätowierte, tennisspielende Geldwäscher, der in einem Buch von John le Carré auftaucht.)

Grinda ist an etlichen brisanten Fällen beteiligt, in denen es um die russische Mafia geht. Verständlicherweise ist er nervös, was seine persönliche Sicherheit angeht, und — so lese ich — «misstrauisch gegenüber Versuchen der Geheimdienste, sich einzumischen».

Gleich zu Beginn räumt Grinda ein, dass der Begriff «russische Mafia» ein wenig irreführend ist, da diese kriminellen Organisationen häufig Ukrainer, Georgier, Belarussen oder Tschetschenen umfassen. Trotzdem sei der Ausdruck angemessen, auch wenn ihn die Russen nicht mögen und den neutraleren Begriff der «eurasischen Mafia» bevorzugen.

Dann sagt der Staatsanwalt laut Depesche Folgendes:

> Grinda sagte, er halte Belarus, Tschetschenien und Russland für regelrechte Mafiastaaten, und die Ukraine entwickle sich allmählich zu einem solchen. In keinem dieser Länder, sagte er, könne man zwischen den Aktivitäten des Staates und des OV [organisierten Verbrechens] unterscheiden.

Laut Grinda gibt es zwei Gründe, weswegen man sich über die russische Mafia Gedanken machen sollte. Der erste sei, dass sie «immense Kontrolle» über bestimmte strategische Sektoren der globalen Wirtschaft ausübe, Aluminium zum Beispiel. Der zweite, sagt er, «ist die unbeantwortete Frage, inwieweit der russische Regierungschef Putin Verbindungen zur russischen Mafia hat und ob er das Handeln der Mafia kontrolliert».

Grinda gibt hierauf keine endgültige Antwort. Doch er deutet an, dass Putin tatsächlich in die Aktivitäten der russischen Mafia verwickelt sein könnte. Er zitiert eine These Litwinenkos, einem Experten des organisierten Verbrechens, der sich ein paar Monate vor seiner mysteriösen Vergiftung in London 2006 heimlich mit spanischen Geheimagenten getroffen hatte. Grinda vertritt Litwinenkos Ansicht, dass die russischen Geheim- und Sicherheitsdienste — FSB, SVR und GRU — «das organisierte Verbrechen in Russland kontrollieren». Dazu heißt es in dem Kabel: «Grinda sagte, er glaube, diese Behauptung [von Litwinenko] sei zutreffend.»

Weiter sagt der Staatsanwalt, der FSB «absorbiere» die russische Mafia, könne sie jedoch auch auf zweierlei Wegen «eliminieren». Der erste sei, «Anführer des OV, die nicht das tun, was die Geheimdienste von ihnen verlangen», zu töten. Der zweite sei, sie hinter Schloss und Riegel zu bringen, «um sie als Rivalen auszuschalten». Auch könnten Verbrecherbosse zu ihrem eigenen Schutz ins Gefängnis gesteckt werden.

Das Dokument liefert überzeugende Hinweise für das, was Kritiker des russischen Regimes schon seit Langem sagen: dass sich unter Putin Staat, FSB und kriminelle Elemente zusammengeschlossen haben, um das Land zu beherrschen. Abgehörte Gespräche, Zeugenaussagen und Informationen aus Geheimdienstquellen zitierend, behauptet Grinda außerdem, dass «bestimmte politische Parteien in Russland ‹Hand in Hand› mit dem OV operieren». Er nennt die rechtskonservativen Liberalen Demokraten — die Partei von Litwinenkos mutmaßlichem Mörder, Andrei Logowoi. Der KGB und seine Nachfolgebehörden hätten die Partei geschaffen, so Grinda, und jetzt, fügt er hinzu, sei sie die «Heimat vieler Schwerkrimineller». Er behauptet außerdem, dass «es erwiesene Querverbindungen zwischen den politischen Parteien Russlands, dem organisierten Verbrechen und dem Waffenschmuggel gibt».

Grinda verweist auf einen mysteriösen Fall von Mitte 2009; es ging um ein Frachtschiff, die «Arctic Sea», von dem die russische Regierung behauptet hatte, es sei in der Ostsee von estnischen Piraten entführt worden. Grinda hält den Vorfall stattdessen für ein «klares Beispiel» von Waffenschmuggel. Die russische Regierung dementierte und sagte, die Piraten hätten das Boot nach Afrika und zu den Kapverdischen Inseln verschleppt. Grinda nennt keine Details. Doch seine Andeutungen zeigen, dass er glaubt, organisierte Kriminelle hätten auf Anweisung der russischen Geheimdienste gehandelt und das Schiff benutzt, um Waffen zu schmuggeln. (Es gibt Spekulationen, dass der Frachter S-300-Luftabwehrraketen für den Iran an Bord hatte; manche Beobachter tippen auf präzisionsgelenkte Bomben oder sogar auf Nuklearwaffen.)

Nach über zehn Jahren als Ermittler im Milieu des organisierten Verbrechens hat Grinda eine starke Meinung zu den Beziehungen zwischen Staat und Mafia. Während Terroristen darauf abzielten, die Essenz des Staates selbst anzugreifen, trachte das organisierte Verbrechen danach, staatliche Strukturen zu ergänzen. Russische Mafiabosse genössen Zugang zu hochrangigen Regierungsbeamten und «Ministern auf höchster Ebene», behauptet er. Weiter heißt es in dem Kabel: «Seine Ansichten fasste er mit der Feststellung zusammen, es sei eine Strategie der russischen Regierung, Gruppierungen des OV zu nutzen, um sie Dinge tun zu lassen, die die Regierung selbst nicht tun könne.»

Zwei weitere Depeschen aus Spanien geben faszinierende Einblicke in die Aktivitäten der russischen Mafia. Mafiapaten begannen sich Mitte der 1990er Jahre in Spanien auszubreiten. 2004 waren sie derart präsent, dass die spanischen Staatsanwälte sich genötigt sahen, eine formelle Strategie zu entwickeln, um sie zu «köpfen». Bei diesen Individuen, so das Kabel, seien keine Berufe oder Einkommensquellen bekannt; trotzdem lebten sie in riesigen Villen. Die spanischen Staatsanwälte schlossen daraus, dass sie ihr Geld waschen. Die Herausforderung bestand darin, das zu beweisen.

Spanien führte zwei große Operationen gegen das russische organisierte Verbrechen durch — eine mit dem Codenamen «Avispa» (2005–07) und eine mit dem Codenamen «Troika» (2008–09). Sie führten zur Festnahme von mehr als 60 Verdächtigen, unter ihnen vier Spitzenmafiosi: Gennadi Petrow, Alexander Malyschew (Petrows Stellvertreter), Witali Isgilow (ein wichtiger Vertrauensmann, nach einer vorherigen Haftstrafe auf Kaution auf freiem Fuß) und Kalaschow. Sie bilden mutmaßlich die Führungsspitze eines der vier größten Mafianetzwerke der Welt und der größten russischen Organisation des organisierten Verbrechens. In dem Kabel, datiert auf den 31. August 2009, heißt es: «Spanien dient der Gruppe als sicherer Hafen vor den Behörden und rivalisierenden ov-Netzwerken in Russland.» Die illegalen Aktivitäten der Bande sind atemberaubend — Auftragsmorde, Waffen- und Drogenhandel, Erpressung, Einschüchterung, Nötigung und Entführung.

Das Kabel besagt, dass die Männer, die kurz zuvor in Spanien verhaftet worden sind, an «einem komplexen Netz von trüben Geschäften» beteiligt waren und «undurchsichtige Kontakte zu hochrangigen [russischen] Regierungsbeamten genießen». Viele dieser Informationen scheinen von Litwinenko zu stammen — ein weiteres mögliches Motiv für seine Poloniumvergiftung in Großbritannien. *El País* zufolge, Spaniens linksliberaler Tageszeitung, hatte Litwinenko während eines Treffens im Mai 2006 den spanischen Ermittlern Hinweise auf die Verstecke, Funktionen und Aktivitäten mehrerer «russischer» Mafiamitglieder mit Verbindungen nach Spanien gegeben. Sechs Monate später war Litwinenko tot.

Während der zweijährigen Ermittlungen zapften die spanischen Geheimdienste «Tausende» von Mafiagesprächen an. Die Inhalte dieser Abhörprotokolle, sagen anonyme Quellen der spanischen Presse, «lassen einem die Haare zu Berge stehen». Sie sollen Details über Petrows «immense Macht und seine politischen Verbindungen» offenbaren; die Mafiabosse konnten sich auf «hochrangige russische Regierungsbeamte berufen, um ihren Partnern zuzusichern, dass ihre illegalen Geschäfte wie geplant ablaufen werden». Die Abhörprotokolle sind so heikel, dass offenbar nur zehn spanische Beamte über ihre Inhalte Bescheid wissen — aus der nicht abwegigen Angst heraus, dass ihre Veröffentlichung ein Desaster für die bilateralen Beziehungen zwischen Spanien und der russischen Regierung darstellen würde.

Trotzdem sickern ein paar Details durch. Sie sind faszinierend. Aus abgehörten Telefongesprächen von Petrow geht hervor, dass am 6. September 2007 der russische Handelsattaché an Bord von Petrows Segeljacht war. (Der russische Botschafter in Spanien hat dies öffentlich abgestritten.) Im Oktober 2008 führten die spanischen Behörden in dem Ferienhaus von Wladislaw Resnik, Vorsitzender des Finanzmärkteausschusses der Duma und Abgeordneter von Putins Partei Vereintes Russland, auf Mallorca eine Razzia durch. In der Depesche heißt es dazu: «Es gibt einige Diskussionen darüber, ob Resnik das Haus von Petrow gekauft hat oder ob es ein Geschenk war. In jedem Falle wurden die beiden Presseberichten zufolge regelmäßig gemeinsam auf der Insel gesehen.»

Spanische Staatsanwälte erlassen einen EU-weiten Haftbefehl gegen Resnik. Er bleibt in Russland. Hier genießt er Immunität. Die Ermittler bringen ihn mit dem Tambow-Clan und einem tollkühnen Plan in Verbindung, den ältesten Sohn eines spanischen Bau-Tycoons zu entführen. Unter Verweis auf *El País* berichten die Amerikaner, die spanische Regierung habe eine «geheime Liste» von russischen Staatsanwälten, hochrangigen Militäroffizieren und Politikern zusammengestellt — darunter amtierende und ehemalige Minister —, die in das Verbrechernetzwerk verwickelt sein könnten, gegen das im Rahmen der Operation «Troika» ermittelt wurde. Das Netzwerk umfasse «drei Minister». Es reiche bis an die Spitze des russischen Verteidigungsministeriums.

Ich erfahre auch, dass die Spanier bei der Operation «Troika» Moskau aus Angst vor undichten Stellen gezielt «heraushielten». Diese Geheimhaltung ist nachvollziehbar. 2005 wurden Kalaschow und Tariel Oniani — ebenfalls ein russischer Staatsbürger georgischer Herkunft — wenige Stunden vor einer Polizeirazzia im Rahmen von Operation «Avispa» gewarnt. (Als mutmaßliche undichte Stelle geriten der russische Geheimdienst oder korrupte spanische Beamte in Verdacht.) Sie flohen außer Landes. Kalaschow wurde 2006 in Dubai verhaftet und an Spanien ausgeliefert. Die Amerikaner schätzen, dass Kalaschow über ein Privatvermögen von 200 Millionen Euro verfügt. Ihm gehöre auch ein bedeutender Anteil des russischen Energiegiganten Lukoil, und er sei zusammen mit Oniani maßgeblich daran beteiligt gewesen, das Unternehmen 2003 und 2004 in Spanien einzuführen.

Das ist ein außerordentliches Bild: Verbrecherbosse, Handelsattachés, Minister, Geldwäsche, Schmuggel, Entführung und ein Geheimdienst, der die Mafia für seine eigenen undurchsichtigen Zwecke nutzt. Hier, in diesen diplomatischen Depeschen, die niemals für die Veröffentlichung bestimmt waren, offenbart sich der ganze korrupte Komplex im Herzen des russischen Staates.

Ich beginne, mithilfe der *WikiLeaks*-Dokumente eine ganze Reihe von Artikeln über Russland zu schreiben. Von all dem Material, das aus diesem bemerkenswerten Archiv hervorgeht, sind die russischen Depeschen besonders fesselnd. Noch immer eingepfercht in einen Raum mit kaputter Klimaanlage, beschreibe ich Leigh und Katz meinen Fund. Ich bin aufgeregt. Sie auch. Das große Thema unserer geplanten *WikiLeaks*-Russland-Berichterstattung liegt auf der Hand: Korruption, Litwinenko und der mafiöse Charakter des russischen Staates.

In den Depeschen finde ich auch bunte Anekdoten, die Russlands postsowjetischen Fortschritt — beziehungsweise dessen Ausbleiben — veranschaulichen. Als ich den Suchbegriff «Lenin» eingebe, finde ich ein Kabel der US-Botschaft in Myanmar. Darin werden Details von einem Treffen im September 2005 in Rangun zwischen dem amerikanischen Gesandten und dem russischen Botschafter in Myanmar, Oleg Kabanow, beschrieben. Das Treffen findet im russischen Botschaftskomplex statt — «ein stalinistischer Bunker neben dem Außenministerium in der Innenstadt von Rangun».

Der Botschafter und der Gesandte sind sich in Sachen myanmarischer Politik uneinig. («Die Ansichten der russischen Botschaft … scheinen gleichfalls im stalinistischen Rahmen hängengeblieben zu sein», bemerkt der Gesandte. Kabanow sagt, westliche Länder seien zu «ungeduldig», was den Wandel in Myanmar anbelange, und ergänzt, dass «Demokratie nur zu Chaos und Kollaps führen würde».)

Am Ende dieses unglücklichen Höflichkeitsbesuchs entdeckt der US-Gesandte, dass der russische Diplomat ein Fan von Lenin ist: «Kabanow scheint nostalgisch auf die Zeit zurückzublicken, als sein Land eine Autokratie war; er erzählt dem Gesandten, er bewahre eine 55bändige Ausgabe von Lenins gesammelten Werken in seinem Büro auf, und sagt, dass es für die Bolschewiken im Exil Jahre gedauert habe, die ‹Reform› des russischen politischen Systems zu planen und zu organisieren.» Lenin scheint also nicht nur in Russlands staubigen Provinzplätzen weiterzuleben. Er inspiriert offenbar auch Putins Diplomaten, die westlichen Werten skeptisch gegenüber stehen und sich mit autoritären wohler fühlen, zu Nostalgie.

Eine Depesche der amerikanischen Vertretung im Vatikan enthält weitere Belege dafür, dass sowjetisches Denken immer noch weit verbreitet ist. Der amerikanische Botschafter am Heiligen Stuhl, Jim Nicholson, berichtet von einem Treffen 2002 mit dem Russland-Direktor des Vatikans, Erzbischof Alberto Tricarico, der «unzufrieden und empört» ist. Die Russen hätten sich geweigert, zwei hochrangigen katholischen Geistlichen Visa auszustellen — eine Ohrfeige für jene im Vatikan, die eine Versöhnung mit der russischen Orthodoxen Kirche anstreben.

Tricarico beklagt sich, dass Versuche der Annäherung mit den Russen bisher «einseitig» geblieben seien. Tatsächlich bestätigen auch andere Kabel, dass sich Putins Wunsch, den russischen Einfluss zu stärken, auch auf den spirituellen und episkopalen Bereich erstreckt. Der Erzbischof beschwert sich, dass «Katholiken in Russland 80 Jahre lang verfolgt, in den Gulag geworfen und viele von ihnen gefoltert wurden, und ‹dies ist unser Lohn?›» Er schließt mit Vorwürfen, dass Russlands damaliger Patriarch Alexi II. für den KGB gearbeitet haben soll. In der Depesche heißt es: «Tricarico beteuert, dass die russisch-orthodoxe Geistlichkeit an einer ‹sozialistischen Denkweise› leide: ‹Sie alle waren in der Vergangenheit Kollaborateure und können alte Verhaltensweisen nicht abschütteln.›».

Die Depeschen dokumentieren auch unbefriedigende Begegnungen zwischen EU-Beamten und ihren russischen Amtskollegen. Beide Seiten treffen sich zweimal im Jahr zu EU-Russland-Gipfeln. Doch diese Gipfel, die abwechselnd in Brüssel und in russischen Vorzeigestädten wie Chabarowsk und Chanti-Mansijsk abgehalten werden, machen kaum Fortschritte und stellen sich immer mehr als Zeitverschwendung heraus.

Das liegt auch an europäischer Uneinigkeit. Es gibt zwei verschiedene Lager mit unterschiedlichen Ansichten darüber, wie mit einem wiedererstarkenden Russland umzugehen sei: Realisten, die denken, dass die EU Russland akzeptieren sollte, wie es ist, und es nicht verärgern sollte; und Moralisten, die meinen, dass Russland sich an europäische Standards zu halten habe. Bei einem Treffen 2009 des NATO-Beratungsgremiums in Sachen Terrorismus und Spionage sprechen die Briten von der Bedrohung, die von den russischen Geheimdiensten ausgeht. (Zwei Jahre vorher hatte die NATO zwei russische Diplomaten wegen Aktivitäten ausgewiesen, die nicht im Einklang mit ihrem Status standen.) Die Franzosen dagegen beschweren sich, dass dies sei ein «Kalter-Kriegs-Standpunkt» sei.

Eine Schwierigkeit ist das Fehlen einer einheitlichen Vision, wenn es um ein gemeinsames Nachbarschaftsverhältnis der EU zu Russland geht. In einer Depesche lese ich, dass die EU ihre «gemeinsamen Interessen» mit dem Kreml in der Ukraine, Moldau, Belarus und dem südlichen Kaukasus vorantreiben will. Trocken heißt es in dem Kabel, die EU «stoße auf Schwierigkeiten, wenn es darum geht, Russlands Glaube an exklusive Einflusszonen zu überwinden». Ein russischer Regierungsbeamter sagte EU-Vertretern auf den Kopf zu, diese Länder des «nahen Auslands» seien «Verwandte», die «uns sehr am Herzen» lägen. Für die EU «sind sie nichts als Nachbarn, und zwar neue».

Als Moskau 2005 einen neuen, energischen Botschafter nach Brüssel schickt, Wladimir Tschischow, nehmen die Spannungen zwischen der EU und Russland zu. Ein Schreiben an Washington besagt, dass Tschischow die russische Botschaft aufgerüttelt habe und «es ihm Spaß mache, die EU zu provozieren». Die russischen Diplomaten hätten sich an den entspannten Stil von Tschischows Vorgänger gewöhnt. Jetzt, heißt es mitleidsvoll in dem Kabel, «achten sie peinlich auf ihre Manieren, grüßen Tschischow schmeichelnd mit ‹Ihre Exzellenz› und fragen jeden Tag, wie es seiner Frau, seinen Kindern und seinem Hund geht». Zu Tschischow befragt, ächzt ein EU-Mitarbeiter: «Er ist ein Alptraum.»

Unter ranghohen EU-Bürokraten gibt es Momente amüsanter Indiskretion. So ist dokumentiert, dass Chris Patten — damals britischer EU-Kommissar für Außenbeziehungen — 2004 mit einem US-Diplomaten an einem Mittagessen mit viel Klatsch und «Fisch aus Gummi» bei einem deutschen Think-Tank teilnahm. Patten war eine Woche zuvor in Moskau gewesen und hatte gerade die europäisch-russischen Ministerialkonsultationen in Brüssel abgeschlossen.

In dem Kabel heißt es: «Patten sagte, Putin habe vor allem dank der hohen globalen Energiepreise gute Arbeit für Russland geleistet; er habe aber ernsthafte Zweifel bezüglich seines Charakters. Er schickte voraus, er sei ‹nicht der Meinung, dass die Gene entscheidend sind›, und ging anschließend Putins Familiengeschichte durch: Sein Großvater gehörte zu Lenins spezieller Personenschutzeinheit, der Vater war ein Funktionär der Kommunistischen Partei und Putin selbst seit jungen Jahren entschlossen, beim KGB Karriere zu machen. «Er wirkt vollkommen vernünftig, wenn man über den Nahen Osten oder Energiepolitik diskutiert, doch wenn sich die Unterhaltung um Tschetschenien oder islamistischen Extremismus dreht, verwandeln sich Putins Augen in die eines Killers.»

Ein anderes Kabel ist ein echtes Juwel. Im April 2008 besucht William Burns, der amerikanische Botschafter, Alexander Solschenizyn, den Nobelpreisträger, Schriftsteller und Dissidenten. Das Treffen findet in Solschenizyns Datsche in Moskau statt, und seine Frau, Natalja, ist ebenfalls anwesend. Burns erlebt den 89 Jahre alten, legendären Autor als «besorgt» und «in aktiver Anteilnahme an den aktuellen Ereignissen», aber bei sichtlich schlechter Gesundheit. «Ein Schlaganfall hatte seinen linken Arm gelähmt, und seine Hand war von Gicht befallen», berichtet Burns.

Die Unterhaltung dreht sich um Politik. Es stellt sich heraus, dass der 1974 aus der Sowjetunion ausgewiesene Solschenizyn ein unerwarteter Fan von Putin ist.

«Solschenizyn verglich die achtjährige Herrschaft Putins positiv mit der Gorbatschows und Jelzins, die, so sagte er, ‹zum Schaden, der dem russischen Staat nach 70 Jahren kommunistischer Herrschaft angetan wurde, noch beigetragen› hätten. Unter Putin habe die Nation wiederentdeckt, was es bedeute, Russe zu sein, meint Solschenizyn, auch wenn er einräumte, dass viele Probleme geblieben seien; darunter die ‹Armut und der sich vertiefende Graben zwischen arm und reich›.» Solschenizyn stirbt vier Monate später.

Diese Depeschen sind aufschlussreich. Ich recherchiere jedoch nicht nur potenzielle Geschichten für den *Guardian*, sondern nutze die *WikiLeaks*-Datenbank auch, um mehr über den FSB zu erfahren — jene schattenhafte Organisation, die seit fast vier Jahren fest entschlossen ist, mich wie einen Staatsfeind zu behandeln. Der Suchbegriff «FSB» produziert haufenweise Treffer. Ich speichere die Berichte, in denen es um Russlands Geheimdienste geht, auf einem Memory-Stick. Ich nenne die Datei «Geister».

Ich habe kein bestimmtes Ziel im Kopf. Die *WikiLeaks*-Dokumente umfassen mehr als 200 Millionen Wörter. Sie bieten beispiellose Einblicke in die Gedankenwelt amerikanischer Diplomaten und die der einzigen globalen Supermacht; sie zeigen ein detailreiches Mosaik der Politik im 21. Jahrhundert. Ich bin jedoch optimistisch, dass sich in der Flut an Analysen und Klatsch aus Spitzenkreisen auch ein paar Antworten finden lassen auf einige der Fragen, denen ich seit dem ersten mysteriösen Besuch 2007 nachgehe: Wer sind die FSB-Agenten, die in meine Wohnung eingebrochen sind? Wer hat sie geschickt? Und wen haben sie sonst noch besucht?

Wenige Stunden nach Beginn meiner Suche mache ich eine aufschlussreiche Entdeckung. Am 9. November 2009 schickt John Beyrle, der amerikanische Botschafter, ein geheimes Telegramm an den Direktor des FBI, Robert Mueller. Muellers Besuch in Moskau steht kurz bevor; Beyrles Aufgabe ist es, ihm eine ehrliche Einschätzung des russischen Geheimdienstes und der Chefs der Sicherheitsbehörden zu geben, die er dort treffen wird. Der Botschafter beginnt mit der Feststellung, dass sich die amerikanisch-russischen Beziehungen «seit dem Tiefstand im Sommer 2008 merklich verbessert haben» — mit anderen Worten, während der Hundstage der Regierung Bush und des russisch-georgischen Krieges. Seitdem haben sowohl Barack Obama als auch Hillary Clinton Moskau besucht, eine neue bilaterale präsidiale Kommission gebildet und «mehr positive Dynamik in den bilateralen Beziehungen generiert, als ich in den vergangenen zehn Jahren erlebt habe».

Die schlechte Nachricht sind die unkooperative Haltung und die «Mentalität des Kalten Krieges» auf Seiten von Muellers russischen Amtskollegen, FSB-Direktor Alexander Bortnikow, SVR-Chef Michail Fradkow und Innenminister Raschid Nurgalijew. Alle drei, so Beyrle, repräsentieren Institutionen, die sich von einer Verbesserung der Beziehungen «ideologisch und materiell» bedroht fühlen. Beyrle bezeichnet sie als einflussreiche Gegner der «Einbeziehungsagenda» des Weißen Hauses. In einem Absatz mit der Überschrift «Staatssicherheit» berichtet er außerdem, dass unabhängige Analysten glauben, dass «Individuen innerhalb der Sicherheitsdienste mit dem organisierten Verbrechen in Verbindung» stünden.

Die russischen Geheimdienste, so Beyrle, hätten ihre Aktivitäten gegen die Vereinigten Staaten und andere westliche Mächte als Antwort auf die prodemokratischen Revolutionen in Georgien und der Ukraine dramatisch verstärkt. Sie glaubten, der Westen habe die Proteste ausgelöst.

> Ihre Beamten sind gegenüber den Vertretern der US-Regierung gleichbleibend wachsam, auch in Form von aktiver Überwachung, und sie haben versucht, humanitäre Hilfe der Vereinigten Staaten im Nordkaukasus zu unterbinden. MVD[Innenministeriums]-Kräfte schikanieren und schüchtern politische Oppositionsparteien ein; «Ermittlungen» und erdichtete Vorwürfe gegen vom Westen unterstützte NGOs (wie zum Beispiel die Verwendung von raubkopierter Software) haben die Arbeit behindert, die diese Organisationen zu leisten versuchen.

Die interessantesten Enthüllungen finden sich in dem Abschnitt, in dem die alltäglichen Schwierigkeiten beschrieben werden, vor denen die amerikanischen Diplomaten in Moskau stehen. Unter der Überschrift «Eine schwierige Beziehung» bespricht Beyrle einige der Probleme, mit denen seine Botschaftskollegen und einheimische Mitarbeiter konfrontiert sind:

> Während Teile des FSB mit den US-Strafverfolgungsbehörden zusammenarbeiten, tun dies andere Abteilungen nicht, vor allem jene, die mit der Spionageabwehr befasst sind. Die Schikanen gegen das Botschaftspersonal haben in den vergangenen Monaten in einem Maße zugenommen, wie wir es in Jahren nicht erlebt haben. Unsere Botschaftsmitarbeiter erdulden beleidigende, verleumderische und schlüpfrige Angriffe in den Medien. Ihre Angehörigen werden psychologischem Terror ausgesetzt, mit fürchterlichen Anspielungen auf den vermeintlichen Unfalltod ihrer für die amerikanische Regierung arbeitenden Ehepartner. Die Wohnungseinbrüche [*home intrusions*] haben deutlich zugenommen und werden immer dreister, die Aktivitäten gegen unsere russischen Mitarbeiter setzen sich in Rekordgeschwindigkeit fort. Wir zweifeln nicht daran, dass der FSB dahintersteckt. Die Herausforderungen der Spionageabwehr bleiben ein Merkmal der Arbeit der Botschaft in Moskau. Es ist unwahrscheinlich, dass sich daran mittelfristig etwas ändert.

Endlich also eine Art Antwort: Die Einbrüche des FSB haben einen Namen. Sie heißen *home intrusions*. Zumindest nennen sie die Amerikaner so. Und es ist klar, dass ich bei Weitem nicht das einzige Opfer bin. Es scheint, als habe halb Moskau schon Besuch von unwillkommenen Gästen gehabt. Überall in der russischen Hauptstadt, Europas größter Stadt, knacken FSB-Agenten Schlösser auf, installieren Wanzen, schleichen in Treppenhäusern herum und nutzen die Wohnungen von patriotischen Nachbarn, um ihre Zielpersonen auszuspionieren. Wenn die Einbrüche dreister und immer häufiger werden, bedeutet das eine Verstärkung des Personals. Wie groß ist das Einbruchskommando des FSB, frage ich mich?

Da die meisten ihrer Zielpersonen eingebildete Feinde sind — und keine echten —, muss diese Aktivität eine kolossale Zeitverschwendung sein. Putins Restauration von Elementen der Sowjetunion ist wohlbekannt. Doch es scheint, als habe er auch eine andere Spezialität der kommunistischen Vergangenheit wiederbelebt: die unnötige Tätigkeit. Die Realität tut nichts zur Sache. Was zählt, ist Putins Weltsicht — in der Diplomaten, westliche Journalisten und interne Kritiker allesamt gefährliche Spione sind.

Großbritannien beendet nach dem Mord an Litwinenko seine Zusammenarbeit mit dem FSB. Die Amerikaner dagegen verkehren weiterhin dienstlich mit der Behörde, obwohl Elemente in ihrem Inneren damit beschäftigt scheinen, den «Neustart» der russisch-amerikanischen Beziehungen, der von der Regierung Obama ausgerufen worden ist, zu sabotieren. Die Vereinigten Staaten kooperieren mit dem FSB und mit Russlands Innenministerium in Sachen Terrorbekämpfung, organisiertes Verbrechen, Bioterrorismus und Cyberkriminalität; Washington lädt einen russischen Strafverfolgungsbeamten ein, die nationale Akademie des FBI in Quantico zu besuchen. Angehörige der FSB-Eliteeinheit «Alpha Team», die für Geiselbefreiungsoperationen zuständig ist, trainieren ebenfalls in Quantico mit ihren amerikanischen Kollegen.

Ganz im Zeichen des Neustarts bringt Mueller ein ungewöhnliches Geschenk mit: ein kleines Stück radioaktiven Urans. Geheimen Depeschen zufolge verlangt die russische Regierung 2007 die Rückgabe eines 10 Gramm schweres Stücks hochangereicherten Urans, das 2006 in Georgien bei einer verdeckten Schmuggeloperation beschlagnahmt worden war. Das FBI versprach den Russen, Mueller werde es bei seiner Moskaureise mitbringen und dem FSB übergeben. Die Vereinigten Staaten glauben, dass das Uran aus einer russischen Anlage gestohlen wurde. Sie hoffen, das mitgebrachte Stück Uran werde als Geste des guten Willens interpretiert und die Russen zu mehr Zusammenarbeit in der Atomfrage ermutigen. Der FSB ist seinerseits bereit, Mueller die Kosten für den Überflug und die Flughafenlandegebühren zu erlassen.

Trotz dieser pragmatischen Arbeitsbeziehung wird mir klar, dass sich das Weiße Haus über die Art der Aktivitäten des FSB keinerlei Illusionen hingibt. Im Kern ist es eine kriminelle Organisation, die Gangster beschützt und von großen Unternehmen Bestechungsgelder erpresst. Das zumindest legt Beyrle in einem weiteren geheimen Telegramm nach Washington am 12. Februar 2010 nahe. Sein Thema ist Juri Luschkow, Moskaus 73jähriger Veteran im Bürgermeisteramt, dessen Griff sich lockert. Nach 18 Amtsjahren hat der Kreml die Nase voll von Luschkow — doch zugleich weiß er um seine Fähigkeit, die Stadt reibungslos zu regieren und Wählerstimmen für die Kremlpartei Vereintes Russland zu organisieren.

Eine Diskussion über Luschkow ist unmöglich, ohne die Stadtverwaltung unter die Lupe zu nehmen, über die er herrscht — eine schmierige, kriminelle Kleptokratie, in der hochrangige, mittlere und sogar Nachwuchsbeamte Schmiergelder verlangen. Beyrle beschreibt das Ausmaß an Korruption in Moskau als «durchdringend». Bürgermeister Luschkow sitze «an der Spitze dieser Pyramide», sagt er. Der Botschafter erklärt: «Luschkow überblickt ein System, in dem es so aussieht, dass beinahe jeder auf jeder Ebene in irgendeine Form von kriminellen Handlungen verwickelt ist.» Luschkow dürfte auch dubiose «Verbindungen» zum organisierten Verbrechen haben, fügt Beyrle hinzu, und unterstellt eine «dunkle» Verbindung zwischen Bürokraten, Gangstern und sogar Staatsanwälten.

Fasziniert lese ich den geradezu forensischen Bericht des Botschafters über das gutentwickelte russische Schmiergeldsystem:

> Die Verbindungen der Moskauer Stadtverwaltung ins kriminelle Milieu haben einige dazu bewogen, sie als «gestört» zu bezeichnen

> und zu glauben, es handele sich eher um eine Kleptokratie als um eine Verwaltung. Kriminelle Elemente genießen einen *kryscha* (ein Begriff aus dem kriminellen/mafiösen Milieu, der wörtlich übersetzt «Dach» oder «Schutz» bedeutet), der sich über die Polizei, den Föderalen Sicherheitsdient (FSB), das Innenministerium (MVD) und das Büro des Staatsanwalts sowie die Bürokratie der Moskauer Stadtverwaltung erstreckt. Analysten haben eine dreiteilige Struktur in Moskaus kriminellem Milieu erkannt. An der Spitze steht Luschkow. Der FSB, das MVD und die Polizei befinden sich auf der zweiten Ebene; auf der niedrigsten Ebene folgen gewöhnliche Kriminelle und korrupte Ermittler.

Beyrle zufolge werden alle Unternehmen in Moskau gezwungen, den Sicherheitsbehörden Schutzgeld zu zahlen, in einem regelrechten parallelen Steuersystem: «Die Polizei und das MVD sammeln das Geld bei den kleineren Unternehmen ein, der FSB sammelt bei den großen Konzernen.» Ein FSB-*kryscha* sei am begehrtesten, so Beyrle; der FSB beschütze sogar die Solntsewo-Bruderschaft, eine der am besten organisierten Gangsterbanden Moskaus.

Das Schmieren reicht bis in die Spitze der russischen Machtstrukturen, lese ich, mit Bestechungsgeldern, die in Putins «vertikalem» System bis nach ganz oben fließen. Beyrle zitiert eine Quelle, der zufolge Luschkow und viele andere Bürgermeister und Gouverneure «wichtige Insider im Kreml bezahlen». Der Quelle zufolge betreten Staatsbeamte den Kreml «mit großen Koffern und Leibwächtern». Die Koffer, spekuliert der Informant, «sind voller Geld». Ein anderer Informant widerspricht. Er betont, es sei viel einfacher, Schmiergelder «über ein geheimes Konto in Zypern» auszuzahlen — ein beliebter ausländischer Umschlagplatz für reiche Russen. Dieses Bestechungssystem funktioniert auch in den russischen Provinzen.

Es sei wenig überraschend, heißt es in dem Kabel, dass sich die kriminelle und die politische Sphäre überschnitten; Abgeordnete müssten sich generell ihre Sitze im Parlament erst kaufen. Es sei ein einfaches Arrangement: Die Abgeordneten brauchten Geld, um an die Spitze zu kommen, doch wenn sie dort erst einmal angelangt seien, «bieten ihre

Posten ziemlich lukrative Verdienstmöglichkeiten». Moskauer Polizeichefs würden dabei über einen «geheimen Geldschrank» wachen, der dazu verwandt werde, Probleme für den Kreml zu lösen, wie etwa «Absprachen bei Wahlen» oder, falls notwendig, Personen zu bestechen.

Das klingt ähnlich wie die Anschuldigungen, die ich später aus anderer Quelle vernehme: dass Staatsunternehmen wie Gazprom oder Rosneft heimlich Geld in eine Schmiergeldkasse des Kremls einzahlen. Diese Kasse befindet sich in der VTB-Bank. Sie wird dazu verwendet, Zusatzgehälter von bis zu 70 000 Dollar im Monat an hochrangige Regierungsbeamte und Gesetzeshüter auszuzahlen.

Das Ausmaß der Korruption ist atemberaubend. Beyrle zitiert Zahlen von Transparency International für das Jahr 2009. Die Bestechung kostet Russland jedes Jahr 300 Milliarden Dollar, schätzt die Organisation, oder 18 Prozent des nationalen Bruttoinlandsprodukts.

Einen Monat, bevor ich nach London fliege, um die *WikiLeaks*-Dokumente zu sichten, wird Luschkow von Medwedew entlassen. Es ist einer der wenigen mutigen Schritte während Medwedews Präsidentschaft. Im Vorfeld dieser Amtsenthebung werfen Russlands staatliche TV-Sender Luschkow und seiner Frau — der Milliardärin und Bauherrin Jelena Baturina, die heute in London lebt — massive Korruption vor. Medwedew nennt jedoch nicht die Korruption als Grund für Luschkows Entlassung. Er gibt stattdessen eine nebulösere Erklärung ab — der Bürgermeister habe das Vertrauen des Präsidenten verloren.

Seine Zurückhaltung ist verständlich. Immerhin war Luschkow in den vergangenen 18 Jahren korrupt, zehn davon unter Putin; warum hat der Kreml in dieser ganzen Zeit stillgehalten?

Meine *WikiLeaks*-Geschichten über Korruption werden in Moskau nicht gut ankommen, soviel ist mir klar. Die Wahrheit zu sagen ist in Russland nicht sehr populär. Was ich nicht voraussehe, ist die Rache des Kremls.

15

«DANKE, DIMA UND WLAD!»

Russisches Außenministerium, Abteilung für Presse und Information, Alter Arbat, Moskau, 16. November 2010

Jeder hat sich irgendetwas zuschulden kommen lassen, ob es nun ein politischer oder ökonomischer Fehltritt ist oder einfach nur Bestechung.

HEDRICK SMITH, «THE RUSSIANS»

Der Telefonanruf am Dienstag, dem 2. November 2010, kommt unerwartet. Ich bin in London, völlig versunken in die Lektüre der geheimen *WikiLeaks*-Dokumente über Russland. Am Apparat ist Nikolai, ein junger Funktionär aus der Presseabteilung des russischen Außenministeriums. «Sie müssen morgen um 10.00 Uhr zu einem Treffen ins Außenministerium kommen», sagt er auf Russisch. Ich erkläre, dass ich wegen einer befristeten Recherche in der Redaktion des *Guardian* in Großbritannien und vorerst nicht in Moskau bin. Ich frage, worum es geht. Er weigert sich, etwas zu sagen. Eine Woche später ruft Nikolai (seinen Nachnamen erfahre ich nicht) wieder an. Das Ministerium will mich immer noch sehen.

Der Anruf ist ganz klar ein Vorbote. Aber wovon? Der Zeitpunkt ist verdächtig: Meine jährliche Akkreditierung beim russischen Außenministerium läuft bald, am 27. November 2010, ab. Wie jedes Jahr habe ich eine Verlängerung beantragt. Am 28. November wird der *Guardian* gemeinsam mit einem internationalen Medienkonsortium, darunter die *New York Times*, die erste Ladung der außergewöhnlichen Enthüllungen aus den Depeschen des US-Außenministeriums veröffentlichen. Weiß der Kreml, was ihm bevorsteht? Und ist dies ein Versuch, uns von der Veröffentlichung abzuhalten? Einschüchterung?

Der Intranet-Server, auf dem die *WikiLeaks*-Kabel gespeichert sind, hat mehrere Sicherheitsschleusen. Doch der russische Staat verfügt über eine Armee von ausgebildeten Hackern, für die gewöhnliche Firewalls kaum ein Problem darstellen. Noch in derselben Woche treffe ich Julian

Assange, den Chef von *WikiLeaks*. Er meint, die Russen und Chinesen, und «möglicherweise die Iraner», seien bereits im Besitz der Dokumente aus dem amerikanischen Außenministerium.

Trotzdem kommt es mir abwegig vor, dass das Ministerium den dramatischen Schritt unternehmen könnte, mich aus Russland auszuweisen. Das wäre doch ein PR-Desaster, ein Rückfall in die schlimme alte Zeit der Sowjetunion! Stattdessen bereite ich mich auf eine weitere Beschimpfung von offizieller Seite vor. Am 13. November, einem Samstag, fliege ich von London nach Moskau. Wir einigen uns, dass ich am Montag, dem 15. November, im Außenministerium anrufe. Das Außenministerium verschiebt den Besuch aus ominösen Gründen um 24 Stunden. Seine Leitung sei «unabkömmlich».

Am nächsten Morgen, Dienstag, den 16. November, melde ich mich um 11.00 Uhr bei der Presse- und Informationsstelle des Außenministeriums in dem historischen Stadtteil Alter Arbat. Das Gebäude mit der klassischen Fassade liegt nur einen kurzen Fußweg entfernt von der modernistischen britischen Botschaft und dem Hauptgebäude des Außenministeriums, erbaut in der Stalin-Ära, ein riesenhaftes Bauwerk, das sich wie ein gotisches Monster über dem Boulevardring erhebt. Puschkin lebte nach seiner Hochzeit drei Monate in Arbat; das Viertel war beliebt bei der vorrevolutionären Moskauer Intelligenzija. Heute ist Arbat eine Touristenfalle, mit Ständen, an denen Sowjetkitsch verkauft wird: Mützen aus Kaninchenfell und Matroschkas, russische Puppen, mit dem Konterfei von Putin, Gorbatschow und Sponge Bob.

Ich treffe Nikolai im Erdgeschoss. Er eskortiert mich in einem knarzigen Fahrstuhl in den zweiten Stock und geleitet mich durch einen Flur mit rotem Teppich in einen kleinen Empfangsraum. Die Wände sind mit gerahmten Bleistiftzeichnungen des historischen Moskaus dekoriert. Es gibt ein Sofa und ein paar graubraune Holzstühle. Durch das Fenster blickt man auf die gepflasterte Deneschnji-Straße. Die Atmosphäre ist behördenartig und merklich sowjetisch. Ich habe den Eindruck, dass dieser düstere Raum nicht viel benutzt wird. Oleg W. Tschurilow, Chef der Presseabteilung, erscheint mit seinem Stellvertreter Alexander S. Kusnetsow. Tschurilow ist ein Mann mittleren Alters. Diese zwei farblosen Funktionäre wollen eine Botschaft loswerden.

Tschurilow beginnt in einem oberflächlich leutseligen Ton. Wir sprechen Russisch. Er kommentiert Moskaus für die Jahreszeit ungewöhnlich warmes Wetter. (Wir haben Mitte November und 11 Grad; normalerweise wären Moskaus Straßen jetzt von tiefem Schnee bedeckt.) Vor zwei Jahren hatte mich Tschurilows Kollege aus der Presseabteilung, Boris Schardakow, mit dem Wörtchen «*ty*» angeblafft, der russischen «Du»-Form — eine gezielte Beleidigung. Tschurilow dagegen spricht ruhig und sanft. Er verwendet «*Wy*», das formelle «Sie», und spricht mich höflich als «*gospodin* Harding» an — Herr Harding. Meine bösen Vorahnungen verstärken sich.

Was folgt, ist eine Art surreale Pantomime — eine schwarze Komödie, die aus der Feder von Gogol stammen könnte, dem überragenden Chronisten der Absurditäten der Bürokratie. Tschurilow erklärt, dass im Zusammenhang mit meiner Akkreditierung «gewisse Probleme» aufgetreten seien. Er wird immer ernster und holt eine dünne, beigefarbene Ledermappe hervor. Sie scheint leer zu sein. Doch dann sehe ich zwei DIN-A4-Seiten. Im Verlauf der nächsten 20 Minuten, erklärt mir Tschurilow, dass ich die Migrationsgesetze «gebrochen» habe, als ich bei einer Pressetour von Greenpeace in die russische Arktis gereist bin.

Ich erinnere mich gut an die Reise. Im Oktober 2009 — zwei Monate vor dem Klimagipfel von Kopenhagen — war ich mit 30 weiteren Journalisten auf die Halbinsel Jamal geflogen. Wir wollten die Folgen des Klimawandels untersuchen. Zwei Nächte zelteten wir bei den Rentierhirten der Nenets. Die Nenets durchstreifen diese abgelegene Gegend der Subarktis seit Tausenden von Jahren. Doch ihr nomadisches Leben gerät wegen der immer wärmeren Temperaturen zunehmend unter Druck.

Die Expedition war erinnerungswürdig. Ich aß Rentier mit Nudeln, schwamm nackt in einem sibirischen See und sprach mit einem Experten für Wollmammuts. Außerdem flog ich im Hubschrauber über unberührtes Gebiet mit alten Eisgletschern, die in einer Reihe smaragdgrüner Polygonen angelegt sind. Unser Ziel war das Karameer — einer der extremsten Orte der Welt. Ich fragte einen russischen Meteorologen, ob er an der Eisschicht auf dem Meer irgendeine Veränderung festgestellt habe. Wie steht es mit dem Klimawandel? Er antwortete: «Der Klimawandel ist eine Erfindung von unterbeschäftigten Europäern.»

Ein Kollege vom *Guardian*, John Vidal, sollte diese Reise antreten. Im letzten Moment sagte er ab. Stattdessen reiste ich mit. Der *Guardian* hatte eine gültige Genehmigung für die Region — allerdings auf Johns Namen. Im Ankunftsterminal des Salechard-Flughafens stand ich kleinlaut in der Schlange. Flughafenangestellte der Föderalen Grenzagentur — ein Unterarm des FSB — sahen sich unsere Genehmigungen an. Amie Ferris-Rotman, eine Moskauer Reporterin für *Reuters*, hatte ebenfalls ein Papier dabei, das auf den Namen ihres männlichen Bürochefs ausgestellt war.

Ein Beamter trennte uns von den anderen. Er erklärte, wir würden in das Hauptquartier der Behörde gebracht: ein modernes, einstöckiges Gebäude am Stadtrand mit einem schicken schwarzgestrichenen Doppeltor am Eingang. Es war spätnachmittags Anfang Oktober; der Himmel war bewölkt und grau. Eis — ein Vorbote des nahenden Winters — bildete sich bereits in den schlammigen Schlaglöchern.

Drinnen, in einem warmen Büro im Seitenflügel, erklärte uns ein zweiter Beamter der Grenzbehörde, dass unser «Vergehen» nicht dramatisch sei: Wir sollten lediglich ein *protokol* unterschreiben, ein Formular, und dann wieder zum Rest der Gruppe stoßen dürfen. Davor gab es noch eine Befragung: Nationalität? Was wollte ich in Jamal? Ich erklärte, ich sei mit einer größeren Gruppe von Ausländern nach Jamal geflogen. Unser Ziel sei es, nach Hinweisen auf den Klimawandel zu suchen, ein Konzept, mit dem der Beamte nicht vertraut schien.

Ich zeigte meinen Pass vor, die Presseakkreditierung des Außenministeriums und meine mit Eselsohren versehene Meldebescheinigung für meinen Moskauer Wohnsitz — ein weiteres Stück Sowjetbürokratie, das im modernen Russland überlebt hat. Er fotokopierte sorgfältig meine Dokumente. Dann durften wir gehen und fuhren zum Hotel «Nordpol» in Salechard.

Mehr als ein Jahr später — mein *protokol*! Ich erkläre Tschurilow, dass andere Journalisten auf dieser Reise ebenfalls gegen die Regeln «verstoßen» hätten. Mein Vergehen — wenn es denn ein Vergehen war — war ganz offensichtlich trivial. Ich verweise darauf, dass mir die Grenzbehörde nicht einmal eine Geldstrafe aufgebrummt hatte. «Ich kann nicht ausschließen, dass die Haushaltssituation des Dienstes damals gut war», entgegnet Tschurilow.

Tschurilow holt das zweite Papier hervor. Es betrifft meine Reise nach Inguschetien im März, als mich FSB-Agenten in der Nähe der Hauptstadt der Republik, Nasran, festgenommen hatten. Ich verweise darauf, dass die Beamten am gleichen Tag drei weitere Journalisten der Nachrichtenagentur *Agence France-Presse* festgenommen hatten. Wir alle hatten angemessene Vorkehrungen getroffen und wussten nichts davon, dass Nasran wenige Tage zuvor zum Sperrgebiet erklärt worden war. Ich hatte die lokalen Autoritäten vorab über meine Reise informiert. Der Präsident der Republik Inguschetien, Junus-Bek Jewkurow, hatte mich eingeladen, ein Interview mit ihm zu führen. Ich hatte sogar mit der örtlichen Stelle des FSB telefoniert. «Wie soll ich den inguschetischen Präsidenten interviewen, ohne nach Inguschetien zu reisen?», frage ich.

Tschurilow kann mir da keinen Rat geben. Er räumt ein, dass gegen die anderen Korrespondenten, die zur gleichen Zeit die gleichen Regeln «gebrochen» hatten, nichts unternommen wurde. Wie bei anderen Regimekritikern scheint das Gesetz auch in meinem Fall nur selektiv angewendet zu werden. Meine Geduld ist langsam zu Ende.

«Bekomme ich denn nun eine neue Akkreditierung oder nicht?», frage ich.

Die Antwort, in fürchterlich bürokratischer Sprache formuliert, lautet nein.

«Als ausländischer Staatsbürger haben sie zweimal gegen administrative Gesetze verstoßen. Sie stehen auf der Liste der Ausländer, deren Aufenthaltsgenehmigung nicht verlängert wird. Die Entscheidung ist gefallen.»

Tschurilow hat 23 Minuten gebraucht, um zum Punkt zu kommen — dass mich das Außenministerium aus Russland ausweist. Selbst dann bringt er den Mut, die Nachricht auszusprechen, nur auf, indem er diese anonyme passive Stimmlage benutzt.

Tschurilow, scheint mir, will die wirkliche Stelle nicht preisgeben, von der die Anordnung ausgeht, mich rauszuwerfen — den FSB. Ich frage ihn direkt: Welche Behörde hat entschieden, dass ich Russland verlassen muss? Und weiß das Präsidialamt — das doch offensichtlich bemüht ist, ausländische Investoren anzuziehen und Russlands Wirtschaft zu modernisieren — von dieser Entscheidung?

Er antwortet mit einer weiteren beeindruckenden Kostprobe seiner umständlichen Ausdrucksweise: «Diese Entscheidung wurde von Institutionen getroffen, die dafür zuständig sind, die relevanten Gesetze anzuwenden. Sie können gern unsere Statuten einsehen, um zu erfahren, welches der Organe für die Anwendung der Gesetze über das Ein- und Ausreisen aus unserem Land zuständig ist.»

«Also ist es der FSB?»

«Ja», bestätigt er endlich.

Das Außenministerium, erfahre ich, wünscht, dass der *Guardian* einen «tugendhaften Ersatz» schickt — mit anderen Worten, mich mit einem anderen, hoffentlich weniger kritischen Korrespondenten aus London ersetzt. Ich denke an Muggeridge: «Es ist nicht einmal ungewöhnlich, dass Agenten der Sowjetunion Druck auf Redaktionen ausüben, wenn der Moskau-Korrespondent nicht zu ihrer Zufriedenheit ausfällt.»

«Wir sind aus Kulanzgründen — *pa tschelawetscheski* — bereit, Ihnen zu gestatten, bis Ende des Jahres in Russland zu bleiben», sagt Tschurilow.

«Das Problem ist, wie Sie wissen, dass ich zwei Kinder habe, die hier in Moskau auf die britische Schule gehen. Es ist mitten im Schuljahr. Mein Visum läuft am 27. November aus. Sie sagen also, wir müssen nicht gleich am 27. abreisen?»

«Wir sprechen über eine vernünftige Zeitspanne», antwortet Tschurilow.

«Wie wäre es mit nächstem Sommer?»

«Ich fürchte nein.»

Irgendwo im Hintergrund, draußen auf den grauen Straßen, geht ein Autoalarm los.

Das Gespräch ist unerfreulich. Zwei Jahrzehnte, nachdem der Kalte Krieg eigentlich vorbei sein sollte, werde ich aus Russland rausgeworfen, weil mit meinem Papierkram etwas nicht stimmt. Meine Ausweisung folgt dem gleichen sowjetischen Legalismus, der auch gegen andere Regimekritiker eingesetzt wird. Die russische Regierung ergreift ständig ähnliche rechtliche Maßnahmen, um lokale NGOs zu schikanieren oder zu schließen, um Oppositionskandidaten an der Registrierung für die Teilnahme an lokalen und nationalen Wahlen zu hindern und um Unternehmen zu bestrafen. Sie alle haben fiktive «Verstöße» begangen.

Diese Taktik gibt es schon seit langem. In den 1970er Jahren schreibt Hedrick Smith, niemand könne die Myriade von Gesetzen und Regulierungen der Sowjetunion befolgen. Das System sei absichtlich so gestaltet, dass die Behörden ständig die Oberhand haben, es verwirre und entmachte die russischen Bürger und zwinge sie in die Defensive. Smith schreibt:

> Es ist unmöglich, haben mir Russen oft erzählt, ein fehlerfreies Leben zu führen in einer Gesellschaftsordnung mit so vielen Regeln wie das sowjetische System. Jeder hat sich irgendetwas zuschulden kommen lassen, ob es nun ein politischer oder ökonomischer Fehltritt ist oder einfach nur Korruption. Die Behörden nutzen dieses Gefühl von Schuld und Verletzbarkeit, sagen meine Freunde, um die gewöhnlichen Leute in der Defensive zu halten.

Ich sage zu Tschurilow: «Ich möchte gern zu Protokoll geben, dass ich absolut rechtmäßig gearbeitet habe. Ich glaube nicht, dass diese Verstöße in irgendeiner Weise ernst waren. Wir beide wissen, dass das nicht der wahre Grund für meine Ausweisung ist. Es ist nur ein Vorwand, um mich loszuwerden. Ich verstehe nicht, warum Sie das tun. Aber ich denke, dass es ein Fehler ist.»

Tschurilow wiederholt, dass «Fakten nun einmal Fakten» seien und ich diese «Verstöße» begangen hätte.

«Ich bedaure die Entscheidung. Ich werde jetzt die britische Botschaft und die britische Regierung kontaktieren, und wir werden auf politischer Ebene Einspruch erheben. Ich finde es merkwürdig, dass Sie gerade jetzt, wo sich die bilateralen Beziehungen zwischen Großbritannien und Russland verbessern, diesen negativen Schritt unternehmen.»

Und fast schon im Nachsatz füge ich hinzu: «Ist Ihnen klar, dass es einen großen Skandal geben wird?»

Tschurilow scheint das nicht zu kümmern. Ich habe das Gefühl, dass derjenige, der beschlossen hat, mich aus Russland rauszuwerfen, höher in der Hierarchie steht . Wie hoch, frage ich mich. Auf jeden Modernisierer im Kreml, der sich um Russlands internationalen Ruf sorgt, kommt ein Hardliner, dem die Konfrontation mit dem Westen Spaß macht — der sie sogar genießt —, selbst wenn diese nur auf trivialen Ebene ausländischer Korrespondenten stattfindet. Ich begreife, dass es einfach Tschurilows Aufgabe ist, mir die schlechte Nachricht zu überbringen. Ich halte ihn nicht für bösartig. Wie bei anderen Mitarbeitern in Putins riesigem bürokratischen System, in dem blinder Gehorsam der Schlüssel für den Aufstieg und eine gute Karriere ist, sind seine Defizite menschlich: Schwäche, Selbstgefälligkeit, Selbstbetrug und — vor allem — Feigheit.

Als ich mich anschicke zu gehen, schlägt Tschurilow einen versöhnlichen Ton an: «Ich verstehe, dass das für einen Journalisten nicht angenehm ist. Es tut uns leid. Nach einer gewissen Wartezeit gibt es keinen Grund, warum Sie nicht wieder ein Visum beantragen sollten.»

«Haben Sie sonst noch irgendetwas zu sagen?», frage ich. Tschurilow antwortet nicht.

«Danke.» Ich schüttele seine Hand. Ich gehe hinaus und lasse die zwei Papiere — Beweise meiner schlimmen Verbrechen gegen den russischen Staat — auf dem Glastisch liegen.

Ich bin nicht der erste Reporter, dem dieses Schicksal widerfährt. In den Tagen der Sowjetunion geschah es ziemlich häufig. 1962 wiesen die Sowjets Whitman Bassow — Autor von *The Moscow Correspondents* — an, weil er irgendwelche Regularien verletzt hatte. Sein Rauswurf vor einem halben Jahrhundert ließ meinen eigenen vorausahnen. In seinem Fall wurde er von einem anderen freudlosen Beamten der Presseabteilung, Alexei V. Popow, beschuldigt, die «Standards für das Verhalten von ausländischen Korrespondenten in der UDSSR» verletzt und «grob beleidigende Artikel über die Sowjetunion, welche die rechtschaffene Empörung der sowjetischen Öffentlichkeit erregt haben», verfasst zu haben.

Popow informierte Bassow, er müsse Russland innerhalb von sieben Tagen verlassen. Auch Bassow protestierte. Es gab nicht einmal einen höflichen Handschlag. Seine Karriere als *Newsweek*-Bürochef war abrupt vorbei. Die Unterrichtung über seine Ausweisung dauerte ein paar Minuten; meine hat sich immerhin über fast eine Stunde gezogen. Bassow kehrte erst 1984 wieder nach Moskau zurück. Bei seiner Rückkehr fand er sein altes Büro so «schäbig und heruntergekommen» vor wie bei seiner Abreise.

Die Rechtfertigungen des Kremls für Ausweisungen variieren. Doch die klassischen sowjetischen Verwände umfassten Währungsspekulation, Spionage und das Handeln gegen die Interessen des Staates. 1923 schlitzten die wachsamen Agenten der Tscheka — die Großmutter des heutigen FSB — eine diplomatische Ledertasche auf und fanden Texte von vier amerikanischen Korrespondenten. Horror! Die Korrespondenten wurden auf frischer Tat ertappt, wie sie die strengen bolschewikischen Zensurbestimmungen umgehen wollten. Alle vier wurden ausgewiesen. Sie waren die ersten von vielen, schreibt Bassow, die in den nächsten sechs Jahrzehnten aus dem Roten Moskau entfernt wurden.

1956 wird der Korrespondent Roy Essoyan von *Associated Press* (AP) ausgewiesen. Sein Verbrechen? «Verstoß gegen die Bestimmungen über die Aktivitäten von ausländischen Korrespondenten.» In den 1960er und 1970er Jahren änderten sich die Vorwände, es ging um Dissidenten und sowjetische Juden, die nach Israel auswandern wollten. Doch die Methoden blieben die gleichen, und noch mehr Reporter mussten gehen. 1969 waren Raymond Anderson von der *New York Times* und Anatole Shub von der *Washington Post* an der Reihe («verleumderische Artikel»). Drei weitere Ausweisungen erfolgten in den nächsten anderthalb Jahren.

Die Verweise kamen zu einer Zeit, als die Beziehungen zum Westen halbwegs in Ordnung waren. 1977 wurde George Krimsky vor die Tür gesetzt, ein energischer AP-Reporter, der über Oppositionelle berichtet hatte und mit dem Dissidenten Andrei Sacharow befreundet war. (Ihm wurde unter anderem Spionage vorgeworfen; Jimmy Carters Weißes Haus wies aus Protest den Washingtoner TASS-Korrespondenten aus.) Krimskys Ausweisung war eine Warnung an andere Korrespondenten, ihre Berichterstattung über den Fall Sacharow abzuschwächen. Damals wurde die Ausweisung zu einer Art Ritual: Ausgewiesene Korrespondenten verabschiedeten sich am Flughafen von ihren Reporterkollegen und Freunden, Diplomaten und von ein paar wenigen, mutigen Sowjets, schreibt Bassow. Ihre Abreise fand unter dem wachsamen Blick des KGB statt — Männer in Fellmützen, die ihre Gesichter hinter Schals versteckten.

Bis in die Ära Breschnew in den 1980er Jahren nutzte der Kreml Ausweisungen als Waffe. 1986, unter Gorbatschow, nehmen KGB-Agenten Nicholas Daniloff ins Visier, einen Korrespondenten für *US News & World Report*. Sie verschleppten ihn ins Lefortowo-Gefängnis. Daniloff verbrachte 13 Tage in einer Zelle, bis Präsident Ronald Reagan und Generalsekretär Gorbatschow eine Abmachung trafen: Daniloff kam im Austausch für einen sowjetischen UN-Mitarbeiter frei, der in den Vereinigten Staaten der Spionage beschuldigt wurde. Daniloff verließ daraufhin das Land. Britische Journalisten wurde eine ähnliche Behandlung zuteil. 1989 musste Angus Roxburgh, damals bei der *Sunday Times*, das Land verlassen, als die Regierung Thatcher russische Diplomaten aus London auswies. Ihm wurden «inakzeptable Aktivitäten» vorgeworfen — mit anderen Worten: Spionage. Zum Glück konnte Roxburgh nur wenige Monate später nach Moskau zurückkehren, nachdem die Sowjetunion implodiert war.

Während der gesamten sowjetischen Ära herrschte die ideologische Auffassung, dass alle westlichen Journalisten Spione sind. Teilweise scheint dies ein Produkt spiegelverkehrten Denkens gewesen zu sein — tatsächlich hatten viele sowjetische Journalisten, die im Westen arbeiteten oder die als Teil von Handelsdelegationen einreisten, Verbindungen zum sowjetischen Geheimdienst.

Das kommunistische System mag zwar zusammengebrochen sein. Doch die Spionage-Manie, die den Sowjetstaat prägte, ist geblieben. Putin hat sich bewundernd über Spionagethriller wie *Seventeen Moments of Spring* geäußert, ein Buch und eine populäre Miniserie in den 1970er Jahren über die Heldentaten von Max Otto von Stirlitz. Stirlitz ist ein sowjetischer Spion, der im Herzen des nationalsozialistischen Außenministeriums arbeitet.

Die heutigen Nachfolger des KGB scheinen ebenso überzeugt, dass westliche Journalisten alle verdeckt für den britischen oder amerikanischen Geheimdienst arbeiten. Als Einflussagenten, deren wahre Aufgabe es ist, Russland zu verunglimpfen, verdienen Korrespondenten wirklich alles, was der FSB ihnen an den Kopf wirft. Sie sind Freiwild — denkt der Geheimdienst zumindest.

Auf westliche Beobachter wirkt die veraltete Weltsicht des Kalten Krieges der Silowiki blödsinnig. Immerhin ist sie historisch konsequent — der

Kreml hat ausländischen Journalisten schon misstraut, als Großbritannien und andere Verbündete die Weißen Armeen im russischen Bürgerkrieg unterstützten. Über die 1970er Jahre, eine Phase der sowjetischen *détente*, schreibt Bassow: «Ausländische Journalisten wurden immer noch feindselig betrachtet, als neugierige Schnüffler eben, die nur darauf aus waren, über die negativen Aspekte der UDSSR zu berichten ... Dieser traditionelle Argwohn, dass Korrespondenten Spione seien und daher geeignete Objekte für Überwachung, Provokationen und schmutzigen Tricks, hielt sich unverändert, vor allem innerhalb des KGB.»

Ein Jahrzehnt später stellte Bassow bei seiner Moskau-Reise 1984 überrascht fest, dass der KGB immer noch die gleichen kruden Methoden anwandte, die er selbst als Journalist in der frühen poststalins-tischen Periode erlebt hatte. Nicht alle von ihnen waren unerfreulich. 1958 teilte Bassow in einem Nachtzug nach Leningrad plötzlich ein Abteil mit einer attraktiven, gutgebauten Blondine. Ihr Name war Karolina. Um etwa 23.00 Uhr wand sich Karolina aus ihren Kleidern und hüllte sich in eine transparente Robe. Bassow — mit einem erfreulichen Blick fürs Detail — bemerkte, dass die Robe «ausländischen Fabrikats» war.

«Ich mag Sie», sagte sie atemlos. «Sie sind ein intelligenter, gutaussehender Mann. Ich habe immer schon einmal mit einem Amerikaner schlafen wollen. Ich hoffe, Sie werden mir diese Gelegenheit nicht verwehren.» Bassow wies Karolinas Avancen mit dem Hinweis zurück, dass er verheiratet sei und ein Kind habe. Als sie ihn fragte, warum er die Gelegenheit nicht nutzen und herausfinden wolle, «wie es mit einer russischen Frau ist», antwortete er: «Ich weiß schon, wie das ist. Ich habe *Anna Karenina* gelesen und *Krieg und Frieden*.»

Doch die süßen Fallen des KGB — gefolgt von Erpressungsversuchen bei denen, die schwach geworden waren — bildeten das glamouröse Ende einer ganzen Reihe von Herausforderungen, mit denen die Moskauer Korrespondenten konfrontiert waren. Andere Formen der Schikane umfassten physische Überwachung, Lauschangriffe, sogar Schläge. «‹Kontinuität und Wandel›, die Kennzeichen der russischen und sowjetischen Geschichte, treten ganz deutlich in der Art und Weise zum Vorschein, wie der Kreml in den vergangenen zwei Jahrzehnten mit ausländischen Korrespondenten umgegangen ist», schreibt Bassow über die später sowjetische Ära. «Noch immer versuchen die Sowjets mit kruder Einschüchterung und Drohungen, Reporter und ihre Berichterstattung zu kontrollieren. KGB-Agenten schlitzen immer noch Autoreifen auf, wenn die Korrespondenten die paar Dissidenten in Moskau aufsuchen.» Er ergänzt: «In mehreren Wohnungen von Reportern wurde eingebrochen, nur um zu zeigen, dass kein Ort außerhalb der Reichweite des KGB liegt.»

Das sind Methoden, mit denen ich mich auskenne.

Ich bin erstaunt. Aber eigentlich, überlege ich, kommt meine Ausweisung nicht überraschend. Sie ist etwas, das ich immer als reale, wenngleich weit hergeholte Möglichkeit akzeptiert habe. Die westlichen Korrespondenten in Moskau kommen mindestens einmal im Monat zu einem informellen Treffen zusammen, bekannt als das «*hat pack*». Nach mehr als einem Jahrzehnt des Auslandskorrespondentendaseins für den *Guardian* wird mir klar: Je hässlicher das Regime, desto größer das Solidaritätsgefühl unter den bedrängten Diplomaten und Journalisten. (Die wildesten Partys, die ich erlebt habe, gab es in Kabul unter den Taliban, wo trinken verboten war. Der UN-Club schenkte nur noch Schnaps aus, das ganze Bier war längst ausgetrunken worden.)

Diese Treffen sind eine gute Gelegenheit, Dampf abzulassen. Sie ziehen einen gemischten Haufen von verlotterten Reportern und schlanken russischen Blondinen an, die für die staatliche Nachrichtenagentur RIA *Nowosti* arbeiten. Vor sechs Monaten tauchte eine junge Frau, die ein Praktikum beim Außenministerium machte, bei den «*hat pack*»-Treffen auf. Treffpunkt war diesmal ein etwas schickeres Café, das Croissants und Kuchen servierte. Normalerweise finden die Runden in einer verrauchten Moskauer Kellerbar statt, wo das Pint mittelmäßigen gelben Lagerbiers 300 Rubel, oder fünf Euro, kostet. Auf die Frage, welchen Journalisten das Ministerium am meisten hasse, antwortete die Praktikantin ahnungslos: «Da gibt es einen Typen, der Luke Harding heißt. Den hassen sie wirklich.»

Ich bin nicht der einzige Journalist in Moskau, der über sensible Themen wie Korruption schreibt. Es gibt viele andere Korrespondenten — westliche und russische —, die mit Integrität und Courage berichten, während sich Russland von dem Chaos und der relativen Freiheit der

Jelzin-Jahre in Putins vertikalem Zeitalter in Richtung «gelenkte Demokratie» entwickelt. Die Tabus sind wohlbekannt: der Reichtum Putins und seiner Leute, die Aktivitäten der Geheimdienste und Menschenrechtsverletzungen durch föderale und lokale Truppen im Nordkaukasus. Auch andere brechen diese ungeschriebenen Gesetze.

Doch manchmal bin ich auch bestürzt über die Zurückhaltung und die Neigung zur Anpassung bei einigen meiner westlichen Kollegen. Das BBC-Büro in Moskau ist besonders zögerlich, wenn es um Berichterstattung geht, die den Kreml beleidigen könnte. Trotz der Anstrengungen einiger ihrer mutigeren Reporter hat die Rundfunkanstalt bisher völlig verschlafen, was der Ökonom Anders Aslund als «den größten Korruptionsskandal in der Geschichte der Menschheit» beschreibt.

Reuters und andere Nachrichtenagenturen — mit Korrespondenten im Pressepool des Kremls — scheinen mir ebenfalls allzu gewillt, die Verlautbarungen der PR-Berater des Kremls für bare Münze zu nehmen. Sie sind, vielleicht nachvollziehbarerweise, besorgt über die Zukunft ihrer Büros. Viele Korrespondenten in Moskau haben russische Ehefrauen oder Freundinnen und russische Verwandte — ein Umstand, der sie anfälliger für die Schere im Kopf macht. Haben die BBC und einige andere in Moskau stationierten Nachrichtenorganisationen Selbstzensur geübt? Vermutlich. Fehlt es ihnen an Mut? Absolut.

Ich habe all diese informellen «Regeln» des Kremls über das, was Journalisten tun und lassen sollten, wenn sie aus Moskau berichten, gebrochen. Und dann kamen *WikiLeaks* und die Ansichten des amerikanischen Außenministeriums über Russland: Es handele sich um eine zutiefst unsympathische Kleptokratie. Das also waren meine Verbrechen. Ich war zu einem Störenfried geworden, und jemand — wer? — hatte beschlossen, mich loszuwerden.

Meine vier Jahre in Russland enden also dramatisch: mit einer Ausweisung wie aus dem sowjetischen Lehrbuch. Es scheint, als sei ich der erste westliche Korrespondent, dem dieses Schicksal seit dem Ende des Kalten Krieges widerfährt. Ich trete hinaus auf die Straße. Ich setze mich in das nahegelegenen McCafé. Ich rufe Phoebe an. Ich erzähle ihr, dass wir rausgeworfen werden. Phoebe — sie ist gerade auf dem Weg zu einer russischen Literaturgruppe (diese Woche steht *Anna Karenina* auf dem Programm) — erscheint wenige Minuten später in dem Café. Sie ist schockiert und ungläubig.

Ich rufe James Barbour an, den Presseattaché der britischen Botschaft in Moskau. James kommt kurze Zeit später dazu. Auch er wirkt von der Nachricht überrascht. Die Mobbing-Kampagne des FSB gegen mich ist der Botschaft bekannt, ebenso dem britischen Außenministerium in London. Doch dies ist eine unvorhergesehene Entwicklung. Was hat sie zu bedeuten?

Zwei Stunden später nehmen wir die Metro der grünen Linie nach Woikowskaja und fahren von dort mit dem Trolleybus zur britischen Schule. Wir erzählen Ruskin, dass wir aus Russland fortmüssen und nach Großbritannien abreisen. Er reagiert gelassen. Ich erkläre, das bedeute auch, dass er nicht mehr als Krähe in Fräulein Marinas Weihnachtsaufführung der *Schneekönigin* auftreten wird. Wir gehen zum Schulgebäude für die Älteren, wo Tilly nach dem Unterricht einen Schreibclub besucht. Als sie herauskommt, merkt sie sofort, dass etwas nicht stimmt: Ihre beiden Eltern sind da, um sie abzuholen, ein eher untypisches Ereignis. Wir setzen uns in den Spanisch-Klassenraum. Ich sage ihr, dass wir Moskau verlassen. Ich muss schwören, dass das kein Witz ist. Nach einem Jahrzehnt des Um-die-Welt-Reisens — Tilly hat in Indien, Deutschland und Russland gelebt — wird sie also endlich nach Großbritannien ziehen. Sie ist baff. «Wow», sagt sie.

In den nächsten paar Tagen sind wir auf unangenehme Weise zwischen zwei Welten gefangen: der persönlichen und der öffentlichen. Die britische Botschafterin in Moskau, Anne Pringle, erhebt gegenüber ihren russischen Amtskollegen diplomatischen Einspruch. Wir packen währenddessen für die Abreise. In unserer Moskauer Datsche fangen wir mit dem Ausmisten an — wir werfen alte Zeitungen weg, Kleidung und Kinderspielzeuge — das gesammelte Durcheinander unserer vier Jahre in Moskau. In London schreibt der Chefredakteur des *Guardian*, Alan Rusbridger, an den britischen Außenminister, William Hague.

Der *Guardian* verfasst auch eine Pressemitteilung. Darin teilt Rusbridger mit: «Wir sind außerordentlich beunruhigt, dass die russischen Behörden unseren Moskau-Korrespondenten, Luke Harding, im Grunde ausgewiesen haben. Wegen seiner Berichterstattung aus Russland und den umliegenden Regionen war er jahrelang Schikanen ausgesetzt; es ist jedoch sehr besorgniserregend, dass die Regierung nun dazu übergegangen ist, Reporter auszuweisen, mit denen sie nicht einverstanden ist. Russlands Behandlung von Journalisten — sowohl einheimischer als auch ausländischer — ist ein Anlass zu großer Sorge.»

Ich ergänze: «Meine Ausweisung hat nichts mit diesen falschen Erklärungen zu tun. Es handelt sich um eine Bestrafung für Berichterstattung über Dinge, die der Kreml als Tabuthemen ansieht.» Ich einige mich mit Rusbridger, einen Artikel über meine Ausweisung zu veröffentlichen, sobald wir im Flugzeug nach Heathrow sitzen, außerhalb der Reichweite des FSB.

Wir buchen unsere Flugtickets, um Moskau zu verlassen, für den 24. November. Die Möbelpacker kommen. Innerhalb von wenigen Stunden haben sie alles verpackt und in Kisten verstaut, was sich in unserem Häuschen befindet: Bücher, Gemälde, eine gerahmte Karte des frühen Moskaus und eine Wanduhr mit Putin und Medwedew, die als humorvolle Begrüßung für meine Besucher vom FSB neben unserer Eingangstür hing. Wir lassen den Fernseher zurück, unser aus Indien mitgebrachtes Doppelbett und eine Reihe von Matratzen. Die Zimmer der Kinder sind nackt und leer.

20 Stunden vor unserer Abreise klingelt mein Telefon. Es ist Nikolai — der junge Diplomat aus der Presseabteilung.

«Herr Harding, haben Sie Kinder?», fragt er.

«Sie wissen genau, dass ich welche habe», sage ich säuerlich.

Er fährt fort: «Ich habe gute Neuigkeiten für Sie. Wir sind bereit, Ihnen ein Visum für sechs Monate zu geben, so dass Ihre Kinder das Schuljahr beenden können.»

Kurzes Schweigen. «Danach müssen Sie Russland verlassen.»

Es scheint, als sei die Ausweisung kurzzeitig rückgängig gemacht worden, bevor ich irgendwann doch des Landes verwiesen werde.

In einem Staat, der von einer verschwiegenen und paranoiden Oligarchie regiert wird, ist es normalerweise unmöglich, die wahren Gründe für einem Verwaltungsakt zu erfahren. Nachdem er über meine Ausweisung befunden hatte, hat sich der russische Staat offenbar überlegt, seine Entscheidung zu revidieren — oder sie zumindest aufzuschieben. Die Motive sind unergründlich. Es könnte ein pragmatischer Sieg für die Liberalen im Kreml sein. Es ist auch möglich, dass die britische Diplomatie etwas bewirkt hat. (In einer Zeit, in der sich die Beziehungen zwischen Moskau und London verbessern, kann das Außenministerium der neuen Koalitionsregierung in Großbritannien sein «Zugeständnis» als Geste des guten Willens präsentieren.) Wahrscheinlicher ist jedoch, dass jemand angesichts des drohenden Imageschadens endlich aufgewacht ist.

Erst später kommt mir der Gedanke, dass der Rückzieher vielleicht von Anfang an geplant war. Die Entscheidung des FSB hat das Leben meiner Familie auf den Kopf gestellt. Frühere Maßnahmen gegen mich haben sich als ineffektiv erwiesen. Immer stärker habe ich den Verdacht, dass das von Anfang an die zynische Absicht der Behörde war. Phoebe ist auf dem Weg zur Schule, um die Kinder abzuholen, als ich ihr von Nikolais Telefonanruf erzähle. Tilly hat sich gerade endgültig von ihren Freunden verabschiedet. Ihre Englischlehrerin, Frau Semjanik, hat ihr eine Ausgabe von *Der Kleine Prinz* geschenkt; fest umklammert sie ihr Schulabgangszeugnis. Phoebe überbringt ihr die Nachricht, dass wir jetzt doch in Moskau bleiben.

Tilly wird wütend. Sie rennt über den Spielplatz davon. «Ihr habt verdammt noch mal mein Leben ruiniert», schreit sie. «Ich gehe verdammt noch mal nicht mehr zurück in meine alte Schule!» Frau Smith — Ruskins Lehrerin, eine kluge und warmherzige Britin Anfang 60 — findet Tillys Verhalten überhaupt nicht empörend. «Da liegt sich nicht ganz falsch», sagt Frau Smith.

Zuhause verbarrikadiert sich Tilly in ihrem Zimmer. Sie ist 13 Jahre alt, sehr sprachbegabt und hat schon einen Roman verfasst.

Sie schreibt:

> An der Wand in unserer Diele hängt so eine öde Plastikuhr mit den Gesichtern von Wlad und Dima. Mein Vater sagt immer, das mit der Uhr ist ein ironischer Witz, genau wie mit den anderen Sachen, die in unserem Haus herumfliegen. Mein Vater nennt das politische Satire.
>
> Wenn dein Vater der Auslandskorrespondent des *Guardian* in Russ-

land ist, kannst du sicher sein, dass es nie ohne politischen Humor zugeht. Ich weiß noch, wie mein Vater mich einmal bat, ein Schild an unser Gartentor zu hängen, auf dem «Entenhaus» stand, als das mit den Spesenabrechnungen der englischen Parlamentsabgeordneten herauskam.

Nur: Wenn wir Witze über die russische Regierung machen, gehen wir nicht davon aus, dass uns etwas passiert. Wir lachen über «Dima und Wlad», aber wir glauben doch nicht, dass sie uns irgendetwas tun könnten, von bösen Blicken und stillen Drohungen, die sie manchmal von ihrem Platz an der Wand meinem Vater senden, einmal abgesehen.

Es war der totale Schock, als an einem ganz normalen Dienstag, kurz nach meinem Schreibclub, meine Mutter und mein Vater plötzlich in der Schule standen und mir kleinlaut verkündeten, dass wir Moskau verlassen und nach Großbritannien ziehen würden.

Wie bitte? Aus Moskau weg? Freunde verlassen, mein Haus, meine Schule, für etwas das ich nicht mal wirklich kannte?

Wann gehen wir weg? fragte ich. Meine Eltern sagten, wir reisen in zwei Wochen. Warum, fragte ich vorsichtig, warum müssen wir weggehen? Mein Vater antwortete mit nervösem Lächeln. Er versuchte mir klarzumachen, dass es nicht seine Schuld sei, dass das russische Außenministerium sich weigere, sein Visum zu erneuern, weil er angeblich irgendwelche russischen Gesetze gebrochen hat. Er sagte, das ist nur eine Ausrede, um ihn aus dem Land zu werfen und seine Berichte über Korruption und Wahlfälschungen und Kriege zu stoppen.

Ich fühlte mich wie ein Zombie. Auf dem Nachhauseweg war ich mir nicht sicher, ob das Ganze nicht wieder so ein Spaß war. Wir informierten meinen Bruder. «Cool», meinte er, dann jagte er an seinem Computer weiter Außerirdische in die Luft.

Die nächsten paar Tage bestanden aus Heulen, Fassunglosigkeit und *Facebook*-Nachrichten. Ich beobachtete meine panischen Eltern, wie sie im Internet nach einer Wohnung suchten und nach Schulen, die mich und meinen Bruder so schnell aufnehmen würden. Mein Vater hatte nicht direkt gesagt, dass wir unseren plötzlichen Aufbruch geheim halten sollten, stattdessen hatte er Ruskin und mir eingeschärft: «Wartet noch ein bisschen, bevor ihr euren Freunden davon erzählt, einverstanden?»

Wie sollte ich weggehen, ohne mich zu verabschieden? (Unmöglich.) Mein Vater verbrachte viel Zeit in seinem Zimmer mit meinem Computer, schrieb Artikel, wenn er nicht gerade sauer auf uns war, weil wir unseren Freunden zu viel erzählt hatten, oder traurig, weil ihm klarwurde, dass er mal wieder unser Leben ruiniert hatte. Es dauerte ein paar Tage, dann weinte plötzlich mein Bruder; meine Mutter lief herum wie ein Trauerkloß. Sie musste ihren Job bei der *Moscow News* aufgeben, für die sie über grüne Ecken und Spaziergänge in Moskau schrieb. Ein Traum, hatte sie gesagt, dafür bezahlt zu werden.

(Nach noch zwei Tagen war ich dann über das Schlimmste hinweg. Wobei das Schlimmste war, dass ich niemandem etwas erzählen konnte. Zwei Wochen vor der Abreise, und meine Mutter hatte ihren Arbeitgebern noch nichts verraten. Sie hat eine lange E-Mail-Liste von Leuten, denen sie jede Woche schrieb und konnte keinem etwas sagen. Mein Vater meinte, ich sollte meiner engen Freundin Danja nichts erzählen, ihr Vater sei Journalist und könne darüber schreiben. Ich ignorierte ihn; ich erzählte ihr's trotzdem, konnte ihr aber nicht erklären, warum wir weggingen. Das Ganze schien mir einfach lächerlich.)

Also obwohl die Situation so absolut verrückt war, gewöhnte ich mich daran. «Wir denken», sagten meine Eltern, «wir werden in London leben. Und: Falls wir nach London gehen, wird es dir da gefallen. Es gibt da unzählige Thai-Restaurants, vieles was du mögen wirst.» Ich stellte mir London nicht vor. Ich war einmal in der *tube*, verglichen mit der Moskauer Metro sah sie, in meiner Erinnerung, naja, schäbig aus. Aber immerhin ist London die Stadt, in der ich geboren bin. Dorthin zu gehen konnte schließlich nicht ganz falsch sein.

Diese zwei Wochen vor unserer Abreise schienen sich endlos zu ziehen. Das viele Warten. «Wir werden eine ziemlich große Hypothek aufnehmen müssen, um uns ein Haus zu kaufen; wir werden

kürzer treten müssen. Aber keine Sorge, das wird schon», sagten sie. «Komm, schau dir diese Schule an … schau, sie ist international. Da passt du genau rein.»
An dem Donnerstag, zwei Tage, nachdem ich die schicksalhafte Nachricht erhalten hatte, verkündete mein Vater (wieder mit so einem schuldigen Grinsen), dass wir nicht in zwei Wochen, sondern am kommenden Mittwoch abreisen würden. In fünf Tagen. Sieben Tage nachdem wir erfahren hatten, dass wir weggehen würden. Wie eine meiner besten Freundinnen, Nicole, sagte: «Wir haben so viel zusammen gemacht. So viel, und dann sieben Tage? Oh mein Gott, nächsten Mittwoch schon.» Aber die Nachricht war irgendwie erfreulich. Kein schreckliches, sich hinziehendes Warten mehr. Nur noch ein paar Tage und wir würden weg sein. Aber erst als die Möbelpacker kamen, habe ich, glaube ich, wirklich begriffen, dass wir fortgehen würden. Ich kam von der Schule und stellte fest, dass mein Zimmer nicht mehr da war. Alle meine Möbel waren weg. Verschwunden. Alle Bücher, die mich umgeben und so lange getröstet hatten. Verschwunden. Mein Schreibtisch, meine Kleider, meine alten Schulbücher. Weg. Es war ein Schock, um es vorsichtig auszudrücken, und ich habe ein paar Minuten dagestanden in meine Decke gewickelt und habe gesagt: «Mein Zimmer ist leeeeeeeeeeeeeeeeer!» Aber dann habe ich mich auf die Abreise gefreut. Gefreut auf einen Neubeginn und ein neues Zuhause. «Du wirst erst zuhause unterrichtet werden», sagten sie, «bis wir eine neue Schule gefunden haben. Es wird Spaß machen, Oma und Opa können dir beibringen, wie man Vögel beobachtet…»
Und so kam der letzte Schultag, mit dem Schulabgangszertifikat und Kuchen und Umarmungen von meinen Freunden. Mit einem traurigen Lächeln auf den Lippen bin ich gegangen, fort von meiner Schule für vier Jahre. Und ich dachte, es wäre das letzte Mal. Ich kam an das Tor der Schule meines Bruders, wo meine Mutter auf mich wartete, sie trug schicke Klamotten und diesen mittlerweile bekannten schuldigen Gesichtsausdruck. Sie trat auf mich zu und sagte: «Wir werden vielleicht doch nicht weggehen …» Die Taxifahrt nach Hause war 20 Minuten langes Geschrei und Verwirrung,

während ich versuchte zu begreifen, was eigentlich los war. Anscheinend war mein Vater ein letztes Mal zum russischen Außenministerium gefahren und hatte ihnen gesagt, dass das, was sie da tun, lächerlich ist, und aus irgendeinem Grund sind sie ihm entgegengekommen. Sie haben uns gesagt, dass sie das Visum meines Vaters bis Mai verlängern, so dass wir das Schuljahr zu Ende bringen könnten (sie haben nicht mitbekommen, dass unser Schuljahr bis Juli geht) und die Vorgesetzten von meinem Vater beim *Guardian* haben uns geraten, dieses Entgegenkommen anzunehmen. Wir würden für zwei Wochen nach Großbritannien reisen, um Schulen zu besichtigen und Dinge zu klären.

Als wir wieder zuhause ankamen, waren die Möbelpacker damit beschäftigt, schweigend unsere ganzen Sachen wieder auszupacken. Nach dem ersten Schreck akzeptierte ich widerwillig den Plan, der uns viel mehr Vorbereitungszeit für die Abreise ließ. Aber die Vorstellung, wieder in meine Schule zu gehen, nachdem es eine Abschiedsparty für mich gegeben hatte und ich allen auf Wiedersehen gesagt hatte, nun ja, die Vorstellung war schrecklich, ganz zu schweigen von peinlich. Meine Eltern beschlossen, dass wir einen Tag frei haben dürften, um vor der Rückkehr mit dem Schock klarzukommen. Das klang nicht gut. An dem einen Tag, den wir zuhause blieben, packten die Möbelpacker den Rest unserer Sachen aus und stellten sie überall an die falschen Stellen zurück. Nachdem sie meine Regale schließlich wieder an ihren alten Platz gerückt hatten, starrte ich verzweifelt auf die riesigen Bücherstapel überall, auf das ganze Zeug auf dem Boden, all das Aussortieren, das ich würde erledigen müssen, um da durchzukommen. Wie ich meiner Mutter sagte: «Das übersteigt krass meine Grenzen, was ‹Dinge, die man nun einmal tun muss› angeht.»

Als ich in meinem Zimmer saß und auf die zerknitterten und chaotisch herumliegenden Dinge um mich herum starrte, begriff ich, was eigentlich wirklich los war. Die ganze Zeit über, die mein Vater eingeschlossen in seinem Zimmer verbracht hatte, schrieb er an einer Geschichte darüber, wie wir so plötzlich zur Ausreise gezwungen wurden. Er würde die ganze Sache öffentlich machen, sie der ganzen Welt erzählen, doch die russische Regierung konnte das nicht hinnehmen. Sie konnten nicht offenlegen, dass sie eine Familie rausgeschmissen hatten, nur weil ihnen nicht gefiel, was mein Vater schrieb. Also haben sie sein Visum verlängert. Dann werden sie halt im Mai rausgeworfen. Macht doch nichts! Schlau und gewieft, aber dabei haben sie mein Leben gerade gleich zweimal zerstört. «Hören Sie auf, Psychospielchen zu spielen, Herr Medwedew», flüstere ich. «Hören Sie auf, unsere Leben zu zerstören, Herr Putin.» Wir treffen uns, um zu besprechen, was wir tun werden; wir lachen gemeinsam, aber es ist ein verzweifeltes Lachen. Hören Sie auf, uns verrückt zu machen, möchte ich sagen.

Nun ist also die Uhr an der Wand nicht mehr länger ein harmloser, politischer Scherz. Jetzt bekommt diese Uhr, wann immer wir das Haus betreten, frustrierte und wütende Blicke zugeworfen. Jetzt ist diese Uhr der Ursprung all unserer Probleme.

Danke, Dima und Wlad!

Ich lese Tillys Artikel und fange an zu weinen.

16

STAATSFEIND

Passkontrolle, internationaler Flughafen Domodedowo, Moskau, 5. Februar 2011

Unter Putin ist der FSB *zu* KGB*-Methoden zurückgekehrt, um mit ausländischen Journalisten fertig zu werden.*
ANDREI SOLDATOW UND IRINA BOROGAN, «AGENTURA.RU»

Der Rückflug von London nach Moskau ist nicht weiter bemerkenswert. Phoebe, Tilly und Ruskin kehren in der ersten Januarwoche nach Russland zurück, damit die Kinder wieder zur Schule gehen können; ich bleibe in Großbritannien, um ein Buch über *WikiLeaks* fertigzustellen. Russlands Außenministerium gewährt mir ein sechsmonatiges Visum bis zum 31. Mai 2011. Danach muss ich das Land verlassen. Die Gründe für den Rückzieher des Ministeriums sind rätselhaft, wie praktisch alles in Putins undurchsichtigem bürokratischen System. Doch es gibt eine Art Abmachung, fast schon einen Waffenstillstand: Ich bleibe bis zum Frühsommer in Moskau, bevor ich still und leise meine Sachen packe und Russland mit meiner Familie verlasse — vermutlich zur großen Erleichterung des Ministeriums.

In der Zwischenzeit veröffentlicht der *Guardian* hunderte von Artikeln, die auf den geheimen Depeschen des US-Außenministeriums basieren. Für den Kreml ist das keine erfreuliche Lektüre. Anfang Dezember 2010 reagiert Putin auf CNN ungehalten auf die Anspielungen eines US-Diplomaten, er sei der «Batman» zu «Robin» Medwedew. Der Vergleich sei «unethisch», ein Beleg für die «Arroganz» der Amerikaner und der Versuch, einen Keil zwischen ihn und den Präsidenten zu treiben, sagt er CNN-Moderator Larry King. Medwedew dagegen nimmt die durchgesickerten Informationen nicht ernst, sie seien «keinen Kommentar wert».

Nach einer Woche der heißen Enthüllungen, die Russland als «Mafiastaat» beschreiben, ändert die russische Führung ihre Meinung. Sie kommt zu dem Schluss, der größte Verlierer in der *WikiLeaks*-Affäre seien die bloßgestellten Vereinigten Staaten, die gegenüber ihren globalen Verbündeten und Partnern einen enormen Gesichtsverlust erleiden. In der Nullsummenwelt der russischen Diplomatie ist das, was schlecht für Washington ist, gut für Moskau. Obamas wütende Verurteilung von *WikiLeaks* ist — aus russischer Sicht — ein weiterer Beleg für die Verlogenheit und die Doppelmoral der Amerikaner in Sachen Redefreiheit.

Als Medwedew im Dezember nach Brüssel reist, kommt einem Mitglied seiner Entourage die Idee, den Gesichtsverlust der Vereinigten Staaten noch weiter zu treiben. Schadenfroh schlägt er vor, Julian Assange — den das Pentagon des Hochverrats anklagen will — für den Friedensnobelpreis zu nominieren. Es ist ein weiterer Schlag, so sehen es zumindest die Russen, für die heuchlerischen Amerikaner. *Russia Today* gibt Assange später eine eigene Live-Sendung.

Neben den *WikiLeaks*-Beiträgen im *Guardian* über Russland steht meine Verfasserzeile. Sie beginnen am 2. Dezember 2010 mit der bemerkenswerten Überschrift «*Inside Putins ‹mafia state›*» [«*Im Innern von Putins ‹Mafiastaat›*»]. Wladimir Putin blickt von der Titelseite, jeder Millimeter ganz ehemaliger KGB-Spion, und trägt eine finster aussehende, verspiegelte Sonnenbrille. Andere internationale Medien wie die *New York Times* berichten über dasselbe Material, allerdings in einem anderen Tonfall. (Die *Times* überträgt ihre Russland-Berichterstattung einem ehemaligen Moskauer Bürochef, der nun in New York lebt. Sie entscheidet sich für die Überschrift «*In cables, US takes dim view of Russia*» [«*WikiLeaks-Depeschen: Amerika hält nicht viel von Russland*»].)

Wir erwägen kurz, meinen Namen aus den Berichten über Russland herauszuhalten, kommen dann aber zu dem Schluss, dass die Russen ohnehin annehmen werden, dass ich sie verfasst habe. Zudem dürfte jedem vernunftbegabten Leser klar sein, dass diese Geschichten auf den offenenherzigen, privaten Einschätzungen hochrangiger US-Diplomaten in Moskau basieren. Als solche sind sie nicht meine eigenen Ansichten, auch wenn ich im Großen und Ganzen mit ihnen und ihrem allgemein pessimistischen Ausblick übereinstimme. Russische Regierungsbeamte werden das doch hoffentlich genauso vernünftig sehen?

Als sich Flug 891 von British Midland dem internationalen Flughafen Domodedowo in Moskau nähert, habe ich trotzdem ein flaues Gefühl in der Magengegend. Nach vier Jahren in Moskau mache ich mir keine Illusionen, Russlands ist immer für böse Überraschungen gut. Mit meinen Kollegen hatte ich noch gewitzelt, dass es eine «50prozentige Chance» gebe, dass mich die Flughafenbeamten zurückschicken. Das, überlege ich jetzt, ist vermutlich noch zu tief gegriffen.

Russlands Statistik ist in dieser Hinsicht nicht besonders gut: Seit dem Jahr 2000 wurde rund 40 Journalisten und Menschenrechtsaktivisten aufgrund ihrer beruflichen Aktivitäten ein Einreisevisum verweigert. Russland hat nicht nur eine, sondern zwei internationale schwarze Listen. Eine betreibt es zusammen mit Belarus (ist man in einem Land gesperrt, wird man automatisch auch von dem anderen ausgeschlossen). Die andere ist das sogenannte «Gemeinsame System». Seit 2004 in Betrieb, umfasst es sechs Länder: Russland, Belarus, Armenien, Kasachstan, Kirgistan und Tadschikistan. Steht man einmal auf der Liste, ist es fast unmöglich, wieder gestrichen zu werden. Selbst für den abgebrühtesten westlichen Korrespondenten birgt die Rückkehr von einer Auslandsreise also einen gewissen Moment der Beklemmung. In der Warteschlange an der Passkontrolle fragt man sich, was wohl passieren wird: Stempel in den Pass und grünes Licht? Oder etwas anderes? Ich verdränge diese Gedanken. Ich denke stattdessen an meine Frau und Kinder. Zu diesem Zeitpunkt haben wir einander seit fast vier Wochen nicht mehr gesehen. Das ist die maximale Trennungszeit; danach, das weiß ich von meinen langen Aufenthalten in Afghanistan und im Irak, beginnt die Familieneinheit allmählich auseinanderzufallen.

Vor mir umklammern russische Passagiere Einkaufstüten von Harrods und große Flaschen *Duty-free*-Cognac. Wir steigen aus dem Flugzeug und nehmen den Bus in ein graues Terminalgebäude mit großen, erleuchteten Art-Deko-Buchstaben. Ich folge dem Pulk bis zur Passkontrolle im ersten Stock: eine Reihe von Kabinen, eine davon für Diplomaten, in einer sterilen Halle. Ich stelle mich an. Die Schlange ist nicht lang. Ich zeige meinen ramponierten britischen Pass vor. (Der Löwe vorne und die Worte «*Dieu et Mon Droit*» sind verschwunden; das goldene Einhorn ist verblasst, nur das Horn ist noch sichtbar.)

Ich lese das Namensschildchen der Beamtin der Föderalen Grenzagentur, die meine Dokumente prüft. Sie heißt Lilija. Lilija ist jung — etwa 25

— und blond. Ihre attraktive Figur gleicht ihre offizielle olivfarbene Uniform aus. Lilija tippt meine Daten ein. Sie guckt überrascht. Sie ruft ihren Chef. Beide starren auf meinen Eintrag im System. Dann geschieht etwas Merkwürdiges: Sie tauschen Blicke und brechen dann in ein verlegenes Gekicher aus. Es ist, als hätte man sie in ein Geheimnis eingeweiht. (Ich habe das auch bei früheren Gelegenheiten schon beobachtet, und mich gefragt, ob etwas Kindisches, irgendetwas Spöttisches und Unschönes im System der Behörde neben meinem Namen geschrieben steht. Aber was? Der Halter dieses Passes hat einen kleinen Schwanz?) Lilija bedeutet mir, an der Seite zu warten. Ihr Vorgesetzter nimmt meinen Pass mit. Er verschwindet in einem Nebenraum.

Das wirkt nicht gerade ermutigend. Während ich warte, klingelt mein Mobiltelefon. Ruskin ist dran. «Wann kommst du nach Hause, Papa?», fragt er. Obwohl meine Situation eine beunruhigende Wendung genommen hat, sage ich, dass ich bald bei ihm sein werde. Ich schicke Phoebe eine SMS: «Sie haben meinen Pass mitgenommen. Das sieht nicht gut aus.» Ich schreibe auch eine SMS an James Barbour von der britischen Botschaft in Moskau. Ich frage ihn, ob er im Dienst ist (es ist Samstagnachmittag), und berichte ihm von meinen Problemen bei der Einreise. James schreibt scherzhaft zurück: «Hihi, sie wollen dich bestimmt nur ärgern! Melde dich.»

Nach ein paar Minuten kommt ein zweiter Beamter aus dem Nebenraum — Anfang 20, gerade aus der Schule entlassen, mit weißer, teigiger Haut und der gleichen olivfarbenen Uniform wie Lilija mit dem süßen Gesicht. Ich erhasche einen Blick auf sein Namensschildchen. Er heißt Nikolai. Nikolai hat meinen Pass.

Bevor ich fragen kann, was eigentlich los ist, hebt Nikolai zu einer Rede an, die er ganz eindeutig nicht zum ersten Mal hält. Die Rede ist kurz: «In Übereinstimmung mit Paragraf 27 der Gesetze der Russischen Föderation wird Ihnen die Einreise in die Russische Föderation verwehrt», sagt er. Warum, frage ich. «Für Sie ist Russland gesperrt», gibt er zurück. Es ist offenkundig, dass er keine Ahnung hat, warum ich auf der Liste der Unerwünschten gelandet bin. Ich bin jetzt ganz offiziell zum Staatsfeind geworden. Nikolai erklärt, dass ich in ein Flugzeug gesetzt und zurück nach London geschickt werde. Er scheint allerdings verblüfft zu sein von der Entscheidung, mich nicht wieder einreisen zu lassen, und fragt, ob ich etwas falsch gemacht habe. Ich weiß darauf keine Antwort — es sei denn, gelegentliche regierungskritische Artikel sind der Grund —, also verneine ich.

Als er mich fortführt, versuche ich mich mit dem Gedanken zu trösten, dass alles noch viel Schlimmer sein könnte. Verglichen mit dem Schicksal einiger einheimischer Kritiker von Putins Regime (getötet, vergiftet, mit Baseballschlägern verprügelt, zum Sterben zurückgelassen) ist dies eine VIP-Behandlung. Es wäre sogar auf perverse Weise schmeichelhaft, wäre da nicht meine in Moskau gestrandete Familie. Ich schreibe Phoebe: «Ich werde abgeschoben.» Sie antwortet: «NEIN.» Ich versichere ihr, dass das kein dummer Witz ist. Ich rufe meinen Redakteur beim *Guardian* an.

Nikolai — der immer noch meinen Pass hat — bahnt uns einen Weg durch den Strom der ankommenden Passagiere; wir nehmen den Aufzug ins Erdgeschoss. Ich frage, ob ich auf die Toilette gehen darf — um mehr Telefonanrufe zu machen und die Entscheidung aufzuschieben; er verneint. Stattdessen führt mich Nikolai direkt zu einer Tür mit einem Schild, auf dem in Russisch und Englisch «Abschiebezone» steht. Er begleitet mich hinein und tritt wieder heraus. Er schließt die Tür hinter sich ab. Die Zelle ist ein kleiner, unscheinbarer L-förmiger Raum mit grauen Metallbänken, einem separaten Duschraum und einer Toilette. Es ist eher ein versteckter Anbau des Flughafengebäudes als ein Kerker. Mehrere Personen befinden sich schon darin: eine kleine Gruppe verlorener Seelen, die, wie ich, geduldig auf ihre Abschiebung warten. Durch ein großflächiges Fenster kann ich sich langsam bewegende Flugzeuge vor dem Terminalkomplex sehen; Minibusse fahren auf Zufahrtsstraßen hin und her; das vertraute Rumpeln der Maschinen, des normalen Alltags, ist zu hören.

Ich komme mit meinen Zellengenossen ins Gespräch. Einer heißt Ruslan Minsafin, ein russischer Staatsbürger, der wegen Problemen mit seinem Pass zurück nach Italien geschickt wird. Er ist seit 24 Stunden hier. Dann gibt es vier Jugendliche aus Tadschikistan und einen weiteren aus Kirgistan. Die Tadschiken kommen aus Khujand, Tadschikistans zweitgrößte Stadt im Norden; sie spielen *durak*, «Idiot», und sitzen mit gekreuzten Beinen vor einem Kartenstapel. Wir sprechen über die neue

Straße, die chinesische Arbeiter zwischen Khujand und Duschanbe gebaut haben, Tadschikistans sowjetisch anmutende Hauptstadt.

Neben dem Fenster sitzt eine kongolesische Frau. Sie ist schon seit einer Woche hier. Die Frau liegt ausgestreckt auf der Bank und hält ihr Mobiltelefon fest. Sie spricht weder Englisch noch Russisch und ist offenbar gelangweilt, vielleicht sogar gleichgültig, ganz in ihren eigenen Kosmos des Elends versunken. Draußen senkt sich die Abenddämmerung herab. Ich fühle mich seltsam ruhig. Der Himmel geht in ein zartes, dunkler werdendes Lila über; die Wolken haben einen leuchtenden Ton.

Ruslan und die Zentralasiaten sind erstaunt über meine Anwesenheit — ich bin immerhin ein wohlhabender Europäer, jemand, der in der Lotterie des Lebens eigentlich das große Los gezogen hat. Was also mache ich hier? Ich erkläre, dass ich Journalist bin, dass dies möglicherweise etwas mit dem zu tun hat, was mir gerade passiert ist, dass aber die wahren Gründe für meine Abschiebung ein Rätsel sind — zumindest für mich. Ruslan zeigt Mitgefühl. «Russland ist nicht Europa. Sie sollten nicht überrascht sein, dass hier die Menschenrechte nicht beachtet werden», sagt er tröstend. «Es ist ungerecht, dass Moskau den ganzen Reichtum aufsaugt», fügt er hinzu, in offensichtlicher Verstimmung über die großen regionalen Wohlstandsgefälle in Russland.

Ruslan zufolge sind die Bedingungen in Gewahrsam nicht allzu schlecht: Wärter bringen schwarzen Tee mit Zucker (aber ohne Zitrone) und Essen. Es gibt keinen Kaffee. Während wir uns in unserem engen, kameradschaftlichen Raum unterhalten, dämmert es mir, dass dies möglicherweise mein letztes Interview in Russland ist. Ich bin durch die gesamte Russische Föderation gereist, nach geografischer Fläche das größte Land der Erde — ich habe alle elf Zeitzonen durchquert. Ich bin von der Halbinsel Kamtschatka im Pazifik mit ihren schwelenden Vulkanen, ihrem lausigen Wetter und ihren Lachsfängern bis zum Altaigebirge in Sibirien gereist und bis nach Kaliningrad mit seiner Universitätsstatue von Immanuel Kant, der einen leicht absurden Dreispitz trägt. Doch nun ist meine Welt zusammengeschrumpft. Der letzte Zielort meines Aufenthalts in Moskau ist eine fünf mal zehn Meter große Zelle.

Nach etwa 20 Minuten öffnet Nikolai erneut die Tür. Er bringt mein Gepäck, eine Reisetasche und einen kleinen blauen Koffer. Nach wieder

20 Minuten erscheint er erneut. Er sagt, es sei Zeit zu gehen. Insgesamt war ich weniger als 45 Minuten eingesperrt — keine Strafe, die nach einem Stück Gulag-Literatur schreit. Draußen bringt mir eine mittelalte Frau mit kurzgeschnittenem, gelocktem, an den Rändern angegrautem Haar einen Kofferkuli; sie parkt ihn ordentlich und rücksichtsvoll vor der Zelle. Es ist eine kleine Geste der Freundlichkeit.

Ich schüttele Ruslan die Hand. Er gratuliert mir zu meinem Glück. Ich sage meinen neuen tadschikischen Kameraden Lebwohl, die immer noch stoisch Karten spielen; ich fühle mich diffus schuldig, sie zurückzulassen. Ich muss an die Szene im Verlies in dem Film *Das Leben des Brian* denken, in der Brians haariger, bärtiger Zellengenosse, der in Ketten an der Wand hängt, ihn mit den Worten schmäht: «*You lucky, lucky bastard.*»

In London beginnen sich die Rädchen der Diplomatie zu drehen. Und in Moskau beschimpft mein Freund und Kollege Clifford Levy, Bürochef der *New York Times*, aufgeregt seine Kontaktpersonen im Kreml am Telefon. Diese Bemühungen reichen aber anscheinend nicht aus, um die Föderale Grenzagentur — ein Arm des FSB — davon abzuhalten, ihre patriotische Pflicht zu erfüllen und mich schnellstmöglich aus Russland herauszuwerfen.

Nikolai führt mich durch dieselbe Sicherheitskontrolle, zurück zu Abfluggate 1. Ich begreife, dass ich mit dem gleichen British Midland-Flug zurückgeschickt werde, mit dem ich gekommen bin. Vorne im Flugzeug erkläre ich der Stewardess meine Situation. Sie ist baff: Einen solchen Fall hat sie noch nicht erlebt. Eines der Crewmitglieder unterschreibt ein Formular, dass ich nach Heathrow zurückgeflogen werde. Als der Papierkram erledigt ist, überreicht Nikolai der Stewardess meinen Pass. Er verschwindet. Ich sehe, dass er in mein russisches Visum ein großes, verschmiertes blaues Rechteck gestempelt hat. Darin stehen das Wort «annulliert» und das Datum: «05/02/11.»

Es gibt ein letztes Geschenk vom russischen Staat, wieder ein offiziell aussehendes Stück Papier. Ich lese: «Harding, Luke Daniel, britischer Staatsbürger, Ankunft mit Flug 891 am Flughafen Domodedowo am 05.02.11 aus London, Großbritannien, hat gemäß Paragraf 27 der Gesetze der Russischen Föderation über die ordentliche Ein- und Ausreise keine Befugnis, nach Russland einzureisen.»

Kurz bevor die Türen schließen und wir anrollen, klingelt mein Mobiltelefon. Es ist Alan Rusbridger, Chefredakteur des *Guardian*. Rusbridger hatte zum Zeitpunkt unserer *WikiLeaks*-Publikationen vorgeschlagen, dass es besser für mich wäre, in Großbritannien zu bleiben. Im Rückblick war das wohl ein guter Rat. Rusbridger ist wie immer trocken und ironisch.

«Die mögen dich wohl wirklich nicht, was?», sagt er.

«Nein, Alan», antworte ich. «Wirklich nicht.»

Ich habe keinen Zweifel daran, dass der FSB mit seiner, wie es der amerikanische Botschafter formuliert, «ungewöhnlichen Leichtigkeit und seinem einzigartiges Gespür für das richtige Timing», die Anweisung gegeben hat, mich — das Objekt seiner vierjährigen staatlichen Schikanen — nach Großbritannien zurückzuschicken. Er hätte sich allerdings einen besseren Zeitpunkt aussuchen können.

In wenigen Tagen soll Russlands Außenminister zu seinem ersten offiziellen Besuch in London seit fast fünf Jahren aufbrechen. Der Besuch ist Teil von Bemühungen der britischen, konservativ geführten Koalitionsregierung, die Beziehungen mit Moskau wieder zu verbessern.

Ob absichtlich oder nicht — die Entscheidung, mich abzuschieben, ist im Begriff, den heimlichen Krieg der Behörde gegen seine ausländischen «Feinde» in einen kleinen internationalen Skandal zu verwandeln.

Auf dem Rückflug frage ich mich, wer genau meine Abschiebepapiere unterschrieben haben könnte. Der Direktor des FSB, Alexander Bortnikow? Der Leiter der Abteilung, die ausländische Journalisten überwacht, Wasili Dwornikow? (Seine Abteilung, habe ich wenige Tage vor meiner Ausweisung erfahren, läuft unter der harmlosen Bezeichnung «Programmgestaltungs-Unterstützung». Sie führt weiße Programme aus — die öffentlichen Dinge — und schwarze Programme — die geheimen Dinge.) Oder war es jemand anderes? Es sind viele Permutationen denkbar. Möglich, dass ein ganz bestimmter Milliardär, der mit dem, was ich über seine Geschäfte geschrieben habe, unglücklich war, den FSB einfach dafür bezahlt hat, mir die Wiedereinreise zu verweigern.

Wie aus den *WikiLeaks*-Depeschen hervorgeht, waren die Silowiki die größten Gegner von Obamas Plänen für einen «Neustart» zwischen Moskau und Washington. Sie hatten sich auch jeglichem Tauwetter zwischen dem Kreml und der Downing Street widersetzt. Drei Jahre nach der Entscheidung der britischen Regierung, die Kooperation mit dem FSB nach dem Mord an Litwinenko auszusetzen, schäumt die Behörde immer noch vor Wut; der FSB empfand den Schritt als Affront.

Meinen Namen auf eine Abschiebeliste zu setzen muss jemandem wie eine taktische Meisterleistung vorgekommen sein. Für den FSB ist es eine Möglichkeit, seinen anhaltenden Ärger über Großbritannien auszudrücken, einen seiner besonders störenden Gäste loszuwerden und anderen ausländischen Journalisten eine unzweideutige Botschaft zukommen zu lassen: Haltet euch an die Regeln, oder ihr erleidet das gleiche Schicksal. Unter PR-Gesichtspunkten stellt sich der Schritt allerdings als Desaster heraus.

Auf dem Rückflug findet die Crew für mich eine leere Sitzreihe im hinteren Flugzeugteil. Die Stewardessen sind nett; sie bringen Tee und beschwichtigen mich. Ich versuche, nicht an die Szene in Moskau zu denken, wo — das erfahre ich später — Tilly weint und mein Sohn Ruskin sich in den Schlaf schluchzt. Phoebe ertränkt ihren Kummer mit Freunden im Wodka. Der Tag war nach allen denkbaren Maßstäben unwirklich.

Nach fünf Flugstunden lande ich in London. Irgendwann nach Mitternacht checke ich im Premier Inn Hotel in der Nähe des Bahnhofs King's Cross ein, von wo ich 18 Stunden zuvor aufgebrochen war. Ich habe ein neues Zimmer bekommen. Als ich die Türe öffne, sehe ich, dass es, wie von spöttischer Hand, für eine Familie vorbereitet worden ist: zwei Kinderbetten stehen ordentlich neben einem Doppelbett. Doch meine Kinder sind weit weg. Es ist unklar, wann ich sie wiedersehe. Unser langerwartetes Familienwiedersehen hat nicht stattgefunden. Ich starre auf die Betten. An diesem Tag voller böser Überraschungen und bitterer Wendungen ist dies mein dunkelster Augenblick.

In den nächsten 24 Stunden versucht das britische Außenministerium herauszufinden, warum ich ohne Umschweife nach London zurückgeschickt wurde. Außenminister William Hague gibt zu meinem Fall keine öffentliche Stellungnahme ab. Doch im Stillen arbeiten die Diplomaten an der Moskauer Botschaft intensiv daran, Antworten zu erhalten. Der *Guardian* bereitet derweil einen großen Artikel vor. Wir einigen uns mit dem Außenministerium, mit der Publikmachung meiner Ausweisung zu warten, bis die Russen Gelegenheit hatten, ihren Schritt zu erläutern — oder rückgängig zu machen.

Sergei Lawrow jedoch, Russlands Außenminister und der wichtigste Vertreter der kompromisslosen außenpolitischen Linie des Kremls, hat keine Eile, mit seinem britischen Amtskollegen zu sprechen. Samstag werde ich ausgewiesen. Sonntag ist Lawrow nicht zu sprechen. Montagmittag gelingt es Hague, ihn zu erreichen. Lawrow sagt, er wisse nichts über meinen Fall. Er verspricht, sich wieder bei Hague zu melden — das diplomatische Äquivalent eines höflichen Korbs.

Nach über 48 Stunden hat die russische Regierung immer noch nicht erklärt, warum sie mich hat ausweisen lassen — im Bruch mit sämtlichen europäischen Normen und Regeln, festgeschrieben von der Organisation für Sicherheit und Zusammenarbeit in Europa (OSZE). Lawrow ist nicht in der Lage, Licht in die Angelegenheit zu bringen. Wir beschließen, dass wir keine andere Wahl haben, als an die Öffentlichkeit zu gehen. Um 18.11 Uhr am Montag, den 7. Februar 2011, erscheint auf der Website des *Guardian* ein Beitrag von Medien-Redakteur Dan Sabbagh. Er schreibt:

> Der Moskau-Korrespondent des *Guardian* wurde aus Russland ausgewiesen; es dürfte die erste Ausweisung eines britischen Journalisten aus dem Land seit dem Ende des Kalten Krieges gewesen sein. Luke Hardings erzwungene Ausreise erfolgte nach Berichten der Zeitung über die *WikiLeaks*-Dokumente, in denen er über Anschuldigungen berichtete, Russland sei unter der Regierung von Wladimir Putin zu einem «regelrechten Mafiastaat» geworden. Am Wochenende flog der Journalist nach Moskau zurück, nach einem zweimonatigen Aufenthalt in London, wo er über die Inhalte der veröffentlichten diplomatischen Depeschen berichtet hatte. Ihm wurde die Einreise verweigert, als sein Pass am Flughafen kontrolliert wurde.

In Großbritannien ruft meine Behandlung Besorgnis hervor. John Kampfner, Direktor von Index on Censorship, sagt: «Die Behandlung von Luke Harding durch die russische Regierung ist kleinlich und rachsüchtig, und ein weiterer Beleg — falls überhaupt noch nötig — für den schlechten Zustand der Redefreiheit in diesem Land.» Amnesty International Großbritannien sagt, die Ausweisung sei «ein weiteres Zeichen für den schrumpfenden Spielraum für die Redefreiheit in diesem Land». Graham Jones, der für Russland zuständige Landeskoordinator der Organisation, erklärt: «Russland wird zum Synonym für die Einschüchterung von und Mordserien an Journalisten. Für Medienvertreter ist es schon heute das dritttödlichste Land der Welt.»

Martin Woollacott, ehemaliger Auslandschef und ein Veteran unter den Kommentatoren des *Guardian*, schreibt einen nachdenklichen Leitartikel, der eine Bilanz von Russlands Fortschritten — oder deren Ausbleiben — seit der Sowjetära zieht. Darin heißt es:

> Es ist nicht schwer zu erraten, welche «Verbrechen» die russischen Behörden zu diesem Schritt bewogen haben, der seit dem Ende der sowjetischen Zeiten beispiellos ist. Diese bestanden darin, über die vielen Mängel zu berichten, die die russische Politik und Gesellschaft immer mehr entstellen, darunter die Korruption der staatlichen Bürokratie, die Verbindungen des Sicherheits-Establishments mit dem organisierten Verbrechen, die kontraproduktive Brutalität der Regierungspolitik im Kaukasus, den schrumpfenden Spielraum der freien Presse, die Aushöhlung der demokratischen Institutionen des Landes und der Missbrauch des Rechtssystems. Um nur einige zu nennen.

Woollacott fragt sich auch, ob meine Beteiligung an der Berichterstattung der Zeitung über die Enthüllungen des *WikiLeaks*-Materials über die Natur des russischen Staates, «wie er sich unter Wladimir Putin entwickelt, oder genauer: zurückentwickelt hat», der «ausschlaggebende Verstoß» gewesen sei:

> Eine Zeitlang schien es, als sei die sowjetische Art und Weise, die internationale Presse zu kontrollieren und zu lenken, in der neuen Russischen Föderation ein für allemal verschwunden. Es gab eine verständliche Empfindlichkeit angesichts überheblicher Ausländer,

einschließlich solcher der journalistischen Zunft, und es gab einen verständlichen Mangel an Offenheit in einer Gesellschaft, die lange die Neugier als eine gefährliche Eigenschaft angesehen hat.
Es gab aber auch berechtigte Hoffnung, dass all das bald verschwinden würde. Stattdessen sind die alten Gewohnheiten allmählich zurückgekehrt. Belohnt werden die Diskreten; diejenigen, die bestimmte rote Linien übertreten, werden jedoch bestraft oder schikaniert. Ist es so schlimm wie in den alten Tagen? Nein. Aber schlimm genug.

Die Geschichte des *Guardian* löst eine Lawine von Anrufen von Freunden, Kollegen und russischen Journalisten aus, einige von ihnen aus London. Nachdem ich mein ganzes Berufsleben lang Nachrichten geschrieben habe, bin ich nun unversehens selbst zur Nachricht geworden: Ich stehe auf der Titelseite des *Guardian* und bin der Schlussbeitrag in den BBC-Nachrichten; meine *Facebook*-Seite quillt über vor Nachrichten. Doch das heitert mich nicht auf. Ich sorge mich um die Sicherheit meiner Familie. Als meine Kinder von der Schule kommen, erleben sie, dass russische Journalisten neben dem Gartenzaun unseres Häuschens kampieren. Das Mobiltelefon meiner Frau klingelt unablässig.

In einer geheimen Depesche vom April 2009, verfasst von US-Botschafter John Beyrle, heißt es, dass sich in Russlands sich verschärfender ökonomischen Krise und angesichts der Unsicherheit über die Haltbarkeit des politischen «Tandems» Putin/Medwedew Risse in der Elite aufgetan hätten. Diese Risse verlaufen zwischen Silowiki-Hardlinern und denen, die Beyrle die «moderateren Befürworter von Russlands politischer und ökonomischer Entwicklung» nennt.

Seitdem, heißt es weiter, haben die Differenzen zwischen den Lagern von Medwedew und Putin weiter zugenommen. Gut möglich also, dass ich zu einem Spielball dieses undurchsichtigen Kampfes innerhalb der Elite geworden bin, ein Fußball, der zwischen Hardlinern und Moderaten hin und her geschossen wird. Genauso ist möglich, dass ich einfach ein Hassobjekt für irgendeinen anonymen FSB-Oberst aus dem Mittelbau der Behörde geworden bin, der seine Vorgesetzten beeindrucken will.

Es ist offensichtlich, dass das russische Außenministerium völlig im Dunkeln tappt, was meine Ausweisung angeht. Kontaktpersonen beteuern, dass sie nichts über die Entscheidung des FSB wussten, mich auf eine schwarze Liste zu setzen. Russische Zeitungen berichten, dass der FSB sich nicht abgestimmt hat; stattdessen habe die Organisation die Entscheidung, mich zur *persona non grata* zu erklären, allein getroffen.

Dem *Kommersant* zufolge, der meinem Fall einen langen Beitrag widmet, sei die Ausweisungsorder für das Außenministerium «unerwartet» und für den Kreml sogar eine echte Neuigkeit gewesen. Eine Quelle im Außenministerium nennt den Schritt «unvernünftig». Sie räumt gegenüber dem *Kommersant* ein: «Die Silowiki haben diese Entscheidung getroffen, ohne sich mit irgendwem abzustimmen.» Wladimir Putins Pressesprecher Dmitri Peskow leugnet ebenfalls, dass der russischer Premierminister irgendetwas damit zu tun habe. «Die Ausweisung des Journalisten des *Guardian* mit dessen kritischen Artikeln über Wladimir Putin in Verbindung zu bringen, ist absolut unangemessen», sagt Peskow. Vielleicht stimmt das. Vielleicht auch nicht.

Wer genau die Entscheidung getroffen hat, bleibt ein Rätsel — peinlich für die russischen Behörden. Es ist ein weiterer Beleg dafür, wie funktionsgestört Russlands politisches System geworden ist — ein darwinistischer Dschungel aus konkurrierenden Clans. Es bleibt Lawrow überlassen, das Beste aus der Situation zu machen. Ohne vorher informiert worden zu sein, muss das Außenministerium jetzt mit einer gesichtswahrenden Erklärung aufwarten. Am Montagabend, drei Tage nach dem Ereignis, verkündet Lawrow, man habe mir die Einreise nach Russland verweigert, weil ich meine neue Pressekarte nicht abgeholt habe, bevor ich im November nach London geflogen sei, «wohlwissend, dass dies erledigt werden musste». Es ist ein alter sowjetischer Trick: bürokratische Ausreden zu erfinden und die Schuld dem Opfer zuzuschieben.

Diese Stellungnahme — eine Regel, von der niemand wusste, dass es sie gibt — ist so lächerlich und nachweislich so lahm, dass sie fast schon lustig ist. Der *Guardian* verweist darauf, dass dies «offensichtlich kein plausibler Grund für meine Ausweisung» sei, vor allem nicht, nachdem das Außenministerium schon im November verkündet hatte, dass ich gehen müsse. Im ausländischen Pressecorps in Moskau sorgt Lawrows

Stellungnahme für Belustigung. Phoebe bekommt eine SMS von Tony Halpin, den Bürochef der Londoner *Times*. Er schreibt: «Also 1:0 für Luke gegen den Kreml? Interessante Entwicklung.» Lawrow behauptet auch, ich hätte «wiederholt» gegen Regeln «verstoßen», da ich in verbotene Antiterror-Zonen gereist sei. Das ist ebenfalls unwahr, wie Lawrow ganz bestimmt weiß — es ist einfach gelogen.

Für Russlands staatlich kontrollierte Presse sind die rückwirkenden Erklärungen des Ministers Anlass genug, sie pflichtbewusst als wahr zu berichten und mir für mein unglückliches Erlebnis am Domodedowo-Flughafen die Schuld zu geben. Mit Blick auf seinen anstehenden Besuch in London deutet Lawrow vage an, ich könne nach Russland zurückkehren, wenn ich die «Probleme» im Zusammenhang mit meiner Akkreditierung «regele».

Es bleibt dem Kommentator der *Moscow Times*, Michael Bohm, überlassen, weiter über die wahren Gründe für meine kafkaeske Entfernung zu spekulieren. Bohm zeigt sich von Lawrows Erklärungen unbeeindruckt; er verweist darauf, dass andere westliche Journalisten häufig in den Nordkaukasus reisen, ohne die Sicherheitsdienste im Voraus zu benachrichtigen, die ja übrigens im Ruf stünden, Reporter aufzugreifen und zu schikanieren. Warum hacken sie also auf mir herum? Er schreibt:

> Hardings Erklärung für seine Ausweisung ist viel überzeugender — dass sie im Zusammenhang mit seinen Artikeln über die *WikiLeaks*-Depeschen steht, in denen es um Korruption unter Spitzenbeamten und um Russland als einen «Mafiastaat» geht, etwas, das eindeutig entweder den FSB oder den Kreml oder beide geärgert hat ... Die zweite wahrscheinliche Erklärung für Hardings Ausweisung ist sein Artikel vom 1. Dezember, der *WikiLeaks*-Depeschen zitiert, wonach der damalige Präsident Putin möglicherweise von den Plänen wusste, den ehemaligen FSB-Agenten Alexander Litwinenko zu töten, bevor dieser in London vergiftet wurde.

Bohm glaubt, ich sei «willkürlich als Sündenbock« ausgewählt worden, «um andere ausländische Journalisten, die in Russland arbeiten, einzuschüchtern». Er fährt fort:

> Die Botschaft, die der Kreml und der FSB verbreiten wollen, ist deutlich: Wer über sensible Themen schreibt wie Korruption unter Spitzenbeamten oder über andere Arten des Machtmissbrauchs in der Regierung, der kann des Landes verwiesen werden. Jede Autokratie trachtet danach, die Selbstzensur in jeder erdenklichen Weise zu verstärken. Immerhin ist Selbstzensur viel «sauberer» und subtiler als die ungeschickte und grobe staatlich durchgesetzte Zensur. Wenn sie erfolgreich umgesetzt wird, ist sie selbstregulierend und erfordert wenig Pflege, abgesehen davon, ab und zu einen der ausländischen Journalisten auszuweisen, um daran zu erinnern, dass sie nur Gäste sind in einem Land, das Kritik nicht schätzt — komme sie aus dem Ausland oder anderswo her ... Russland ist wirklich eine geschlossene Gesellschaft — und zwar nicht nur für Harding.
>
> Wenn der Kreml weiter ausländische Journalisten ausweist, die über Korruption und andere Arten des Machtmissbrauchs der Regierung schreiben, wird sich Russland nicht nur dieser störenden, unverschämten Institution der sogenannten Vierten Gewalt verschließen, sondern ausländischen Investoren und der gesamten westlichen demokratischen Welt.

Dieser Beitrag der *Moscow Times* scheint mir sehr treffend zu urteilen. Es ist unabweisbar einer der Gründe für meinen Rauswurf: *pour décourager les autres.*

Meine Ausweisung wird sogar im britischen Unterhaus aufgegriffen, wo ich unabsichtlich für einen seltenen Moment parteiübergreifender Einigkeit sorge. Chris Bryant, der ehemalige Europaminister der Labour-Partei, der die Untersuchungen zur Aufklärung des Telefonabhörskandals bei Rupert Murdochs Zeitung *News of the World* vorantreibt, thematisiert meine Ausweisung in einer parlamentarischen Anfrage.

Ich verfolge einen Teil der Debatte in den Redaktionsräumen des *Guardian* — eine merkwürdige Erfahrung. Bryant beschreibt mich als einen «sorgfältigen, akribischen und mutigen Journalisten». Er sagt, meine Ausweisung habe eine «ziemlich frostige Situation» geschaffen.

Bryant sagt auch, meine Ausweisung sei Teil eines breiteren Musters des russischen staatlichen Machtmissbrauchs, darunter auch die Gängelung des zuletzt entsandten britischen Botschafters in Moskau, Tony Brenton, der jüngste manipulierte Prozess gegen Michail Chodorkowski und der unaufgeklärten Mord an Anna Politkowskaja. «Und passt dazu nicht auch die Enthüllung, dass das Pressebüro des russischen Geheimdienstes, das für Anfragen von Journalisten zuständig ist, jetzt auch die Befugnis hat, Genehmigungen für das routinemäßige Abhören und Überwachen aller in Russland arbeitenden Journalisten zu erteilen?», fragt er das Unterhaus.

Bryant bringt dann sein stärkstes Argument vor. Er drängt die britische Regierung klarzustellen, dass «Herr Lawrow in diesem Land nicht willkommen ist, solange britische Journalisten aus Russland ausgewiesen werden». Er spielt damit auf eine der wenigen Waffen an, die Großbritannien zur Verfügung stehen: Kremlbeamten, von denen viele großzügige Anwesen und Immobilien in London besitzen, Einreisevisa zu verweigern. Er ergänzt: «Großbritannien hat große finanzielle Interessen in Russland. Werden britische Unternehmen nicht nervös, bekommen sie nicht Angst, dass dies eine Rückkehr zu den schlimmsten Praktiken der kommunistischen Ära bedeutet? Werden die Leute nicht denken, dass jene, die behaupten, Russland sei ein Mafiastaat oder eine Kleptokratie, nicht so ganz falschliegen?»

Jo Swinson, der junge Bildungsminister der Liberaldemokraten, sagt, meine Ausweisung sei «zutiefst besorgniserregend» und letztlich schädlich für Russland. «Selbst wenn die Russen sich weigern anzuerkennen, dass sie moralisch oder aus liberaler Sicht vollkommen inakzeptabel ist, könnte man sie nicht zumindest überzeugen, dass sie auch ihren eigenen Interessen immens schadet, weil sie sich auf den Außenhandel, die Investitionen und Russlands Stellung in der Welt auswirkt?» Robert Halfton, ein konservativer Hinterbänkler, fragt sich, ob Russland auf dem Weg sei, ein «Schurkenstaat» zu werden.

In Russland verläuft die Debatte ein wenig anders. Russlands liberales Establishment — also Menschenrechtsorganisationen wie Memorial, unabhängige Zeitungen oder der oppositionelle Radiosender *Echo of Moscow* — sind alle freundlich und unterstützend. *Wedomosti* bezeichnet mich sogar als «Held der Woche». Der FSB habe mich rausgeworfen, so die Zeitung, um zu zeigen, «wer in Russland der Boss ist».

Doch Politiker, kremlfreundliche Zeitungsredakteure und staatlich geförderte Blogger sind kritisch oder beschimpfen mich. In einer Anspielung aus Sowjetzeiten deuten mehrere von ihnen an, mein Fall sei weit davon entfernt, eindeutig zu sein — mit anderen Worten, dass ich ein Spion bin. Waleri Fadeew, Chefredakteur von *Expert*, einem Magazin mit Verbindungen zu Russlands regierenden Partei Vereintes Russland, bezeichnet mich als einen «erstklassigen Propagandisten» mit Verbindungen zum «britischen Geheimdienst».

Beweise für diese Phantasie bietet Fadeew nicht. Er scheint mit der britischen Politik nicht allzu vertraut zu sein und nicht zu wissen, dass der linksgerichtete *Guardian* wohl kaum ein Rekrutierungsgrund für MI6 ist. (Ich tröste mich damit, dass ich «erstklassig» bin. Aber die Unterschiede zwischen mir und James Bond sind dann doch zu lachhaft: Ich trage kaputte Turnschuhe, besitze kein Auto, schon gar keinen Aston Martin, und bringe meine Kinder mit der Tram Nummer 23 zur Schule — ein ungewöhnliches, wenn auch originelles Fahrzeug für einen Spion.)

Andere Kommentatoren sind einfach nur giftig. Ein Blogger auf *Prawda.ru* nennt mich einen «antirussischen Drecksack». Zu meiner Überraschung sind auch ein paar westliche Kollegen in Moskau ziemlich garstig. Eine nennt mich einen «Abtrünnigen», weil ich es gewagt habe, über die Korruption im Kreml zu schreiben (obwohl das doch sicherlich ein naheliegendes Thema für einen Journalisten ist?). Sie zitiert einen anderen Moskauer Korrespondenten, der mich — anonym — der Effekthascherei beschuldigt. Der Spionagevorwurf hallt in der Echokammer von Russlands Nachrichtenmedien wider, verebbt aber auch schnell.

Innerhalb von vier Tagen nach meiner Ausweisung vollzieht das russische Außenministerium dann eine bemerkenswerte Kehrtwende um 180 Grad. Das Ministerium meldet sich und verkündet, ich könne doch ein Visum bekommen. Der russische Botschafter in London ruft sogar Rusbridger an, jener Botschafter, der behauptet hatte, nichts über die Einbrüche des FSB in meine Wohnung zu wissen. Meine Ausweisung erläutert die russische Regierung nicht; sie begreift sie als administrativen Irrtum. Wenn ich aber ein Spion bin und eine schlimme Bedrohung für die russische Staatssicherheit, warum lassen sie mich dann wieder herein?

Der Meinungsumschwung des Außenministeriums riecht nach Inkompetenz, Durcheinander und Wirrwarr — ein Zustand, der im Russischen mit dem Wort *bardak* bezeichnet wird. Alles Dinge, die eigentlich aus Putins rationalem, vertikalem, preußischem Staat verschwunden sein sollten.

Genau eine Woche nach meiner Ausweisung kehre ich zu Moskaus Domodedowo-Flughafen zurück. Ich nehme den gleichen British Midland-Flug. Ich sehe sogar den gleichen Film, *The Social Network*. An der Passkontrolle gibt es kein Gekicher. Nachdem ich mein Gepäck abgeholt und die Zollabfertigung passiert habe, gehe ich an den Reihen von Check-In-Schaltern vorbei durch die Terminals in Richtung Flughafen-Expresszug. Da höre ich von hinten: «*Gospodin* Harding, *gospodin* Harding!» Eine dünne, drahtige, grauhaarige Gestalt taucht atemlos neben mir auf. Es ist Alexander Kusnetsow, einer der beiden Funktionäre des Außenministeriums, die im November meine Ausweisung verkündet hatten.

Kusnetsow holt feierlich einen Umschlag hervor. Er enthält meine vom Ministerium ausgestellte Pressekarte. «Das haben Sie vergessen», sagt er und überreicht mir meine Akkreditierung. Es ist die reinste Farce; ich kann nicht anders, ich muss lachen. Ich frage, ob das nun bedeute, dass ich für immer in Russland bleiben darf. Offenbar tut es das nicht. Meine Akkreditierung läuft am 31. Mai 2011 aus, lese ich — also ist die Entscheidung, mir ein neues Visum auszustellen, nur eine gesichtswahrende, einstweilige Maßnahme. In drei Monaten, wenn der Skandal vergessen ist, muss ich Russland wieder verlassen.

Zurück in unserer Moskauer Datsche und nach mehr als einem Monat der Trennung wiedervereint, gibt es eine außerordentliche Familienabstimmung: Bleiben wir bis Ende Mai in Russland? Oder treffen wir nach vier Jahren staatlich sanktionierter Gemeinheiten die pragmatische Entscheidung, Russland früher zu verlassen? Das Votum fällt 3:1 für eine Abreise aus. Nur Phoebe ist dafür, zu bleiben. Sie hat vier Jahre damit zugebracht, über das andere Russland zu schreiben. Während ich in die unerbittliche Welt der Kremlpolitik vertieft war, ist Phoebe unter freiem Himmel durch Moskau gestreift. Sie hat Kirchen mit goldenen Kuppeln erkundet, Märkte mit Beeren, Museen mit verrückten, enthusiastischen Kuratoren, Holzpaläste im fallenden Schnee.

Außerdem plant sie ein Buch über Spaziergänge durch Moskau. Im Gegensatz zu meinen Erfahrungen waren ihre Erlebnisse erfreulich. Sie hat mit Großmütterchen in Regionalzügen gesprochen, mit neugierigen Dorfbewohnern und Puschkin zitierenden Spaziergängern. Auch das Moskauer Wetter hat sie nicht abgeschreckt: Einmal kam sie mit leichten Erfrierungen zurück, nachdem sie bei 27 Grad unter null draußen herumgelaufen war. Ihre besondere Stärke war es, zwischen Moskaus Hochhaustürmen und Verkehrsstaus die besondere Schönheit der Stadt zu sehen. Sie kennt Moskaus versteckte Plätze. All das gibt sie verständlicherweise ungern auf.

Ich dagegen überlege, dass es schwierig wird, unter diesen Umständen als Korrespondent weiterzumachen. Die Überwachung meiner Familie durch den FSB ist zudringlicher denn je: Unsere Telefone werden abgehört, E-Mails kommen verzögert oder gar nicht an, unsere Privatsphäre ist nichtexistent — die einzigen Orte, die uns bleiben, sind die hintere Ecke unseres Gartens und die lärmerfüllte Metro. Ich kann keine weiteren «Provokationen» ausschließen, um das russische Allerweltswort für Verschwörung zu benutzen. Wir bereiten uns zum dritten Mal innerhalb von vier Monaten darauf vor auszureisen. Ich beschließe auch, meine alten Kladden herauszuschmuggeln.

Meine letzten paar Tage in Moskau werden wohl kaum Aufschluss darüber geben, warum ich das Ziel anhaltender Spionageabwehrmaßnahmen durch meine Freunde vom FSB geworden bin, die Gespenster. Doch ich beschließe, meinen russischen Kontakten Lebewohl zu sagen und sie zu fragen, ob sie etwas darüber wissen, weshalb ich mit solcher Feindseligkeit behandelt werde. Ein paar Tage nach meiner Rückkehr in Moskau treffe ich mich wieder mit Olga Kryschtanowskaja. Unser Treffen findet in einem Café an der Ecke des «Hauses der Bücher» in der Nähe ihrer Wohnung statt. Der Buchladen ist ein gemütlicher und anonymer Treffpunkt — zumindest glauben wir das.

Kryschtanowskaja sagt, es sei offensichtlich, dass meine Artikel den FSB verärgert haben. Sie erklärt, ich hätte etliche rote Linien überschritten: Ich habe über die Verbindungen des FSB zur russischen Mafia geschrieben sowie über Putins Zirkel und den Reichtum seines Zirkels. «Aus Ihrer Sicht ist es unlogisch, Sie rauszuwerfen. Doch aus der Sicht des FSB ist das vollkommen logisch. Sie haben einen Feind gefunden — Sie. Und sie müssen ihn loswerden.»

Kryschtanowskaja zufolge ist die russische Elite durch den Arabischen Frühling und die Revolutionen in Tunesien, Ägypten und Libyen aufgeschreckt worden. Sie habe große Sorge, dass ein vergleichbarer Volksaufstand auch hierzulande stattfinden könnte. Ich stelle eine Bedrohung dar für das, was der FSB als «verfassungsmäßige Ordnung» ansieht, erklärt sie — mit anderen Worten, für das politische Monopol und das private Vermögen von Putins Regime, das auf immer wackligeren Füßen steht. «Die haben Angst vor einem Umsturz wie in Ägypten. Sie stellen eine Bedrohung für die Macht dar. Darum sind Sie ein Feind», sagt Olga.

Ich frage nach den Verwirrungstaktiken des FSB. Durch die wiederholten Schikanen und die Einbrüche in meine Wohnung konnten die Geheimdienste doch nur dafür sorgen, dass meine Berichterstattung über den Kreml noch kritischer wurde, als sie es ansonsten gewesen wäre, sage ich. Warum beharrlich an dummen und kontraproduktiven Operationen festhalten? Kryschtanowskaja entgegnet, dass die Methoden des FSB einem vorgeschriebenen Muster folgen.

In meinem Fall hätten die Geheimdienste etwas beschlossen, was Kryschtanowskaja als «prophylaktische Maßnahmen» gegen mich bezeichnet. Es ist ein typischer Begriff im merkwürdigen Lexikon des FSB. Ich bitte Olga, das Wort auf Russisch aufzuschreiben: *profilaktirowatj*. «Der Theorie nach wird jemand, wenn man ihn frühzeitig abschreckt, davon absehen, feindliche Handlungen zu unternehmen. Wenn das nicht funktioniert, muss man ihn auf andere Weise bestrafen.»

Es wird weithin angenommen, dass die Sicherheits- und Strafverfolgungsbehörden zu Putins Lager gehören, dass sie seinen Befehlen eher folgen als Medwedews. Aber mir scheint, als genössen sie mittlerweile quasitotale Autonomie.

«Kontrolliert Putin sie eigentlich noch?», frage ich.

Kryschtanowskaja sagt, sie wisse es nicht. «Die Antwort darauf ist *top secret*.»

Es ist eine interessante Unterhaltung. Wir sitzen seit 20 Minuten im Café, als Olga auf einen jungen Mann zeigt, der sich — von mir unbemerkt — auf einem nahestehenden Ledersessel niedergelassen hat. Er sitzt im 90-Grad-Winkel zu uns; er ist nicht erkennbar, kann jedoch unsere gesamte Unterhaltung mithören. Der junge Mann trägt einen hellgrauen Kunstfaseranzug und ein weißes Hemd mit offenem Kragen; er trinkt nichts. Die anderen Tische sind leer, und doch hat er sich entschieden, sich neben uns zu setzen.

«Der ist vom FSB», flüstert Olga.

«Wie können Sie sich da sicher sein?»

«Ich kenne den Typus», sagt sie. «Als ich das Wort *profilaktirowatj* erwähnt habe, habe ich seine Reaktion gesehen. Er lauscht.»

Olga bedeutet mir, es habe keinen Sinn, die Unterhaltung fortzuführen; wir verlassen das Café nacheinander und schlendern dann gemeinsam über den vereisten Bürgersteig zur Metrostation; die Luft ist kalt und beißend. Der junge Mann folgt uns, telefoniert, verschwindet. Ich frage sie nach dem Verhältnis von Putin und Medwedew. «Nicht sehr gut», antwortet sie. «Es ist ein Machtkampf, ein Kampf auf Leben und Tod.» Und was ist mit dem FSB-Oberst, oder sogar General, der seinen Chefs mit meiner Ausweisung solche Schande bereitet hat — muss er mit einer Degradierung rechnen? «Im Gegenteil», entgegnet Kryschtanowskaja. «Mit einer Beförderung. Und Orden.» Das Wort auf Russisch lautet *nagrady*.

Als wir auseinandergehen, beschwört sie mich wieder, aufzupassen. «Sie sind in Gefahr», sagt sie ganz offen.

17

DIE AKTE

Restaurant «Ganymed», Schiffbauerdamm, Berlin, 18. März 2011

Zersetzung, die: «Decomposition, Rotting, Subversion, Undermining»
OXFORD DUDEN, DEUTSCH-ENGLISCHES WÖRTERBUCH, 1999

Ich habe immer Timothy Garton Ashs schmales, elegantes Memoiren-Bändchen *The File* [*Die Akte «Romeo»*] bewundert, geschrieben nach dem Fall der Berliner Mauer; darin setzt sich Garton Ash mit seiner Stasi-Akte auseinander. Es ist ein vorbildliches Buch. Garton Ash konfrontiert darin heldenhaft seine Stasi-Spitzel und ringt mit seinem eigenen jungen Oxforder Selbst und seiner lückenhaften Erinnerung. Garton Ash spielt die Rolle eines Detektivs nach dem Kalten Krieg. Er spürt die Inoffiziellen Mitarbeiter (IM) auf, die dem Ministerium für Staatssicherheit, der Geheimpolizei im kommunistischen Ostdeutschland, Informationen über ihn weitergaben. Vieles davon ist falsch, lächerlich oder belanglos. Der Appetit der Stasi auf Details war schier unersättlich. Das Motto der Behörde lautete: «Alles zu wissen.»

Da gibt es seltsame Begegnungen mit pensionierten Geheimpolizisten in Berlins grünen Vororten. Viele von denen, die für «die Firma» gearbeitet haben — wie sich die Stasi selbst gern nannte — scheinen jetzt Jogginganzüge zu tragen. Ein IM, der Garton Ash bespitzelt hatte, ist nun Universitätsdozent für englische Literatur. Ein anderer ist in der Versicherungsbranche tätig. Ein dritter lehnt es höflich per Brief ab, interviewt zu werden. Es wird geleugnet und verdunkelt, es gibt Trotz und — manchmal, aber nicht immer — Anflüge von Reue. Die fleißigen Ostdeutschen, erfährt man, hatten die Personenüberwachung zu einer Art perverser nationaler Gruppenaktivität verfeinert, die Spitzel und Bespitzelte umfasste. Selbst heute erkennt nur eine Minderheit derer, die daran beteiligt waren, ihr Handeln als das an, was es war: eine moralisch abscheuliche Form des Terrors.

Ganz nebenbei stellt Garton Ash, der Vergil-artige Erzähler des Buches, ständig die richtigen Fragen. Warum wurde gespitzelt? Oder, besser ausgedrückt, was in der persönlichen Biografie eines Menschen treibt ihn in die Arme der Geheimpolizei? Warum wird aus dem einen Menschen ein Widerstandskämpfer und aus dem anderen ein treuer Diener der Diktatur, aus dem einen ein Stauffenberg, aus dem anderen ein Speer, fragt sich Garton Ash. Könnte Großbritannien, hätte es eine andere Geschichte erlebt, ein kommunistischer Polizeistaat sein? Und können wir darauf vertrauen, dass die Methoden der Geheimdienste in Großbritannien — und allgemein der westlichen Welt — besser sind als die, die im ehemaligen Sowjetblock angewandt wurden?

In mancherlei Hinsicht spiegelt Garton Ashs Geschichte meine eigene wider: Die Stasi, wie der FSB in meinem Fall, hielt ihn für einen britischen Spion. In den 1980er Jahren verbot ihm die Stasi die Einreise in die DDR. Ausweisung ist die traditionelle Methode, wie er es ausdrückt, mit den «harmloseren Feinden» fertigzuwerden. Die dienstbeflissenen Deutschen schickten seine Daten auch nach Moskau, wo er im «System der einheitlichen Registrierung der Daten des Feindes» aufgenommen wurde.

(Garton Ash beschreibt die 15 Kategorien des Systems: Geheimagenten, Mitglieder von «subversiven Organisationen» und «Zentren politisch-ideologischer Abweichung», «Provokateure», «ausgewiesene und unerwünschte Personen», «feindliche Diplomaten», «feindliche Korrespondenten», Terroristen und Schmuggler. Er wurde Kategorie fünf zugeordnet: «Personen, die im Namen von feindlichen Geheimdiensten Aufträge subversiver Aktivitäten gegen die Staaten der sozialistischen Gemeinschaft ausführen …» Ich vermute, in diesem System wäre ich ein «feindlicher Korrespondent» gewesen.)

Als der Kommunismus in den 1980er Jahren ins Wanken gerät, gelingt es Garton Ash, das Einreiseverbot geschickt zu umgehen: Er besucht Polen und die Tschechoslowakei und schafft es sogar, 1984 für zwei Tage nach Ostberlin zu gelangen, ebenso im darauffolgenden Jahr, diesmal im Gefolge des britischen Außenministers, Geoffrey Howe. Dann fällt 1989 die Mauer. 1992 kann Garton Ash seine Stasi-Akte einsehen. Plötzlich wird der Vorhang beiseite gezogen. Aus den Trümmern der europäischen Teilungsgeschichte, aus seinen alten Tagebüchern und dem gelbbraunen Ordner, den die Stasi über ihn angelegt hat, kann er eine Art rückblickende Wahrheit rekonstruieren. Vielleicht nicht *die* Wahrheit. Aber eine überzeugende Version. Für Garton Ash — Wissenschaftler, Historiker, Journalist, Intellektueller, ein Erforscher der schmerzvollen Transformation Osteuropas von ehemals kommunistischen Diktaturen zu europäischer Normalität — war es eine Freude! Die Akte ermöglicht ihm etwas, das im Leben allzu selten ist: einen Moment des persönlichen und beruflichen Abschlusses.

Ich kann mir in Russland einen solchen Moment des demokratischen Erwachens oder der Wahrheit nicht vorstellen. Vielmehr deutet alles darauf hin, dass die herrschende Clique sich trotz der Proteste gegen Putins Regime bis in alle Ewigkeit an die Macht klammern wird. Sollte meine FSB-Akte jemals freigegeben werden — was nur möglich sein wird, wenn es eine weitere russische Revolution gibt — ist es höchst unwahrscheinlich, dass ich dann noch da bin, um sie zu lesen. Meine Akte existiert. Ich kann sie nicht einsehen. Aber ich kann sie mir vorstellen. Ich kann die Puzzleteile zusammensetzen.

Zwei Wochen nach meiner Ausweisung bekomme ich eine E-Mail von Florian Knauer, einem deutschen Postdoktoranten der Berliner Humboldt-Universität. Knauer sagt, er schreibe ein Buch über Stalking, Mobbing, psychologische Folter und etwas, das er «psychologische Desintegration» nennt. Einleitend schreibt er: «Ich habe gerade in der *Frankfurter Allgemeinen Zeitung* von Ihrer Entscheidung gelesen, Russland zu verlassen. In dem Artikel heißt es, dass Mitglieder des russischen Geheimdienstes Sie und Ihre Familie schikaniert haben. Diese Methoden kommen mir bekannt vor.»

Knauer fährt fort und erklärt, dass die Stasi in der ehemaligen DDR ähnliche Methoden zur Unterdrückung von Oppositionellen anwandte. Diese Methoden wurden in den gesamten Sowjetblock exportiert. Er macht mich auf einen Artikel von Herta Müller aufmerksam, die in Rumänien geborene deutsche Schriftstellerin, die 2009 den Nobelpreis für Literatur erhielt.

Müller beschreibt, wie schrecklich sie unter den Übergriffen der Securitate, der rumänischen Geheimpolizei, gelitten habe. Diese verbreitete in ihrer Fabrik das Gerücht, sie sei ein Spitzel. Es gab Verhöre, Schläge. Und Einbrüche. Ich lese: «Die Geheimpolizei kam und ging, wie es ihr passte, wenn wir nicht zuhause waren. Oft hinterließ sie absichtlich Spuren: Zigarettenstummel, Bilder, die von der Wand genommen und auf dem Bett liegengelassen wurden, umgestellte Stühle.» Der erschütterndste Vorfall, schreibt sie, dauerte Wochen an: Die Agenten schnitten Stücke von einem auf dem Boden liegenden Fuchsfell ab, bis sie schließlich auch den Kopf entfernten. Müller bezeichnet das als «psychologischen Terror»: «Alles konnte passieren, die Wohnung war nicht mehr privat.»

Diese scheinbar harmlosen psychologischen Taktiken haben sogar einen Namen, sagt Knauer: «Zersetzung». Ob ich ihm ein bisschen mehr über meine Erfahrungen erzählen könne?

Es ist ein merkwürdiges Wort. Ich spreche fließend Deutsch und habe vor Moskau vier Jahre als Deutschlandkorrespondent des *Guardian* in Berlin verbracht. Von «Zersetzung» habe ich aber noch nie gehört. Es ist, wie ich erfahre, ein wissenschaftlicher Begriff aus der Chemie. Er heißt so viel wie «Dekomposition», «Desintegration» oder «Korrosion». (Für mein englisches Ohr klingt Korrosion am besten.) Aber er kann auch bedeuten: Unterhöhlung, Subversion, Zerbrechen, Auflösung und Korruption.

Die Romantiker mit ihrer Faszination am Verfall der natürlichen Welt verwandten das Wort vom 18. Jahrhundert an metaphorisch. Moderne politische Gruppen haben den Begriff auch benutzt: Die Nazis sprachen von dem «zersetzenden Einfluss» der Juden, um deren Ausrottung zu rechtfertigen; die Kommunisten sprachen davon, ihre politischen Feinde zu «desintegrieren».

Knauer macht mich mit dem Werk von Sandra Pingel-Schliemann vertraut, einer deutschen Autorin und Journalistin. Sie hat sich mit der Anwendung von Zersetzung in der ehemaligen DDR beschäftigt. Sie hat Opfer interviewt und — wie Garton Ash — Monate damit zugebracht, die Archive des Ministeriums für Staatssicherheit zu durchkämmen. Ich beginne, ihr Buch zu lesen: *Zersetzen: Strategie einer Diktatur,* erschienen 2002 in Berlin. Ich bin entsetzt und fasziniert. Mein eigener Vorhang geht nicht so richtig auf. Aber er öffnet sich einen Spaltbreit, und ich kann anfangen, hindurchzuspähen.

Zersetzung, lese ich, wurde unter Erich Honecker intensiv betrieben.

In der von der Stasi angewandten Form ist Zersetzung eine Technik, den Gegner zu untergraben und handlungsunfähig zu machen. Ziel war es, das Privat- oder Familienleben einer Zielperson zu zerstören, sodass diese nicht mehr in der Lage ist, ihre «feindlich-negativen» Aktivitäten gegen den Staat weiterhin zu entwickeln. Die Stasi setzte typischerweise Inoffizielle Mitarbeiter ein, um Details aus dem Privatleben eines Opfers herauszufinden. Anschließend entwickelte sie eine Strategie, um das persönliche Umfeld einer Zielperson zu «desintegrieren» — Karriere, Beziehung zum Ehepartner, gesellschaftliches Ansehen. Sie versuchte sogar, das Opfer von seinen Kindern zu entfremden.

Pingel-Schliemann führt den Fall von Herrn J. an. Erst verlor Herr J. seinen Führerschein. Monate später fand er anonyme Nachrichten an den Bäumen seines Dorfes, mit gegen ihn gerichteten Beleidigungen. Bald kursierten Gerüchte, er betrüge seine Frau. Auf der Arbeit nahmen die Probleme für Herrn J. zu. Zuletzt verhaftete ihn die Polizei wegen eines Diebstahls, den er nicht begangen hatte. Für Herrn J. waren diese Vorfälle aufwühlend, willkürlich und unerklärlich. Er hatte keine Ahnung, dass die Stasi dahintersteckte.

Ziel der Staatssicherheit war es, mithilfe von Zersetzung Regimegegner «auszuschalten». Nach Monaten oder sogar Jahren der Zersetzung wurden die persönlichen Probleme der Opfer so groß, so beschwerlich und psychologisch so belastend, dass sie all ihre Willenskraft verloren, gegen den ostdeutschen Staat zu kämpfen. Im Idealfall blieb die Rolle der Stasi im persönlichen Unglück des Opfers verborgen. Die Operationen der Stasi fanden in vollkommener Heimlichkeit statt. Der Geheimdienst handelte wie ein unsichtbarer und böswilliger Gott, der die Schicksale seiner Opfer bestimmt.

Mitte der 1970er Jahre begann Honeckers Geheimpolizei, diese perfiden Methoden anzuwenden. Damals wurde die DDR endlich international anerkannt. (1973 trat sie den Vereinten Nationen bei; sie begann einen Dialog mit Westdeutschland und unterschrieb 1975 die Schlussakte von Helsinki. Sie war auf finanzielle Unterstützung der westdeutschen Bundesregierung in Bonn dringend angewiesen.) Honeckers Vorgänger, Walter Ulbricht, war ein stalinistischer Verbrecher alten Schlags. Ganz offen setzte er Terrormethoden ein, um seine Nachkriegsbevölkerung unter Kontrolle zu halten: Schauprozesse, Massenverhaftungen, Lagerhaft, Folter und Geheimpolizei.

Zwei Jahrzehnte, nachdem Ostdeutschland zu einem kommunistischen Paradies der Arbeiter und Bauer geworden war, waren die meisten Bürger fügsam. Als dann eine neue Gruppe von Dissidenten begann, gegen das Regime zu protestieren, kam Honecker zu dem Schluss, dass er andere Methoden anwenden musste. Das Terrorisieren der Massen war nicht länger angemessen, es könnte dem internationalen Ruf der DDR schaden. Es musste eine raffiniertere Strategie her.

In Leningrad hatte sich derweil 1975 Wladimir Putin gerade einen Jugendtraum erfüllt: Er war zum KGB gegangen. In den nächsten Jahren war er damit beschäftigt, die Hippiekommunen der Stadt aufzulösen. Seine KGB-Genossen gaben ihm den Spitznamen «Motte», wegen seines Geschicks, ganz im Stillen gegen seine Zielpersonen vorzugehen.

Das ostdeutsche Regime begann einen unmerklichen psychologischen Krieg gegen seine internen Kritiker. Dieser Krieg war ungleich, da die andere Seite — ein relativ kleiner Teil der ostdeutschen Bevölkerung — oft keine Ahnung hatte, dass sie bekämpft wurde. Angriffsziele waren die «Feinde»: Künstler wie der Dissident und Sänger Wolf Biermann, 1976 nach Westdeutschland ausgewiesen; Geistliche, örtliche Kirchengruppen, Friedensaktivisten; jeder, der in den Westen gehen wollte. Pingel-Schliemann beschreibt die Zersetzung als «subtil», «anonym», «geräuschlos» und «undurchschaubar». Ihre Methoden unterscheiden sich von offiziellen, erkennbaren Formen der Verfolgung wie Folter, Verhaftungen und Mord. Zersetzung geschieht im Verborgenen: Normalerweise wusste das Opfer nicht, dass die Stasi dahintersteckte (auch wenn Ende der 1980er Jahre unter Oppositionsgruppen die Vermutung, dass die Stasi ihre Finger im Spiel hatte, weit verbreitet war.)

Auf Seite 197 lese ich über den Fall von Frau R. Stasi-Mitarbeiter drangen mit Schlüsselduplikaten in ihre Wohnung ein. Einmal drinnen, nahmen sie die Bilder von den Wänden. Beim nächsten heimlichen Einbruch verschoben sie die Gewürzgläser in der Küche. Dann vertauschten sie Frau R.s Lieblingstee mit einer anderen Sorte. Die Stasi-Offiziere waren ein unternehmungslustiger Haufen: Sie brachen immer wieder ein, und jedes Mal überlegten sie sich etwas Neues. Einmal wechselten sie Frau

R.s Handtücher aus. Ein andermal drehten sie die Blumentöpfe auf ihrer Fensterbank. In einem anderen Fall brachen die Offiziere nachts ein, als ihr Opfer schlief. Sie schlichten in das Badezimmer und schalteten den elektrischen Rasierapparat ein. Das Opfer wachte auf, völlig verängstigt, und konnte sich nicht erklären, was passiert war: «Diese Dinge konnte man keinem erzählen. Wenn man das tat, sagten sie einfach: ‹Na klar, du warst betrunken›.»

Der heimtückischste Aspekt der Zersetzung ist, dass den Opfern fast ausnahmslos nicht geglaubt wird. Als Frau R. ihren Freunden erzählt, was passiert ist, kommen sie zu dem Schluss, dass R. allmählich den Bezug zur Realität verliert: «Wir konnten uns einfach nicht erklären, warum jemand die Handtücher entfernen sollte», gibt einer von ihnen zu. Manche Zersetzungsopfer glauben, dass sie verrückt werden oder krank sind; die Betroffenen leiden unter dem Vorwurf, dass sie sich das alles einbilden.

An der Oberfläche mag das Umstellen von persönlichen Gegenständen harmlos scheinen — nichts weiter als ein kindischer Streich. Für die Opfer jedoch konnten die Ergebnisse psychologisch verheerend sein, lese ich. Sie konnten zu Rückzug, Psychosen, «dem kompletten Zusammenbruch der Psyche», sogar Selbstmord führen. «Das wesentliche Merkmal von Zersetzung ist ihre Anonymität», schreibt Pingel-Schliemann. «Diese Zersetzungsaktivitäten sind subtil. Sie können nicht eindeutig als Verfolgungsmaßnahmen der Stasi identifiziert werden.» Sie ergänzt: «Selbst jetzt passiert es noch oft, dass den Betroffenen, wenn sie ihre Erfahrungen schildern, … keiner glaubt. Allzu häufig werden ihre persönlichen Beschreibungen als Paranoia abgetan.»

Erich Mielke, Minister für Staatssicherheit der DDR, begann in den 1970er Jahren, sich für psychologische Techniken zu interessieren. Als Honecker 1971 Ulbricht ablöste, begann Mielkes Ministerium, die Zersetzung von einem verbrecherischen Instrument in eine pseudoakademische Disziplin zu verwandeln. Diese Methoden der Einschüchterung und der anonymen Schikane wurden als «operative Psychologie» eingestuft. Operative Psychologie ist der dunkle Zwilling der konventionellen Psychologie: Anstatt Menschen zu heilen lautet das Ziel, ihnen zu schaden.

Mielke richtete an der Juristischen Hochschule, der Akademie des Ministeriums für Staatssicherheit in Potsdam, einen Lehrstuhl für operative

Psychologie ein. Dort schrieben Studenten Aufsätze über fortgeschrittene psychologische Techniken: Sie lernten zum Beispiel, dass Schlafentzug und Isolationshaft effektivere Verhörmethoden sind als Schläge oder Elektroschocks. In einem gereiften totalitären Staat war «harte» Folter nicht länger notwendig. Was man brauchte, war «sanfte» Folter.

Am 1. Januar 1976 erließ Mielke die geheime Direktive 1/76. Sie regelte den Einsatz der Psychologie bei «operativen Vorgängen». Ehrgeizige Stasi-Offiziere schrieben ganze Doktorarbeiten darüber, wie verdeckte Sanktionen gegen den Klassenfeind angewendet werden konnten; eine war 800 Seiten lang.

Darin heißt es, in schwerfälligem Deutsch:

> Der Feind ist hauptsächlich mit sich selbst beschäftigt. Die Gründe für sein Unglück und für sein Bedürfnis, feindlichen Aktivitäten zu entsagen, existieren innerhalb eines Rahmens, in dem er weder dem sozialistischen Staat in seiner Gesamtheit noch den Sicherheitsorganen die Schuld geben kann.

Der Feind reagiere «langsamer und zögerlicher» auf die Zersetzung als auf Formen der offenen Verfolgung, heißt es in dem Aufsatz. (Letztere könnten das Selbstbewusstsein eines Individuums sogar stärken und der politischen Autorität des ostdeutschen Staates schaden. Offene Methoden bargen auch das Risiko, die Stasi angreifbar zu machen für «Verleumdung und Diskriminierung in den westlichen Medien».) Aus diesen Gründen mussten Zersetzungsoperationen unter Bedingungen totaler Geheimhaltung durchgeführt werden.

Bei der Lektüre scheinen mir die Ähnlichkeiten zwischen Honeckers DDR und Putins Russland überwältigend. Beides sind ausgeklügelte moderne Diktaturen. Beide wissen, dass subtile Formen der Repression effektiver sind als die rohen, altmodischen Methoden. Und Russland — ebenso wie die verschwundene DDR — sorgt sich zutiefst um sein internationales Ansehen und hat eine «Elite», die nervös ist angesichts ihrer Reichtümer im Westen. Wie die ehemalige DDR hat auch Moskau zahlreiche Menschenrechtsabkommen unterschrieben und gehört zu den Unterzeichnerstaaten der Europäischen Menschenrechtskonvention.

Es ist internationale Verpflichtungen eingegangen und ist — oder wäre gern — ein respektiertes Mitglied der globalen Gemeinschaft.

Zersetzungstechniken sind folglich die perfekte Antwort. In einer Zeit wachsender einheimischer Unzufriedenheit ist die Schikane der russischen Opposition — und des ausländischen Feindes — durch den FSB ein nützliches geheimes Instrument. Wo sind denn die Beweise dafür, dass Menschenrechte verletzt wurden? Ein offenes Fenster, ein seltsamer Wecker, ein Sexratgeber neben dem Bett — ich bitte Sie! Zersetzung, betrieben von den unsichtbaren Emissären des Staates, ist schwer zu erkennen und für das Opfer noch schwerer nachzuweisen.

In ihrer Studie kommt Pingel-Schliemann zu dem Schluss: «Heutzutage braucht eine totale Diktator keine offenen Terrormethoden anzuwenden, um Menschen jahrelang zu unterwerfen und sie schwach zu machen. ... Außerdem bieten die Entwicklungen in Technologie und Kommunikation zukünftigen Diktatoren immer subtilere Möglichkeiten zur Manipulation.» Ihre Bemerkungen scheinen mir weitsichtig: In Herrn J.s Fall mussten die Mitarbeiter der Stasi nachts umherschleichen und persönliche Botschaften mit den Worten: «Hure», «Säufer», «Raser» und «Großmaul» im Dorf aufhängen. Heute haben es die Blogger und die namenlosen Patrioten viel leichter. Sie müssen nur zu ihrer Computermaus greifen.

Drei Wochen nach meiner Abreise aus Moskau mache ich mich auf den Weg nach Berlin. Ich rufe Pingel-Schliemann an. Sie ist mitfühlend. Meine Erfahrungen in Moskau gleichen denen anderer Zersetzungsopfer, bestätigt sie. «Sie sollten ein Buch schreiben, Herr Harding. Das ist die beste Therapie für Sie», rät sie mir. Sie hat Informationen: Der ehemalige Professor für operative Psychologie der Stasi-Hochschule lebt noch. Sein Name ist Jochen Girke. Nach dem Fall der Berliner Mauer hat er weiter als Psychologe in Potsdam gearbeitet. Er berät auch die deutsche Linkspartei, die von unverbesserlichen ostdeutschen Kommunisten, westdeutschen Ultralinken und Radikalen mittleren Alters unterstützt wird. Girke steht im Telefonbuch. Ich rufe ihn an und beschreibe meine ungewöhnlichen Umstände. Zu meiner Überraschung willigt er ein, sich mit mir zu treffen.

Wir verabreden uns auf eine Tasse Kaffee im «Ganymed», einer altmodischen Brasserie am Schiffbauerdamm, eine gepflasterte Straße am Spreeufer nahe der Berliner U-Bahnstation Friedrichstraße. Das Restaurant verströmt Vorkriegscharme: Es hat einen soliden hölzernen Tresen mit Messinggeländer; Hörner blasende Engelchen zieren die Bar; der betagte Kellner hat frappierende Ähnlichkeit mit Albert Einstein. Ich sitze auf einem Barhocker neben einer großen, schweren Torte.

Girke kommt ein paar Minuten zu spät. Er ist ein gepflegter, wohlsituiert aussehender Mann von 62 Jahren, mit grauem Haar, einem klassischen deutschen Schnurrbart und einer bescheidenen Plauze; er trägt ein schwarzes Hugo Boss-Shirt und Jackett. Ich berichte ihm von meinen Erfahrungen mit dem FSB in Moskau — die Einbrüche, die offenen Fenster, die seltsamen Geräusche mitten in der Nacht und der Ratgeber, der mir den korrekten Orgasmus nahebringen soll. Girke nickt. Er lächelt. Da gibt es ein Erkennen und — aber das bilde ich mir vielleicht nur ein — eine Spur von professionellem Stolz. «Das sind typische Zersetzungsmethoden», beginnt er.

Girke zufolge wenden alle Geheimdienste, auch die westlichen, das an, was er als «schmuddelige Methoden» bezeichnet. «In unserem Fall war das ideologisch gerechtfertigt. Wir bauten ein besseres Deutschland auf. Das Ziel legitimierte die Mittel», sagt er. In Honeckers Deutscher Demokratischer Republik wie auch in Putins Russischer Föderation wurden Journalisten automatisch als Feinde und Spione betrachtet, erklärt er. «Wenn man einem Journalisten begegnete, nahm man an, dass er Verbindungen zum Geheimdienst hat. Journalisten sind ein klassisches Beispiel für das Feindbild, die Vorstellung vom Gegner ... es ist pervers. Es wurde einem beigebracht, immer zu erwarten, dass der Feind zuschlägt.»

Ich erzähle, dass der FSB mich mit erstaunlichem Eifer verfolgt hat. Putin sagte als FSB-Chef 1999, ausländische Spionage stelle die größte Bedrohung Russlands dar. Girke glaubt aber, der Eifer könne auch einfach das Werk eines ehrgeizigen Nachwuchsoffiziers gewesen sein, der versuche, die glitschige Karriereleiter zu erklimmen: «Dieser Offizier muss seinen Vorgesetzten zeigen, dass er erfolgreich ist. Er ist nicht daran interessiert, ob jemand ein guter Vater ist, ein guter Mensch oder ein guter Journalist. Er will Beweise dafür finden, dass sein Feindbild stimmt.»

Die Stasi wollte im Grunde alles über das Privatleben einer Zielperson wissen, sagt Girke — hat er eine Geliebte, wie ist sein Verhältnis zu seiner Frau, welches Buch liest er, Schulden — alles, was sich zur Manipulation eignet. Kein Detail war zu frivol. Die Stasi war interessiert an der Zigarettenmarke, die eine Person rauchte, wo sie ihren Lieferwagen parkte, wie viel sie trank.

Die Zersetzungsmethoden der Stasi waren erstaunlich vielfältig und einfallsreich, sagt er — ein «Ballett der Methoden», das von einer dunklen Kreativität zeugt. «Wir haben dafür gesorgt, dass Rohre im Stockwerk über der Wohnung einer Zielperson platzen und eine Überschwemmung anrichten. Ziel ist es, sie in ihrem Beruf oder persönlichen Leben zu verunsichern. Irgendwann setzt man sie schachmatt.» Ein anderes Mal veranlasste die Stasi die Lieferung eines Dutzends Erdbeertorten an die Adresse eines Opfers; es beschwerte sich, die Torten nicht bestellt zu haben, doch das Bestellformular war korrekt mit Namen und Adresse ausgefüllt. Die Stasi organisierte auch einmal die Anlieferung eines kindergroßen Sarges an die Adresse einer jungen Familie; der Lieferant bekundete sein Beileid für den Tod des Kindes. In Wirklichkeit war niemand gestorben.

Meist waren die Methoden banal, aber schrecklich effektiv. Stasi-Offiziere brachen in das Auto einer Zielperson ein, und parkten es an der gleichen Stelle, aber halb auf der Bordsteinkante, erzählt Girke. Als der Besitzer zurückkehrte, fand er sein Auto in einer leicht veränderten Position vor. War jemand eingebrochen? Oder bildete er sich das nur ein? War er dabei, verrückt zu werden? «Sie [die Geheimdienste] tun diese Dinge, um zu zeigen, dass sie allmächtig sind, omnipotent, und dass sie jederzeit in deine Privatsphäre eindringen können», erklärt Girke.

Was ist mit Sex? Gab es im Leben einer Zielperson etwas, das tabu war? Während unserer vier Jahre in Moskau waren wir davon ausgegangen, dass unser eheliches Schlafzimmer verwanzt war; wir besprachen alles Heikle in der hinteren Ecke unseres Gartens neben dem Pflaumenbaum. Wanzen waren das eine, doch gab es, nun ja, auch Videokameras? Manchmal, so Girke, habe die Stasi die sexuelle Schwäche einer Zielperson ausgenutzt; er führt den Fall eines homosexuellen westdeutschen Geschäftsmannes an, der nach Leipzig zu einer Handelsmesse anreiste. (Die Stasi habe allerdings die Wichtigkeit des Geschäftsmannes grob überschätzt und die Akte irrtümlicherweise bis auf Generalsebene hochgereicht.)

Pornografische Literatur neben dem Bett zu hinterlassen war ein weiteres Paradestück der Stasi-Methoden. Sie wurden beispielsweise eingesetzt, um Herrn B., Mitglied einer kirchlichen Friedensgruppe in Mecklenburg, zu diskreditieren. Oder die Stasi setzte Gerüchte in die Welt, dass eine Zielperson ihren Ehepartner betrüge. Einmal schickte Abteilung XX/4 der Stasi (laut Garton Ash verantwortlich für die Infiltration von Kirchengruppen) der Frau einer Zielperson einen Vibrator, beschafft von einem Informanten aus Westberlin. Dazu kam eine anonyme Nachricht: «Besser den Vibrator benutzen als den Ehemann betrügen.»

Im Allgemeinen, sagt Girke, habe die Geheimpolizei aber kein operatives Interesse an Sex gehabt, auch wenn mir immer noch unwohl wird angesichts der voyeuristischen Möglichkeiten. Die Offiziere seien eher an Schlafzimmergesprächen interessiert gewesen — die Möglichkeit, dass in der Privatheit des Schlafzimmers eine Zielperson etwas von größerer operativer Bedeutung verraten könnte. «Sie müssen die Dinge durch die Brille des FSB sehen. Sie liegen im Bett mit Ihrer Frau. Sie erzählen ihr, dass der erste Botschaftsrat der britischen Botschaft Ihnen gerade einen neuen Auftrag erteilt hat. Das ist von großem nationalem Interesse. Der FSB hört mit. Denen fangen die Ohren an zu klingeln.»

Es ist diese Vorstellung — die Jagd nach dem schwer fassbaren Informationshäppchen, der Heilige Gral jedes Spions —, die offenbar die Mühen des Jobs wettmacht. Für den gewissenhaften Spionageabwehragenten konzentrieren sich all die Stunden des Wartens und Lauschens auf diesen einen Moment. Girke vergleicht es mit einer ritterlichen Mission; es sei eine Kreuzung zwischen einer mittelalterlichen Romanze von Wolfram von Eschenbach und einem modernen Spionagethriller. Er erklärt: «Stellen Sie sich vor, Sie sind ein Jäger, der geduldig mit seiner Waffe im Grünen sitzt und auf das Auftauchen des großen weißen Hirschs wartet, von dem alle reden. Der Jäger stellt sich vor, wie er den Hirsch mit einer goldenen Kugel erlegt.»

Während seiner Dienstzeit bei der Behörde entwickelte die Stasi anspruchsvolle Abhör- und Überwachungstechniken, sagt Girke. «Wir hatten fortgeschrittene technische Systeme. Da musste man kein Kabel aus dem Fenster hängen. Alles wurde komplett miniaturisiert. Die Wanzen waren nicht größer als eine Kugelschreiberspitze und mit einem Transmitter auf der Straße verbunden», erzählt er. Ein paar Tage vor meiner Abreise aus Moskau hatte ich entdeckt, dass das Schloss an der Haustür meiner Datsche klemmte und beschädigt war — Spuren eines Einbruchs des FSB. (Es der 17. Februar 2011. Diesmal schien es der Eindringling eilig gehabt zu haben. Oder es war ihm gleichgültig, Spuren zu hinterlassen. Steht das auch in meiner Akte?) Ich vermute, die stets kostenbewussten Sicherheitsdienste waren gekommen, um ihr Lauscherequipment abzuholen. «Das ist absolut möglich», sagt Girke.

Wer die «operative Psychologie» ursprünglich erfunden hat, weiß auch er nicht. Es war, glaubt Girke, der KGB, der die Methode zuerst entwickelte. Immerhin waren es «die Freunde» aus Moskau, die in den 1950er Jahren die noch junge Geheimpolizei der DDR gründeten; fortan arbeiteten beide Dienste — der ostdeutsche und der sowjetische — eng zusammen. Der KGB platzierte diskret Verbindungsoffiziere in ostdeutschen Schlüsselstädten und in allen acht Direktoraten. Einer von ihnen war Wladimir Putin, der von 1985 bis 1990 nach Dresden entsandt war. Was genau Putin in Dresden tat, ist ein Rätsel. Formal war es seine Aufgabe, ein sowjetisch-deutsches Haus der Freundschaft in Leipzig zu betreiben. Vermutlich hatte er in der KGB-eigenen Hochschule bereits Unterricht in «operativer Psychologie» genossen.

Während des Kalten Kriegs hatte der KGB zwei Hauptbeschäftigungen, sagt Girke. Eine war, die NATO und den westdeutschen Bundesnachrichtendienst (BND) auszuspionieren. Ziel des KGB war es, an Blaupausen der Abwehrsysteme der NATO-Länder und andere Verteidigungsinformationen zu gelangen. Zweitens musste er sicherstellen, dass die DDR (und andere sozialistische Länder des Warschauer Paktes) loyale Partner der Sowjetunion blieben. «Die Verbindungsoffiziere machten uns konkrete Vorschläge», erzählt Girke. «Da gab es immer Kontakte und Verbindungen.»

Mit Beginn der Perestroika verwandelte sich diese einst enge Beziehung in eine des Misstrauens. Honecker war unzufrieden mit Michail Gorbatschows wirtschaftlichen Reformen und seiner ideologischen Abkehr. Auf der persönlichen Ebene blieben die Beziehungen dennoch freundlich, sagt Girke. Der KGB hatte ein eigenes Gebäude in Potsdam gleich neben der Berliner Mauer; KGB und Stasi veranstalteten Fußballspiele auf dem Rasen bei Schloss Cecilienhof, jenem Palast, in dem Churchill, Truman und Stalin die Potsdamer Konferenz abhielten.

Etwa 1986 bekam Girke einen unerwarteten Anruf von seinem Amtskollegen beim KGB, ebenfalls ein Professor der operativen Psychologie. Die beiden Männer trafen sich auf einer Bank in Schloss Sansouci, dem barocken Sommerpalast von Friedrich dem Großen in Potsdam, nicht weit entfernt von der Hochschule der Stasi in Potsdam-Eiche, wo Girke unterrichtete. (Die Akademie taucht auch in *Das Leben der Anderen* auf, dem Film des westdeutschen Regisseurs Florian Henckel von Donnersmarck über die Stasi, der einen Oscar gewann.) Sie sprachen über wissenschaftliche Aspekte ihrer Arbeit. Beide Geheimdienste hatten begriffen, wie psychologische Techniken auf sorgfältig ausgewählte Feinde angewandt werden konnten. Doch die Ostdeutschen, sagt Girke, verwandelten die operative Psychologie in eine, wie er es sah, strenge akademische Disziplin. «Wir waren diejenigen, die die Zersetzung weiterentwickelten. Der deutsche Dienst wandte raffiniertere Techniken an», sagt er. «Die Russen waren brutaler.»

Zwei Jahrzehnte später räumt Girke ein, dass das gesamte Projekt der DDR — auch seine eigene Rolle darin — falsch war. «Ich denke, es war ein riesiger Fehler. Wir alle — die leitenden Funktionäre, die Parteichefs, der Dienst — wir alle glaubten, man könne ein Volk zu seinem Glück zwingen. Wir dachten, wir könnten ein neues Deutschland aufbauen, indem wir diese Methoden anwandten. Das war eine Illusion. Wir haben so viel Energie darauf verwandt, die Karrieren anderer Menschen zu zerstören. Das habe ich viel zu spät erkannt.» Er sagt, er sei nicht persönlich an der Jagd auf Dissidenten beteiligt gewesen, akzeptiere aber die «kollektive Verantwortung» für das, was der Dienst getan habe. Er sei, gibt er zu, ein Schreibtischtäter. (Das Wort «Schreibtischtäter» war ursprünglich geprägt worden, nicht um die Gestapo zu beschreiben, sondern jene Bürokraten, die das Dritte Reich ermöglicht hatten.)

Irgendwo in Moskau, auf irgendeinem Schreibtisch, in irgendeinem staubigen Aktenschrank, auf irgendeinem verschlüsselten Datenträger, liegt meine FSB-Akte. Ich frage Girke, was wohl darin steht. «Sie bekommen eine Nummer. Man ordnet Sie einer Kategorie zu», sagt er. Die Stasi hatte ihr eigenes Klassifizierungssystem, abhängig von der Schwere des Falles. Außerdem, sagt Girke, wird der FSB mir einen Codenamen gegeben haben, ein Alias für den Gebrauch in geheimen Operationen. Dieser Codename ist wichtig: Er entmenschlicht die Zielperson und macht es leichter, feindliche Maßnahmen gegen sie durchzuführen. (Garton Ash war verständlicherweise hocherfreut, als er erfuhr, dass ihn die Stasi «Romeo» getauft hatte.) Girke sagt, der FSB werde Kopien meiner Artikel für den *Guardian* hinzugefügt haben — immerhin bin ich ein «feindlicher Korrespondent» —, ebenso wie Einzelheiten über Operationen gegen mich. Er ergänzt, dass diese Akten niemals geschlossen werden. Auch wenn mich Russland jetzt hinausgeworfen hat, lebe ich offenbar irgendwo in den staubigen Archiven des FSB weiter.

Die Potsdamer Stasi-Hochschule gibt es zwar nicht mehr, doch der FSB unterhält immer noch einen Lehrstuhl der «operativen Psychologie» an seiner Moskauer Akademie. Warum aber beharren die Russen auf solche Methoden, lange nach dem vermeintlichen Ende des Kalten Krieges? Oder, genauer gefragt, warum hat Putin die Anwendung von KGB-Methoden wiedereingeführt, lange nachdem der Kampf um Macht und Einfluss zwischen Ost und West überwunden sein sollte? Girke hat eine einfache Antwort. «Wladimir Putin macht, womit er sich auskennt», sagt er. «Das ist offensichtlich. Er will an der Macht bleiben, also wendet er Geheimdienstmethoden an.»

Am Tag vor unserer Abreise liegt immer noch Schnee auf unserer Datsche. Heller weißer Puder bedeckt den Pflaumenbaum und den roten Zuckerahorn. Fünf oder sechs große Meisen hängen wieder an unserem Vogelhäuschen und picken lebhaft herum. Bald wird niemand mehr da sein, um sie zu füttern. Wir schicken die Kinder getrennt weg: Tilly nach Genf in den Skiurlaub und Ruskin mit Phoebes Cousine Alice zurück nach London. Diese Vorsichtsmaßnahme mag übertrieben wirken. Aber zu diesem Zeitpunkt scheint es besser, vorsichtig zu sein.

Während ich packe, denke ich über Russlands Schicksal seit dem Zusammenbruch der Sowjetunion und dem Ende des Kommunismus nach. Da gibt es viele unschöne Aspekte — einerseits die feudale Arroganz der russischen «Elite»; andererseits der Mangel an Rechtschutz für gewöhnliche Russen vor willkürlichen bürokratischen Lehnsherren. Das ist schon lange so. Der Historiker Richard Pipes nennt es *the singular chasm*, die einzigartige Kluft, die es zu allen Zeiten in Russland zwischen den Herrschern und den Beherrschten gegeben hat. Isaiah Berlin verweist auf «zwei Nationen» — die «Klasse der Regierten», die «sich verhalten, wie Menschen es überall tun», und die «herrschende Klasse», die «gefürchtet, bewundert, gehasst und als unvermeidlich angesehen wird von der gesamten Bevölkerung».

Ich weiß, welche Nation ich lieber mag. An der Klasse der Regierten gibt es viel zu bewundern: den unbezwingbare Geist des russischen Volkes angesichts der unüberwindlichen Hindernisse und täglichen Frustrationen; die reiche literarische und Theaterkultur; die tiefen Freundschaften. Unsere Abschiedsparty ist eine klassisch russische Angelegenheit. Wir trinken Wodka. Wir essen Gewürzgurken. Wir prosten uns tränenreich zu. Wir lachen mit unseren russischen und westlichen Freunden. Und fallen irgendwann lange nach Sonnenaufgang vollkommen betrunken ins Bett.

Das größte Versagen des derzeitigen russischen Regimes, denke ich, ist intellektueller Natur. Wie die Gespenster, die in meine Wohnung eingebrochen sind und alte KGB-Methoden aus einem Lehrbuch, das vor langer Zeit verfasst wurde, angewandt haben, so ist Oberstleutnant Putin in seine Komfortzone zurückgekehrt. Als junger Spion hatte er zwei Mentoren: den KGB und die Stasi. Das merkt man. Das Ergebnis ist ein profunder Mangel an Empathie mit jedem, der nicht mit ihm übereinstimmt. Daher seine Verachtung gegenüber den Demonstranten, die in großen Zahlen gegen Wahlfälschungen protestieren. Unter seiner Führung ist Russland ein Staat der Schikane geworden, brutal, grausam und — vor allem — unmenschlich.

2011, nach über einem Jahrzehnt an der Macht, hat Putin eine schwindelerregende Konterrevolution vollzogen. Er hat die semidemokratischen Strukturen der 1990er Jahre durch eine Machtvertikale ersetzt. Er hat die Korruption gefördert, weil Korruption Loyalität sichert. Er hat dem FSB beispiellose Befugnisse gegeben. Und er hat die Behörde wieder in ihre alte KGB-Rolle als Wächter des Staates versetzt. Doch der Widerstand gegen seine Herrschaft wächst. Bald könnte er unaufhaltsam werden. Und Putin hat sich nichts, einfach gar nichts Neues einfallen lassen.

EPILOG

EIN ENGLISCHER FRÜHLING

Hertfordshire, England, April 2011

Wenn der Winter kommt, kann der Frühling noch weit sein?
PERCY BYSSHE SHELLEY, «ODE AN DEN WESTWIND»

Nach dem Moskauer Winter, der englische Frühling. Aus dem Fenster meines Arbeitszimmers in Hertfordshire kann ich eine Kiefer und einen weißblühenden Wolligen Schneeball sehen. Osterglocken und Primeln bedecken die nachbarlichen Gärten; da gibt es pinke Kirschbäume und Magnolien in cremeweißer Blüte. Meine neue Jogging-Route führt mich an einer Kleingartenanlage und einem Kohlfeld vorbei in den Wald von Hartfield. Hier sehe ich in der Abenddämmerung einen Fuchs. Er taxiert mich genau, bevor er sich zwischen Eichen und Weißbuchen in die Büsche schlägt. Dort gibt es auch unzählige Hasen und Rehe.

Eigentlich ist unser neues modernes Haus eher vorstädtisch als ländlich. Er hat wenig gemeinsam mit unserer jetzt leer stehenden Moskauer Datsche. Das Haus grenzt an den Parkplatz eines Krankenhauses; vom Balkon blickt man auf die Einflugschneise des Flughafens Stansted. Wir haben eine Satellitenschüssel übernommen. Anders als in Moskau mit seinen in den 1970er und 1980er Jahren erbauten städtischen Wohnhochhäusern der Sowjetära, scheinen die Briten in individuellen Legohäusern zu leben, jedes ein Miniatur-Eden. Wir haben einen Garten: einen kleinen Grünstreifen, der genau so aussieht wie der von unseren Nachbarn. Es gibt einen Schuppen. Nach einem Jahrzehnt im Ausland erlernen wir allmählich wieder die Grammatik — die ordentlich und diskret angelegte Architektur britischen Lebens.

Trotzdem fällt es mir in den ersten Wochen schwer, die Moskauer Regeln zu vergessen. Wenn ich eintrete, schließe ich sofort die Haustür ab. In Cafés und Restaurants gucke ich über meine Schulter, halte Ausschau nach jungen Männern in billigen, schlechtsitzenden Anzügen und braunen Schuhen. Einmal höre ich auf der Straße russische Stimmen.

Ich verfolge die beiden Männer. Sie verschwinden unschuldig im örtlichen Krankenhaus. In Moskau gibt es Schneestürme und Schneefall; doch hier gibt es Wärme — 19 Grad im April — und Vogelgesang. Am frühen Morgen höre ich Ringeltauben in den Nadelbäumen vor meinem Schlafzimmer rumoren; ich sehe ihnen zu, wie sie die verlassene Straße hinunter stolzieren.

Mit der Zeit scheint es, als sei die alte Welt ein für allemal verschwunden. Wenn ich nach Hause zurückkomme, sind die weißen Terrassentüren — die ich verriegelt habe, als ich gegangen bin — immer noch verriegelt. Haushaltsgegenstände bleiben dort liegen, wo wir sie hingelegt haben. Das Fenster im neuen Schlafzimmer meines Sohnes ist keine Warnung, kein Zeichen, kein dunkler Hinweis mehr — sondern nur ein Fenster. Es gibt keine unerklärlichen nächtlichen Geräusche, keine Sexratgeber. Nach einem Monat kommen unsere Möbel in einem großen Lieferwagen aus Russland an. Ich entdecke die Putin-Medwedew-Uhr. Wir beschließen, sie — und die beiden — im Pappkarton zu lassen. Dort liegen sie immer noch.

Meine Tochter besucht die internationale Schule, die wir ihr versprochen haben, als das russische Außenministerium verkündet hatte, dass wir Moskau verlassen müssten. Mein Sohn geht zu einer örtlichen Grundschule: Seine Uniform ist ein grünes Sweatshirt, und zum ersten Mal in seinem Leben muss er eine Krawatte tragen. Beide Kinder scheinen glücklich — auch wenn Tilly sich beklagt, ihr neues Leben sei, verglichen mit den Aufregungen des alten, langweilig. Wir sind wieder anonym. Und sicher, denke ich. Ich bringe meinen Sohn durch ein kleines Waldstück zur Schule. Das letzte Stück geht er allein.

NACHWORT ZUR DEUTSCHEN AUSGABE

Das Ergebnis stand schon vorher fest. Am 4. März 2012 gewinnt Wladimir Putin die russischen Präsidentschaftswahlen; niemanden überrascht das. Er verbucht kolossale 63,7 Prozent der Stimmen. Oppositionelle sagen, dass massive Unregelmäßigkeiten das Ergebnis verfälscht haben. In Tschetschenien kommt Putin auf 611 578 Stimmen; sein nächster «Konkurrent» — der Kandidat der Kommunistischen Partei, Guennadi Sjuganow — nur auf 182.

Dieser Wahlsieg ist zweifelsohne Putins «Breschnew-Moment» — der Moment, in dem die Amtszeit eines regulär «gewählten» Staatsoberhauptes in eine Präsidentschaft auf Lebenszeit übergeht. Nun kann er weitermachen. Breschnew war 18 Jahre an der Macht, Stalin 31, Putin bis jetzt 12. Wer würde darauf wetten wollen, dass Wladimir nicht mit Leonid gleichzieht?

Die Wahlen sagen wenig Neues über die russische Demokratie beziehungsweise ihr Fehlen aus. Sie bieten allerdings faszinierende Momentaufnahmen aus der russischen Provinz. Nach dem Aufschrei wegen der manipulierten Duma-Wahlen im Dezember 2011 ordnete Putin an, dass in jedem der 91 000 Wahllokale des Landes Live-Webkameras angebracht werden. Das ist im flächenmäßig größten Land der Erde mit multiplen Zeitzonen eine beachtliche Leistung. Am Wahlwochenende zeichnen die Kameras unter anderem dies auf: Putzkräfte, die den Fußboden riesiger Sporthallen schrubben; einen Wahlhelfer, der bei der Arbeit einnickt; eine fröhliche Disko am Vorabend in einem Wahllokal in Sibirien. Tschechow, der große Chronist des Alltäglichen, hätte seine helle Freude gehabt. Die Kameras — das war wohl nicht beabsichtigt? — nehmen aber auch dunklere Vorgänge auf: örtliche Funktionäre, die systematisch Wahlurnen befüllen, als die Wahllokale längst geschlossen sind. Die Extra-Stimmzettel sind vermutlich für Putin.

Die einzige Überraschung war Putins emotionale Reaktion. Seine Antwort auf den Wahlsieg war ungewöhnlich für ein Staatsoberhaupt, das für seine undurchdringliche öffentliche Maske und seine scheinbar kaltschnäuzige Reaktion auf nationale Tragödien bekannt ist. Bei einer

Rede vor Anhängern auf dem Roten Platz kommen Putin die Tränen. Auch schnieft er ein paarmal laut, und man kann hören, wie seine Stimme bricht; die Pausen vor einigen Wörtern verraten die Gefühle eines Mannes, der unter großem Druck steht.

Wenige Minuten nach Wladimirs öffentlichen Tränen hat sich sein Pressesprecher eine Erklärung ausgedacht: Es war der Wind! Der tränenreiche Auftritt des Premiers hatte nichts mit seinem emotionalen Zustand zu tun, sagt Dmitri Peskow, sondern war das Werk des eisigen Windes, der über das historische Pflaster des Roten Platzes fegte. Es stimmt schon, in Moskau ist es im März eiskalt, mit Temperaturen unterhalb des Gefrierpunkts. Diese Erklärung jedoch überstrapaziert jede Gutgläubigkeit, sie ist von der Art: «Du weißt, dass ich lüge, und ich weiß, dass ich lüge, aber — hey! — so sind nun mal die Spielregeln.»

In Wirklichkeit wird deutlich, dass die Massenproteste vom Winter 2011–12 auf den Moskauer Straßen und in anderen Städten Putin ängstigen. Vielleicht ist er sogar seiner eigenen aberwitzigen Propaganda zum Opfer gefallen: dass der Westen einen Putsch der Wähler gegen ihn geplant hatte. In seiner Rede behauptet Putin, er habe einen Versuch dunkler, externer Mächte abgewehrt, ihn zu stürzen. «Wir haben wirklich gezeigt, dass uns niemand etwas vorschreiben kann! Niemand!», ruft er seinen Anhängern zu.

Es gibt keine Beweise, die Putins erfundene Behauptung stützen. Seine Gegner sind keine westlichen Strohmänner. Vielmehr haben die 15 000 Demonstranten, die sich am Tag nach der Wahl auf dem gefrorenen Puschkin-Platz in Moskau versammelt haben, schlicht und einfach die Nase voll von Putins funktionsgestörtem und korruptem System. Die Reaktion des Kremls ist vorhersehbar: Bereitschaftspolizisten nehmen 500 Menschen fest, zerren sie fort von dem hübschen, zugefrorenen Brunnen des Platzes und drängen sie in wartende Einsatzfahrzeuge. Die «Schneerevolution» — falls es denn je eine Revolution war — scheint besiegt, zumindest vorerst.

Für europäische Regierungen geht alles seinen gewohnten Gang. Der britische Premierminister David Cameron ruft Wladimir Putin an. Cameron kann sich nicht dazu durchringen, ihm zu gratulieren, sagt aber, er freue sich darauf, mit Russlands neuem Präsidenten zusammenzuarbeiten, sobald dieser in den Kreml zurückgekehrt sei. Sowohl die Außenbeauftragte der EU, Catherine Ashton, als auch der französische Außenminister Alain Juppé verweisen darauf, dass die Wahlen in Russland alles andere als perfekt waren — «nicht vorbildlich», so Juppés Worte.

In Berlin gratuliert Guido Westerwelle Putin. Der deutsche Außenminister erkennt Putins Wahlsieg «mit klarer Mehrheit» an — mit anderen Worten, Deutschland sieht in ihm das rechtmäßige Staatsoberhaupt. Interessanterweise vergisst Westerwelle zu erwähnen, dass es bei der Wahl eklatante Unregelmäßigkeiten gab. Wurde er nicht gebrieft? Oder bedeutet strategische Partnerschaft — die Formel, auf die Berlin sein Verhältnis mit Moskau bringt —, dass man bei Wahlmanipulationen ein Auge zudrückt? Alle außenpolitischen und diplomatischen Beziehungen sind natürlich eine Mischung aus Real- und Moralpolitik. Doch nach Berlusconis Abgang ist Angela Merkels Koalitionsregierung zu Russlands engstem — und unkritischstem — Partner innerhalb der EU geworden. Die zynische Erklärung: sibirisches Öl und Gas.

Putins Wahlsieg stellt alle westlichen Nationen, nicht nur Deutschland, vor ein Dilemma. Das Kalkül in den Außenministerien der EU lautet, dass Putin die Proteste aussitzen und bis 2018 in seinem neuen (und alten) Amt bleiben wird. Was auch immer geschieht, es wird Putin sein, der in der russischen Außenpolitik das Sagen und der sich als strategisch kooperativ erweisen wird — oder auch nicht —, was den westlichen Balkan, Syrien, Iran und andere internationale Krisenherde anbelangt.

Die Forderungen der Demonstranten sind immer noch bescheiden. Sie wollen eine Wiederholung der gefälschten Parlamentswahlen 2011; außerdem die Freilassung der politischen Gefangenen und die Absetzung des diskreditierten russischen Wahlleiters. Ihre Stimmung ist nicht revolutionär. Sie wünschen sich nichts weiter als ein wirklich pluralistisches System, faire Wahlen und Gleichheit vor dem Gesetz. Die Tatsache, dass Putin das nicht begreift, zeigt, dass er den Bezug zur Realität verloren hat und in seiner eigenen KGB-Fantasiewelt lebt. Es ist das typische Problem von Herrschern, die zu lange an der Macht sind.

Luke Harding
London, im April 2012